Nomos Universitätsschriften

Recht

Band 527

Daniel Maier

Die Insolvenz des Rechtsanwalts

Zugleich ein Beitrag zur
Insolvenz des Selbstständigen

Nomos

Die Deutsche Nationalbibliothek verzeichnet diese Publikation in der Deutschen Nationalbibliografie; detaillierte bibliografische Daten sind im Internet über http://www.d-nb.de abrufbar.

Zugl.: Freiburg im Breisgau, Univ., Diss., 2007

ISBN 978-3-8329-3203-9

1. Auflage 2008

Vorwort

Diese Arbeit wurde im Sommersemester 2007 von der Rechtswissenschaftlichen Fakultät der Albert-Ludwigs-Universität Freiburg als Dissertation angenommen. Sie berücksichtigt Rechtsprechung und Literatur bis Juni 2007. Die Internetadressen sind auf dem Stand vom August 2007.

Ich danke meinem Doktorvater Herrn Prof. Dr. Dr. h. c. Dieter Leipold für die große Unterstützung bei der Bearbeitung meines Dissertationsthemas. Ich werde die Zeit an seinem Lehrstuhl in sehr guter Erinnerung behalten. Für die zügige Zweitbegutachtung danke ich Herrn Prof. Dr. Rolf Stürner.

Mein Dank gilt weiterhin Herrn Dr. Claus Männle und Frau Carolin Holzapfl, die die Arbeit durch ihre Diskussionsbeiträge und Korrekturvorschläge gefördert haben. Die technische Umsetzung im LaTeX-Satzsystem wäre ohne die Hilfe von Herrn Dr. Axel Sodtalbers nicht gelungen.

Den ehemaligen Kollegen des Instituts für Deutsches und Ausländisches Zivilprozessrecht danke ich herzlich für die angenehme Atmosphäre und die fruchtbaren Diskussionen, insbesondere den Herren Otmar König, Dr. Falk Lichtenstein, Stefan Matthies, Christian Mezger, Dr. Sebastian Otto und Dr. Wendelin Skaats.

Ich widme diese Arbeit meinen lieben Eltern, die mich während meines Studiums und der Promotion in jeder Hinsicht unterstützt haben.

Freiburg im Breisgau, im Oktober 2007 Daniel Maier

Inhaltsverzeichnis

§ 1 Einleitung

Ziel der Arbeit ist eine umfassende Darstellung der Rechtsprobleme, die sich aus der Eröffnung eines Insolvenzverfahrens über das Vermögen eines Rechtsanwalts ergeben. Dabei sollen nicht nur wissenschaftlich interessante Fragen vertieft, sondern auch die Praktikabilität verschiedener Gestaltungsmöglichkeiten bewertet werden.

I. Anlass der Arbeit

Die Insolvenz des Rechtsanwalts befindet sich im Zentrum einer insolvenzrechtlichen Problemzone, in der sich eine Vielzahl insolvenzspezifischer Sonderfragen ballt. Man kann sich ihr nur in dem Bewusstsein nähern, dass die Rechtsanwälte zu den freien Berufen gezählt werden. Und soweit ein Freiberufler selbstständig ist, stellt seine Arbeitskraft typischerweise den größten Wert innerhalb seines Unternehmens dar. Folglich sind die besonderen Probleme der Insolvenz des Rechtsanwalts nur zu bewältigen, wenn auch die Fragen, die sich bei der Insolvenz eines Freiberuflers und – noch allgemeiner – eines Unternehmens, dessen Hauptwert in der Arbeitskraft des Inhabers liegt, beantwortet werden. Denn diese betreffen – zum Teil in modifizierter Form – auch den Rechtsanwalt. Umgekehrt lassen sich manche Antworten auf anwaltsspezifische Fragen ohne Weiteres auf andere freie Berufe übertragen. Diese gegenseitige Abhängigkeit legt es nahe, Betrachtungen über die Insolvenz von Freiberuflern und Selbstständigen in die Untersuchung einzuschließen.

Die Gründe für das Auftreten von Rechtsfragen in den Teilbereichen der Anwaltsinsolvenz sollen hier nur angerissen werden. Sie lassen sich im Wesentlichen darauf zurückführen, dass der Gesetzgeber gewisse Bereiche des Wirtschaftslebens bei der Schaffung der InsO ausgeblendet hat. So finden sich keine spezifischen Regeln für Unternehmen, die hauptsächlich auf der Arbeitskraft des Inhabers beruhen, weil die InsO grundsätzlich von der Auswechselbarkeit des Inhabers ausgeht.

Innerhalb der Gruppe dieser Selbstständigen wiederum nehmen die Freiberufler eine Sonderstellung ein. Sie unterscheiden sich von den Gewerbetreibenden durch den Gemeinwohlbezug ihrer Tätigkeit, aber teilweise auch durch das Vertrauensverhältnis zwischen dem Selbstständigen und seinen Kunden. Spezielle Regelungen für diese Berufe lässt die InsO jedoch vermissen. Die Ursache dessen liegt letztlich wohl darin, dass die Definition des freien Berufes schwierig ist und deshalb die Probleme der Freiberufler normativ kaum zu fassen sind. Bereits 1994 stellte *G. Pape* fest, dass „die Probleme der Verwertung einer freiberuflichen Praxis im Konkurs bislang noch nicht einmal ansatzweise gelöst sind.“[1] Bis heute sind Kernfragen der Insolvenz von Freiberuflern ungeklärt.[2]

Schließlich ergeben sich anwaltsspezifische Fragen im Rahmen der Insolvenz eines Rechtsanwalts. Innerhalb der freien Berufe gibt es große Unterschiede: Wenn sich jemand von einem Rechtsanwalt beraten lässt, geht er davon aus, dass das Gespräch vom Berufsgeheimnis umfasst wird. Der Kunde eines Architekten wird diese Erwartung nicht haben. Die freien Berufe unterscheiden sich auch in der Aufgabenstellung: Während Ärzte der Gesundheit verpflichtet sind, sind Rechtsanwälte Organe der Rechtspflege. Diese Unterschiede finden sich in der rechtlichen Behandlung der Insolvenz dieser Berufe wieder.

1 *G. Pape* EWiR 1994, 1003, 1004.

2 Siehe dazu auch *Andres/G. Pape* NZI 2005, 141, 142; *Vallender* NZI 2003, 530.

Trotz der Ballung rechtlicher Probleme in der Insolvenz des Rechtsanwalts ist das Thema als solches bisher nicht monographisch untersucht worden.[3] Die bislang erschienenen Werke beschäftigen sich meist mit der Insolvenz von Freiberuflern allgemein[4] oder haben einen gesellschaftsrechtlichen Schwerpunkt.[5] Es mangelte bisher an einer eingehenden Würdigung der Probleme der Insolvenz des Rechtsanwalts.

Darüber hinaus gaben drei Entwicklungen Anstoß zu dieser Schrift: Zum einen hat die Ablösung der KO durch die InsO 1999 allgemein einen neuen rechtlichen Rahmen zur Behandlung von Insolvenzen geschaffen. Zum zweiten hat sich in den letzten zwanzig Jahren die Anschauung des anwaltlichen Berufsrechts bedeutsam gewandelt.[6] Und schließlich ist die Zahl der Insolvenzanmeldungen von Rechtsanwälten deutlich angestiegen.[7] Nicht zuletzt dieser größeren zahlenmäßigen Bedeutung der Anwaltsinsolvenz wegen lohnt es, sich mit dem Thema zu beschäftigen. Die teils normativen, teils tatsächlichen Veränderungen des Umfelds der Anwaltsinsolvenz geben aber auch Anlass zu überprüfen, ob einzelne Fragen heutzutage anders entschieden werden müssen als noch vor zehn oder zwanzig Jahren.

II. Begrenzungen

Um sich in der Weite des Themas nicht zu verlieren, sind einige Begrenzungen nötig. Kein Gegenstand der Untersuchung sollen Probleme sein, die nicht im Zusammenhang mit der selbstständigen anwaltlichen Tätigkeit in der Insolvenz stehen. Das bedeutet zunächst, dass die Zeit vor der Stellung des Insolvenzantrags ausgespart wird. Auf die außergerichtliche Sanierung wird demnach nicht eingegangen. Ebenso unbeachtet bleibt der Fall, dass eine Kanzlei schon vor Stellung des Insolvenzantrags ihre werbende Tätigkeit eingestellt hat. Auszublenden sind auch Gebiete, die nichts mit der Selbstständigkeit zu tun haben. Daher kann die Situation des angestellten Rechtsanwalts in der Insolvenz ebenso wenig behandelt werden wie die Verwertung des Privatvermögens eines insolventen Kanzleiinhabers.

Der Komplexität des Gesellschaftsrechts ist es geschuldet, dass die Insolvenz von Sozietäten in dieser Abhandlung keinen Platz findet. Dies engt ihren Untersuchungsgegenstand jedoch nicht übermäßig ein, da trotz der Zusammenschlüsse in der jüngeren Vergangenheit immer noch die Mehrzahl der Rechtsanwälte eine Einzelkanzlei führt.[8] Zudem stellt diese Gruppe aufgrund ihrer geringen Finanzreserven und der unmittelbaren Verknüpfung von Privat- und Kanzleivermögen den Großteil der insolventen Kanzleien.

Aus dem umgekehrten Grund wurde auf die Behandlung der insolventen Patentanwälte verzichtet. Es ist schlicht kein Fall bekannt, in dem über das Vermögen eines Patentanwalts das Insolvenzverfahren eröffnet wurde. Wenn im Folgenden von Anwälten die Rede ist, sind daher Rechtsanwälte gemeint.

---

3 Zur Rechtslage bei den Ärzten jüngst *van Zwoll/Mai/Eckardt/Rehborn*, Die Arztpraxis in Krise und Insolvenz, 2007.

4 *Harlfinger*, Der Freiberufler in der Insolvenz, 2004; *Schildt*, Die Insolvenz des Freiberuflers, 2006.

5 *Kesseler*, Das Insolvenzverfahren über das Vermögen einer Partnerschaftsgesellschaft, 2004.

6 Dazu z. B. *Stürner/Bormann* NJW 2004, 1481.

7 *H. Hess/Röpke* NZI 2003, 233.

8 Laut *Kääb/Oberlander* BRAK-Mitt 2005, 55, 59 f. ist der Anteil der Einzelanwälte an den tätigen Rechtsanwälten zwischen 1994 und 2002 stabil bei knapp 60% geblieben.

III. Gang der Darstellung

Der erste Teil der Arbeit soll Grundlagen des Anwaltsrechts vermitteln, die für das Verständnis der anwaltsbezogenen Probleme des Insolvenzrechts hilfreich sind. Zunächst beschäftigt er sich mit der verfassungsrechtlichen Gewährleistung der anwaltlichen Tätigkeit. Anschließend werden die Grundprinzipien des Berufsrechts in ihrer Entwicklung und auf dem heutigen Stand dargestellt. Den Abschluss bildet ein Überblick über das Rechts- und Vertrauensverhältnis zwischen Rechtsanwalt und Mandant.

Der zweite Teil befasst sich hauptsächlich mit den Voraussetzungen, unter denen ein Insolvenzverfahren über das Vermögen eines Rechtsanwalts eröffnet wird. Hier ist auch Raum dafür, die hergebrachten und derzeitigen Insolvenzursachen darzustellen. Die Vorbedingungen eines Insolvenzverfahrens haben sich in den letzten Jahren sowohl auf tatsächlicher als auch auf normativer Seite geändert.

Die insolvenzrechtliche Hauptmaterie befindet sich im dritten Teil. Er ist im Wesentlichen in die Einzel- und Gesamtverwertung des kanzleibezogenen Vermögens des Rechtsanwalts unterteilt. Dabei wird im ersten Kapitel untersucht, welche Gegenstände aus dem schuldnerischen Vermögen dem Insolvenzbeschlag unterliegen und wie sie für sich genommen verwertet werden können. Dies liefert die Voraussetzungen, um im darauf folgenden Kapitel die verschiedenen Verwertungsmöglichkeiten der gesamten Einzelkanzlei untersuchen und bewerten zu können. Dabei wird auch auf die verschiedenen Verfahrensgestaltungen innerhalb des Insolvenzverfahrens eingegangen.

Der vierte Teil beleuchtet die berufsrechtlichen Aspekte eines Insolvenzverfahrens über anwaltliches Vermögen. Der Brennpunkt wird dabei auf den Zulassungswiderruf und die dabei bestimmenden Merkmale des Vermögensverfalls und der Gefährdung der Interessen der Rechtsuchenden gerichtet. Es soll auch die Frage geklärt werden, ob im Falle des Zulassungsverlusts ein Abwickler oder Vertreter zu bestellen ist.

Erster Teil: Rechtliches Umfeld der anwaltlichen Tätigkeit

§ 2 Verfassungsrechtliche Absicherung

I. Die Anwaltschaft

Das u. a. in Art. 20 Abs. 3 GG ausgesprochene Bekenntnis zum Rechtsstaat kann nur durch eine funktionsfähige Rechtspflege verwirklicht werden.[9] Dabei verbietet Art. 1 Abs. 1 GG, den Bürger in einem staatlichen Verfahren zum Spielball von Gericht und gegebenenfalls Staatsanwaltschaft werden zu lassen, zum Objekt zu machen. Er bedarf also eines fachkundigen und vom Staat unabhängigen Fürsprechers. Demnach folgt aus dem Rechtsstaatsprinzip die freie Advokatur.[10] Ob daneben auch aus Art. 103 Abs. 1 GG oder Art. 19 Abs. 4 GG eine derartige institutionelle Garantie erwächst, kann dahingestellt bleiben.[11]

II. Der einzelne Anwalt

Ein subjektiv-rechtlicher Schutz der anwaltlichen Tätigkeit und ihrer materiellen Voraussetzungen könnte durch Art. 12 GG oder Art. 14 GG gewährt werden.

1. Berufsfreiheit, Art. 12 GG

Die anwaltliche Tätigkeit wird wie jede andere auf Erwerb gerichtete dauerhafte und erlaubte Beschäftigung durch Art. 12 GG geschützt.[12] Es stellt sich die Frage, ob auch das anwaltliche Berufsgeheimnis davon umfasst ist. Anerkannt ist, dass das dem Anwalt anvertraute Privatgeheimnis des Mandanten unter dem Schutz des Rechts auf informationelle Selbstbestimmung aus Art. 2 Abs. 1 i. V. m. Art. 1 Abs. 1 GG steht. Das bedeutet, dass das Vertrauensverhältnis von der Mandantenseite her Verfassungsschutz genießt. Wie ist es aber mit dem Anwalt? Hat auch er diesbezüglich eine Rechtsposition? Der *BGH* lehnt dies mit dem Argument ab, dass das Berufsgeheimnis nicht den Interessen des Anwalts, sondern denen des „Herrn des Geheimnisses" diene.[13] Ein unmittelbar in den Schutzbereich des Art. 12 GG fallendes Geheimhaltungsinteresse des Anwalts gegenüber seinem Auftraggeber könne es somit allenfalls bei solchen Unterlagen geben, die höchstpersönliche Wahrnehmungen des Anwalts oder vertrauliche Hintergrundinformationen betreffen.

Diese Ansicht ist abzulehnen. Der Rechtsstaat setzt eine funktionierende Rechtspflege voraus, zu der auch eine freie Anwaltschaft gehört. Ein Anwalt wird vom rechtsuchenden Publikum nicht angenommen, wenn er Mandate nicht vertraulich behandelt oder behandeln

---

9 *Stürner/Bormann* NJW 2004, 1481, 1482.

10 BVerfGE 93, 213, 236 = NJW 1996, 709, 710; BVerfGE 63, 266, 284 = NJW 1983, 1535, 1536; *Henssler* ZZP 115 (2002), 321, 324; *Henssler* NJW 1994, 1817, 1819 f.; *Rick* S. 73 ff.

11 Zum Meinungsstand *Rick* S. 84 ff.

12 BVerfGE 63, 266, 282 = NJW 1983, 1535; *Jarass*/Pieroth[8] Art. 12 Rn. 4, 7, 43.

13 BGH NJW 1990, 510, 511 f. Begriff übernommen von *Friedlaender*[3] § 28 Exkurs I Rn. 9 f.

kann. Jeder Eingriff in das Berufsgeheimnis unterminiert folglich seine Berufstätigkeit. Zum Wesen des Anwaltsberufs gehört damit die Freiheit zur Verschwiegenheit.[14]

Die Betroffenheit von Art. 12 GG hat das *BVerfG* in zwei Fällen verneint, in denen die Verfassungsmäßigkeit des Fehlens von Zeugnisverweigerungsrechten von Sozialarbeitern und Tierärzten im Strafverfahren zu beurteilen war.[15] Dies begründete das Gericht damit, dass der Sozialarbeiter bzw. Tierarzt seinen Beruf auch dann sinnvoll und bestimmungsgemäß ausüben könne, wenn ihm im Strafverfahren kein Aussageverweigerungsrecht zusteht. Die beiden betroffenen Berufsgruppen genießen jedoch auch kein besonderes Vertrauen in ihre Verschwiegenheit. Das ist indes nicht erforderlich, weil weder der Sozialarbeiter noch der Tierarzt eine Tätigkeit ausüben, die unerlässlich ist zur Wahrung von Verfassungswerten (vgl. Rechtsstaatlichkeit, Art. 20 Abs. 3 GG) oder Allgemeingütern höchsten Ranges (vgl. Gesundheit, Art. 2 Abs. 2 S. 1 GG). Dass ein in das Berufsgeheimnis des Anwalts eingreifendes Gesetz Art. 12 GG verletzen kann, erkennt daher auch das *BVerfG* grundsätzlich an.[16] Das anwaltliche Berufsgeheimnis ist also von der Berufsfreiheit aus Art. 12 GG umfasst.

Anwendbar ist die Berufsfreiheit zunächst nur auf Deutsche. Sie schützt aber in gleichem Umfang EU-Bürger – sei es, dass Art. 12 GG entsprechend angewendet wird,[17] sei es, dass Art. 2 Abs. 1 GG europarechtlich verstärkt wird.[18] Sonstige Ausländer werden nur durch Art. 2 Abs. 1 GG geschützt.

2. *Eigentumsfreiheit, Art. 14 GG*

Nicht nur der Erwerb des Anwalts, sondern auch das Erworbene kann in einen grundrechtlichen Schutzbereich fallen.[19] Als Erworbenes, also als Vermögen kommen nicht nur Kanzleiräume und -inventar in Frage, sondern auch der Mandantenstamm und – als dessen Manifestation – die Mandantenkartei. Da der Rechtsanwalt diese Gegenstände zur Berufsausübung benötigt, muss ein staatlicher Eingriff darin nach Art. 12 GG zu rechtfertigen sein. Dann fragt sich aber, ob der Schutzbereich des Art. 14 GG noch eröffnet sein kann.

Die Mandantenkartei ist notwendiger Bestandteil zur Berufsausübung des Anwalts. Sie erleichtert ihm die Kontaktaufnahme mit dem Mandanten und enthält Verweise auf Akten und frühere Mandate. Ebenso wie die Zerstörung einer Maschine eines Fabrikanten gleichzeitig dessen Eigentum und dessen Berufsausübung stört, kann ein Entzug der Mandantenkartei das Eigentum an den Akten sowie die freie Berufsausübung beeinträchtigen. Die Schutzbereiche der Art. 12 und 14 GG können sich überschneiden.[20] Im Lichte dieser Erkenntnis lässt sich die Mandantenkartei als Eigentum auffassen.[21] Da sie den Mandantenstamm verkörpert, untersteht auch dieser dem Schutz des Art. 14 GG.[22]

---

14 OLG Koblenz NJW 1985, 2038, 2039. Näher S. 12 ff.

15 Zum Sozialarbeiter BVerfGE 33, 367, 387 = NJW 1972, 2214, 2217. Zum Tierarzt BVerfGE 38, 312, 324 f. = NJW 1975, 588, 589.

16 BVerfG NJW 2005, 1917, 1919; BVerfGE 30, 1, 32 = NJW 1971, 275, 280.

17 *Jarass*/Pieroth[8] Art. 12 Rn. 10.

18 Mangoldt/Klein/Starck/*Manssen*[5] Art. 12 Rn. 265; HStR VI/*Breuer*[2] § 147 Rn. 21.

19 Zur Abgrenzung der Schutzbereiche von Art. 12 und 14 GG nach Erwerb und Erworbenem BVerfGE 30, 292, 334 f. = NJW 1971, 1255, 1260.

20 BVerfGE 30, 292, 335 = NJW 1971, 1255, 1260 f.; BGHZ 111, 349, 355 = NJW 1990, 3260, 3261.

21 *Feuerich*/Weyland[6] § 14 Rn. 2.

Denkbar ist auch, dass die Kanzlei als solche dem Eigentumsbegriff unterfällt und damit von Art. 14 GG umfasst ist. Hier liegt der Vergleich mit dem eingerichteten und ausgeübten Gewerbebetrieb nahe. In der Tat ist anerkannt, dass sich der Schutz des Art. 14 GG auch auf den Betrieb erstreckt, der kein Gewerbe i. S. der GewO zum Gegenstand hat.[23] Vielmehr kommt es auf den durch Zusammenfügung sachlicher und persönlicher Mittel geschaffenen Betrieb an. Die Anwaltspraxis bzw. der in ihr verkörperte Wert genießt also den grundgesetzlichen Eigentumsschutz.[24]

Feuerich will darüber hinaus die Zulassung dem Schutz des Art. 14 GG unterstellen. Er begründet dies damit, dass sich der Anwalt durch den Aufbau der Kanzlei einen Mandantenstamm erworben hat, der Eigentum i. S. des Art. 14 GG sei.[25] Da ein Zulassungsentzug zum Verlust von Mandanten und Einkünften führe, stelle er einen Eingriff in das Eigentumsrecht dar. *Henssler* hält dem entgegen, dass der Anwalt in diesem Fall die Praxis verkaufen und damit den Vermögenswert realisieren könne.[26] Daraus ergibt sich, dass der Zulassung selbst kein Vermögenswert innewohnt. Dies ist auch einleuchtend, weil der Anwaltsberuf von jedermann ergriffen werden kann, der die berufsrechtlichen Voraussetzungen erfüllt. Die Anwaltszulassung stellt damit ebenso wenig Eigentum dar wie die Gewerbeerlaubnis.[27]

§ 3 Sonderrecht des Anwalts

Neben den allgemeinen Regeln des Zivil- und Strafrechts sowie des öffentlichen Rechts unterliegt der Rechtsanwalt einem besonderen Berufsrecht bzw. Standesrecht. Die beiden Begriffe werden teilweise synonym verwendet – und dies auch mit einer gewissen Berechtigung.[28] Beide Begriffe bezeichnen das Recht, dem der Rechtsanwalt *als Anwalt* unterliegt, also ein Sonderrecht. Sein Inhalt ist teils öffentlich-rechtlich (Zulassung, Berufspflichten, Kammerorganisation), teils privatrechtlich (Mandat).[29]

I. Die normativen Grundlagen des Anwaltsrechts

Die Rechtsanwaltsordnung (RAO) von 1878[30] war eines der sog. Reichsjustizgesetze. Sie trat zusammen mit dem GVG, der ZPO, der StPO und der KO am 1. 10. 1879 in Kraft. Schon damals wurde das Gesetz durch die von der Reichsrechtsanwaltskammer ausgearbeiteten Standesrichtlinien konkretisiert.[31] Die Reichsrechtsanwaltsordnung (RRAO)

---

22 *Feuerich*/Weyland[6] § 14 Rn. 2. Für den Steuerberater EGMR NJW 2001, 1558.

23 Allgemein Maunz/Dürig/*Papier* Art. 14 Rn. 98; *Jarass*/Pieroth[8] Art. 14 Rn. 10. Für die Anwaltspraxis *Leisner* NJW 1974, 478 ff. Für die Arztpraxis BGHZ 81, 21, 33 = NJW 1981, 2000, 2002.

24 *Heydt* NJW 1974, 1229, 1230; *Henssler*/Prütting[2] § 14 Rn. 35. Unentschieden BGHZ 97, 205, 209 f. = NJW 1986, 2499, 2500; BGHZ 65, 241, 244 = NJW 1976, 520.

25 *Feuerich*/Weyland[6] § 14 Rn. 2.

26 *Henssler*/Prütting[2] § 14 Rn. 35.

27 *Heydt* NJW 1974, 1229, 1230.

28 Zur Verwendung siehe unten S. 11.

29 *Henssler* ZZP 115 (2002), 321, 327.

30 RGBl. 1978 S. 177 ff.

von 1936 hatte nach Kriegsende faktisch keine Geltung und wurde durch § 232 Abs. 1 Nr. 1 der Bundesrechtsanwaltsordnung (BRAO) förmlich außer Kraft gesetzt, die am 1. 10. 1959 in Kraft trat. Vorbild der BRAO war nicht nur die RAO, sondern auch die Rechtsanwaltsordnung für die Britische Zone vom 10. 3. 1949.

Bereits 1954 hatte sich der *Ehrengerichtshof der Rechtsanwaltskammern der Britischen Zone* mit der Frage zu beschäftigen, ob die Richtlinien für die Ausübung des Anwaltsberufs, die die Vereinigung der Vorstände der Anwaltskammern der Britischen Zone erlassen hatte, die Grundrechte der Anwälte verletzten. Das Gericht stellte damals fest, dass die Richtlinien „zwar nicht den Charakter gesetzlicher Bestimmungen" hätten, aber eine Erkenntnisquelle dafür seien, „was im Einzelfall nach der Auffassung angesehener und erfahrener Standesgenossen der Meinung aller anständig und gerecht denkenden Anwälte und der Würde des Standes entspricht".[32] Im Gegensatz zu einem Gesetz stünde dem Rechtsanwalt aber bei Richtlinien der Nachweis offen, dass sie nicht oder nicht mehr der herrschenden Standesauffassung entsprechen. Die gesetzesähnliche Wirkung wurde damit gerechtfertigt, dass den Richtlinien jeder Wert genommen würde, wenn es im Ermessen des Anwalts stünde, ob er sich an sie halte.

Das *BVerfG* hatte sich später zweimal mit den von der Bundesrechtsanwaltskammer beschlossenen Grundsätzen des anwaltlichen Standesrechts zu beschäftigen.[33] Diese Richtlinien wurden aufgrund von § 177 Abs. 2 Nr. 2 BRAO a. F. erlassen, der der Bundesrechtsanwaltskammer die Aufgabe übertrug, „die allgemeine Auffassung über Fragen der Ausübung des Anwaltsberufs in Richtlinien festzustellen". In diesen Entscheidungen machte das BVerfG deutlich, dass Berufsverbände nicht bereits deswegen in die Grundrechte ihrer Mitglieder eingreifen dürfen, weil ihnen Autonomie verliehen wurde. Da § 177 Abs. 2 Nr. 2 BRAO a. F. nur eine Aufgabe übertrage, aber keine Ermächtigung erteile, könne er keine formell ausreichende Grundlage für Eingriffe in Art. 12 GG sein. Eine solche erblickte das Gericht aber in der Generalklausel des § 43 BRAO. Dieser verpflichtet den Anwalt zur gewissenhaften Ausübung seines Berufs. Das BVerfG beurteilte die Standesrichtlinien als wesentliche Erkenntnisquelle für die anwaltlichen Berufspflichten. Sie hätten keinen normativen Charakter, vermittelten allerdings eine Standesauffassung, wie sie sich durch überlieferte Standesanschauungen und die Ehrenrechtsprechung herausgebildet habe. In Reaktion auf diese Rechtsprechung schrieben *Lingenberg/Hummel* den Richtlinien daher normergänzenden Charakter zu.[34]

In der Folgezeit änderte das *BVerfG* jedoch seine Sichtweise, was sich in zwei Beschlüssen vom 14. 7. 1987 niederschlug.[35] Ausdrücklich gab es darin seine bisherige Rechtsprechung auf und entschied, dass Standesrichtlinien mangels Ermächtigungsgrundlage nicht mehr als Auslegungshilfe dienen konnten. Sie durften aber bis zur Schaffung eines neuen Berufsrechts herangezogen werden, soweit dies zur Aufrechterhaltung einer funktionsfähigen Rechtspflege unerlässlich war. Den Meinungsumschwung begründete das Gericht damit, dass § 43 BRAO nicht Art. 12 GG i. V. m. dem Wesentlichkeitsgrundsatz genüge, weil die Grundlinien der Einschränkung der Berufsfreiheit aus dieser Vorschrift

31 Vgl. das sog. „Vademecum" von 1929, siehe Lingenberg/Hummel/*Zuck*/Eich[2] Einl. Rn. 5.
32 EGH 1, 132.
33 BVerfGE 36, 212 = NJW 1974, 232; BVerfGE 57, 121 = NJW 1981, 2239.
34 *Lingenberg/Hummel*[1] Einl. Rn. 6.
35 BVerfGE 76, 171 = NJW 1988, 191; BVerfGE 76, 196 = NJW 1988, 194.

nicht hervorgingen. Der Wesentlichkeitsgrundsatz besagt, dass der Gesetzgeber verpflichtet ist, im Bereich der Grundrechtsausübung alle wesentlichen Entscheidungen selbst zu treffen.[36] Stattdessen waren die vom Parlament festzulegenden Grundlinien der anwaltlichen Berufsausübung von der Bundesrechtsanwaltskammer gebildet worden. Da die Standesrichtlinien faktisch wie Gesetze behandelt wurden, war die Bundesrechtsanwaltskammer als faktischer Gesetzgeber ohne Ermächtigungsgrundlage tätig geworden.

Das neue Berufsrecht in Gestalt einer novellierten BRAO trat am 9. 9. 1994 in Kraft.[37] Neben die Generalklausel des § 43 wurden die §§ 43a-c gestellt, die anwaltliche Grundpflichten, Werbung und Fachanwaltsbezeichnung behandeln. Um das Berufsrecht näher ausgestalten zu können, wurde eine Satzungsversammlung bei der Bundesrechtsanwaltskammer eingerichtet, die das Berufsrecht im Einzelnen ausgestalten darf, §§ 191a, 59b BRAO. Diese beschloss die Berufsordnung für Rechtsanwälte (BORA) und die Fachanwaltsordnung (FAO), die beide am 11. 3. 1997 in Kraft traten. Diese Satzungen enthalten aber nur Regelungen, die die Freiheit der Berufswahl oder den Status der Rechtsanwälte nicht einschränken.[38]

II. Das Berufsbild des Rechtsanwalts

In der Auslegung anwaltsrelevanter Normen ist das Berufsbild des Rechtsanwalts ein wichtiger Faktor. Es hat normative und faktische Grundlagen. Hier wird lediglich der Wandel in der Bewertung der normativen Grundlagen dargestellt, da sich die faktischen Umwälzungen aufgrund des stark gestiegenen Bedarfs nach internationaler, interdisziplinärer Rechts- und Wirtschaftsberatung unmittelbar nur auf Zusammenschlüsse und Kooperationen von Rechtsanwälten ausgewirkt haben.[39] Die mittelbaren Folgen für die Einzelkanzleien werden im Rahmen der Insolvenzursachen dargestellt.[40]

1. Freier Beruf, § 2 BRAO

Eine wichtige Weichenstellung für das Berufsbild des Anwalts war die Einordnung als freier Beruf, wie sie heute in § 2 BRAO verankert ist. Damit sollte nicht nur die Verwirklichung der freien Advokatur[41] ausgedrückt werden, sondern auch die besondere Stellung der Anwaltschaft unter den Berufen. Gleich dem Arzt übt der Rechtsanwalt nach Meinung des *RG* seinen Beruf nicht zum Erwerb, sondern zum gemeinen Wohle aus,[42] im Falle des Rechtsanwalts zum Wohle des Rechts. Der Erwerb sei lediglich ein Nebeneffekt. Diese Rechtsprechung wurde von *Feuchtwangers* wirtschaftstheoretischem Begriff der kulturwirtschaftlichen Arbeit beeinflusst. Er teilte die wirtschaftliche Tätigkeit in Gewerbe und freie Berufe auf – je nachdem, ob das Wirtschaften auf die Erzeugung von Sach- oder Idealgütern gerichtet ist.[43] Als öffentliche Aufgabe ist die Rechtspflege ein Idealgut,

---

36 BVerfGE 49, 89, 126 f. = NJW 1979, 359, 360 – Kalkar I; BVerfGE 77, 170, 230 f. = NJW 1988, 1651, 1657 – Lagerung chemischer Waffen.

37 Zur Übergangszeit *Hartung* NJW 2003, 261.

38 Dazu mit scharfer Kritik an der Satzungsversammlung *Kleine-Cosack*[4] Anh. I 1 Vorb. Rn. 1 f.

39 Vgl. *Henssler* ZZP 115 (2002), 321, 322.

40 Siehe unten S. 21 ff.

41 Zur Stellung der Anwaltschaft während der letzten zwei Jahrhunderte Henssler/Prütting/*Koch*[2] Einl Rn. 1 ff.

42 RGZ 66, 143, 148.

der Anwalt also Freiberufler. Während das Gewerbe relativ ungebunden sein soll, müsse gerade der freie Beruf reglementiert werden, um die Qualität des Arbeitsergebnisses zu fördern.

Obwohl dem Begriff des freien Berufs eine große Bedeutung beigemessen und wesentliche Folgerungen daraus gezogen wurden, ist es nie gelungen, eine überzeugende Definition zu finden. Einig ist man sich lediglich darin, dass es einen Strauß von Kriterien gibt, die das Vorliegen eines freien Berufs indizieren. Diese sind[44]

- Gemeinwohlbezug,
- Selbstständigkeit und Unabhängigkeit,
- berufs- und standesrechtliche Berufswahl- und Berufsausübungsregelungen,
- Leistungen höherer Art,
- unmittelbarer Kontakt und Einbringung individueller Fähigkeiten,
- besonderes Vertrauensverhältnis und
- Eigenverantwortlichkeit.

Als Typen der freien Berufe haben sich

- Heilberufe,
- rechts-, wirtschafts- und steuerberatende Berufe,
- Architekten, Ingenieure und technische Berufe,
- wissenschaftliche Bildungsberufe, Pädagogen und Seelsorger sowie
- künstlerisch und publizistisch Schaffende und Nachschaffende

herauskristallisiert.[45] Die Vielzahl der Merkmale ist nötig, um die unterschiedlichen Typen der freien Berufe zu erfassen. Das *BVerfG* qualifiziert daher den Begriff des freien Berufs als einen soziologischen.[46] Aus der Einordnung der anwaltlichen Tätigkeit als freier Beruf selbst lassen sich mithin keine Rechtsfolgen ableiten,[47] die sich nicht schon aus der Bezeichnung als „unabhängiges Organ der Rechtspflege", § 1 BRAO, ergäben.[48]

Allerdings sind gewisse freie Berufe wegen des gemeinsamen Merkmals der Schweigepflicht und der herausgehobenen Bedeutung der ordnungsgemäßen Berufsausübung für das Allgemeinwohl vergleichbar und werden daher im Rahmen dieser Untersuchung an manchen Stellen in die Betrachtung einbezogen. Dazu gehören die Berufe der Patentanwälte, Notare, Steuerberater, Wirtschaftsprüfer und Ärzte. Insbesondere die Ärzte bieten sich gut für Vergleiche an.[49] Der Besuch einer Arzt- oder Rechtsanwaltspraxis wird in aller Regel

---

43 *Feuchtwanger* S. 23 ff.

44 Zusammenstellung aus folgenden Quellen: BVerfGE 16, 286, 294 = NJW 1963, 1667, 1668; § 1 Abs. 2 PartGG; Bundesverband der Freien Berufe (BFB), http://www.freie-berufe.de/Charakteristika.213.0.html.

45 BFB, http://www.freie-berufe.de/Berufsgruppen.214.0.html. Weiter ist das Spektrum des Instituts für Freie Berufe an der Universität Erlangen-Nürnberg, http://www.ifb.uni-erlangen.de/fs_freieberufe.htm.

46 BVerfGE 10, 354, 364 = NJW 1960, 619, 620.

47 BVerfGE 10, 354, 364 = NJW 1960, 619, 620; *Redeker* NJW 2004, 2799; *Rick* S. 70 ff.

48 In diese Richtung *Henssler* ZZP 115 (2002), 321, 324.

49 Ebenso *Harlfinger* S. 14. Vergleiche zwischen Rechtsanwalt und Arzt stellen auch an z. B. BVerfGE 66, 337, 360 f. = NJW 1984, 2341, 2343; BGH NJW 1995, 2026, 2027; BGHZ 122, 115, 119 = NJW 1993, 1638, 1639.

erst erwogen, wenn das Gesundheits- oder Rechtsproblem akut geworden ist. Das Interesse an einer Geheimhaltung der innerhalb der Behandlung oder des Mandats preisgegebenen persönlichen Informationen dürfte daher ähnlich groß sein. Insofern steht die Gruppe der Anwälte den Ärzten auch näher als den ebenso (steuer)rechtsberatenden Berufen der Steuerberater und Wirtschaftsprüfer, da deren Dienste meistens regelmäßig in Anspruch genommen werden und daher für sich genommen nicht auf ein akutes Gesundheits- oder Rechtsproblem deuten.[50]

2. *Organ der Rechtspflege, § 1 BRAO*

Mit der Einordnung des Rechtsanwalts als Organ der Rechtspflege, § 1 BRAO, wurden ebenfalls häufig anwaltsrechtliche Einschränkungen gerechtfertigt. Dabei betont *Henssler* mit Recht, dass „unabhängiges Organ der Rechtspflege" nie i. S. einer Amtsstellung mit beamtenähnlichen Pflichten zu verstehen war, sondern als Ausdruck der Gleichberechtigung der Anwaltschaft mit anderen Organen der Rechtspflege (Richter, Staatsanwälte, Notare).[51] Diese Erklärung ist zwar vor dem Hintergrund des Kampfes um die freie Advokatur schlüssig, kann aber nicht verdecken, dass gerade die Organstellung oft als Stellung eines Staatsorgans missverstanden wurde.

Ursprünglich ging die Rechtsprechung des *BVerfG* davon aus, dass der Rechtsanwalt vor allem dem „Kampf ums Recht" verpflichtet sei.[52] Dabei stand es dem Erwerbsstreben kritisch gegenüber und befürchtete, dass die Anwaltschaft sich dadurch von ihrer Aufgabe der Rechtspflege würde abbringen lassen.[53] Dieses grundsätzliche Misstrauen in die Fähigkeit der Anwälte zur Selbstregulierung führte zu einer Vielzahl von standesrechtlichen Vorschriften. Zum Teil wurden diese Einschränkungen auch von der Anwaltschaft selbst begrüßt, weil man sich wohl untereinander gewisse Wettbewerbsvorteile nicht gönnte.[54] Als Vehikel diente der Rechtsprechung dabei ein falsches Verständnis des Begriffs des „unabhängigen Organs der Rechtspflege". Entgegen der ursprünglich intendierten Emanzipierung der Anwaltschaft wurde § 1 BRAO nicht selten benutzt, um einengende Standespflichten zu statuieren. So erkannte das *BVerfG* noch 1974: „Nach § 1 BRAO ist der Rechtsanwalt ein Organ der Rechtspflege. Sein Beruf ist ein staatlich gebundener Vertrauensberuf, der ihm eine auf Wahrheit und Gerechtigkeit verpflichtete amtsähnliche Stellung zuweist."[55]

Von dieser Position rückte das *BVerfG* jedoch bereits 1978 ab. Die anwaltliche Berufsausübung unterliege „der freien und unreglementierten Selbstbestimmung des einzelnen."[56] Ihre größte Aufmerksamkeit erreichte diese Entwicklung durch die bereits besprochenen Beschlüsse zur gesetzlichen Grundlage des anwaltlichen Berufsrechts vom 14. 7. 1987.[57] Jüngst hat das Gericht wieder die Eigenverantwortung des Anwalts hervorgehoben.[58]

---

50 Dazu eingehend S. 55 f.

51 *Henssler* AnwBl 2004, 458; *Gieseler* JR 2005, 221, 223; *Redeker* NJW 1987, 2610.

52 BVerfGE 26, 186, 205 = NJW 1969, 2192, 2195. So auch noch BVerfGE 63, 266, 284 = NJW 1983, 1535, 1536.

53 Dazu BGHZ 43, 46, 47 = NJW 1965, 580.

54 Das gilt insbesondere für die Anwaltswerbung, vgl. *Huff* NJW 2003, 3525 ff.

55 BVerfGE 38, 105, 119 = NJW 1974, 103, 105. So auch *Tröndle/Fischer*[54] § 258 Rn. 8.

56 BVerfGE 50, 16, 29 = NJW 1979, 1159, 1160.

57 Siehe oben S. 7 f.

Es nimmt die gesetzliche Charakterisierung in § 1 BRAO als „unabhängiges Organ der Rechtspflege" ernst, indem es diesem ein ähnliches Vertrauen zukommen lässt wie den anderen Organen der Rechtspflege. Berufswürdiges und gesetzeskonformes Handeln könne vom Rechtsanwalt erwartet werden und müsse nach der Gesetzeskonzeption nicht durch Einzelkontrolle oder strafrechtliche Sanktion gewährleistet werden. Das Gesetz gehe vom integren, professionellen und zuverlässigen Anwalt aus.

III. Begriff des Standes- und Berufsrechts

Der Begriff Standesrecht wurde früher häufig gebraucht, um das Sonderrecht der Anwälte zu bezeichnen. Die anwaltsrechtliche Liberalisierung infolge der BVerfG-Beschlüsse vom 14. 7. 1987 führte nicht nur zahlreiche Einschränkungen der Berufsfreiheit auf das im Rahmen des Art. 12 GG zulässige Maß zurück, sondern passte gleichzeitig auch die Sprache den veränderten Gegebenheiten an. Damals bereits schlug das *BVerfG* als Bezeichnung für die Satzung, die das Anwaltsrecht im vom Gesetzgeber vorgegebenen Rahmen konkretisiert, den Begriff Berufsordnung vor.[59] Dementsprechend wurden die Standesrichtlinien durch eine Berufsordnung für Rechtsanwälte ersetzt. Aus Ehrengerichten wurden Anwaltsgerichte. Die Bezeichnung „Stand" sollte auch deswegen nicht mehr verwendet werden, weil sie es leichter macht, in den Rechtsanwälten keine bloßen Träger eines Berufs mit besonderer Gemeinwohlverpflichtung zu sehen, sondern eine vermeintlich homogene Gruppe von Menschen, deren Freiheit allein aufgrund einer Standesehre eingeschränkt werden darf.[60] Der Begriff „Standesrecht" ist somit überholt.[61] Das Sonderrecht der Anwälte sollte als Berufsrecht bezeichnet werden.[62]

§ 4 Das Mandat

I. Das Rechtsverhältnis zwischen Anwalt und Mandant

Der Rechtsanwalt wird aufgrund eines Mandats tätig. Dieses hat keine ausdrückliche gesetzliche Regelung erfahren. Entgegen seiner deutschen Hauptbedeutung „Auftrag", die auch z. B. in §§ 43b, 44 BRAO anklingt, schließen Anwalt und Mandant meistens einen auf Geschäftsbesorgung gerichteten Dienstvertrag, §§ 675, 611 BGB.[63] Handelt es sich um eine eng umgrenzte Aufgabe, deren Erfolg ausschließlich vom Anwalt abhängt, so ist von einem Werkvertrag auszugehen, §§ 675, 631 BGB. Die Hauptpflicht des um eine Beratung

---

58 BVerfG NJW 2003, 2520 f. Näher zu diesem Beschluss S. 219.

59 BVerfGE 76, 171, 189 = NJW 1988, 191, 192 f.

60 Dazu auch Creifelds[18] „Standesrecht". Henssler/Prütting/*Koch*[2] § 2 Rn. 7 spricht von einer „sprachlichen Unsitte".

61 Anders *Zuck* NJW 1987, 3033, der unter Standesrecht „internes Berufsrecht" versteht, das die Stellung und das Verhalten des Rechtsanwalts gegenüber anderen Rechtsanwälten und der Rechtsanwaltskammer regelt.

62 In diesem Sinne verwendet es *Römermann* JA 2004, 254 ff. Zur Abgrenzung nach dem Ursprung des Normbefehls *Taupitz* MDR 1989, 385 f.

63 BGH NJW 1990, 510; *Feuerich*/Weyland[6] § 44 Rn. 14; *Steinkraus/Schaaf* JuS 2001, 167, 169 f.

ersuchten Rechtsanwalts ist die umfassende und möglichst erschöpfende Belehrung des Mandanten, wobei er dessen Interessen in den Grenzen des erteilten Mandats nach jeder Richtung umfassend zu wahren hat.[64] Häufig wird eine Vollmacht zur Vertretung des Mandanten in Rechtssachen erteilt. Der Mandant ist zur Information und Vergütung des Anwalts verpflichtet.[65] Mandant und Anwalt dürfen den Vertrag fristlos ohne besonderen Grund kündigen, § 627 Abs. 1 BGB, letzterer aber nicht zu Unzeit, § 627 Abs. 2 BGB. Beim Anwaltswerkvertrag hingegen darf nur der Auftraggeber jederzeit kündigen, § 649 BGB.

Die sich aus der Bearbeitung des Mandats ergebende Vergütung des Rechtsanwalts gliedert sich in Gebühren und Auslagen, § 1 Abs. 1 S. 1 RVG. Sie bestimmt sich nach dem RVG, dessen Sätze gemäß § 49b Abs. 1 BRAO nicht unterschritten werden dürfen. Eine nach oben hin abweichende Vereinbarung der Anwaltsvergütung ist dagegen möglich, wenn sie gesondert schriftlich erfolgt, § 4 Abs. 1 RVG. So wie das Gesetz die Vergütung und nicht mehr die Gebühr in den Mittelpunkt stellt, wird in dieser Darstellung anstatt des verbreitet gebrauchten Worts „Honorar" die „Vergütung" verwendet, weil dieser Begriff zweifelsfrei nicht nur den Lohn für die Tätigkeit, sondern auch den Auslagenersatz umfasst.

II. Das Vertrauensverhältnis zwischen Rechtsanwalt und Mandant

Aus der Reihe der anwaltlichen Nebenpflichten soll die Verschwiegenheitspflicht herausgegriffen werden, weil sie eine besondere Rolle in der Anwaltsinsolvenz spielt. Sie kann nämlich der Herausgabe von Informationen an den Insolvenzverwalter oder andere Verfahrensbeteiligte entgegenstehen und auf diese Weise die Verwertung von Kanzleigegenständen behindern oder unmöglich machen.

1. Bedeutung

Eine erfolgreiche Tätigkeit des Anwalts ist nur vorstellbar, wenn der Mandant dem Anwalt vertraut. Das *BVerfG* spricht von einer „Vertrauensgrundlage, die die Rechtsanwaltschaft im Interesse einer funktionierenden Rechtspflege benötigt".[66] An anderer Stelle nennt es das Vertrauensverhältnis die Voraussetzung des anwaltlichen Rechtsbeistands.[67] Ohne das notwendige Vertrauen wird der Mandant dem Anwalt nicht die Informationen zur Verfügung stellen, auf die der Anwalt angewiesen ist. Verschiedentlich wird davon gesprochen, dass anwaltlicher Rat und Hilfe „nur bei rückhaltloser Offenheit" zu erlangen sind.[68] Umgekehrt bedingt eine erfolgreiche Tätigkeit des Anwalts, dass sich dieser auf die Angaben des Mandanten verlassen darf.[69]

Die grundlegende Bedeutung des Vertrauensverhältnisses zwischen Rechtsanwalt und Mandant wird auch nicht durch neuere Entwicklungen in Frage gestellt. So ist zwar richtig,

---

64 BGH NJW 1991, 2079; NJW-RR 1990, 1241, 1242; *Borgmann* NJW 2000, 2953, 2957.

65 *Steinkraus/Schaaf* JuS 2001, 167, 170.

66 BVerfGE 87, 287, 320 = NJW 1993, 317, 319. Ähnlich BVerfGE 93, 213, 236 = NJW 1996, 709, 710. Siehe auch die Entschließung des Europäischen Parlaments vom 16. 12. 2003, P5_TA-PROV(2003)0572, http://www.europarl.europa.eu/sides/getDoc.do?pubRef=-//EP//TEXT+TA+20040129+ITEMS+DOC+XML+V0//DE#sdocta17; KG NJW 1994, 462, 463.

67 BVerfG NJW 2005, 1917, 1919; BVerfGE 110, 226, 252 = NJW 2004, 1305, 1307.

68 *Ring* EWiR 1993, 745, 746; LG Karlsruhe NJW-RR 2002, 706.

69 BGH NJW 1961, 601, 602; *Lichtner* S. 1.

dass es heutzutage kaum mehr den Hausanwalt gibt, der den Klienten sein Leben lang mit Rechtsrat treu zur Seite steht. Dieses wohl noch der RAO von 1878 und der BRAO von 1959 zugrunde liegende Berufsbild stimmt weder mit der heutigen Anwaltstätigkeit noch mit dem heutigen Wettbewerbsumfeld überein.[70] Zu letzterem hat das *BVerfG* schon 1993 bemerkt: „Wer den Beruf des Rechtsanwalts ergreifen will, muß sich den besonderen Bedingungen des Anwaltsmarkts stellen. Auf diesem besteht eine äußerst angespannte Wettbewerbssituation, die sich durch eine wachsende Zahl von Berufsanfängern, die Niederlassungsfreiheit im Rahmen der europäischen Gemeinschaft und die rechtsberatende Tätigkeit anderer Berufsgruppen (vor allem Steuerberater und Wirtschaftsprüfer) zunehmend verschärft".[71] Die anwaltliche Tätigkeit ist heute zum Teil geprägt von der Anonymität eines Massengeschäfts, zum Teil aber auch von der Zusammenarbeit hochspezialisierter und internationaler Gruppen von Anwälten in Wirtschaftsfragen.[72] Diese Veränderungen haben jedoch das Grundbedürfnis der Mandanten nach Vertraulichkeit nicht gemindert.[73] Nach wie vor sind Privatleute bestrebt, ihre Rechtsstreitigkeiten nicht öffentlich werden zu lassen, und auch Wirtschaftsunternehmen lassen sich weiterhin ungern von der Öffentlichkeit oder der Konkurrenz in die Karten schauen. Die Vertraulichkeit hat im Anwalt-Mandanten-Verhältnis nicht an Bedeutung verloren.

2. *Einfachgesetzlicher Schutz*

Der Rechtsanwalt kann das Vertrauen des Mandanten nur rechtfertigen, wenn er die ihm anvertrauten Geheimnisse nicht an Dritte weitergibt. Ein solches unbefugtes Offenbaren wird durch eine Reihe von Rechtssätzen verboten; sie reicht von § 203 Abs. 1 Nr. 3 StGB bis zu § 242 BGB i. V. m. dem Anwaltsvertrag. Gleichzeitig muss die Rechtsordnung sicherstellen, dass der Rechtsanwalt nicht zu einer Offenbarung gezwungen wird. Wie jedermann ist er ist prinzipiell Adressat prozessualer Auskunftspflichten, z. B. aus §§ 48, 70 StPO, §§ 377, 390 ZPO. Er darf jedoch das Zeugnis verweigern über dasjenige, was ihm in seiner Eigenschaft als Rechtsanwalt anvertraut worden oder bekannt geworden ist, § 53 Abs. 1 Nr. 3 StPO, § 383 Abs. 1 Nr. 6 ZPO. Inhalt und Umfang der Auskunftspflichten im Insolvenzverfahren werden in § 7 behandelt.[74]

3. *Verfassungsrechtlicher Schutz*

Eine verfassungsrechtliche Garantie des Vertrauensverhältnisses zwischen Rechtsanwalt und Mandant ergibt sich aus subjektiven Rechten des Mandanten, nämlich aus seinem Recht auf informationelle Selbstbestimmung und aus seinem Anspruch auf ein rechtsstaatliches Verfahren.

70 Henssler/Prütting/*Koch*² Einl Rn. 31.
71 BVerfGE 87, 287, 317 = NJW 1993, 317, 318.
72 Dazu *Stürner/Bormann* NJW 2004, 1481; *Gieseler* JR 2005, 221, 226.
73 Henssler/Prütting/*Koch*¹ Einl Rn. 28.
74 Siehe S. 48 ff.

a) *Das Recht auf informationelle Selbstbestimmung*

aa) *Privatgeheimnisse*

In aller Regel vertraut der Rechtsuchende im Laufe des Mandats dem Anwalt Privatgeheimnisse an.[75] Diese Privatheit ist durch das allgemeine Persönlichkeitsrecht des Art. 2 Abs. 1 i. V. m. Art. 1 Abs. 1 GG geschützt. „Seine Aufgabe ist es, im Sinne des obersten Konstitutionsprinzips der ‚Würde des Menschen' (Art. 1 Abs. 1 GG) die engere persönliche Lebenssphäre und die Erhaltung ihrer Grundbedingungen zu gewährleisten [...]".[76] Der Teil des allgemeinen Persönlichkeitsrechts, der die Befugnis umfasst, „selbst über die Preisgabe und Verwendung persönlicher Daten zu bestimmen", wird als Recht auf informationelle Selbstbestimmung bezeichnet.[77] Dabei kommt es grundsätzlich nicht darauf an, ob und an wen diese Daten preisgegeben werden. Das Geheimnis muss nicht wegen möglicher unangenehmer Folgen der Preisgabe für den Betroffenen geachtet werden, sondern weil es Ausdruck des Willen des Einzelnen zur Privatheit ist.[78]

Diese Privatheit hat der Mandant zwar dadurch zum Teil aufgehoben, dass er den Rechtsanwalt zu Rate zog und ihn damit in sein Geheimnis einweihte. Damit hat er aber die Privatheit der Information nicht beseitigt, sondern lediglich den Kreis der Wissenden erweitert. Solange dieser Kreis eng umgrenzt bleibt, besteht der private Charakter fort. Auch das einer Vertrauensperson bekannt gegebene Privatgeheimnis unterfällt also dem Schutzbereich des Art. 2 Abs. 1 i. V. m. Art. 1 Abs. 1 GG.[79]

Für die Privatperson, die dieses Geheimnis erfahren hat, ergeben sich daraus aber keine Folgen. Sie ist nicht grundrechtsgebunden und daher auch nicht verpflichtet, das Geheimnis für sich zu behalten. Anders sieht es mit solchen Berufsträgern aus, auf die der Bürger angewiesen ist und denen er sich daher anvertrauen muss. Gegenüber dem Anwalt z. B. offenbart sich der Bürger nicht freiwillig, sondern weil er zur Durchsetzung seiner Rechte auf kundigen Rechtsrat angewiesen ist. Da die Vertretung durch einen Anwalt ein Grundprinzip des Rechtsstaates ist, ist das Aufsuchen des Anwalts auch erwünscht. Wenn der Staat seinen Bürger aber einer solchen Gefährdung seines Persönlichkeitsrechts aussetzt, hat er dafür zu sorgen, dass diese Beeinträchtigung möglichst gering ausfällt. Dem Staat obliegt also eine Schutzpflicht in Hinblick auf das Recht auf informationelle Selbstbestimmung. Er ist ihr durch Erlass einiger Normen nachgekommen, z. B. § 203 StGB und § 43a Abs. 2 BRAO.

Der Staat hat aber Grundrechte nicht nur gegenüber seinen Bürgern zu beachten (Abwehr-, Teilhabe- und Leistungsfunktion; subjektives Verfassungsrecht) und ihre Geltung dort sicherzustellen, wo der einzelne dies nicht alleine schafft (Schutzpflicht), sondern er muss sie auch bei der Auslegung und Anwendung einfachen Rechts beachten (objektives Verfassungsrecht). Die Grundrechte stellen Verfassungsgrundsätze auf, die auf das gesamte einfache Recht ausstrahlen.[80] Das Einfallstor verfassungsrechtlicher Vorgaben in das

---

75 Zum strafrechtlichen Geheimnisbegriff siehe S. 53.

76 BVerfGE 54, 148, 153 = NJW 1980, 2070.

77 BVerfGE 65, 1, 43 = NJW 1984, 419, 422 – Volkszählung. Allgemein dazu *Jarass*/Pieroth[8] Art. 2 Rn. 44 f.

78 BVerfGE 32, 373, 380 = NJW 1972, 1123, 1124; BGHZ 24, 72, 81 = NJW 1957, 1146, 1147.

79 Zusammenfassend Maunz/Dürig/*Di Fabio* Art. 2 Abs. 1 Rn. 153, 156.

80 BVerfGE 84, 192, 194 f. = NJW 1991, 2411 f.; BGH NJW 2005, 497, 499.

einfache Recht sind unbestimmte Rechtsbegriffe und Generalklauseln.[81] Ein unbestimmter Rechtsbegriff ist etwa das Merkmal „unbefugt" in § 203 StGB.[82]

bb) Geschäfts- und Betriebsgeheimnisse

Zum Mandantenkreis gehören nicht nur Privatpersonen, sondern auch Geschäftsleute sowie Personen- und Kapitalgesellschaften. Es fragt sich, welchen Schutz die von ihnen preisgegebenen Geheimnisse, die keinen persönlichen Bezug haben, genießen. Dazu werden zwei Meinungen vertreten. Unter Führung des *BGH* geht die eine davon aus, dass auch Geschäftsdaten unter die informationelle Selbstbestimmung fallen.[83] Dabei wird – zumindest für juristische Personen – auf Art. 19 Abs. 3 GG verwiesen und herausgehoben, dass die informationelle Selbstbestimmung als negative Ausprägung der allgemeinen Handlungsfreiheit in Art. 2 Abs. 1 GG begründet sei.[84] Mit dem fehlenden Bezug zur Persönlichkeit gehe aber auch die Untermauerung durch Art. 1 Abs. 1 GG verloren. Daher könne sich ein Unternehmen auch nur dann auf die informationelle Selbstbestimmung berufen, wenn es in seinem Tätigkeitsbereich einschließlich seiner sozialen Geltung als Wirtschaftsunternehmen betroffen wird.[85] Die Gegenmeinung will Betriebsdaten der Berufs- und Eigentumsfreiheit zuordnen.[86] Insoweit wandele sich der absolute Schutz des informationellen Persönlichkeitsrechts in einen relativen Schutz des Rechts auf informationelle Selbstbestimmung des Unternehmens.[87] Es wird deutlich, dass beide Meinungen das Recht auf informationelle Selbstbestimmung für Unternehmen relativieren und auf ihren Erwerbszweck beziehen. Daher ist es nicht nötig, sich der einen oder anderen Meinung anzuschließen.[88]

b) Der Anspruch auf ein rechtsstaatliches Verfahren

Art. 2 Abs. 1 GG enthält nicht nur i. V. m. Art. 1 Abs. 1 GG das Recht auf informationelle Selbstbestimmung, sondern i. V. m. dem Rechtsstaatsprinzip auch den Anspruch auf ein rechtsstaatliches Verfahren.[89] Dieses wird in allen gerichtlichen Verfahren garantiert.[90] Daraus leitet sich ein Recht auf vertrauliche Kommunikation zwischen Rechtsanwalt und Mandant her,[91] soweit sich das Mandat auf ein gerichtliches Verfahren bezieht. Dieses Recht haben Privatpersonen und Unternehmen gleichermaßen. Die gerade herausgearbeiteten Unterschiede des Schutzniveaus von Privat- und Geschäftsgeheimnissen wirken sich daher in der konkreten Abwägung nicht aus. Denn einem Unternehmen muss ein

---

81 BVerfGE 7, 198, 204 ff. = NJW 1957, 257 – Lüth.

82 Näher dazu S. 58 f.

83 BGHZ 36, 77, 80 f. = NJW 1962, 32, 33 (ohne Bezug zum Verfassungsrecht); BGH NJW 1975, 1882, 1884; Maunz/Dürig/*Di Fabio* Art. 2 Abs. 1 Rn. 224.

84 Maunz/Dürig/*Di Fabio* Art. 2 Abs. 1 Rn. 224.

85 BGH NJW 1986, 2951 f.; *Schwerdtner* JuS 1978, 289, 292.

86 *Jarass*/Pieroth[8] Art. 2 Rn. 45, Art. 12 Rn. 11, Art. 14 Rn. 19; *Breuer* HStR VI § 178 Rn. 26. Für Zuordnung zur Berufsfreiheit jetzt auch BVerfGE 115, 205, 229 ff. = NVwZ 2006, 1041, 1042.

87 *Breuer* HStR VI § 148 Rn. 27.

88 So auch *Breuer* NVwZ 1986, 171, 174.

89 St. Rspr. des BVerfG, vgl. BVerfG NJW 2005, 1917, 1919 m. w. N.

90 Mangoldt/Klein/*Starck*[5] Art. 2 Abs. 1 Rn. 128, 130; Maunz/Dürig/*Di Fabio* Art. 2 Abs. 1 Rn. 75.

91 Für den Strafverteidiger siehe BVerfG NJW 2005, 1917, 1919 m. w. N.

rechtsstaatliches Verfahren genauso offenstehen wie einer Privatperson. Die mögliche Offenbarung eines Geschäftsgeheimnisses ist nicht minder abschreckend wie diejenige eines Privatgeheimnisses.

Zweiter Teil: Eröffnung des Insolvenzverfahrens über das anwaltliche Vermögen

Dass in letzter Zeit die wirtschaftlichen Probleme der Anwaltschaft und der freien Berufe überhaupt zugenommen haben, ist annähernd einhellige Ansicht der Literatur.[92] Diese Probleme manifestieren sich nicht nur in Zwangsvollstreckungen gegen Freiberufler, sondern auch in Insolvenzverfahren über das Vermögen von Freiberuflern. Den Ursachen dieses Phänomens und ihrer spezielle Ausprägung in der Anwaltschaft soll in diesem Teil anhand der Voraussetzungen für die Eröffnung eines Insolvenzverfahrens nachgegangen werden. Dabei sind auch die Veränderungen aufzuzeigen, die die Ablösung der KO durch die InsO mit sich gebracht hat. Am Schluss dieses Teils werden die allgemeinen und anwaltsspezifischen Wirkungen der Verfahrenseröffnung dargestellt.

§ 5 Voraussetzungen

Die Feststellung des Vorliegens der Voraussetzungen für die Eröffnung eines Insolvenzverfahrens obliegt dem Insolvenzgericht, § 2 Abs. 1 InsO. Es wird nur auf Antrag tätig, § 13 Abs. 1 S. 1 InsO. Stellt es daraufhin fest, dass ein Eröffnungsgrund gegeben und ausreichend Masse vorhanden ist, wird das Insolvenzverfahren eröffnet, §§ 16, 26 InsO.

I. Eröffnungsgrund, § 16 InsO

Allgemeiner Eröffnungsgrund ist die Zahlungsunfähigkeit, § 17 InsO. Davor kann die Verfahrenseröffnung bei drohender Zahlungsunfähigkeit beantragt werden, § 18 InsO. Der Eröffnungsgrund der Überschuldung gemäß § 19 InsO besteht nur für Kanzleien in der Rechtsform der juristischen Person, nicht aber für den Einzelanwalt.

1. Begriff der Zahlungsunfähigkeit

§ 102 KO forderte zur Eröffnung des Konkursverfahrens lapidar Zahlungsunfähigkeit, ohne diese zu definieren.[93] Rechtsprechung und Literatur definierten Zahlungsunfähigkeit i. S. dieser Vorschrift als den dauernden Mangel an Zahlungsmitteln, der den Schuldner außerstande setzt, seine fälligen und ernsthaft eingeforderten Geldschulden ganz oder teilweise zu erfüllen.[94] § 17 Abs. 2 InsO hat eine Legaldefinition eingeführt, die denjenigen Schuld-

---

92 *Tetzlaff* ZInsO 2005, 393; *Harlfinger* S. 15 f.; *Schmittmann* ZInsO 2004, 725; *Schmittmann* NJW 2002, 182; FS Metzeler/*Vallender* S. 21 f.; *Vallender* NZI 2003, 530; *Hess/Röpke* NZI 2003, 233; *Huff* NJW Heft 49/2004 S. XVI; *Schildt* S. 17; *Sattler/Rickert* ZInsO 2006, 76. Kritisch *Römermann* AnwBl 2005, 178.

93 Der Text lautete:
„§ 102 KO (1) Die Eröffnung des Konkursverfahrens setzt die Zahlungsunfähigkeit des Gemeinschuldners voraus.
(2) Zahlungsunfähigkeit ist insbesondere anzunehmen, wenn Zahlungseinstellung erfolgt ist."

94 BGH NJW 1992, 1960; BGH NJW 1962, 102 f. (zur Zahlungseinstellung); *Kilger/K. Schmidt*[17] § 102 KO 2) a). Wohl auch Hess-KO/*Hess*[6] § 102 Rn. 5. Auf Ernsthaftigkeit verzichtend *Kuhn/Uhlenbruck*[11] § 102 Rn. 2, 2c. Zum Verhältnis von Zahlungseinstellung und Zahlungsunfähigkeit BGH NJW 1991, 980 f.; Braun/*Kind*[2] § 17 Rn. 2.

ner als zahlungsunfähig begreift, der nicht in der Lage ist, die fälligen Zahlungspflichten zu erfüllen. Dieser Begriff geht in dreierlei Hinsicht über das konkursrechtliche Verständnis der Zahlungsunfähigkeit hinaus: Er verzichtet auf die Merkmale der Wesentlichkeit, der Dauerhaftigkeit und des ernsthaften Einforderns.[95]

a) *Dauerhaftigkeit*

Zu Zeiten der KO musste das Unvermögen zur Begleichung der Verbindlichkeiten dauerhaft sein. Dem Schuldner wurden zum Teil bis zu sechs Monate zur Erfüllung seiner Zahlungsverpflichtungen zugestanden.[96] Dieser Sichtweise widersetzt sich der Gesetzgeber der InsO. Eine über Monate dauernde Illiquidität könne nicht zur rechtlich unerheblichen Zahlungsstockung erklärt werden.[97] Letztlich hat sich diese Ansicht noch nicht in der Literatur durchsetzen können,[98] auch wenn es namhafte Fürsprecher für eine zwei- bis dreiwöchige Frist gibt.[99] Auf dieser Linie ist wohl auch die unterinstanzliche Rechtsprechung,[100] möglicherweise einem Hinweis des *BGH* auf den gesetzgeberischen Willen folgend.[101] Diese Ansicht wurde durch ein Urteil des *BGH* vom 25. 4. 2005 bestärkt: Eine erhebliche Liquiditätslücke darf nach Meinung des Gerichts nicht länger als drei Wochen bestehen.[102]

b) *Wesentlichkeit*

Nach der hergebrachten Definition trat Zahlungsunfähigkeit nur ein, wenn der Schuldner seinen Verpflichtungen im Wesentlichen nicht nachkam. Dabei sollte die Zahlungsunfähigkeit entfallen, wenn noch 10% bis 25% der Verbindlichkeiten offenstanden.[103] Diese hohen Werte widersprechen aber den erklärten Zielen des Gesetzgebers.[104] Daher ist eine Tendenz zu geringeren Grenzwerten erkennbar.[105] Nur wenige Stimmen sprechen sich für mehr als 10% aus.[106] Der *BGH* hat sich in dem bereits erwähnten Urteil vom 25. 4. 2005 zu der Frage geäußert und den Schwellenwert bei 10% angesetzt.[107] Beträgt die Unterdeckung mindestens 10%, so sei von Zahlungsunfähigkeit auszugehen, wenn keine konkreten Umstände benannt werden, die eine Schließung der Liquiditätslücke in absehbarer Zeit mit an Sicherheit grenzender Wahrscheinlichkeit erwarten lassen. Stehen dagegen weniger als 10% der Verbindlichkeiten offen, dürfe man Zahlungsfähigkeit annehmen, wenn nicht besondere Umstände auf eine Verschlechterung der Liquidität deuten. Ob dies letztlich

---

95 Braun/*Kind*[2] § 17 Rn. 3 ff.
96 Nachweise bei *Kuhn/Uhlenbruck*[11] § 102 Rn. 2.
97 BT-Dr. 12/2443 S. 114.
98 Nachweise bei *Bork* KTS 2005, 1, 7, Fn. 30.
99 Kübler/Prütting/*Pape* § 17 Rn. 8 ff.; HK/*Kirchhof*[4] § 17 Rn. 18; Jaeger-InsO/*Müller* § 17 Rn. 23 ff.
100 LG Bonn NZI 2001, 488, 491; AG Köln ZIP 1999, 1889, 1891.
101 BGHZ 149, 178, 187 = NJW 2002, 515, 517.
102 BGH NJW 2005, 3063, 3064.
103 Siehe die Nachweise bei Jaeger-InsO/*Müller* § 17 Rn. 19 und *Kuhn/Uhlenbruck*[11] § 102 Rn. 2a.
104 RegE zu § 17 InsO, abgedruckt in *Balz/Landfermann* S. 223.
105 Braun/*Kind*[2] § 17 Rn. 11; Jaeger-InsO/*Müller* § 17 Rn. 22. Vgl. auch die Nachweise in BGH NJW 2005, 3063 f.
106 *Haarmeyer/Wutzke/Förster*[3] Kap. 1 Rn. 85.
107 BGH NJW 2005, 3063, 3064 ff. Kritische Urteilsbesprechung von *Neumaier* NJW 2005, 3041, 3042.

zu strengeren Anforderungen an die Zahlungsfähigkeit führt, bleibt abzuwarten. Denn der Schwellenwert von 10% bedeutet nach der Lesart des BGH eben keine Obergrenze, sondern löst lediglich eine Darlegungslast für besondere Umstände auf Seiten des Unternehmens aus. Werden diese nachgewiesen, scheint es aber nach wie vor möglich, dass eine Unterdeckung von bis zu 25% keine Insolvenz bedeutet.

c) *Ernsthaftes Einfordern*

Unter der KO ging man davon aus, dass ein Gläubiger, der seine Forderung nicht ernsthaft einforderte, sie dem Schuldner stundete. Demnach wurde sie nicht als fällige Verbindlichkeit begriffen. Diese Einschränkung gab der Gesetzgeber aber auf, um Gleichlauf mit dem allgemeinen Schuldrecht herzustellen und das Phänomen der erzwungenen Stundung zu beseitigen.[108] Ihm erschien dieser Gedanke so selbstverständlich, dass er nicht einmal mehr in der Regierungserklärung zur InsO auftauchte. Daher ist die Literatur wohl einhellig dafür, auf das Merkmal des ernsthaften Einforderns zu verzichten.[109] Auch der *4. Strafsenat des BGH* folgt dieser Linie.[110] Der *IX. Zivilsenat* scheint ebenfalls dieser Ansicht zu sein, zumindest taucht das Erfordernis des ernsthaften Einforderns in neueren Urteilen nicht mehr auf.[111]

d) *Folgerungen für die Insolvenz des Rechtsanwalts*

Die InsO hat die Reichweite der Zahlungsunfähigkeit stark vergrößert, sowohl durch den Wortlaut des § 17 Abs. 2 InsO als auch durch die ihn begleitende Auslegung. Die Bestätigung der These, dass diese Veränderungen für eine Zunahme der eröffneten Insolvenzverfahren über anwaltliches Vermögen verantwortlich sind, hängt davon ab, ob sich die Praxis der Insolvenzgerichte eröffnungsfreudiger als noch unter der KO zeigt. Zumindest beim ernsthaften Einfordern kann man von einer klaren h. M. sprechen, die vom Willen des Gesetzgebers getragen wird. Insofern wird es den Insolvenzgerichten schwerfallen, die Rechtsprechung zur KO fortzusetzen. Bei dem Erfordernis der Dauerhaftigkeit bietet sich ein anderes Bild: Zwar ist die Literatur uneinheitlich, doch hat sich die Rechtsprechung schon insolvenzfreundlich gezeigt. Diese Entwicklung wurde durch das Urteil des BGH vom 25. 4. 2005 bestätigt. Dagegen hat es im Hinblick auf die Wesentlichkeit keine Klarstellung zur Höchstgrenze der Unterdeckung gebracht, aber immerhin die Orientierung durch den 10%-Schwellenwert erleichtert. Zumindest in Bezug auf die Merkmale des ernsthaften Einforderns und der Dauerhaftigkeit darf indes davon ausgegangen werden, dass sich die unterinstanzlichen Gerichte und weitere Teile der Literatur in Zukunft insolvenzfreundlicher als bisher geben werden.

Der neue § 17 InsO führt also in der praktischen Anwendung dazu, dass mehr in finanzielle Schwierigkeiten geratene Anwälte oder deren Gläubiger Insolvenzanträge stellen können. Durch diese neue Gesetzeslage ist nicht nur Insolvenzreife früher gegeben,

---

108 BT-Dr. 12/2443 S. 114.

109 *Bork* KTS 2005, 1; Kübler/Prütting/*Pape* § 17 Rn. 6; Jaeger-InsO/*Müller* § 17 Rn. 9; Uhlenbruck/*Uhlenbruck*[12] § 17 Rn. 8. Jetzt wohl auch HK/*Kirchhof*[4] § 17 Rn. 10, 13, 41 und Fn. 16, vgl. HK/*Kirchhof*[3] § 17 Rn. 10.

110 BGH NJW 2001, 1874, 1875.

111 Vgl. BGH NJW 2005, 3062; BGHZ 149, 178, 184 f. = NJW 2002, 515, 516 f.

sondern sie wird teils auch erst begründet, wenn die Zahlungsunfähigkeit einer Kanzlei im Zeitablauf zwar das Maß des § 17 InsO, aber nicht das des § 102 KO erreicht. Die gleiche Wirkung hat der neu hinzugekommene Insolvenzgrund der drohenden Zahlungsunfähigkeit, § 18 InsO. Im Gegensatz zu § 17 InsO reicht es hier bereits aus, dass der Schuldner voraussichtlich in Zahlungsunfähigkeit geraten wird.

2. *Zahlungsunfähigkeit als tatsächliches Phänomen*

Nicht nur normative, sondern gerade auch faktische Veränderungen haben die Zahl der Anwaltsinsolvenzen ansteigen lassen. Hier soll neben den „klassischen" persönlichen Unzulänglichkeiten des Rechtsanwalts vor allem auf das veränderte wirtschaftliche Umfeld der anwaltlichen Tätigkeit eingegangen werden.[112]

a) *Hergebrachte Insolvenzursachen*

aa) *Beruflicher Misserfolg*

Sind die Mandanten unzufrieden, so wechseln sie den Anwalt. Diese Unzufriedenheit kann aus dem persönlichen Umgang mit dem Anwalt oder seiner fachlichen Qualifikation herrühren. Es mag auch sein, dass der Anwalt an sich kompetent ist, sich aber zu viele oder zu schwierige Mandate aufgeladen hat oder Nebenbeschäftigungen nachgeht, die für die anwaltliche Tätigkeit zu wenig Raum lassen. Wandern aufgrund schlechter Leistung Mandanten ab oder machen diese sogar erfolgreich Schadensersatzansprüche geltend, führt dies zu Verlusten des Anwalts.[113] Eine einzige Falschberatung kann den Rechtsanwalt ruinieren.[114] Daneben können nach *Harlfinger* Fehlentscheidungen bei der Kanzleigründung eine Rolle spielen: „Probleme bereiten zu hohe Büro- und Praxismieten, zu hohe Anfangsinvestitionen bei gleichzeitig ungünstigen Kreditbedingungen und eine zu hohe Personalstärke sowie die falsche Standortwahl."[115] Schließlich kann die Insolvenz auch durch allgemeines organisatorisch-betriebswirtschaftliches Versagen bei der Kanzleiführung ausgelöst werden.[116]

bb) *Zu hohe Aufwendungen für die private Lebensführung*

In der Einzelkanzlei sind die geschäftlichen und privaten Vermögensmassen nicht getrennt. Das bedeutet, dass der Anwalt auch durch Verluste aufgrund seiner privaten Lebensführung zahlungsunfähig werden kann – nämlich dann, wenn die Kanzleiüberschüsse die privaten Verluste nicht mehr abdecken. Solche privaten Verluste können daraus entstehen, dass der Anwalt seine Lebensführung nicht den Praxiserlösen anpasst, also über seine Verhältnisse lebt. Ebenso mögen Verluste aus Spekulationsgeschäften zu Zahlungsunfähigkeit führen.

---

112 Eine Zusammenfassung von Insolvenzauslösern bei Arztpraxen findet sich bei *Schildt* S. 17, *van Zwoll/Mai/Eckardt/Rehborn* Rn. 5 ff. und *Uhlenbruck* ZVI 2002, 49.

113 Beispielhaft für den Anwaltsnotar BGH NJW-RR 2001, 1212.

114 *Kesseler* Rn. 231.

115 *Harlfinger* S. 17. Dazu auch *B. Schick* BerlAnwBl 2005, 153, 155; *Uhlenbruck* ZVI 2002, 49. Einen Überblick über von der Unternehmensführung zu verantwortende Insolvenzursachen geben *Grub/Rinn* ZIP 1993, 1583, 1584 f.

116 *Graf/Wunsch* ZIP 2001, 1029, 1035.

Nicht zuletzt können die Verpflichtungen aus einer geschiedenen Ehe im gesetzlichen Güterstand eine große Belastung darstellen.[117]

b) *Aktuelle Entwicklungen*

Mehr denn je müssen Kanzleien aus wirtschaftlichen Gründen geschlossen werden.[118] Man kann davon ausgehen, dass 2004 fast doppelt so viele Kanzleien Insolvenz angemeldet haben wie 2003.[119] Beachtlich ist dabei, dass es sich zu einem guten Drittel um massearme Insolvenzen handelt. Auch die Zulassungswiderrufe aufgrund Vermögensverfalls haben zugenommen.[120] Diese Entwicklung lässt sich darauf zurückführen, dass immer weniger Umsatz im Rechtsberatungsmarkt auf immer mehr Akteure verteilt werden muss. Der Markt für Rechtsberatung schrumpft, weil sowohl Konjunktur als auch Gebührensätze stagnieren. Daneben hat auch die vorübergehende Änderung der Verrechnung von Einkommenssteuerarten Wirkung gezeigt.

aa) *Konjunktur*

Seit einigen Jahren wächst die deutsche Wirtschaft kaum mehr. Das jetzige Wirtschaftswachstum von maximal 1,5% ist nicht nur deutlich geringer als der Durchschnitt der OECD-Staaten, sondern auch erheblich niedriger als der Schnitt der 80er- und der 90er-Jahre.[121] Diese wirtschaftliche Flaute führt zu einer geringeren Investitionstätigkeit der Unternehmen. Jede größere Investition, sei es der Kauf von Anlagen, Immobilien oder Unternehmen, erfordert juristischen Rat. Dementsprechend ist die Nachfrage nach anwaltlicher Beratung und Vertretung in diesen Feldern zurzeit vergleichsweise niedrig.[122]

Zu schaffen macht den Anwälten aber auch, dass die Zahlungsmoral der Mandanten abgenommen hat.[123] Die daraus resultierenden Liquiditätsprobleme lassen sich jedoch möglicherweise lösen, wenn sich die anwaltliche Verrechnungsstelle genauso etabliert wie ihr privatärztliches Pendant.[124]

Die schlechte Konjunktur der letzten Jahre erhöhte das Risiko von privaten Fehlinvestitionen, die eine Insolvenz nach sich zogen. Das gilt vor allem für den Erwerb einer Immobilie, die vermietet werden soll. Anreiz war dabei oft die Ausnutzung von Steuersparmodellen.[125] In diesem Zusammenhang wurden namentlich sog. Schrottimmobilien erworben, also Immobilien, die sich weder durch Verkauf noch durch Vermietung finanzieren lassen.[126] Die vermietete Immobilie ist aber nicht ohne Grund die „klassische

---

117 *Harlfinger* S. 18.

118 *Tetzlaff* ZInsO 2005, 393; *Römermann* EWiR 2004, 799.

119 *Huff* NJW 2004 Heft 49 S. XVI.

120 *Henssler*/Prütting² § 14 Rn. 26.

121 2,3% bzw. 1,9%, aus OECD-Wirtschaftsausblick Nr. 76 (Dezember 2004) S. 203; jeweils aktuelle Zahlen siehe http://www.oecd.org/dataoecd/6/27/2483806.xls.

122 *Huff* NJW 2004 Heft 49 S. XVI.

123 *Huff* AnwBl 2003, 622.

124 Dazu sogleich S. 25. Zur Abtretung anwaltlicher Vergütungsforderungen s. unten S. 102 ff.

125 *Ries* ZInsO 2003, 1079; *Uhlenbruck* ZVI 2002, 49; *Graf/Wunsch* ZIP 2001, 1029, 1035; *dies.* ZVI 2005, 105, 106; *Runkel* ZVI 2007, 45. Ähnlich *Tetzlaff* ZVI 2004, 2, 4. Näher zu den Steuersparmodellen sogleich.

Altersversorgung der Rechtsanwälte"[127], denn sie galt lange Zeit als sichere Anlage. In letzter Zeit hat sie sich jedoch als verhängnisvoll erwiesen. Mangels adäquater Nachfrage, die sich aus der schlechten Wirtschaftslage erklären lässt, stehen seit einigen Jahren viele Wohn- und Büroflächen leer.[128] Wenn infolgedessen die Mieteinnahmen niedriger ausfallen als vorhergesehen, dazu u. U. die Zins- und Tilgungsverpflichtungen zunehmen, verschlingt die Investition mehr Geld, als sie bringt.[129] So kann es passieren, dass der Anwalt, der für den Kauf einer Immobilie Geld aufgenommen hat, die Kreditverbindlichkeiten nicht mehr aus den Mieteinnahmen bestreiten kann, sondern auf Einnahmen aus seiner Kanzlei zurückgreifen muss. Reichen auch diese nicht mehr aus, bleibt als Ausweg oft nur der Verkauf der Immobilie. Bei niedrigen Büro- und Gewerbemieten sind aber auch die Immobilienpreise oft so niedrig, dass sich ein Verkauf nicht als wirtschaftlich sinnvoll darstellt.

bb) Einkommenssteuer

Als „weitere wesentliche Ursache" für die verschlechterten wirtschaftlichen Verhältnisse bezeichnet *Vallender* die (zeitweilige) Änderung des § 2 Abs. 3 EStG (a. F.).[130] Diese Vorschrift regelt die Verrechnung von Gewinnen und Verlusten von Einkünften. Gewinne und Verluste aus derselben Einkunftsart konnten schon immer unbegrenzt verrechnet werden (horizontaler Verlustausgleich). Gewinne aus einer Einkunftsart durften bis zum Veranlagungszeitraum 1998 ebenfalls mit Verlusten aus einer anderen Einkunftsart verrechnet werden (vertikaler Verlustausgleich).[131] Gewinne aus einer Anwaltskanzlei (selbstständige Arbeit) wurden so durch Verluste z. B. aus Beteiligungen an Containerschiffen (Gewerbebetrieb) gemindert. Diese staatlich geförderte Kapitalanlage hatte für den Steuerschuldner den Hauptanreiz, Gewinne aus selbstständiger (freiberuflicher) Tätigkeit steuergünstig zu verringern. Die dafür notwendige Verlustausgleichsmöglichkeit gemäß § 2 Abs. 3 EStG wurde ab 1999 beträchtlich eingeschränkt.[132] Dadurch kamen auch und gerade Rechtsanwälte, auf die diese Steuersparmodelle zugeschnitten waren, in finanzielle Bedrängnis. Mit Wirkung vom 1. 1. 2004 wurde § 2 Abs. 3 EStG im Wesentlichen wieder in seinen alten Wortlaut zurückgeführt.[133] Eine gewisse Zahl von Anwaltsinsolvenzen dürfte aber dennoch zumindest teilweise dieser Änderung des Steuerrechts geschuldet sein. Nicht auszuschließen ist, dass als Spätfolge auch heute noch Kanzleien insolvent werden, weil die damals angehäuften Schulden nicht mehr bedient werden können.

---

126 Siehe *Henning* ZInsO 2004, 585, 586. Überblick zur Rechtslage bei Schrottimmobilien mit zahlreichen Rechtsprechungsnachweisen *Schmidt-Räntsch* MDR 2005, 6.

127 *Fiedler* BerlAnwBl 2003, 597, 598.

128 *Friedemann* FAZ vom 27. 12. 2004, S. 9; *Haimann* Handelsblatt vom 13. 1. 2005, S. 24.

129 Zu negativen Einkünften aus Vermietung und Verpachtung des Arztes siehe BFH/NV 2005, 178 = DStR 2004, 2139.

130 In Bezug auf den Arzt FS Metzeler/*Vallender* S. 21 f.

131 Zum Ganzen L. Schmidt/*Seeger*[24] § 2 Rn. 63.

132 Steuerentlastungsgesetz 1999/2000/2002 BGBl. 1999 I S. 402.

133 Steuervergünstigungsabbaugesetz („Korb II") BGBl. 2003 I S. 2840.

cc) Vergütungsordnung

Die schlechte Einkommenssituation wird zum Teil auch damit begründet, dass die Gebühren der Rechtsanwälte zu niedrig seien.[134] So wurden zwar die Anwaltsgebühren seit In-Kraft-Treten der BRAGO 1957 sechsmal angepasst, gleichwohl sind sie immer hinter der allgemeinen Preisentwicklung zurückgeblieben.[135] Dadurch sank die Kaufkraft der Anwälte kontinuierlich.

Doch auch die Struktur der Gebührensätze – nach BRAGO wie RVG – macht vor allem kleineren Kanzleien Schwierigkeiten. Fälle mit niedrigem Streitwert sind oft mit verhältnismäßig viel Arbeit verbunden, während große Streitwerte relativ wenig Mühe verursachen können. Da die Gebühren streitwertabhängig sind, verdient der Anwalt bezogen auf eine Arbeitsstunde im Durchschnitt an einem Fall mit geringem Streitwert weniger als an einem Fall mit hohem Streitwert. Die Gebührenregelung geht davon aus, dass der durchschnittliche Anwalt eine gemischte Klientel betreut, so dass sich diese Unregelmäßigkeiten ausgleichen.[136] Eine solche Querfinanzierung wird aber durch die zunehmende Diversifizierung des Anwaltsmarktes vor allem für Einzelanwälte und kleine Sozietäten schwierig. Sie werden immer mehr in die unlukrativen, vom Streitwert her gesehen kleinen Mandate abgedrängt, während die mittleren und großen Kanzleien Fälle mit großen Streitwerten erhalten.[137] An diese großen Mandate nicht mehr zu gelangen ist auch deswegen schmerzlich, weil sie häufig erhebliche außergerichtliche Beratung verlangen. Diese wird nicht nach Gebührenordnung, sondern im Rahmen einer ungleich einträglicheren Honorarvereinbarung abgerechnet.

dd) Anwaltsschwemme

Der vierte Grund für die wirtschaftlichen Schwierigkeiten gerade junger Anwälte ist die sog. Anwaltsschwemme.[138] Darunter wird die Zunahme der Anwaltszahl verstanden, die dadurch ausgelöst wird, dass mehr Rechtsanwälte auf den Arbeitsmarkt drängen, als Juristen aus dem Berufsleben ausscheiden. Hauptgrund dafür ist die zu hohe Studenten- und Absolventenzahl. Eine Nebenrolle spielt die gesunkene Ausbildungsdauer. So vergingen 1993 im Durchschnitt noch zehn Jahre zwischen Studienbeginn und Zulassung zur Anwaltschaft, während es 2002 nur noch acht Jahre waren.[139]

Bei der Anwaltschaft macht sich die Juristenschwemme bemerkbar, weil die anderen juristischen Berufsfelder verhältnismäßig klein und kurzfristig nicht ausweitungsfähig sind.[140] Dies betrifft insbesondere die Justiz und die öffentliche Verwaltung. Daher steigt die Zahl der zugelassenen Anwälte im Augenblick pro Jahr um 4-5%. Sie hat im Jahr 2000 die Marke von 100.000 überschritten und betrug Anfang 2006 leicht über 138.000.[141]

---

[134] Noch zur BRAGO *Bissel* AnwBl 1996, 267 und *Rick* S. 205 ff. Zum RVG *Hartung*/Römermann Einf. Rn. 15.

[135] *Hartung* NJW 2004, 1409.

[136] Gerold/Schmidt/*Madert*[17] RVG Einl. Rn. 12 und *Hellwig* NJW 2005, 1217, 1218 f. sprechen von einer Mischkalkulation; *Gieseler* JR 2005, 221, 224 von Quersubventionierung.

[137] *Ch. Wolf* BRAK-Mitt 2006, 15, 17 f.

[138] *Heid* in: DAV-Anwaltausbildung, Band 2, S. 175, 180; S. *Hartung* NJW 2004, 1409; *Bissel* AnwBl 1996, 267, 268; *Harlfinger* S. 17.

[139] *Bundesrechtsanwaltskammer*, http://www.brak.de/seiten/pdf/Statistiken/jurastudenten2002.pdf, S. 1.

[140] *Streck* AnwBl 2004, 358.

Über die Anwalts- oder Juristenschwemme wird indes schon seit langer Zeit geklagt.[142] So lange der für die Anwaltschaft relevante Teil des Rechtsberatungsmarkts im gleichen Maße wächst wie die Zahl der Anwälte, stellt dieses Phänomen kein Problem für den einzelnen Anwalt dar. Sobald aber – wie oben gesehen – aus konjunkturellen oder sonstigen Gründen Zahl und Umfang der Mandate zurückgeht, muss dies notwendigerweise das durchschnittliche Einkommen verringern.[143]

ee) Zusammenschau

Diese Entwicklungen fasst *Huff* folgendermaßen zusammen: Während der Gesamtumsatz im Segment Rechtsberatung von 1994 bis 2001 lediglich um 33% (inflationsbereinigt 20%) zunahm, stieg die Zahl der Rechtsanwälte im gleichen Zeitraum um 57%.[144] Der Umsatz pro Anwalt sank mithin um 15% (inflationsbereinigt 24%).[145] Nach *Hartung* stagnierten die Einnahmen der Rechtsanwälte im Zeitraum von 1994 bis 2003.[146] *Schmucker* zeichnet sowohl für die wirtschaftliche Situation als auch für die persönlichen Gewinne bezogen auf das Jahr 2001 „ein eher negatives Bild". Aus den Schaubildern ihres Artikels geht hervor, dass Umsätze und Überschüsse je Anwalt seit der Mitte der 90er-Jahre gesunken sind, und zwar sowohl bei den Einzelkanzleien, als auch den örtlichen und überörtlichen Sozietäten.[147] *Streck* spricht von „dramatisch sinkenden anwaltlichen Umsätzen und Erlösen",[148] *Bissel* schließlich sieht gar ein „verdecktes, nicht auf Einzelfälle beschränktes Problem der Armut in der Anwaltschaft".[149] Dieses Eindrucks kann man sich kaum erwehren, wenn man bedenkt, dass im Jahr 2001 die Hälfte der Rechtsanwälte in Mecklenburg-Vorpommern ein Monatseinkommen vor Steuern von weniger als 2.000 € erlangten; in Nordrhein-Westfalen lag der Anteil bei einem Drittel.[150] In dieses Bild passt, dass der Berliner Anwaltsverein Ende 2003 eine Beratungsstelle für Anwälte in finanziellen Schwierigkeiten eingerichtet hat.[151]

Folge dieser Entwicklung ist, dass sich das Bild der Kanzleiinsolvenz verändert hat. Früher meldeten in den meisten Fällen Rechtsanwälte Insolvenz an, die sie selbst – beruflich oder privat – verschuldet hatten. Oft war die Ursache ein völliges Missverhältnis zwischen den Einnahmen und den Ausgaben für den persönlichen Lebensstil.[152] Die damit häufig einhergehenden strafbaren Handlungen veranlassten die Rechtsanwaltskammern oft, die

---

141 Vgl. die Statistik der *Bundesrechtsanwaltskammer*, http://www.brak.de/seiten/pdf/Statistiken/GesamtzahlenRAe.pdf.

142 *Klinge* AnwBl 1980, 173; *Senninger* AnwBl 1977, 378. Vgl. auch *Römermann* JA 2004, 254, 256; *Römermann* AnwBl 2005, 178.

143 Dazu sogleich.

144 *Huff* AnwBl 2003, 622. Inflationsbereinigte Zahlen nach eigenen Berechnungen, basierend auf http://www.ihk-koeln.de/Navigation/Standortpolitik/ZahlenDatenStatistiken/Anlagen/Index.pdf.

145 Ähnlich düster *Rick* S. 203 ff.; *Heid* in: Deutscher Anwaltverein, DAV-Anwaltausbildung, Band 2, S. 175, 181.

146 *Hartung*/Römermann² Einf. Rn. 12 f.

147 *Schmucker* BRAK-Mitt 2003, 254, 257 f.

148 *Streck* AnwBl 2004, 358.

149 *Bissel* AnwBl 1996, 267.

150 *Harlfinger* S. 18.

151 Dazu *Lührig* AnwBl 2005, 179.

152 *Fiedler* BerlAnwBl 2003, 597 f.

Zulassung zu widerrufen.[153] Durch die wirtschaftliche Misere der Anwaltschaft geht jedoch in der Zwischenzeit die Hälfte aller Widerrufe der Anwaltszulassung auf Vermögensverfall ohne strafrechtlichen Hintergrund zurück.[154] Nun sind es häufig externe Gründe, die zur Praxisaufgabe zwingen.[155] Eine Vielzahl von Gründen, die Ende des letzten und Anfang dieses Jahrzehnts zusammentrafen, haben den wirtschaftlichen Druck gerade für kleinere Kanzleien stark erhöht. Er ist bis heute nicht merklich abgeklungen und hat zu einer beachtlichen Zunahme von Kanzleiinsolvenzen geführt.[156]

ff) Ausblick

Auch die Zukunft verheißt für den Einzelanwalt nicht viel Gutes. Zurzeit wird das Rechtsdienstleistungsgesetz (RDG) im Parlament beraten,[157] das an die Stelle des RBerG treten soll. Zwar bleibt die befürchtete Gleichstellung der Diplom-Wirtschaftsjuristen mit den Volljuristen aus, doch soll die unentgeltliche Rechtsberatung in weitem Umfang erlaubt werden . Nicht zuletzt wird jedermann die außergerichtliche Beratung eröffnet, wenn diese keine besondere rechtliche Prüfung des Einzelfalls erfordert oder als Nebenleistung zum Berufs- oder Tätigkeitsbild oder zur vollständigen Erfüllung der mit der Haupttätigkeit verbundenen Pflichten gehört. Erlaubt ist also künftig etwa die Geltendmachung einfacher Ansprüche, so dass eine Kfz-Werkstatt für den Kunden die Schadenspauschale geltend machen kann. Ebenso wird z. B. ein Architekt über Fragen des Baurechts oder der Sachmängelhaftung beraten dürfen.

Durch die Anwaltsschwemme und das angekündigte RDG wird das Stück, das sich die einzelne Kanzlei aus dem Rechtsberatungskuchen herausschneiden kann, immer kleiner. *Dombek* spricht davon, dass „für einen großen Teil der Anwaltschaft durch die nichtanwaltliche Konkurrenz das ‚Brot-und-Butter-Geschäft' wegfallen" werde.[158] Die wirtschaftlichen Sorgen der kleinen und mittelständischen Kanzleien dürften also in Zukunft weiter zunehmen.

Einen kleinen Lichtblick bietet allenfalls die Deutsche Anwaltliche Verrechnungsstelle AG.[159] Dieses Unternehmen wurde Anfang 2005 nach dem Vorbild der privatärztlichen Verrechnungsstellen gegründet. Sein Ziel besteht darin, die Anwälte von der Geltendmachung und Durchsetzung ihrer Forderungen zu entlasten. Die Anwaltliche Verrechnungsstelle sorgt auch dafür, dass offene Forderungen zügig eingetrieben werden und mag in manchen Fällen den Mandanten eher zur Zahlung bewegen, weil eine Verrechnungsstelle offizieller und durchschlagskräftiger erscheint als ein einzelner Rechtsanwalt. Bis jetzt steht allerdings nicht fest, ob diese Form des gewerblichen Einzugs von anwaltlichen Vergütungsforderungen rechtmäßig ist. Die diesbezüglich bejahenden Urteile des *OLG Köln* und

153 *Huff* NJW 2004 Heft 13 S. XVIII. Die wichtigsten Insolvenzstraftaten i. w. S. finden sich in der Aufzählung von *Grub/Rinn* ZIP 1993, 1583, 1585 f.

154 *Huff* NJW 2004 Heft 49 S. XVIII.

155 *Schildt* S. 166.

156 OLG Rostock ZInsO 2004, 748, 749. Neueste Zahlen im Anhang auf S. 243.

157 Gesetzentwurf der Bundesregierung vom 30. 11. 2006, BT-Dr. 16/3655. Der Entwurf ist stark an den Referentenentwurf aus dem Jahr 2004 angelehnt, www.bmj.bund.de/media/archive/895.pdf. Dazu Überblick und Kritik bei *Römermann* DB 2005, 931.

158 *Dombek* BRAK-Mitt 2005, 97. In diese Richtung auch *Römermann* DB 2005, 931, 936.

159 Zum Ganzen *Creutz* Handelsblatt vom 9. 3. 2005 S. 37; Nachrichten in NJW-Spezial 2005, 48 und NJW-Spezial 2005, 240. Siehe auch http://www.anwvs.de.

des *LG Köln* hatten nur die Lauterkeit, nicht aber die Vereinbarkeit mit dem Berufsrecht zum Gegenstand.[160] Daher können die Auswirkungen der Anwaltlichen Verrechnungsstelle auf die Zahl der Anwaltsinsolvenzen noch nicht eingeschätzt werden.

II. Keine Masselosigkeit, § 26 InsO

Bei Masselosigkeit wird das Insolvenzverfahren nicht eröffnet, weil das Vermögen des Schuldners voraussichtlich nicht ausreicht, um die Kosten des Verfahrens zu decken, § 26 Abs. 1 S. 1 InsO. Diese Vorschrift entspricht § 107 Abs. 1 S. 1 KO. Der Anwendungsbereich der Masselosigkeit hat sich durch die Einbeziehung des Neuerwerbs in die Masse, die Verringerung der Verfahrenskosten und die Stundungsmöglichkeit gemäß §§ 4a ff. InsO verkleinert.

Nach der KO bezog sich die Masse nur auf das Vermögen, welches dem Schuldner zur Zeit der Verfahrenseröffnung gehört, § 1 Abs. 1 KO. Die InsO erweitert die Masse, indem sie auch das einbezieht, was der Schuldner im Laufe des Insolvenzverfahrens erwirbt, § 35 Abs. 1 Fall 2 InsO. Insbesondere bei der Zahlungsunfähigkeit von Freiberuflern hat sich die Einbeziehung des Neuerwerbs bemerkbar gemacht, weil erst dadurch deren wichtigster Vermögenswert - die Arbeitskraft - der Masse zugute kam.[161] Eine größere Insolvenzmasse führt zu mehr Verfahrenseröffnungen.

Kernbestand der Verfahrenskosten bzw. Massekosten nach InsO und KO sind die Gerichtskosten für das Verfahren. Dazu kommen nach § 54 Nr. 2 InsO die Vergütungen und Auslagen des vorläufigen und endgültigen Insolvenzverwalters und der Mitglieder des Gläubigerausschusses. Diese Ausgaben sind auch in § 58 Nr. 2 KO enthalten, der die Ausgaben für die Verwaltung, Verwertung und Verteilung der Masse als Massekosten ansieht.[162] Diese Vorschrift deckt aber darüber hinaus z. B. öffentliche Abgaben für Grundstücke und Kraftfahrzeuge ab. Schließlich gehört zu den Massekosten gemäß § 58 Nr. 3 KO die dem Schuldner und dessen Familie bewilligte Unterstützung. Somit sind die insolvenzrechtlichen Verfahrenskosten geringer als die konkursrechtlichen Massekosten. Dies führt zu einem engeren Anwendungsbereich der Masselosigkeit und damit zu einer erleichterten Eröffnung des Insolvenzverfahrens.[163]

Wenn die Verfahrenskosten im Rahmen des Restschuldbefreiungsverfahrens gestundet werden, unterbleibt die Abweisung mangels Masse, § 26 Abs. 1 S. 2 Fall 2 InsO. Diese Alternative und die §§ 4a ff. InsO wurden zum 1. 1. 2002 durch das Gesetz zur Änderung der Insolvenzordnung und anderer Gesetze vom 26. 10. 2001[164] eingefügt, um auch denjenigen natürlichen Personen die Restschuldbefreiung zu ermöglichen, die in einem zivilprozessualen Verfahren Prozesskostenhilfe in Anspruch nehmen könnten. Somit führt die Stundung der Verfahrenskosten ebenfalls zu einer Steigerung der Zahl der eröffneten Verfahren.[165]

---

[160] OLG Köln, Urteil vom 3. 2. 2006 – 6 U 190/05 –; vorgehend LG Köln GRUR-RR 2006, 30, Urteil vom 30. 9. 2005 – 81 O 77/05 –.

[161] *Runkel* ZVI 2007, 45.

[162] Zum Umfang der Massekosten nach § 58 Nr. 2 KO Hess-KO/*Hess*[6] § 58 Rn. 11. Der Text der Norm findet sich in Fn. 1287.

[163] Braun/*Kind*[2] § 26 Rn. 2.

[164] BGBl. I S. 2710.

[165] *Harlfinger* S. 17; *Schmerbach* ZVI 2001, 256, 257.

III. Verfahrensrechtliche Anreize

Abgesehen von den besseren Chancen, dass das Insolvenzverfahren überhaupt eröffnet wird, hat die InsO gegenüber der KO auch zwei neue Anreize zur Antragstellung geschaffen. Dies ist erstens die Möglichkeit der Restschuldbefreiung, die es der natürlichen Person in Aussicht stellt, innerhalb von sechs Jahren schuldenfrei zu werden. Das Konkursverfahren bot dagegen in den meisten Fällen nur die Aussicht, lebenslang mit der Abzahlung der Schulden beschäftigt zu sein. Unter der KO bot die Stellung des Konkursantrags für den Schuldner also keinen Vorteil gegenüber dem Arbeiten unter „Bankkuratel". Darunter versteht man eine Vereinbarung, wonach der Schuldner alle bestehenden und zukünftigen Forderungen an die Bank abtritt und diese ihm ein „Taschengeld" für den Lebensunterhalt zuteilt. Diese Alternative wahrte immerhin das Gesicht des Schuldners.[166] Zweitens unterscheidet sich die InsO darin von der KO, dass sie nicht mehr nur eine Gesamtvollstreckungsordnung sein, sondern auch Unternehmen sanieren will, § 1 S. 1 InsO a. E. Dies drückt sich in den neu geschaffenen Instrumenten des Insolvenzplans und der Eigenverwaltung aus. Gerade die besonderen Gestaltungsmöglichkeiten bei der Bildung von Gläubigergruppen im Rahmen des Insolvenzplanverfahrens bieten größere Spielräume für den Schuldner.[167]

IV. Ergebnis

Die Anzahl der eröffneten Insolvenzverfahren über Anwaltspraxen hat sich von 2000 bis 2006 verdoppelt.[168] In diesem Zeitraum wuchs die Gesamtzahl der Rechtsanwälte um knapp 40%. Es ist nicht davon auszugehen, dass Verschwendungssucht und Unfähigkeit der Rechtsanwälte zugenommen haben. Vielmehr darf vermutet werden, dass die stark angestiegene Zahl der Insolvenzverfahren über Anwaltsvermögen mit exogenen Faktoren zusammenhängt. Hervorzuheben sind die allgemein schlechtere Einkommenssituation der Anwälte sowie die erleichterte Verfahrenseröffnung. Mit der Steigerung der nicht vom Anwalt beeinflussbaren Insolvenzfaktoren lässt sich im Rahmen der Entscheidung über den Zulassungswiderruf aufgrund Vermögensverfalls nicht mehr ohne Weiteres die Vermutung aufrechterhalten, ein Rechtsanwalt sei unzuverlässig, wenn über sein Vermögen ein Insolvenzverfahren eröffnet wurde.[169]

§ 6 Rechtsfolgen

I. Eröffnung des Insolvenzverfahrens

Das Insolvenzverfahren wird entweder als Regelinsolvenzverfahren oder als sog. Verbraucherinsolvenzverfahren gemäß §§ 304 ff. InsO betrieben. Unter der bis Ende 2001

---

166 Dazu näher *Harlfinger* S. 16.

167 Zu den beiden Instrumenten näher S. 175 ff.

168 Vgl. die Statistik im Anhang auf S. 243.

169 Dazu ausführlich § 10.

geltenden Fassung des § 304 InsO konnten Einzelkanzleien nach dem Verbraucherinsolvenzverfahren behandelt werden. Denn § 304 InsO a. F. sah vor, dass diese Verfahrensart auch Anwendung findet, wenn eine natürliche Person bei Verfahrenseröffnung eine geringfügige selbstständige wirtschaftliche Tätigkeit ausübt.[170] Dadurch ergab sich eine Reihe von Problemen.[171] Diskutiert wurde, wie der Begriff der geringfügigen selbstständigen wirtschaftlichen Tätigkeit auszufüllen sei,[172] da auch der damalige Abs. 2 wenig zur Konkretisierung beitrug. Bei Abwicklungen kleinerer Betriebe stellte sich heraus, dass Treuhänder sie oft nicht überschauen konnten. Das Schuldenbereinigungsverfahren war häufig wegen der Vielzahl der Gläubiger fruchtlos.[173] Schließlich wurde mit der Zuweisung zum Verbraucherinsolvenzverfahren auch der Zugang zu Eigenverwaltung und Insolvenzplan versperrt. Diese Schwierigkeiten veranlassten den Gesetzgeber, § 304 InsO wesentlich zu verändern. Nach dessen neuem Abs. 1 S. 1 werden Insolvenzen Selbstständiger, die zur Zeit der Eröffnung des Insolvenzverfahrens wirtschaftlich tätig waren, dem Regelinsolvenzverfahren zugeordnet. Damit sind die angesprochenen Probleme allesamt beseitigt.

II. Bestellung eines Insolvenzverwalters

Grundsätzlich ist zur Eröffnung von Insolvenzverfahren ein Insolvenzverwalter zu bestellen, § 56 InsO.[174] In der Insolvenz des Rechtsanwalts unterbleibt dies nur, wenn Eigenverwaltung angeordnet wird, § 270 InsO. An die Stelle des Verwalters tritt dann der Treuhänder, §§ 292, 313 InsO.

III. Kein automatisches Erlöschen der Mandate

Das Mandat ist ein Geschäftsbesorgungsvertrag, §§ 675, 662 BGB.[175] Wäre der Mandant als Geschäftsherr insolvent, so würde das auf dem Anwaltsvertrag beruhende Schuldverhältnis gemäß §§ 115, 116 S. 1 InsO erlöschen. Auf den insolventen Geschäftsbesorger, also den Rechtsanwalt, sind diese Vorschriften nicht anwendbar.[176] Demnach ergeben sich die Rechtsfolgen für das Mandat aus der allgemeinen Regelung des § 103 InsO.[177]

---

170 § 304 InsO (gültig vom 1. 1. 1999 bis zum 30. 11. 2001): „§ 304 Grundsatz.
(1) Ist der Schuldner eine natürliche Person, die keine oder nur eine geringfügige selbständige wirtschaftliche Tätigkeit ausübt, so gelten für das Verfahren die allgemeinen Vorschriften, soweit in diesem Teil nichts anderes bestimmt ist.
(2) Eine selbständige wirtschaftliche Tätigkeit ist insbesondere dann geringfügig im Sinne des Absatzes 1, wenn sie nach Art oder Umfang einen in kaufmännischer Weise eingerichteten Geschäftsbetrieb nicht erfordert."

171 Zusammenfassend *Vallender* NZI 2001, 561, 562 f.

172 Guter Überblick zur damaligen Diskussion bei *Harlfinger* S. 25 f.

173 BT-Dr. 14/5680 S. 30 Zu Nummer 21.

174 Zu dessen Eigenschaften siehe S. 67.

175 Siehe S. 11 f.

176 HK/*Marotzke*[4] § 115 Rn. 21.

177 Siehe S. 135 ff.

IV. Kein automatischer Verlust der Zulassung zur Anwaltschaft

§ 12 GewO bestimmt, dass während des Insolvenzverfahrens, während der Sicherungsmaßnahmen nach § 21 InsO und während der Insolvenzplanüberwachung die Ausübung eines Gewerbes nicht wegen der Unzuverlässigkeit eines Gewerbetreibenden, die auf ungeordnete Vermögensverhältnisse zurückzuführen ist, untersagt werden darf.[178] Eine ähnliche, die Tätigkeit des Rechtsanwalts schützende Vorschrift gibt es nicht. Im Gegenteil ordnet § 14 Abs. 2 Nr. 7 BRAO an, dass bei Vermögensverfall die Zulassung zur Anwaltschaft zu widerrufen ist. Der Vermögensverfall wird vermutet, wenn ein Insolvenzverfahren über das Vermögen des Rechtsanwalts eröffnet oder der Rechtsanwalt in das Schuldnerverzeichnis eingetragen ist. Die Vermutung tritt also unabhängig davon ein, ob ein Insolvenzverfahren eröffnet wird oder wegen Massearmut nicht eröffnet wird. Diese Vermutung kann jedoch widerlegt werden. Außerdem führt der Vermögensverfall nicht zum Zulassungswiderruf, wenn die Interessen der Rechtsuchenden nicht gefährdet sind. Die Eröffnung des Insolvenzverfahrens über das anwaltliche Vermögen führt folglich nicht ohne Weiteres zum Zulassungsverlust. Daher soll vorerst davon ausgegangen werden, dass die Verfahrenseröffnung keinen Einfluss auf die Zulassung zur Anwaltschaft hat. Die Frage, unter welchen Voraussetzungen der Rechtsanwalt die Zulassung behalten darf und was passiert, wenn er sie verliert, wird im vierten Teil der Arbeit beantwortet.[179]

---

[178] Die Vorschrift lautet: „§ 12 GewO Insolvenzverfahren.
Vorschriften, welche die Untersagung eines Gewerbes oder die Rücknahme oder den Widerruf einer Zulassung wegen Unzuverlässigkeit des Gewerbetreibenden, die auf ungeordnete Vermögensverhältnisse zurückzuführen ist, ermöglichen, finden während eines Insolvenzverfahrens, während der Zeit, in der Sicherungsmaßnahmen nach § 21 der Insolvenzordnung angeordnet sind, und während der Überwachung der Erfüllung eines Insolvenzplans (§ 260 der Insolvenzordnung) keine Anwendung in Bezug auf das Gewerbe, das zur Zeit des Antrags auf Eröffnung des Insolvenzverfahrens ausgeübt wurde."

[179] Siehe S. 194 ff.

Dritter Teil: Verwertung der Kanzlei

§ 7 Einzelverwertung des Kanzleivermögens

Ausgangspunkt der Verwertung von Vermögensgegenständen ist die Insolvenzmasse. Nur sie ist den Gläubigern haftungsrechtlich zugeordnet. Dabei geht mit der Eröffnung des Insolvenzverfahrens nicht das Eigentum, sondern lediglich die Verwaltungs- und Verfügungsbefugnis auf den Insolvenzverwalter über, § 80 Abs. 1 InsO. Diese Haftungszuweisung ähnelt dem Pfandrecht, daher wird ihr Ergebnis Insolvenzbeschlag genannt.[180] Verwertet werden kann nur das zur Insolvenzmasse gehörige Vermögen des Schuldners, § 35 Abs. 1 InsO. Das Insolvenzrecht ist eng mit dem Vollstreckungsrecht verzahnt: Im Allgemeinen führt ein Vollstreckungsverbot dazu, dass der betreffende Gegenstand nicht in die Insolvenzmasse fällt, § 36 InsO.

Zur Insolvenzmasse gehört selbstverständlich nicht nur das geschäftliche, sondern auch das private Vermögen des insolventen Rechtsanwalts. Die Verwertung des Privatvermögens verläuft nach den allgemeinen Regeln und braucht hier nicht untersucht zu werden. Sie ist im Allgemeinen auch wirtschaftlich unbedeutend, weil private Vermögensgegenstände regelmäßig verkauft oder belastet werden, um die Zahlungsunfähigkeit hinauszuzögern.

I. Arbeitskraft des Rechtsanwalts

Aus der Menschenwürde, Art. 1 GG, und der (negativen) Berufsfreiheit, Art. 12 GG, ergibt sich, dass niemand zur Arbeit gezwungen werden kann.[181] Die Arbeitskraft eines Menschen kann nicht einem anderen Menschen zugewiesen werden. Da eine Verfügung über Arbeitskraft also ausgeschlossen ist, steht sie extra commercium. Dennoch kann man sich zur Erbringung von Diensten höchstpersönlich verpflichten und auch dazu verurteilt werden.[182] Die Arbeitskraft (des Rechtsanwalts) unterliegt aber nicht der Zwangsvollstreckung, § 888 Abs. 3 ZPO, und gehört folglich nicht zur Insolvenzmasse.[183]

Die in § 97 Abs. 2 InsO angeordneten Mitwirkungspflichten stehen dazu nicht im Widerspruch.[184] Die amtliche Überschrift und Abs. 3 der Regelung sprechen zwar von Mitwirkungspflichten, aber der Schuldner hat nicht dergestalt bei der Insolvenzverwaltung mitzuwirken, dass er weiterhin seine Arbeitskraft zum Erwerb einsetzt.[185] Abs. 2 präzisiert vielmehr, dass es darum geht, den Insolvenzverwalter bei der Erfüllung seiner Aufgaben zu unterstützen.

Auch wenn es Aufgabe des Verwalters sein kann, ein schuldnerisches Unternehmen weiterzuführen, so kann die Unterstützung nicht darin bestehen, dass diese Aufgabe zur

---

[180] Zum Begriff Kübler/Prütting/*Holzer* § 35 Rn. 10; MK-InsO/*Lwowski* § 35 Rn. 22.

[181] Zum Arbeitszwang siehe *Jarass*/Pieroth[8] Art. 12 Rn. 89.

[182] MK-BGB/*Müller-Glöge*[4] § 611 Rn. 1033.

[183] Allg. A. *Tetzlaff* ZInsO 2005, 393; *Andres/G. Pape* NZI 2005, 141, 142; FS Gaul/*Gerhardt* S. 139, 141; MK-InsO/*Kirchhof* § 129 Rn. 91; FS Metzeler/*Vallender* S. 21, 28 f.; KS/*Grub*[2] S. 671, 687 f. Rn. 42; *Smid* WM 2005, 625, 628. Unklar Smid/*Smid*[2] § 97 Rn. 9.

[184] *Ries* ZVI 2004, 221, 224. Anders wohl KS/*Grub*[2] S. 671, 687 ff.

[185] MK-InsO/*Passauer* § 97 Rn. 33; FS Uhlenbruck/*Runkel* S. 330 f.

Gänze vom Schuldner übernommen wird. Aus dem Zusammenhang der Vorschrift ergibt sich vielmehr, dass der Schuldner zur Information des Insolvenzverwalters beitragen soll. Dies kann dadurch geschehen, dass er dem Verwalter Auskunft gibt, Abs. 1, oder dem Verwalter bei dessen eigener Recherche Hilfe leistet, Abs. 2. Jedenfalls ist er nicht dazu verpflichtet, durch seine Arbeitskraft die Masse zu mehren.[186] Er muss allenfalls den Insolvenzverwalter bei Verwertungshandlungen unterstützen, indem er z. B. die Schlüssel zur Kanzlei herausgibt oder den Verwalter zur Einziehung von im Ausland gelagertem Vermögen bevollmächtigt. Daraus folgt, dass der Schuldner auch nicht durch einen Fortführungsbeschluss der Gläubigerversammlung nach § 157 InsO zur Aufrechterhaltung der Kanzlei gezwungen werden kann.[187] Zur Begründung müssen dabei entgegen *Onusseit* und *Uhlenbruck* nicht die Besonderheiten der freien Berufsausübung bemüht werden;[188] sie ergibt sich vielmehr unmittelbar aus der Freiheit von Arbeitszwang für alle Schuldner.

Eine Arbeitspflicht könnte jedoch im Restschuldbefreiungsverfahren bestehen. Anknüpfungspunkt ist dabei nicht unmittelbar die Insolvenzmasse, da diese ausschließlich im Insolvenzverfahren – gegebenenfalls im Nachtragsverfahren – verwertet wird. Die §§ 290, 295 f. InsO sehen indes Obliegenheiten des Schuldners vor. Beim Verstoß gegen diese Obliegenheiten wird die Restschuldbefreiung versagt. Zu unterscheiden ist die Zeit bis zum Schlusstermin und die Laufzeit der Abtretungserklärung. Auch wenn der Selbstständige keine Bezüge aus einem Dienstverhältnis oder an deren Stelle tretende laufende Bezüge hat, muss er die Abtretung dieser Einkünfte erklären.[189] Es kann nämlich sein, dass er in der Wohlverhaltensphase eine Anstellung findet. Auf die Zeit zwischen Eröffnung des Insolvenzverfahrens und Schlusstermin bezieht sich § 290 InsO. § 290 Abs. 1 Nr. 5 InsO setzt dabei eine vorsätzliche oder grob fahrlässige Verletzung von Auskunfts- oder Mitwirkungspflichten nach der InsO voraus. Die davon umfasste Pflicht nach § 97 Abs. 2 InsO kann aber – wie gezeigt – nicht als Arbeitspflicht angesehen werden.[190] Die Pflicht zu angemessener Erwerbstätigkeit während der Laufzeit der Abtretungserklärung in § 295 Abs. 1 Nr. 1 InsO wird beim Selbstständigen durch die Pflicht ergänzt, den Treuhänder so zu stellen, wie wenn der Schuldner während dieser Zeit ein angemessenes Dienstverhältnis eingegangen wäre, § 295 Abs. 2 InsO. Diese mittelbare Verpflichtung zur Arbeit hat der Schuldner jedoch nicht gegenüber den Gläubigern oder dem Insolvenzverwalter, sondern nur sich selbst gegenüber. Es handelt sich, wie die amtliche Überschrift und der Wortlaut auch zeigen, um eine Obliegenheit, nicht um eine Rechtspflicht.[191] Der Insolvenzverwalter kann den Schuldner somit auch nicht nach den Vorschriften zur Restschuldbefreiung verbindlich zur Arbeit anhalten.

II. Zulassung zur Anwaltschaft

Die anwaltliche Zulassung des Schuldners kann nicht verwertet werden. Dies liegt daran, dass die Zulassung zur Anwaltschaft und die Zulassung zu bestimmten Gerichten jeweils mit einer Prüfung der persönlichen Qualifikation und Eignung verbunden sind.

186 *Voigt/Gerke* ZInsO 2002, 1054, 1057.
187 Dazu siehe S. 158 f.
188 Kübler/Prütting/*Onusseit* § 157 Rn. 7; Uhlenbruck/*Uhlenbruck*[12] § 157 Rn. 10.
189 MK-InsO/*Stephan* § 287 Rn. 33.
190 FS Uhlenbruck/*Runkel* S. 330 f.
191 *Harlfinger* S. 59.

Das bedeutet, dass sie an die Person gebunden sind, der die Zulassung verliehen wurde. Die anwaltliche Zulassung ist folglich weder verkehrsfähig, noch kann sie zur Ausübung des anwaltlichen Berufs einem anderen überlassen werden. Eine Pfändung ist somit weder nach § 857 Abs. 1 ZPO noch nach Abs. 3 statthaft.[192] Die Zulassung kann nicht der Insolvenzmasse zugeordnet werden.[193]

III. Kanzleiname

Der Name einer Kanzlei taucht u. a. auf dem Praxisschild, der Visitenkarte und den Geschäftspapieren auf. Der dadurch verkörperte Ruf öffnet Türen, bietet Kontakte und führt zu Mandaten. Das hat der Kanzleiname mit der Firma, dem Namen des Kaufmanns im Handelsverkehr, § 17 Abs. 1 HGB, gemein. Da der Rechtsanwalt einen freien Beruf anstatt eines Gewerbes ausübt, findet auf ihn das Handelsrecht keine Anwendung, § 1 HGB.[194]

Ausgangspunkt der Überlegungen zum Insolvenzbeschlag des Kanzleinamens muss daher das allgemeine Namensrecht sein, wie es die Literatur und vor allem die Rechtsprechung zu § 12 BGB entwickelt haben. Demnach ist zwar das Namensrecht in seiner Substanz nicht übertragbar, weil sich der Namensträger sonst dauerhaft der Individualisierungs- und Identifikationsfunktion seines Namens begeben könnte. Er kann das Nutzungsrecht aber schuldrechtlich übertragen.[195]

Im Handelsrecht wird diese Möglichkeit durch das Prinzip der Firmenwahrheit nach § 23 HGB begrenzt. Die Firmenveräußerung ohne Übertragung des Handelsgeschäfts ist nicht statthaft. Eine dem § 23 HGB vergleichbare Norm gibt es nicht im allgemeinen Namensrecht. Wenn aber § 23 HGB den Verkehr vor Täuschungen über den Inhaber des Unternehmens schützen will, muss dieser Schutz in mindestens dem gleichen Maße dem rechtsuchenden Publikum zuteil werden. Dazu wendet die Rechtsprechung § 134 BGB i. V. m. § 3 UWG an. Die Übertragung eines Namensrechts ist danach nichtig, wenn sie zu einer Täuschung der Allgemeinheit und einer Verwirrung des Verkehrs führt.[196] Das geschieht insbesondere, wenn der Verkehr mit dem Namen eine bestimmte Gütevorstellung verbindet und in dieser Erwartung getäuscht wird. Würde die Nutzung des Kanzleinamens einem anderen überlassen, so ginge diese Vorstellung auf den neuen Nutzer über. Da dieser in keiner Beziehung zur überlassenden Einzelkanzlei steht und somit keinen Anteil an deren Ansehen haben kann, wäre die beim Publikum hervorgerufene Gütevorstellung irrig. Die Kontinuität, die der fortgeführte Kanzleiname suggeriert, besteht nicht. Darum ist die Übertragung des Nutzungsrechts am Namen einer Einzelkanzlei wettbewerbsrechtlich unzulässig.[197] Es ist folglich nicht verkehrsfähig. Nach allgemeinen Grundsätzen entfallen damit Pfändbarkeit und Insolvenzbeschlag. Dies überzeugt auch im Hinblick darauf, dass das Allgemeininteresse an zutreffenden Kanzleibezeichnungen im Insolvenzfalle eines Anwalts nicht nachlässt.

---

192 Im Ergebnis gleich für die Kassenarztzulassung LSG NRW NJW 1997, 2477.

193 Zum Ganzen *Harlfinger* S. 60 ff.

194 Koller/*Roth*/Morck[5] § 1 Rn. 12 f.

195 Staudinger/*Habermann*[2004] § 12 Rn. 113 f. mit zahlreichen Nachweisen zur Rspr.

196 BGH NJW 2002, 2093, 2094 m. w. N.

197 Anders beim Ausscheiden eines namensgebenden Partners aus einer Sozietät, siehe BGH GRUR 2002, 703, 705 – Vossius & Partner.

IV. Erwerbsgegenstände

1. Gebrauchs- und Verbrauchsgegenstände

a) Pfändbarkeit, § 36 Abs. 1 S. 1 InsO, § 811 Abs. 1 Nr. 5, 7 ZPO

§ 36 Abs. 1 S. 1 InsO schränkt die Zugehörigkeit zur Insolvenzmasse auf diejenigen Vermögensgegenstände ein, die der Zwangsvollstreckung unterliegen. Die Gebrauchs- und Verbrauchsgegenstände eines Rechtsanwalts können nach § 811 Abs. 1 Nr. 5, 7 ZPO unpfändbar sein.

§ 811 Abs. 1 Nr. 5 ZPO erfasst die zur Fortsetzung des aus persönlicher Leistung gezogenen Erwerbs erforderlichen Gegenstände. Er nimmt damit diejenigen Gegenstände von der Pfändung aus, die erforderlich sind, damit Personen, die aus ihrer körperlichen oder geistigen Arbeit oder sonstigen persönlichen Leistung ihren Erwerb ziehen, diese Erwerbstätigkeit fortsetzen können. Es soll nämlich dem Schuldner ermöglicht werden, durch seinen Arbeitseinsatz den Unterhalt für sich und seine Familie zu erwirtschaften.[198] Rechtsanwälte ziehen ihren Erwerb aus geistiger Arbeit, so dass § 811 Abs. 1 Nr. 5 ZPO anwendbar ist.

Das gilt gleichfalls für § 811 Abs. 1 Nr. 7 ZPO. Diese Vorschrift schützt bei Rechtsanwälten die zur Ausübung des Berufes erforderlichen Gegenstände einschließlich angemessener Kleidung. Sie geht inhaltlich nicht über § 811 Abs. 1 Nr. 5 ZPO hinaus, sondern konkretisiert ihn lediglich.[199] Auch nach § 811 Abs. 1 Nr. 7 ZPO können die Erwerbsgegenstände des Rechtsanwalts nicht gepfändet werden. Im Folgenden kann sich die Untersuchung daher auf die Wirkung des § 811 Abs. 1 Nr. 5 ZPO beschränken.

b) Zugehörigkeit zur Insolvenzmasse

In der Einzelzwangsvollstreckung gilt § 811 Abs. 1 Nr. 5 ZPO, was zur Folge hat, dass der Anwalt die in der Kanzlei benötigten Gegenstände behalten darf. § 36 Abs. 1 S. 1 InsO überträgt diese Regelung ins Insolvenzrecht. Dies erscheint auch sinnvoll: Ebenso wie in der Einzelzwangsvollstreckung nützt es den Gläubigern und dem Schuldner, wenn er durch eigene Arbeit seine Schulden abträgt und sich zugleich seinen Unterhalt verdient, vgl. § 36 Abs. 1 S. 2 InsO, §§ 850 ff. ZPO. Dazu braucht er die Erwerbsgegenstände. Demnach kann es auch grundsätzlich keine Rolle spielen, dass diese Gegenstände insgesamt einen hohen Wert aufweisen, besonders wenn sich in der Bibliothek des Rechtsanwalts umfangreiche Zeitschriftenjahrgänge oder Großkommentare befinden.[200] Denn deren Unverwertbarkeit schmerzt Vollstreckungsgläubiger ebenso wie Insolvenzgläubiger.

Diese Ausgangsüberlegungen werden gestützt durch die Ausnahme des § 36 Abs. 2 Nr. 2 InsO, durch den Betriebsmittel des Landwirts und des Apothekers der Insolvenzmasse zugewiesen werden. Im Umkehrschluss müssen die nicht erwähnten Berufsgruppen ihre Erwerbsgegenstände behalten dürfen. *Uhlenbruck* verweist indes auf den Rechtsgedanken des § 36 Abs. 2 Nr. 2 InsO, um die Regelung auf diese Gruppen auszudehnen.[201] Gerade

---

198 Stein/Jonas/*Münzberg*[22] § 811 Rn. 42; Schuschke/*Walker*[3] § 811 Rn. 25.

199 MK-ZPO/*Schilken*[2] § 811 Rn. 32; Stein/Jonas/*Münzberg*[22] § 811 Rn. 58; Musielak/*Becker*[5] § 811 Rn. 22.

200 Ähnlich *Voigt/Gerke* ZInsO 2002, 1054, 1055. A. M. MK-InsO/*Peters* § 36 Rn. 24; *Tetzlaff* ZVI 2004, 2, 6 f.

201 Uhlenbruck/*Uhlenbruck*[12] § 36 Rn. 10. Ähnlich MK-InsO/*Peters* § 36 Rn. 26.

die Erwähnung des § 811 Abs. 1 Nr. 9 ZPO (Apotheke) zeige, „dass der Gesetzgeber den Gesichtspunkt des öffentlichen Interesses an einer gesicherten medizinischen Versorgung der Bevölkerung zurückgestellt und das Gläubigerinteresse in den Vordergrund gerückt" habe. Deshalb gehörten auch die Erwerbsgegenstände des Arztes – und konsequenterweise auch die des Rechtsanwalts – zur Masse.

Dem ist nicht zu folgen. Es ist zwar richtig, dass die Regelung der Versorgung der Bevölkerung mit Medikamenten dient und verhindern soll, dass sie von sachunkundigen Personen verkauft werden.[202] Der Gesetzgeber hat durch § 36 Abs. 2 Nr. 2 InsO deutlich gemacht, dass er diese Zwecke nicht mehr verfolgen will, wenn der Apotheker insolvent wird. Das bedeutet jedoch nicht, dass dieser nicht durch § 811 Abs. 1 Nr. 5 ZPO geschützt wird.[203] Wenn auch dem Apotheker, der durch persönliche Leistung seinen Erwerb erzielt, in der Insolvenz der besondere Schutz des § 811 Abs. 1 Nr. 9 ZPO versagt bleibt, so darf er dennoch nicht schlechter gestellt werden als jeder andere, der für seinen Lebensunterhalt auf seine Arbeitskraft angewiesen ist. Es kann doch dem Apotheker, der die Bedingungen des § 811 Abs. 1 Nr. 5 ZPO erfüllt, in der Insolvenz nicht zum Nachteil gereichen, dass er eine Tätigkeit ausübt, die im Rahmen der Zwangsvollstreckung noch privilegiert war! Eine solche Auslegung würde dem insolventen Apotheker die Berufsfreiheit nehmen, die ihm § 811 Abs. 1 Nr. 5 ZPO i. V. m. § 36 Abs. 1 S. 1 InsO geben will.[204] Diese Argumentation gilt auch für § 811 Abs. 1 Nr. 4 ZPO (Landwirtschaft).[205]

Teilweise möchte man die einschränkende Auslegung damit begründen, dass die Anwaltspraxis anerkanntermaßen veräußert werden dürfe.[206] Dabei handelt es sich aber um einen Zirkelschluss. Die Kanzlei kann dann als Ganzes veräußert werden, wenn alle Einzelgegenstände zur Insolvenzmasse gehören. Ebenso geht der Hinweis von *Runkel* fehl, § 157 InsO gehe von der Verwertbarkeit des gesamten Unternehmens einschließlich aller Gegenstände aus.[207] Daher kann nicht aus der angeblichen Insolvenzbefangenheit der Kanzlei auf die Massezugehörigkeit der Erwerbsgegenstände geschlossen werden.

Peters hält dem entgegen, dass man „den Gläubigern nicht ohne weiteres die im Regelfall den Großteil des Vermögens ausmachenden Gegenstände zur Weiterführung des Betriebes als Haftungsmasse entziehen" könne.[208] Dies ist aber nicht in der InsO belegt und steht im Widerspruch zu Wortlaut und Zweck der §§ 35 f. InsO: Zwar können die Erwerbsgegenstände nicht verwertet werden, dafür aber werden die nach Verfahrenseröffnung entstandenen Einkünfte zugunsten der Masse abgeschöpft, §§ 35 Fall 2, 36 Abs. 1 S. 2 InsO, § 850i ZPO. Dies stellt freilich *Peters* selbst fest: „Es soll darüber hinaus aber auch ein Anreiz für den Schuldner geschaffen werden, durch den Einsatz der verbleibenden Vermögensgegenstände seinen Verpflichtungen nachzukommen. Dieser Gedanke wird vor allem dadurch gestärkt, dass jetzt auch der Neuerwerb in die Insolvenzmasse fällt,

---

202 Stein/Jonas/*Münzberg*[22] § 811 Rn. 65; MK-ZPO/*Schilken*[2] § 811 Rn. 34.

203 *Schildt* S. 44; MK-ZPO/*Schilken*[2] § 811 Rn. 24; *Kotzur* DGVZ 1989, 165, 166; *Voigt/Gerke* ZInsO 2002, 1054 f. und Fn. 13 f.

204 Unbestritten bleibt, dass der Schutzumfang der Nr. 9 für den Apotheker größer ist als derjenige der Nr. 5, weil jener auch einen erheblichen Teil des Warenlagers umfasst, vgl. *Kotzur* DGVZ 1989, 165, 166 f.

205 Vgl. Stein/Jonas/*Münzberg*[22] § 811 Rn. 38; MK-ZPO/*Schilken*[2] § 811 Rn. 24.

206 MK-InsO/*Peters* § 36 Rn. 27; FS Gerhardt/*Runkel* S. 839, 842.

207 *Runkel* ZVI 2007, 45, 49 f. Dazu näher S. 158 f.

208 MK-InsO/*Peters* § 36 Rn. 24. Ähnlich *Smid/Wehdeking* InVo 2000, 293, 294; *Tetzlaff* ZVI 2004, 2, 7; FS Müller/*Gröner/Lang* S. 73, 86.

soweit er der Zwangsvollstreckung unterliegt [...]“[209] So gesehen muss § 811 Abs. 1 Nr. 5 ZPO umso mehr in der Insolvenz zur Anwendung kommen, als die Insolvenzfreiheit der Erwerbsgegenstände die Voraussetzung für den und Anreiz zum Neuerwerb nach § 35 Abs. 1 Fall 2 InsO ist.[210]

Ein anderes Ergebnis folgt auch nicht aus der neu geschaffenen Möglichkeit der Restschuldbefreiung. Im Hinblick darauf wird vertreten, dass es den Insolvenzgläubigern nicht zumutbar sei, dass ihre Forderungen nach der Wohlverhaltensphase erlöschen, der Schuldner aber seine Erwerbsgegenstände nicht preisgeben muss.[211] Dagegen lässt sich aber mit *Henckel* einwenden, dass eine angemessene Erwerbstätigkeit nach § 295 Abs. 2 InsO voraussetzt, dass der Schuldner die Erwerbsgegenstände behalten darf.[212] Zu bedenken ist außerdem, dass nicht jeder Schuldner Restschuldbefreiung beantragt. Auch die anderen „Wohltaten“ der InsO[213] – Insolvenzplanverfahren und Eigenverwaltung – kommen nur dem kooperativen Schuldner zugute. Damit ist aber nichts über die Massezugehörigkeit der Erwerbsgegenstände gesagt, denn diese kann nicht davon abhängen, ob und zu welchem Zeitpunkt der Schuldner mit dem Insolvenzverwalter zusammenarbeitet. Gerade die Pfändungsschutzbestimmungen, sei es § 811 ZPO oder §§ 850 ff. ZPO, schützen den Schuldner außerhalb des Insolvenzverfahrens unabhängig davon, ob er mit den Gläubigern zusammenarbeitet oder nicht. Warum sollte dies im Insolvenzverfahren anders sein? Es kommt zumal im Rahmen der Einzelzwangsvollstreckung nicht selten vor, dass der Schuldner lange Zeit seine Erwerbsgegenstände aufgrund der Pfändungsschutzbestimmungen behalten darf. Daher belastet das Insolvenzverfahren die Gläubiger nicht derart, dass die Verwertung der Erwerbsgegenstände zugelassen werden müsste.

Führt der Schuldner die Anwaltspraxis hingegen auf Dauer nicht fort, können die Erwerbsgegenstände verwertet werden. Gleiches muss gelten, wenn der Anwalt aus anderen Gründen die Kanzlei dauerhaft nicht mehr betreibt,[214] z. B. wegen Zulassungsverlusts[215] oder langer Krankheit.

c) *Einzelheiten*

aa) *Profitabilität der Kanzlei*

Die Unpfändbarkeit der Erwerbsgegenstände nach § 811 Abs. 1 Nr. 5 ZPO lässt sich nicht ohne Weiteres erreichen. Die erste Voraussetzung ist, dass die Tätigkeit tatsächlich – zumindest ohne große zeitliche Zäsur – fortgesetzt wird.[216] Die Tätigkeit muss aber auch dem Erwerb dienen, also zu einem positiven Einkommen führen. § 811 Abs. 1 Nr. 5 ZPO „schützt den Erwerb durch persönliche Arbeit, damit der Schuldner seine Arbeitskraft zur

209 MK-InsO/*Peters* § 36 Rn. 1.

210 So auch *Harlfinger* S. 42.

211 MK-InsO/*Peters* § 36 Rn. 25; *Tetzlaff* EWiR 2003, 1151, 1152; *Runkel* ZVI 2007, 45, 50.

212 Jaeger-InsO/*Henckel* § 36 Rn. 4. So auch *Schildt* S. 41 f.; Uhlenbruck/*Uhlenbruck*[12] § 36 Rn. 12; *van Zwoll/Mai/Eckardt/Rehborn* Rn. 388.

213 FS Gerhardt/*Runkel* S. 839, 843.

214 Stein/Jonas/*Münzberg*[22] § 811 Rn. 48; Uhlenbruck/*Uhlenbruck*[12] § 36 Rn. 12; Zöller/*Stöber*[26] § 811 Rn. 24a.

215 *Smid* WM 2005, 625, 627.

216 Allg. M., vgl. Stein/Jonas/*Münzberg*[22] m. w. N.; *Thomas/Putzo*[27] § 811 Rn. 25; *Baumbach/Lauterbach/Albers/Hartmann*[65] § 811 Rn. 38. Zum Zulassungsverlust siehe S. 194 ff.

Beschaffung des Lebensunterhalts für sich und seine Angehörigen einsetzen kann".[217] Zugunsten einer aus Liebhaberei betriebenen Kanzlei müssen die Gläubiger nicht auf die Verwertung der Kanzleigegenstände verzichten. An dieser Stelle kommt es nicht darauf an, ob Verluste aus dem Kanzleibetrieb zu Lasten der Insolvenzmasse oder des insolvenzfreien Vermögens gehen.[218] Gegenüber den Masse- und Insolvenzgläubigern ist es nicht gerechtfertigt, Kanzleigegenstände nur deshalb vom Insolvenzbeschlag auszunehmen, weil der Schuldner damit seinem Beruf nachgeht.

Weiter ist die Frage zu klären, welchen Betrag der Rechtsanwalt zu erwirtschaften hat, um seine Erwerbsgegenstände behalten zu dürfen. Die Kanzlei muss so viel abwerfen, dass ihre Kosten gedeckt werden. Wenn aber nichts darüber hinaus erwirtschaftet wird, kann man schwerlich von Erwerb sprechen. Denn Erwerb kann nur bedeuten, dass die Lebenshaltung des Schuldners gesichert ist. Dies entspricht auch den Zielen des § 811 ZPO, dem Schuldner eine wirtschaftliche Existenzgrundlage zu erhalten und die Allgemeinheit vor Sozialhilfebedürftigen zu verschonen.[219] Mit einer gerade kostendeckenden Tätigkeit kann sich der Schuldner sich nicht versorgen, ist also auf Sozialhilfe angewiesen. Andererseits ist klar, dass der Erwerb gesichert ist, wenn die Kanzlei so viel erlöst, dass ihre Kosten und der notwendige Unterhalt i. S. des § 850i ZPO daraus bestritten werden können. Das liegt schon deshalb nahe, weil die Gläubiger dann keine Belange als überwiegend i. S. von § 850f ZPO geltend machen können.[220]

Allerdings will § 811 Abs. 1 Nr. 5 ZPO auch den Nebenerwerb schützen. Es kommt also nicht darauf an, dass sich der Schuldner seinen ganzen Lebensunterhalt durch persönliche Tätigkeit verdient.[221] Ob dabei der restliche Unterhalt aus einer anderen Beschäftigung oder durch Sozialhilfe bestritten wird, kann nicht entscheidend sein. Zumindest wird der Staat in der Höhe der schuldnerischen Einnahmen von seiner Fürsorgepflicht enthoben, von den eingenommenen Steuern (v. a. Umsatzsteuer) ganz abgesehen. Freibeträge und -anteile[222] sind dabei als vom Gesetzgeber vorgesehener pauschaler Anreiz oder Ausgleich für Belastungen anzuerkennen. Überdies ist das Vollstreckungsrecht nicht dazu berufen, dem Schuldner die Art seiner Berufstätigkeit vorzuschreiben, auch nicht mittelbar.[223] Ein geringfügig über die Betriebsausgaben hinausgehender Überschuss, der als Unterhalt dienen kann, reicht folglich als Rechtfertigung dafür aus, dem Insolvenzschuldner die Erwerbsgegenstände zu belassen.

Letztlich muss man sich an den Zwecken des § 811 ZPO orientieren. Die Vorschrift soll dem Schuldner ein Existenzminimum erhalten, seine Erwerbsfähigkeit ausbilden, erhalten und stärken, den Staat entlasten und den Gläubigern zur Befriedigung verhelfen. Auch bei nur geringem Nettoeinkommen trägt die Berufstätigkeit des Schuldners zu seinem Unterhalt bei und entlastet damit die Träger der Sozialhilfe. Seine Erwerbsfähigkeit wird erhalten, und es besteht die Chance, dass er in Zukunft mehr verdient. Darum werden

217 Stein/Jonas/*Münzberg*[22] § 811 Rn. 42. Ähnlich Zöller/*Stöber*[26] § 811 Rn. 24.

218 Dazu später ausführlich S. 138 ff.

219 BGH NJW-RR 2004, 789, 790; *von Gleichenstein* ZVI 2004, 149, 151; Stein/Jonas/*Münzberg*[22] § 811 Rn. 3; Zöller/*Stöber*[26] § 811 Rn. 1.

220 Siehe S. 124 ff.

221 Stein/Jonas/*Münzberg*[22] § 811 Rn. 43; Zöller/*Stöber*[26] § 811 Rn. 26; OLG Hamm Rpfleger 1956, 46, 47; AG Itzehoe DGVZ 1996, 44.

222 Vgl. § 11 Abs. 2 S. 2 SGB II bzw. § 82 Abs. 3 SGB XII für beschränkt oder nicht Erwerbsfähige.

223 Schuschke/*Walker*[3] § 811 Rn. 28.

auch von § 811 Abs. 1 Nr. 5 ZPO die zur Berufsausbildung erforderlichen Gegenstände geschützt.[224] Die Befriedigung der Gläubiger gerät dadurch zumindest kurzfristig ins Hintertreffen, weil die Erwerbsgegenstände nicht verwertet werden können. Auf lange Sicht besteht aber die Möglichkeit, dass der Schuldner mehr als den Pfändungsfreibetrag verdient. Die Gesamtheit der Argumente zeigt, dass der Schutz des § 811 Abs. 1 Nr. 5 ZPO nicht von einer Mindestrentabilität abhängen kann. Demnach kann es auch nicht, wie das *AG Köln* meint,[225] darauf ankommen, ob die Einzelverwertung der Gegenstände möglich oder sinnvoll ist oder welche Chancen der Schuldner hat, eine Anstellung zu finden. Solange die Kanzlei in irgendeiner Weise einen Ertrag abwirft, sind die Erwerbsgegenstände insolvenzfrei.

bb) Erforderlichkeit des einzelnen Erwerbsgegenstands

Aus den obigen Überlegungen ergibt sich, dass man sich bei der Frage, welche Gegenstände zur Fortsetzung der persönlichen Tätigkeit erforderlich sind, an der zwangsvollstreckungsrechtlichen Auslegung zu orientieren hat. „Erforderlich" i. S. des § 811 Abs. 1 Nr. 5 ZPO bedeutet nicht „unentbehrlich".[226] Insoweit gehören neben den Standardwerken der Rechtsgebiete, mit denen sich der Rechtsanwalt beschäftigt, auch Großkommentare und Monographien zum insolvenzfreien Vermögen. Als „Fortsetzung dieser Tätigkeit" hat man nicht nur die Ausübung des Berufes als solche zu verstehen, sondern die Fortsetzung der Tätigkeit in dem Umfang und der Arbeitsweise, die sie bisher geprägt haben.[227] Den Pkw des Anwalts wird man in den meisten Fällen nicht zur Masse rechnen können, weil damit Termine vor Gericht oder beim Mandanten wahrgenommen werden. Lediglich wenn der Wagen nur zur Fahrt zur Arbeit genutzt wird und andere Fortbewegungsmöglichkeiten nicht unzumutbar länger dauern, gehört er zur Masse. Denn unter diesen Bedingungen kann auch der Pkw eines Arbeitnehmers gepfändet werden.[228]

Auch die Ausrüstung der Angestellten, z. B. Computer oder Schreibtische, kann zu den erforderlichen Erwerbsgegenständen gehören, solange das entsprechende Personal vorhanden ist und sie nutzt. Dabei darf die Ausnutzung der fremden Arbeitskraft aber nicht die persönliche Leistung überwiegen.[229] Die h. M. gesteht dem Schuldner deshalb einige Mitarbeiter zu.[230] Allerdings wird man unter einem Mitarbeiter nicht einen angestellten Rechtsanwalt verstehen dürfen, weil dieser schon wegen seiner eigenen anwaltlichen Unabhängigkeit nicht dem Kanzleiinhaber zuarbeitet, sondern selbst persönliche Leistungen

---

224 Schuschke/*Walker*[3] § 811 Rn. 29 m. w. N.

225 AG Köln NJW-RR 2003, 987, 988 f.

226 H. M., *Baumbach/Lauterbach/Albers/Hartmann*[65] § 811 Rn. 36 m. w. N.; Stein/Jonas/*Münzberg*[22] § 811 Rn. 50. A. M. AG Düsseldorf DGVZ 1988, 125.

227 MK-ZPO/*Schilken*[2] § 811 Rn. 29; Zöller/*Stöber*[26] § 811 Rn. 27; Stein/Jonas/*Münzberg*[22] § 811 Rn. 49; Jaeger-InsO/*Henckel* § 36 Rn. 7.

228 LG Rottweil DGVZ 1993, 57, 58; LG Detmold DGVZ 1996, 120, 121. Ähnlich LG Stuttgart DGVZ 1986, 78. A. M. unter Verweis auf die heutigen wirtschaftlichen und sozialen Verhältnisse LG Heilbronn NJW 1988, 148.

229 Musielak/*Becker*[5] § 811 Rn. 17; OLG Stuttgart DGVZ 1952, 152.

230 H. M., Thomas/*Putzo*[27] § 811 Rn. 26. Enger *Baumbach/Lauterbach/Albers/Hartmann*[65] § 811 Rn. 34; Wiezcorek/Schütze/*Lüke* § 811 Rn. 36. Keine zahlenmäßige Beschränkung bei Stein/Jonas/*Münzberg*[22] § 811 Rn. 50; Zöller/*Stöber*[26] § 811 Rn. 27.

erstellt.[231] Jedenfalls dienen die Arbeitsmittel der Hilfskräfte einer Einzelkanzlei dem Erwerb des Schuldners und fallen damit aus der Masse heraus.

Der Insolvenzverwalter könnte aber erwägen, die Kanzlei effizienter zu organisieren, so dass bestimmte Gegenstände nicht mehr benötigt werden. Dazu sagt *Münzberg* mit Blick auf § 811 Abs. 1 Nr. 5 ZPO: „Es ist nicht Aufgabe des Vollstreckungsorgans, in den Schuldnerbetrieb einzugreifen oder ihn gar zu rationalisieren."[232] Diese Aussage muss auch für das Insolvenzverfahren gelten. Zwar darf der Insolvenzverwalter hier den schuldnerischen Betrieb so organisieren, wie er möchte, § 80 Abs. 1 InsO, aber eben nur in den Grenzen der Insolvenzmasse. Außerhalb dieser Grenzen steht die Arbeitskraft des Schuldners. Damit fällt der Ansatzpunkt für eine Umorganisationsbefugnis weg. Denn wenn der Verwalter schon nicht über die schuldnerische Arbeitskraft als Ganzes verfügen kann, dann kann er erst recht nicht die Umstände der Tätigkeit regeln.

Als Insolvenzverwalter könnte man gleichwohl auf die Idee verfallen, einen hochwertigen gegen einen billigeren Gegenstand einzutauschen, der aber immer noch die Bedürfnisse der Kanzlei befriedigt, z. B. einen Mahagonischreibtisch gegen einen Buchenschreibtisch, oder den entsprechenden Betrag dem Schuldner zur Verfügung zu stellen. Der Gewinn aus dem Verkauf des höherwertigen Gegenstands könnte dann von der Masse beansprucht werden. Diese Vorgehensweise wird in der Zwangsvollstreckung als Austauschpfändung gemäß § 811a ZPO verstanden. Es spricht – angesichts der für die Gläubiger harten Einschränkungen des § 811 Abs. 1 ZPO i. V. m. § 36 Abs. 1 InsO – nichts dagegen, diese Vorschrift im Insolvenzverfahren anzuwenden.[233] Fraglich ist jedoch, ob sie im speziellen Fall der Anwaltsinsolvenz zum Tragen kommt. Zwar verweist § 811a ZPO auf § 811 Abs. 1 Nr. 5 ZPO, aber nicht auf Nr. 7. Die von Nr. 7 bezeichneten Gruppen von Arbeitstätigen werden durch die von beiden Nummern getroffenen Regelungen nach allg. M. in gleichem Maße geschützt.[234] Dennoch geht die h. M. dahin, die Austauschpfändung für die in Nr. 7 erwähnten Berufsgruppen auszuschließen, auch wenn dies eine kaum gerechtfertigte Besserstellung gegenüber den sonstigen Berufsgruppen der Nr. 5 bedeutet. Angesichts des eindeutigen Wortlauts und der Tatsache, dass der Verweis nicht im Rahmen der 2. Zwangsvollstreckungsnovelle[235] geändert wurde, kommt eine analoge Anwendung auf Sachverhalte des § 811 Abs. 1 Nr. 7 ZPO gleichwohl nicht in Betracht.[236] Der Anwalt darf folglich auch mit Gegenständen weiterarbeiten, die durch geringwertigere ausgetauscht werden könnten.[237]

---

[231] Zur Unabhängigkeit des angestellten Anwalts siehe S. 142.

[232] Stein/Jonas/*Münzberg*[22] § 811 Rn. 50. Ähnlich LG Bochum DGVZ 1982, 43, 44; Zöller/*Stöber*[26] § 811 Rn. 27.

[233] Braun/*Bäuerle*[2] § 36 Rn. 4; *Kuhn/Uhlenbruck*[11] § 1 Rn. 26.

[234] Siehe S. 33.

[235] BGBl. 1997 I S. 3039.

[236] MK-ZPO/*Schilken*[2] § 811a Rn. 2 m. w. N.; Thomas/*Putzo*[27] § 811a Rn. 1; Stein/Jonas/*Münzberg*[22] § 811 Rn. 49; Schuschke/*Walker*[3] § 811a Rn. 1; Wieczorek/Schütze/*Lüke*[3] § 811a Rn. 2; Musielak/*Becker*[5] § 811a Rn. 1; AG Bremen DGVZ 1984, 157. A. M. OLG Köln NJW-RR 1986, 488; *Pardey* DGVZ 1987, 180, 183; *E. Schneider* MDR 1986, 726 f. m. w. N.

[237] Siehe aber S. 171.

cc) *Eigentumsvorbehalt und Sicherungsübereignung*

§ 811 ZPO schützt nicht nur das Eigentum des Schuldners, sondern jeden Gegenstand, der sich in seinem Besitz befindet. Damit dient die Vorschrift dem Zweck, dem Schuldner den Gebrauch bestimmter Sachgesamtheiten zu sichern.[238] Eine Ausnahme wird für Sachen gemacht, die unter Eigentumsvorbehalt verkauft wurden. Hier hat der Vorbehaltsverkäufer die Möglichkeit der Herausgabevollstreckung. Dafür braucht er aber anstatt seines zur Pfändung berechtigenden Zahlungstitels einen Herausgabetitel. Um ihm den „Umweg" über (den Rücktritt und) die Herausgabeklage zu ersparen, bestimmt § 811 Abs. 2 ZPO, dass er mit seinem aus dem Verkauf hervorgehenden Zahlungstitel Sachen pfänden kann, die an sich nach § 811 Abs. 1 Nr. 1, 4, 5 bis 7 unpfändbar sind.[239] Eine Mindermeinung bejaht die Pfändbarkeit auch für Erwerbsgegenstände, die der Insolvenzschuldner im Vorfeld der Insolvenz zur Sicherheit übereignet hat.[240] Auch wenn man dieser Meinung folgt, kann daraus nicht auf den Insolvenzbeschlag geschlossen werden. Denn die (vermeintliche) Pfändbarkeit von Erwerbsgegenständen in der Zwangsvollstreckung begünstigt nur den Gläubiger, zu dessen Gunsten die Sicherheit besteht. Gleichwohl führt die nur einzelne Gläubiger begünstigende Pfändbarkeit entgegen § 36 Abs. 1 S. 1 nicht zum Insolvenzbeschlag.[241] Im Ergebnis ändern also weder Eigentumsvorbehalt noch Sicherungsübereignung etwas daran, dass die Erwerbsgegenstände insolvenzfrei sind.

dd) *Fortschaffen eines Gegenstands durch den Schuldner*

Wenn der Schuldner ohne Ermächtigung des Insolvenzverwalters einen Erwerbsgegenstand verkauft, will er sich d adurch möglicherweise bereichern. Er kann jedoch damit auch bezwecken, einen veralteten oder kaputten Erwerbsgegenstand gegen einen neuen auszuwechseln. Der Austausch von Erwerbsgegenständen wird später behandelt,[242] weil dazu noch Fragen des Neuerwerbs zu klären sind. Eine andere Konstellation ist das Fortschaffen von Erwerbsgegenständen durch den Insolvenzschuldner, sei es durch Verkauf oder durch Verstecken. Es ist klar, dass diese Gegenstände nicht mehr dem Erwerb des Schuldners dienen. Dadurch entfällt der Schutz des § 811 Abs. 1 Nr. 5 ZPO.[243]

Fraglich ist, ob auf diese Weise die Gesamtheit der Erwerbsgegenstände pfändbar wird. Man könnte dafür anführen, dass der Schuldner nicht unter dem Vorwand der Erwerbstätigkeit Pfändungsschutz und damit Insolvenzfreiheit beanspruchen darf, wenn er gleichzeitig über Erwerbsgegenstände unberechtigt verfügt. Denn der Schuldner muss den Willen zur Veräußerung oder zu einer anderen Verschiebungsmaßnahme fassen, bevor er diese Maßnahme ausführt. Damit hat er aber seinen Erwerbswillen in Bezug auf den konkreten Gegenstand aufgegeben, so dass dieser in die Masse fällt. Infolgedessen ist er

---

238 MK-ZPO/*Schilken*² § 811 Rn. 11; Stein/Jonas/*Münzberg*²² § 811 Rn. 13.

239 MK-ZPO/*Schilken*² § 811 Rn. 41.

240 AG Köln NJW-RR 2003, 987, 989. A. M. BT-Dr. 13/341 S. 25 mit ausführlicher Begründung; Stein/Jonas/*Münzberg*²² § 811 Rn. 14 m. w. N.; Zöller/*Stöber*²⁶ § 811 Rn. 7; *van Zwoll/Mai/Eckardt/Rehborn* Rn. 391 f.

241 HK/*Eickmann*⁴ § 36 Rn. 7; Uhlenbruck/*Uhlenbruck*¹² § 36 Rn. 4; Kübler/Prütting/*Holzer* § 36 Rn. 25a; Braun/*Bäuerle*² § 35 Rn. 3. Mit anderer Begründung Jaeger-InsO/*Henckel* § 36 Rn. 5; Uhlenbruck/*Uhlenbruck*¹² § 36 Rn. 30.

242 Siehe unten S. 126 ff.

243 FS Gaul/*Gerhardt* S. 139, 142.

nicht mehr verfügungsberechtigt, § 80 Abs. 1 InsO, so dass jegliche Verwertungsmaßnahme ohne Wissen und Willen des Insolvenzverwalters pflichtwidrig ist, § 97 Abs. 2, 3 S. 2 InsO.

Wenn man allerdings voraussetzt, dass die Erwerbstätigkeit des Schuldners auch ohne den verschobenen Gegenstand ausgeübt werden kann – sonst erlischt der Schutz des § 811 Abs.1 Nr. 5 ZPO hinsichtlich aller Erwerbsgegenstände ohne Weiteres –, so ist nicht gesagt, dass der Schuldner seinen Betrieb ohne Erwerbswillen „ausplündern" will. Überzeugender als ein generelles Insolvenzbeschlagsverdikt über alle Erwerbsgegenstände bei der ersten pflichtwidrigen Verfügung erscheint daher, die Vermögensverschiebung als Indiz für einen mangelnden Erwerbswillen zu erkennen. Dann kann aus Art, Wert und Zahl der verschobenen Gegenstände und aus den Umständen der Verschiebung geschlossen werden, ob der Erwerbswille überhaupt noch vorhanden ist. Fällt das Ergebnis negativ aus, gehören alle Erwerbsgegenstände zur Masse und können dem Schuldner weggenommen werden.

2. *Mandantenakten*

a) *Begriff und Bedeutung der Mandantenakten*

Die Mandantenakten – in § 50 BRAO auch Handakten genannt – sollen schlechthin alles enthalten, was bei der Bearbeitung des Mandats anfällt.[244] Zu ihnen gehören nicht nur Schriftstücke, sondern auch elektronische Dateien, § 50 Abs. 5 BRAO.

Unter Akte soll hier dasjenige verstanden werden, was sich zwischen zwei Aktendeckeln oder in einem entsprechenden Datensatz befindet, also jede schriftliche oder elektronisch gespeicherte Information, die im Zusammenhang mit dem Mandat steht. Der ordentlich geführten Akte lassen sich Name und Anschrift des Mandanten entnehmen und die gegen ihn gerichteten offenen Forderungen. Diese Informationen sind auch in der Mandantenkartei enthalten. In der Akte befinden sich aber ebenso der Schriftverkehr zwischen Anwalt und Mandant und Schriftstücke, die der Anwalt für den Mandanten erhalten hat. Zusammen mit den Aktenvermerken lassen sich daraus Verlauf und Stand des Mandats erkennen, so dass der Auftragnehmer oder ein anderer Rechtsanwalt mit der Bearbeitung fortfahren kann.

Führt in der Insolvenz ein anderer die anwaltliche Tätigkeit fort – Insolvenzverwalter, Abwickler oder Kanzleierwerber –, ist die Kenntnis des Mandats für ihn wichtig. Ohne den Rückgriff auf die Handakte kann der berufsmäßige Nachfolger des insolventen Rechtsanwalts dem Mandanten kaum helfen. Die Fortsetzung von Mandaten ist auf diese Weise undenkbar und kann zum Verlust des Mandats führen. Denn wenn der Rechtsuchende den Sachverhalt nochmals schildern muss, ist er frei, einen beliebigen anderen Anwalt seines Vertrauens zu beauftragen. Dieser wäre allerdings im Gegensatz zu den oben genannten Kanzleinachfolgern separat zu vergüten.[245]

Die Akten sind noch aus einem anderen Grund interessant: Meistens kann der Insolvenzverwalter nur mit ihrer Hilfe bestimmen, welche Außenstände der Anwalt hat. Sie sind also essenzielles Hilfsmittel zur Eintreibung von Vergütungsforderungen. Im Folgenden ist zu klären, ob sie zur Insolvenzmasse gehören, wer Einblicknahme und Auskunft verlangen kann und wie sie verwertet werden können.

---

244 *Rüpke* NJW 1993, 3097, 3098.

245 Zum Insolvenzverwalter siehe S. 183, zum Kanzleiabwickler siehe S. 234 f.

b) *Insolvenzbeschlag*

aa) *Vermögensbestandteil, § 35 Abs. 1 InsO*

Zur Insolvenzmasse gehört das gesamte Vermögen des Schuldners, das er zur Zeit der Verfahrenseröffnung hat und das er während des Verfahrens erwirbt, § 35 Abs. 1 InsO. Unter Vermögen werden sämtliche vermögenswerten Rechtspositionen verstanden, die dem Schuldner zustehen.[246] Gegenstände können in zweierlei Hinsicht wertvoll sein: Sie können auf Vermögensgegenstände des Schuldners hinweisen oder selbst einen Vermögenswert darstellen. Die Mandantenakten erfüllen beide Funktionen: Sie enthalten Informationen über die Abrechnung gegenüber dem Mandanten, so dass sich daraus dessen Verbindlichkeiten ablesen lassen. Gleichzeitig ermöglichen sie eine Kontaktaufnahme zum Mandanten und die Weiterbearbeitung des Mandats. Dies ist die Voraussetzung für die anwaltliche Berufstätigkeit und als solche ein Vermögenswert.

aaa) *Eigentum*

Die umfassendste Möglichkeit der Vermögenszuordnung ist das Eigentum. Dem Rechtsanwalt zu Eigentum sind sicherlich die Schriftstücke, die er selbst angelegt hat. Das können eigene Aufzeichnungen sein oder Kopien von Schriftstücken, die er vom Auftraggeber oder von Dritten erhalten hat. Ebenso im Eigentum des Anwalts stehen die Briefe des Mandanten an ihn und Dateien, die sich auf Datenträgern des Anwalts befinden.

Anders ist die Lage bei Schriftstücken, die der Rechtsanwalt im Rahmen seiner Tätigkeit vom Auftraggeber oder von Dritten für den Auftraggeber erhalten hat. Eine Übereignung an den Anwalt erfordert eine darauf gerichtete Willenserklärung. Für eine solche gibt es im Allgemeinen keine Anzeichen. Der Anwalt ist lediglich der berufene Vertreter in allen Rechtsangelegenheiten, § 3 Abs. 1 BRAO. Auch wenn Schriftstücke vom Gericht oder von Dritten dem Rechtsanwalt als Vertreter des Mandanten zugehen, soll dieser lediglich Mittler für den Mandanten und nicht endgültiger Empfänger sein. In diesem Fall ist eine an den Rechtsanwalt gerichtete Übereignungserklärung genauso wenig zu erkennen, wie wenn der Mandant dem Anwalt Schriftstücke zur Verfügung stellt. Denn der Mandant hat keinen Grund, Schriftstücke zu übereignen, die er nach Beendigung des Mandats gemäß §§ 667, 675 BGB zurückfordern kann.

Problematisch ist aber, dass § 50 Abs. 4 BRAO davon ausgeht, dass der Rechtsanwalt auswählen darf, ob er die Urschrift oder Abschrift eines Schriftstücks aufbewahrt bzw. herausgibt. *Isele* meint, dass dies das Eigentum des Anwalts voraussetze.[247] Dabei unterliegt er einem Missverständnis. Denn laut § 50 Abs. 4 a. E. BRAO i. V. m. § 50 Abs. 2, 3 BRAO besteht keine Aufbewahrungspflicht oder ein Zurückbehaltungsrecht in Bezug auf Schriftstücke, die der Mandant in Urschrift oder Abschrift erhalten hat. Das bedeutet jedoch nicht, dass der Anwalt Schriftstücke behalten dürfte, die er vom Mandanten oder von Dritten für den Mandanten entgegengenommen hat. Diese Dokumente hat der Auftraggeber entweder von Anfang an zu eigen gehabt oder gemäß §§ 930, 868 BGB im Wege des Empfangs durch den Anwalt übereignet bekommen. Daher kann er Herausgabe nach § 985 BGB verlangen. Damit entfällt aber die Aufbewahrungspflicht in Bezug auf die Abschrift,

---

[246] Braun/*Bäuerle*[2] § 35 Rn. 3, 6.

[247] *Isele* § 50 IV A 3. So auch *Noack*[2] § 36 Anm. 4.

§ 50 Abs. 4 i. V. m. Abs. 2 BRAO. Daraus erschließt sich auch der Sinn des § 50 Abs. 4 BRAO a. E.: Der Anwalt soll nicht die Abschriften, die er zum eigenen Gebrauch gemacht hat, aufbewahren müssen, obwohl er dem Mandanten die Urschriften bereits ausgehändigt hat. Mit Ausnahme der Briefe des Mandanten an den Anwalt sind also die Schriftstücke, die der Rechtsanwalt aus Anlass seiner beruflichen Tätigkeit vom Mandanten oder für diesen erhalten hat, Eigentum des Mandanten.[248]

bbb) Andere Vermögenszuordnung

Die haftungsrechtliche Zuordnung der Akten muss sich nicht zwangsläufig aus dem Eigentum ergeben. Gerade bei Treuhandverhältnissen wird deutlich, dass es nicht immer auf die formale Eigentümerstellung ankommt.[249] So gehört bei der echten Treuhand, wenn also der Treuhänder für den Treugeber eine Sache verwaltet bzw. verwahrt, diese Sache haftungsrechtlich zum Vermögen des Treugebers, auch wenn sie formell im Eigentum des Treuhänders steht.[250] Bei der Zuordnung eines Gegenstands zum Vermögen des Insolvenzschuldners ist grundsätzlich eine wirtschaftliche Betrachtungsweise angezeigt. Die Abgrenzung wird mit Hilfe der Begriffe der fremdnützigen (echten) und der eigennützigen (unechten) Treuhand vorgenommen.[251]

Aufgrund der Eigenschaft des Anwalts als Treuhänder sind die Schriftstücke, die er im Rahmen des Mandats erhalten hat, dem Mandanten haftungsrechtlich zugewiesen. Der Rechtsanwalt darf sie nur so lange besitzen, wie er das Mandat bearbeitet. Nach dessen Beendigung hat er sie an den Auftraggeber herauszugeben.[252] Damit bewahrt er diesen Teil der Akten in fremdnütziger Treuhand auf. Wirtschaftliche Berechtigung und haftungsrechtliche Zuordnung liegen beim Treugeber.

Möglicherweise sind nach dieser Betrachtungsweise umgekehrt Bestandteile der Handakte, die im Eigentum des Rechtsanwalts stehen, zum Vermögen des Mandanten zu zählen. Dies ist der Fall, wenn der Mandant aufgrund eines dinglichen oder persönlichen Rechts geltend machen kann, dass der Gegenstand nicht zur Insolvenzmasse gehört, § 47 InsO. Es muss sich dabei um einen Herausgabe- und nicht nur um einen Verschaffungsanspruch handeln. Nach §§ 667, 675 BGB kann der Mandant alles herausverlangen, was der Rechtsanwalt zur Ausführung des Auftrags erhält und was er aus der Geschäftsbesorgung erlangt. Letzteres bezieht sich auf alle Schriftstücke, die der Rechtsanwalt von Dritten für den Mandanten erhält. Notizen über Gespräche des Anwalts mit Dritten in Sachen des Mandanten sind ebenso umfasst. Ersteres dagegen ist alles, was der Rechtsanwalt vom Mandanten selbst bekommen hat.[253]

Ausgenommen von der Herausgabepflicht und damit Gegenstand der insolvenzrechtlichen Haftung sind lediglich Schriftstücke, die ausdrücklich für den Rechtsanwalt bestimmt sind, also die Briefe des Mandanten an ihn, und die Aufzeichnungen, die der Anwalt hauptsächlich im eigenen Interesse oder im Interesse der Rechtspflege vorgenommen hat.

---

248 *Friedlaender*[3] § 32 Rn. 15.

249 Nerlich/Römermann/*Andres* § 35 Rn. 86; *Kilger/Schmidt*[17] § 1 KO 3) A a), b).

250 Jaeger/*Henckel* § 35 Rn. 82 f.; Kübler/Prütting/*Holzer* § 35 Rn. 88; Nerlich/Römermann/*Andres* § 35 Rn. 86; MK-InsO/*Lwowski* § 35 Rn. 116 ff. Zum Konkursverfahren BGH NJW 1959, 1223, 1224.

251 Uhlenbruck/*Uhlenbruck*[12] § 35 Rn. 73 ff.; HK/*Eickmann*[4] § 35 Rn. 5.

252 BGHZ 109, 260, 264 = NJW 1990, 510; *Feuerich*/Weyland[6] § 50 Rn. 21.

253 Zum Ganzen BGHZ 109, 260, 264 f. = NJW 1990, 510 f.

Dazu gehören Aufzeichnungen über persönliche Eindrücke oder Gespräche zwischen Anwalt und Mandant sowie vertrauliche Hintergrundinformationen[254] und die Kopien, die der Anwalt aus eigenem Interesse gefertigt hat. Dabei hat der Anwalt meist die Ermöglichung seiner Abrechnung und Forderungsdurchsetzung, ein etwaiges Folgemandat und die Abwehr von Regressforderungen im Auge. Daher wird vom anwaltlichen Recht zum Ablichten von Schriftstücken[255] reger Gebrauch gemacht, so dass sich aus den dem Anwalt gehörenden Kopien ein laufendes oder abgeschlossenes Mandat (nahezu) lückenlos nachvollziehen lässt.

Da die für eigene Zwecke angefertigten Kopien der Akten vermögensrechtlich dem Anwalt zugeordnet sind, sind sie unabhängig vom Bestehen des jeweiligen Mandats Bestandteil der Insolvenzmasse. Im Ergebnis gehört dem Rechtsanwalt daher haftungsrechtlich kaum ein Original, aber er kann in aller Regel auf gleichwertige Kopien zurückgreifen. Das ist auch folgerichtig, da der Anwalt unabhängig vom Verbleib der Originaldokumente im eigenen Interesse einen Tätigkeitsnachweis führen muss. Daher stehen die Mandantenakten üblicherweise in einer für die Verwertung hinreichenden Fassung im Eigentum des Rechtsanwalts. Die internen Aufzeichnungen des Rechtsanwalts und seine für den Kanzleigebrauch bestimmten Kopien (anwaltseigene Schriftstücke) sind also Bestandteil seines Vermögens.

bb) Pfändbarkeit, § 36 Abs. 1 S. 1 InsO

§ 36 Abs. 1 S. 1 InsO schränkt die Zugehörigkeit zur Insolvenzmasse auf diejenigen Vermögensgegenstände ein, die der Zwangsvollstreckung unterliegen. Auch bei Unpfändbarkeit können die eigenen Schriftstücke des Anwalts aber dem Insolvenzbeschlag unterfallen, wenn sie Geschäftsbücher i. S. von § 36 Abs. 2 Nr. 1 InsO sind.[256]

Die Pfändungsvorschriften und damit auch die Pfändungsverbote orientieren sich an der Art des Vollstreckungsobjekts. Dabei werden im Wesentlichen zwei Gruppen gebildet, nämlich körperliche Gegenstände und sonstige Gegenstände, §§ 808 ff., 828 ff. ZPO. Die eigenen Unterlagen des Rechtsanwalts können verkörpert sein, meistens auf Papier. Heutzutage ist es genauso gut möglich, dass der Anwalt für seine Notizen einen Computer benutzt. Hier ist die Aufzeichnung allenfalls so verkörpert, dass ihr Ort auf dem Datenträger ausgemacht werden kann.

aaa) Pfändung körperlicher Aufzeichnungen, § 811 Abs. 1 ZPO

Körperliche Sachen werden gepfändet, indem der Gerichtsvollzieher sie in Besitz nimmt oder siegelt, § 808 Abs. 1, 2 ZPO. Der Pfändung können die Pfändungsverbote aus § 811 ZPO entgegenstehen. Aus dem Katalog des § 811 Abs. 1 ZPO kommen für die eigenen Unterlagen des Rechtsanwalts die Tatbestände der Nrn. 5, 7 und 11 in Frage.

---

254 BGHZ 109, 260, 263 ff. = NJW 1990, 510 f.; BGHZ 85, 327, 335 = NJW 1983, 328, 329; *Nassall* KTS 1988, 633, 634 f.

255 *Friedlaender*[3] § 32 Rn. 11.

256 Dazu unten S. 47 ff.

(1) Erwerbs- und Berufsgegenstände, Nr. 5, 7

Für die anwaltliche Tätigkeit werden nicht nur Gebrauchs- und Verbrauchsgegenstände im klassischen Sinn benötigt, sondern auch die Mandantenakten. Sie unterliegen daher ebenfalls wegen § 811 Abs. 1 Nr. 5, 7 ZPO nicht der Zwangsvollstreckung.[257] Man könnte allenfalls eine Pfändbarkeit für die Zeit nach der Einziehung der Vergütungsforderungen erwägen. Aber selbst dies ist wohl abzulehnen, weil der Mandant erwartet, dass der Anwalt bei einem Anschlussmandat auf seine Aufzeichnungen zum Ursprungsmandat zurückgreifen kann.

Die Pfändung der von § 811 Abs. 1 Nr. 5 ZPO bezeichneten Sachen ist dennoch möglich, wenn der Verkäufer wegen einer durch Eigentumsvorbehalt gesicherten Geldforderung aus ihrem Verkauf vollstreckt, § 811 Abs. 2 S. 1 ZPO. Dazu müsste der Anwalt die Schreibunterlagen unter Eigentumsvorbehalt erworben haben. Die Vorschrift des § 811 Abs. 2 ZPO findet aber im Insolvenzverfahren keine Anwendung. Im Übrigen wird Papier jedenfalls durch Beschreiben oder Kopieren i. S. von § 950 BGB verarbeitet. Danach gehört es dem Rechtsanwalt.

§ 811 Abs. 1 Nr. 5, 7 ZPO schließt daher die Zwangsvollstreckung in die anwaltlichen Aufzeichnungen in vollem Umfang aus.

(2) Geschäftsbücher, Nr. 11

Daneben könnte die Pfändbarkeit an § 811 Abs. 1 Nr. 11 ZPO scheitern. In Frage kommt lediglich das Tatbestandsmerkmal „Geschäftsbücher“. Soweit ersichtlich wurde bisher noch nicht untersucht, ob eigene Unterlagen des Anwalts in Bezug auf ein Mandat Geschäftsbücher i. S. des § 811 Abs. 1 Nr. 11 ZPO sein können. Einig ist man sich nur, dass darunter nicht nur die vom Kaufmann nach handels- und steuerrechtlichen Vorschriften zu führenden Handelsbücher fallen, sondern alle Aufzeichnungen über geschäftliche Belange – unabhängig von der Kaufmannseigenschaft.[258]

Mit der Erwähnung von Haushaltungs- und Geschäftsbüchern will die Vorschrift den gesamten häuslichen und unternehmerischen Bereich abdecken.[259] Es sollen alle Bücher, die dort geführt werden, dem Zugriff des Vollstreckungsgläubigers entzogen werden, um die Geheimnissphäre des Schuldners umfassend zu schützen. Daher wird der Begriff weit gefasst, so dass auch „Rechnungen, Quittungen, Geschäftsbriefe u. ä.“ darunter fallen.[260] Die Mandantenakte im oben genannten weiten Sinn[261] gehört mithin zu den Geschäftsbüchern. Dieser Erwägung könnte entgegenstehen, dass die Zwangsvollstreckung in Kanzleivermögen dadurch teilweise entwertet würde, weil die Bücher des Anwalts, also seine Akten, einen viel höheren Wertanteil am Gesamtwert des Unternehmens ausmachen als die Geschäftsbücher eines Gewerbebetriebs. Es ist jedoch zum einen nicht gesagt, dass dies immer oder auch nur meistens so ist, zum anderen sind diese Unterlagen freilich aufgrund des Vertrauensverhältnisses enger mit der Persönlichkeit des Anwalts verbunden. Sie bedürfen deshalb umso mehr des Schutzes der Persönlichkeitssphäre, der besonders durch

---

257 A. M. *van Zwoll/Mai/Eckardt/Rehborn* Rn. 406.

258 Schuschke/*Walker*³ § 811 Rn. 40; *Baumbach/Lauterbach/Albers/Hartmann*⁶⁵ § 811 Rn. 51.

259 Ähnlich Musielak/*Becker*⁵ § 811 Rn. 26.

260 Nerlich/Römermann/*Andres* § 36 Rn. 40.

261 Siehe S. 40.

§ 811 Abs. 1 Nr. 11 ZPO gewährt wird.[262] Daher sind die anwaltlichen Aufzeichnungen Geschäftsbücher i. S. dieser Vorschrift.

Eine andere Frage ist, ob die anwaltlichen Akten insofern pfändbar sind, als sie eine Mandantenkartei darstellen. Insbesondere bei Verwendung einer Datenbank[263] können unter dem Datensatz eines Mandanten Aufzeichnungen zu verschiedenen Fällen gespeichert werden. Damit lassen sich Stammdatensatz und Aufzeichnungen über einen einzelnen Fall nicht mehr trennen. Dem *KG* folgend heben *Schilken* und *Münzberg* hervor, dass eine solche Kundenkartei einen (selbstständigen) Vermögenswert hat. Daher müsse § 811 Abs. 1 Nr. 11 ZPO in diesem Zusammenhang restriktiv ausgelegt werden.[264] Diese Folgerung ist aber unschlüssig. Eine Sache, die keinen Vermögenswert hat, darf ohnehin nicht gepfändet werden, weil ihre Verwertung nichts einbringt und damit auch nicht die Verwertungskosten decken kann, § 803 Abs. 2 ZPO. Einen eigenen Anwendungsbereich erhält § 811 ZPO erst dort, wo es um vermögenswerte Sachen geht. Die Rechtfertigung des Pfändungsschutzes zieht § 811 Abs. 1 Nr. 11 ZPO aber – wie erwähnt – aus dem persönlichen Bezug zwischen dem funktionierenden Geschäftsbetrieb des Schuldners und dem Kundenstamm.[265] Diese Überlegungen werden durch den Umkehrschluss aus § 36 Abs. 2 Nr. 1 InsO bestätigt. § 811 Abs. 1 ZPO umfasst daher gerade Geschäftsunterlagen mit eigenem Vermögenswert, also auch die Mandantenkartei.

Jegliche körperliche Aufzeichnung über das Mandat ist damit nicht nur als Erwerbs- und Berufsgegenstand gemäß § 811 Abs. 1 Nr. 5 und 7 ZPO vor dem Vollstreckungszugriff geschützt, sondern auch als Geschäftsbuch i. S. von § 811 Abs. 1 Nr. 11 ZPO.

bbb) Pfändung unkörperlicher Aufzeichnungen

Fraglich ist, wie diejenigen Mandantendaten gepfändet werden, die sich in elektronischer Form auf Datenträgern befinden, z. B. Festplatten, Disketten, CDs, DVDs oder USB-Stiften. Dass diese pfändbar sein müssen, wenn man einmal von § 811 ZPO und dem Schutz des informationellen Selbstbestimmungsrechts absieht, ergibt sich relativ klar aus der Überlegung, dass es nicht darauf ankommen darf, ob die „Akte“ auf Papier oder in elektronischer Form angelegt wird. Zur Art und Weise der Pfändung von elektronischen Akten hat sich bisher in Bezug auf elektronische Anwenderdaten soweit ersichtlich noch niemand geäußert. Dagegen gibt es eine Vielzahl von Äußerungen zu dem Problem, wie in Computerprogramme vollstreckt wird. Für eine Rechtspfändung gemäß §§ 857 ZPO wird u. a. Folgendes angeführt:[266] Computerprogramme werden zwar (häufig) auf Datenträgern ausgeliefert, jedoch liegt ihr Hauptwert im unkörperlichen Programm selbst. Das zeigt sich darin, dass immer öfter Programme nicht mittels Datenträger, sondern über Datennetze erworben werden. Auch dem Buch, das unstreitig den §§ 808 ff. ZPO unterliegt, käme keine reine Sachqualität, sondern eine Doppelnatur zu. Die herrschende Gegenmeinung (Sachpfändung gemäß §§ 808 ff. ZPO) betont im Wesentlichen, dass der Datenträger nach wie vor eine wichtige Rolle spiele: Entweder schon beim Erwerb des

---

262 MK-ZPO/*Schilken*² § 811 Rn. 5; Schuschke/*Walker*³ § 811 Rn. 40

263 Zur Vollstreckung in unkörperliche Aufzeichnungen ansonsten sogleich.

264 MK-ZPO/*Schilken*² § 811 Rn. 36; Stein/Jonas/*Münzberg*²² § 811 Rn. 67; KG OLGE 17, 194. A. M. OLG Frankfurt/Main MDR 1979, 316; Zöller/*Stöber*²⁶ § 811 Rn. 35.

265 Schuschke/*Walker*³ § 811 Rn. 40.

266 Gute Übersicht zu den Argumenten auch der Gegenmeinung bei *Franke* MDR 1996, 236, 237 m. w. N.

Computerprogramms, spätestens aber bei dessen Einsatz käme doch wieder ein Datenträger zum Einsatz. Das Programm muss nämlich zumindest auf einer Festplatte oder einem anderen Arbeitsspeicher festgehalten sein, damit es eingesetzt werden kann.[267]

Diese Argumente sind allesamt stichhaltig, treffen aber nicht den Kern der Frage. Sie muss teleologisch angegangen werden. Der Grund für die besondere Behandlung der Forderungen und anderen Vermögensrechte nach den §§ 828 ff. ZPO ist doch, dass diese Rechte nicht greifbar sind. Der Gerichtsvollzieher kann sie weder selbst in Besitz nehmen noch vor der Einwirkung durch den Vollstreckungsschuldner schützen. Das Vollstreckungsgericht wird gebraucht, um die Pfändung (und Überweisung) der Geldforderung vorzunehmen, § 829 ZPO, oder um ein Patent zu pfänden, § 857 ZPO.[268] Dagegen kann der Gerichtsvollzieher ein Buch wegnehmen oder siegeln, und genauso kann er mit einem Datenträger verfahren. Soll nur in die Daten ohne den Datenträger vollstreckt werden, kann er von den Daten Kopien machen und diese gegebenenfalls beim Vollstreckungsschuldner löschen.[269] Der Zweck der Zuständigkeitsverteilung erfordert es also nicht, dass das Vollstreckungsgericht Maßnahmen ergreift. Es ist vielmehr eher so, dass das Gericht keine tauglichen Mittel hat, um das gewünschte Ziel zu erreichen: Die Verfügung über die Daten wäre faktisch nicht unterbunden, wenn das Gericht das Verfügungsrecht entzöge. Schließlich befänden sich die Daten immer noch auf dem Datenträger des Schuldners.

Hier wird auch deutlich, dass sich Anwenderdaten nicht mit den gewerblichen Schutzrechten, die gemäß § 857 ZPO behandelt werden,[270] vergleichen lassen. Bei diesen geht es nämlich um eine Vermögensposition, die sich prinzipiell jeder aneignen kann, weil sie allgemein verfügbar bzw. bekannt ist, vgl. §§ 30 ff., 54 PatG, §§ 41, 62 MarkenG. Anwenderdaten hingegen sind gerade nicht allgemein bekannt, insbesondere wenn es sich um Kundendaten handelt. Sie müssen nicht nur vor der Ausnutzung geschützt werden, sondern vielmehr vor dem faktischen Zugriff und der Ausspionierung. Sie sind eben nicht öffentlich, sondern entfalten ihren Vermögenswert durch die Kenntnis eines Rechtsträgers und der rechtlichen Zuordnung zu diesem. Insofern stehen sie auch dem Eigentum in seiner Zuordnungs- und Ausschlussfunktion näher als der Inhaberschaft eines gewerblichen Schutzrechts.

Diese Gründe sprechen dafür, die §§ 808 ff. ZPO auf elektronisch gespeicherte Daten analog anzuwenden. Folglich können die obigen Überlegungen zu § 811 ZPO hierher übertragen werden. Elektronisch gespeicherte Unterlagen des Rechtsanwalts sind daher ebenfalls gemäß § 811 Abs. 1 Nr. 5, 7, 11 ZPO unpfändbar.

cc) Zugehörigkeit zur Insolvenzmasse

Ob ein Vermögensgegenstand zur Insolvenzmasse gehört, hängt nicht nur von seiner Pfändbarkeit ab, sondern muss darüber hinaus anhand insolvenzspezifischer Überlegungen entschieden werden.

---

267 BGHZ 109, 97, 100 f. = NJW 1990, 320, 321; *Roy/Palm* NJW 1995, 690, 691.

268 *Baumbach/Lauterbach/Albers/Hartmann*[65] Grundz § 704 Rn. 76 „Patent".

269 *Brox/Walker* ZVR[7] Rn. 319; *Paulus* DGVZ 1990, 151, 155 f. A. A. Stein/Jonas/*Münzberg*[22] § 808 Rn. 3.

270 *Schuschke/Walker*[3] § 857 Rn. 38 ff.

aaa) Der Gegensatz von § 36 Abs. 2 Nr. 1 InsO und § 36 Abs. 1 S. 1 InsO i. V. m. § 811 Abs. 1 Nr. 5 ZPO

Laut § 36 Abs. 2 Nr. 1 InsO gehören die Geschäftsbücher des Schuldners zur Insolvenzmasse. Aus dem Wortlaut „jedoch" lässt sich schließen, dass sich die Vorschrift auf § 811 Abs. 1 Nr. 11 ZPO i. V. m. § 36 Abs. 1 S. 1 InsO bezieht. Daher ist der Begriff der Geschäftsbücher in beiden Normen gleich. Wenn man § 36 Abs. 2 Nr. 1 InsO isoliert anwenden würde, wären somit die gesamten Schriftstücke des Anwalts insolvenzbefangen. § 36 Abs. 1 S. 1 InsO i. V. m. § 811 Abs. 1 Nr. 5 ZPO (und § 811 Abs. 1 Nr. 7 ZPO) trifft dagegen die Aussage, dass die anwaltlichen Dokumente insolvenzfrei sind. Es fragt sich, wie dieser Gegensatz aufzulösen ist.

Es liegt nahe, die Anwendbarkeit des § 811 Abs. 1 Nr. 5 ZPO als ausschlaggebend anzusehen, da es für die Unpfändbarkeit ausreicht, wenn lediglich ein Merkmal aus der Liste des § 811 Abs. 1 ZPO erfüllt ist. Damit würde man aber § 36 Abs. 2 InsO nicht gerecht. Diese Vorschrift greift einige Fälle des § 36 Abs. 1 InsO auf und trifft für sie eine besondere Regelung. Abs. 2 ist m. a. W. lex specialis zu Abs. 1. Der Wortlaut „jedoch" verdeutlicht diese Vorrangstellung.

Aber nicht nur die systematische, sondern auch die teleologische Deutung spricht für den Insolvenzbeschlag. So liegt das Pfändungsverbot der Nrn. 5, 7 und 11 darin begründet, dass es einzelnen Gläubigern im Rahmen der Einzelzwangsvollstreckung nicht erlaubt sein soll, den Erwerb des Schuldners oder die Geheimnissphäre seines Haushalts oder seines Unternehmens zu stören. Dagegen liegt es im Insolvenzfall anders: Hier soll der Schuldner durchaus weiterarbeiten dürfen, um die Masse durch Neuerwerb gemäß § 35 Abs. 1 InsO zu mehren, vgl. § 36 Abs. 1 InsO i. V. m. § 811 Abs. 1 Nr. 5 ZPO und den Umkehrschluss aus § 36 Abs. 2 Nr. 2 InsO. Wenn er aber als Unternehmer vom Insolvenzverwalter Mittel aus der Masse zur Verfügung gestellt bekommen will, die er für die Unternehmensfortführung benötigt, so muss der Verwalter wissen, ob sich diese masseminderndern Maßnahmen letztendlich für die Masse auszahlen. Dies kann er nur einschätzen, wenn er die Bücher des Schuldners kennt. Aus den Geschäftsbüchern kann der Insolvenzverwalter nämlich im Wesentlichen zweierlei erkennen: Erstens, wenn die Bücher ordentlich geführt sind, dass der Schuldner überhaupt zur rationellen Geschäftsführung in der Lage ist. Zweitens, ob sich bestimmte Geschäfte lohnen oder nicht.

Aus dem ersatzlosen Wegfall des § 117 Abs. 2 KO[271] lässt sich folgern, dass die Kundenkartei im Rahmen einer Unternehmensveräußerung, aber auch alleine verkauft werden darf, falls eine Weiterführung des Unternehmens nicht in Betracht kommt.[272] Das ist aber nur statthaft, wenn man davon ausgeht, dass die Geschäftsbücher insolvenzbefangen sind. Dafür spricht schließlich auch, dass ansonsten die Vorschrift eines großen Teils ihres Anwendungsbereichs beraubt würde. Denn bei einem Vorrang des § 811 Abs. 1 Nr. 5 ZPO wären die Geschäftsbücher all derjenigen, die ihren Erwerb aus persönlicher Leistung ziehen, insolvenzfrei. Da darunter auch das Kleingewerbe fällt, würde § 36 Abs. 2 Nr. 1 InsO viele Selbstständige nicht erfassen. Das ist wohl kaum gewollt.[273]

[271] Der Text lautete: „§ 117 (2) Die Geschäftsbücher des Gemeinschuldners dürfen nur mit dem Geschäft im Ganzen und nur insoweit veräußert werden, als sie zur Fortführung des Geschäftsbetriebs unentbehrlich sind."

[272] Braun/*Bäuerle*[2] § 36 Rn. 14.

[273] A. A. *Blunk* S. 59.

Dabei wird die von § 36 Abs. 1 S. 2 InsO i. V. m. § 811 Abs. 1 Nr. 5 ZPO vorausgesetzte Erwerbstätigkeit nicht durch die Insolvenzbefangenheit der Geschäftsbücher behindert. Insbesondere bei der Insolvenz von Rechtsanwälten stellt sich das Problem, dass für die Weiterführung der Kanzlei im Gegensatz zur derjenigen eines kaufmännischen Unternehmens eine besondere formelle Qualifikation, nämlich die Zulassung zur Rechtsanwaltschaft benötigt wird. Diese wird in manchen Fällen beim Insolvenzverwalter nicht vorhanden sein. Gerade hier kommt es also für die Verwertung entscheidend darauf an, dass der Schuldner (für die Masse) arbeitet. Dazu kann er schwerlich auf die Geschäftsbücher, also seine Aufzeichnungen, verzichten. Dies ist indes auch gar nicht nötig, da der Insolvenzverwalter immer die Möglichkeit hat, die Unterlagen dem Schuldner in unmittelbarem Besitz zu überlassen oder Kopien anzufertigen.[274]

§ 36 Abs. 2 Nr. 1 InsO setzt sich folglich gegen § 36 Abs. 1 S. 1 InsO i. V. m. § 811 Abs. 1 Nr. 5, 7 ZPO durch. Dass die Mandantenakten Erwerbsgegenstände des Rechtsanwalts sind, steht ihrer Zugehörigkeit zur Insolvenzmasse nicht entgegen.

bbb) Unabhängigkeit des Insolvenzbeschlags von Zustimmungserfordernissen

Der mit der Verfahrenseröffnung eintretende Insolvenzbeschlag bewirkt die Überleitung sämtlicher Eigentümerbefugnisse vom Schuldner auf den Insolvenzverwalter.[275] Dies muss nicht bedeuten, dass ein massezugehöriger Gegenstand vom Verwalter tatsächlich verwertet werden kann. Insofern bedeutet Beschlag nur, dass der Insolvenzverwalter in die vermögensrechtliche Position einrückt, die der Schuldner vor Verfahrenseröffnung innehatte. Wird die Verfügungsbefugnis des Insolvenzverwalters derart beschränkt, dass er über einen Gegenstand nur mit der Zustimmung eines Dritten, z. B. des Mandanten verfügen kann, so berührt dies nicht den Insolvenzbeschlag. Denn ein solches Zustimmungserfordernis ist auch beim Schuldner vorstellbar, ohne dass er dadurch das Eigentum an sich an dem Vermögensgegenstand verlieren würde.

Das muss auch gelten, wenn der Schuldner derjenige ist, der bei einer Verfügung des Verwalters zustimmen muss, sei es aus persönlichkeits- oder berufsrechtlichen oder sonstigen Gründen. Auch dann sind nämlich die Eigentümerbefugnisse auf den Insolvenzverwalter übergegangen, und zwar so, dass der Schuldner nicht wie zuvor alleine verfügen kann. Eine solche Trennung zwischen vermögensrechtlicher und sonstiger Befugnis ist möglich und widerspricht nicht der vermögensrechtlichen Einordnung unter den Begriff Insolvenzbeschlag.

Die Mandantenakten gehören folglich zur Insolvenzmasse.[276]

c) Verwirklichung des Insolvenzbeschlags – Auskunft und Einsichtnahme

Die Zugehörigkeit eines Gegenstandes zur Insolvenzmasse kann nur dann zu Verwertbarkeit führen, wenn der Insolvenzverwalter von der Existenz des Gegenstandes weiß. Dies leuchtet bei körperlichen Gegenständen sofort ein, da der Besitz und die Verwaltung der Gegenstände voraussetzen, dass sie und ihre Lage dem Verwalter bekannt sind. Aber

274 So im Ergebnis auch *Blunk* S. 60.
275 Jaeger-InsO/*Henckel* § 35 Rn. 5.
276 Uhlenbruck/*Uhlenbruck*[12] § 35 Rn. 43; Kübler/Prütting/*Holzer* § 35 Rn. 62.

auch unkörperliche Gegenstände, seien es Forderungen oder sonstige Rechte, kann der Insolvenzverwalter nur verwerten, wenn er über ihr Bestehen in Kenntnis gesetzt wurde.[277] Dazu gibt es zwei Möglichkeiten: Entweder fragt der Insolvenzverwalter den Schuldner oder er verschafft sich Einblick in die Unterlagen des Schuldners. Informationen über die Insolvenzmasse kann der Verwalter von Dritten nur auf freiwilliger Basis erlangen; besonders verpflichtet ist nur der Insolvenzschuldner. Auskunfts- und Einsichtsrechte können ebenso das Gericht und die Gläubiger haben, um den Schuldner und die Amtsführung des Insolvenzverwalters zu überprüfen. Zudem ergeben sich indirekt Informationen über die vom Insolvenzverwalter zu erstellenden Verzeichnisse. Neben den sich aus diesen Informationsmöglichkeiten ergebenden Fragen ist auf Verfahrensfragen einzugehen.

aa) Rechte des Insolvenzverwalters

Der Insolvenzverwalter kann Auskunft vom Insolvenzschuldner gemäß § 97 Abs. 1 InsO verlangen. Ein gesondertes Recht auf Einsichtnahme in die Unterlagen des Schuldners lässt sich daraus hingegen nicht ableiten. Die allgemeine Unterstützungspflicht des Schuldners aus § 97 Abs. 2 wiederum bezieht sich bekanntlich nur auf die Aufgaben des Verwalters. Ihm muss aber nicht nur eine Aufgabe zugewiesen sein, sondern zugleich auch das entsprechende Recht. Ansonsten könnte der Insolvenzverwalter vom Schuldner Tätigkeiten ausführen lassen, die ihm selbst verboten sind. Der Verwalter ist gleichwohl berechtigt und verpflichtet, das zur Insolvenzmasse gehörende Vermögen des Schuldners in Besitz und Verwaltung zu nehmen, § 148 Abs. 1 InsO. Daraus ergibt sich grundsätzlich das Recht, die Akten des Schuldners einzusehen.[278] Das gilt sowohl für den Fall, dass die Akten auf Wertgegenstände hinweisen (z. B. Inventarliste, Liste von Außenständen), als auch für den Fall, dass die Akten selbst Vermögenswert haben (z. B. Wertpapiere, Urkunden über Schuldanerkenntnis).

Der Insolvenzverwalter darf Informationen nur insoweit erheben, als sie für das Verfahren, also für die Verwertung der Insolvenzmasse, notwendig sind.[279] Diese Einschränkung ergibt sich aus der Tatsache, dass das Insolvenzverfahren ein Vollstreckungsverfahren ist.[280] Das gilt auch, wenn die Kanzlei saniert werden soll, denn die Erhaltung des Unternehmens im Insolvenzverfahren dient zuförderst der Befriedigung der Gläubiger, § 1 S. 1 InsO. Eingriffe des Staates unterliegen stets dem Verhältnismäßigkeitsgebot. Ein Eingriff, der nicht erforderlich ist, muss unterbleiben. Allerdings ist kaum vorstellbar, dass der Insolvenzverwalter völlig ohne Kenntnis vom Inhalt der Mandantenakten arbeiten kann. Denn ein zugelassener Anwalt wird stets einige offene Forderungen aus Mandaten haben. Kann der Anwalt aber glaubhaft machen, dass dies nicht der Fall ist, z. B. weil er die Praxis schon seit längerer Zeit aufgegeben hat, so ist von jeglicher Informationserhebung aus den Mandantenakten seitens des Insolvenzverwalters abzusehen. Diese Situation liegt aber jenseits der Grenzen dieser Untersuchung.

Auskunft soll über alle das Verfahren betreffenden Verhältnisse gegeben werden. Die Auskunft ist umfassend zu erteilen und kann „grundsätzlich zu sämtlichen Vorgängen

[277] AG Köln NZI 2004, 155; *Schildt* S. 122.
[278] Nerlich/Römermann/*Delhaes* vor § 56 Rn. 3.
[279] Gleicher Gedanke bei BGH NJW 2005, 1505, 1507; BGH NJW 2004, 2015, 2017.
[280] KS/*Naumann*[2] S. 431, 433; *Schildt* S. 42 f.; MK-InsO/*Stürner* Einl Rn. 1; *Foerste* Rn. 5.

verlangt werden, die in irgendeinem Bezug zu dem Insolvenzverfahren stehen".[281] *Uhlenbruck* macht jedoch eine Ausnahme für persönliche Tatsachen, die in keinem Bezug zum Verfahren und zur vermögensrechtlichen Situation des Schuldners stehen.[282] Wenn dies für persönliche Tatsachen des Insolvenzschuldners gilt, muss es erst recht für persönliche Tatsachen der Mandanten gelten, die ja unbeteiligte Dritte des Insolvenzverfahrens sind. Nach a. A. umfasst die Auskunftspflicht jegliche Angaben, soweit sie zur Abgrenzung von insolvenzbefangenen und insolvenzfreien Gegenständen erforderlich sind.[283] Beide Sichtweisen kommen hier auf unterschiedlichem Weg zum gleichen Ergebnis. Der letztgenannten Meinung zuzugeben ist, dass erst ein Einblick in die Akte zeigen kann, ob sich daraus ein Vermögenswert ergeben kann, also ob noch Forderungen gegen den Mandanten offen stehen. Insofern ist eine Unterscheidung vor der Kenntnisnahme über den Akteninhalt gar nicht möglich. Auf der anderen Seite ergibt sich aber aus dieser Notwendigkeit auch der Bezug zum Insolvenzverfahren, den die erstgenannte Meinung fordert. Denn die Akten gehören zu den Geschäftsbüchern des Insolvenzschuldners und können möglicherweise im Insolvenzverfahren verwertet werden. Da es nur auf die Möglichkeit der Verwertung ankommt, besteht der Bezug auch dann, wenn alle Forderungen aus dem konkreten Mandat beglichen sind.

Nach den oben angestellten Erwägungen gehören die Mandantenakten zur Insolvenzmasse und können vom Insolvenzverwalter eingesehen werden. Außerdem hat der Schuldner diesbezüglich Auskunft zu geben. In dieses Zwischenergebnis ist noch nicht die Rolle des Rechts auf informationelle Selbstbestimmung eingeflossen. Dieses Recht können Privatpersonen und Unternehmen innehaben.[284] Da der Rechtsanwalt in den Mandantenakten kaum jemals private Aufzeichnungen ablegt, ist er als Unternehmer betroffen. Sein Recht auf informationelle Selbstbestimmung als Partei des Insolvenzverfahrens wird durch § 97 InsO verfassungsmäßig eingeschränkt.[285] Anders sieht es mit dem Recht auf informationelle Selbstbestimmung des Mandanten aus. Dieses wird durch eine Vielzahl von Verbotsnormen geschützt, die dem Rechtsanwalt die Verletzung des Berufsgeheimnisses verbieten. Daneben gibt es Vorschriften, die eine Zeugnisverweigerung erlauben, wenn die informationelle Selbstbestimmung eines Dritten beeinträchtigt würde. Bei einer Verletzung dieser Normen durch den insolventen Rechtsanwalt oder den Insolvenzverwalter ist zu überlegen, ob sich dies auf die Informationsbefugnisse des Insolvenzverwalters auswirkt. Schließlich ist zu prüfen, ob der Verwalter selbst Normen unterliegt, die es ihm versagen, Informationen über die Mandate zu erheben.

aaa) Schutznormen

Untersucht werden soll, ob es Normen gibt, die es entweder dem Rechtsanwalt verbieten, dem Insolvenzverwalter Einsicht in die Mandantenakten zu gewähren, oder dem Insolvenzverwalter verbieten, sich diese Akten anzuschauen. Dabei sind für die Verwertung Name

281 Uhlenbruck/*Uhlenbruck*[12] § 97 Rn. 6. Ähnlich Smid/*Smid*[2] § 97 Rn. 6; MK-InsO/*Passauer* § 97 Rn. 14; Braun/*Kroth*[2] § 97 Rn. 9.

282 Uhlenbruck/*Uhlenbruck*[12] § 97 Rn. 6.

283 AG Duisburg NZI 2000, 415.

284 Siehe oben S. 15 f.

285 BVerfGE 56, 37, 49 ff. = NJW 1981, 1431, 1432 f.

und Anschrift des Vergütungsschuldners sowie der Forderungsbetrag von Interesse. Unter Umständen sind auch Einzelheiten aus der Akte für den Verwalter wichtig, insbesondere wenn sich der Vergütungsschuldner gegen die Geltendmachung der Forderung wehrt. Ebenso kann dies durch den vollstreckungsrechtlichen Bestimmtheitsgrundsatz veranlasst sein.[286] Endlich können die Akten nützlich sein, wenn die Kanzlei durch einen anderen Anwalt weiterbetrieben werden soll. Dann ist der ganze Akteninhalt relevant.

bbb) Strafbarkeit der Verletzung von Privatgeheimnissen, § 203 Abs. 1 Nr. 3 StGB

§ 203 Abs. 1 Nr. 3 StGB verbietet es u. a. dem Rechtsanwalt, ein fremdes Geheimnis unbefugt zu offenbaren, das ihm in seiner Eigenschaft als Anwalt anvertraut worden oder sonst bekannt geworden ist. Die Offenbarung kann dabei zum einen darin liegen, dass die Mandantenakten dem Insolvenzverwalter zur Verfügung gestellt werden, zum anderen in einer Auskunft über den Akteninhalt.

(1) Schutzzweck

Die Anwendung des § 203 Abs. 1 Nr. 3 StGB im Falle der Insolvenz des Rechtsanwalts erfordert die genaue Bestimmung des Schutzzwecks der Strafnorm. Er ist umstritten. Zwei Schutzgüter kommen in Betracht: Das erste ist der persönliche oder geschäftliche Geheimbereich. Der Anspruch auf Schutz persönlicher Geheimnisse geht auf das Recht auf informationelle Selbstbestimmung zurück. Die Bedeutung dieses Rechts ist vom *BVerfG* immer wieder betont worden.[287] Es ist unverzichtbarer Bestandteil des allgemeinen Persönlichkeitsrechts, das aus Art. 2 Abs. 1 i. V. m. Art. 1 Abs. 1 GG hergeleitet wird, und enthält in den Worten des *BVerfG* die „Befugnis des einzelnen, grundsätzlich selbst zu entscheiden, wann und innerhalb welcher Grenze persönliche Lebenssachverhalte offenbart werden."[288] Daneben schützt es in gleichem Maße – im Verbund mit dem Recht auf ein rechtsstaatliches Verfahren – den wirtschaftlichen Geheimbereich eines Unternehmens.[289]

Zweitens könnte die Funktionsfähigkeit der Rechtspflege von § 203 Abs. 1 Nr. 3 StGB geschützt sein. Der Rechtsstaat ist auf eine funktionsfähige, auch vom Bürger angenommene Rechtspflege angewiesen. Dies setzt eine Anwaltschaft voraus, der der Bürger vertraut.[290] Wenn der Bürger sich einem Anwalt anvertrauen soll, so muss er auch sicher sein, dass der Anwalt das Mandat vertraulich behandelt.[291]

Der Meinungsstand stellt sich wie folgt dar: Dass das Individualinteresse an informationeller Selbstbestimmung geschützt wird, ist unstreitig.[292] Nicht einig ist man sich darin, ob daneben auch das Gemeininteresse an einer funktionsfähigen Rechtspflege Schutzgut

[286] Zum Bestimmtheitsgrundsatz bei Forderungen *Schuschke*/Walker[3] § 829 Rn. 37.

[287] Wegweisend BVerfGE 65, 1 – Volkszählung.

[288] BVerfGE 65, 1, 41 f.

[289] Vgl. dazu oben S. 15 f.

[290] Für das öffentliche Interesse an einem funktionsfähigen Gesundheitswesen BGH NJW 1968, 2288, 2290.

[291] Dazu im Einzelnen bereits S. 12 ff.

[292] Siehe die Übersicht bei *Lackner/Kühl*[25] § 203 Rn. 1.

ist.[293] Wenn man das bejaht, stellt sich weiterhin die Frage, ob das individuelle oder das allgemeine Interesse vorrangig geschützt ist.

Dass auch die Funktionsfähigkeit der Rechtspflege geschützt wird, ergibt sich relativ klar aus dem beschränkten Täterkreis des § 203 StGB. Wollte man ausschließlich das private Geheimnis schützen, hätte die Einrichtung eines allgemeinen Tatbestands der „informationellen Untreue" nahegelegen, der denjenigen bestraft, der ein ihm anvertrautes Geheimnis unbefugt offenbart.[294] Dagegen kann man nun einwenden, dass es der Funktion der Strafe als ultima ratio entspricht, nur Geheimnisträger in den Blick zu nehmen, auf die der Bürger besonders angewiesen ist oder die besonders sensible Informationen erhalten. Dadurch lässt sich aber nicht erklären, warum z. B. die privaten Banken nicht in § 203 StGB genannt sind, deren Dienste im Geschäftsleben, aber auch im Privaten unverzichtbar geworden sind. Auch das Nebenstrafrecht hält für einen Geheimnisverrat der Banken keine Strafe bereit,[295] obwohl sie durchaus mit den Gruppen des § 203 StGB vergleichbar sind.[296] Es ist vielmehr so, dass auf eine Vorschrift gegen die öffentliche Erörterung privater Angelegenheiten verzichtet wurde.[297] Im Übrigen spricht gerade die besondere Berücksichtigung der in § 203 StGB genannten Gruppen im Rahmen des Strafrechts dafür, dass der Schutz des privaten Geheimnisses dort von besonderem gesellschaftlichen Interesse ist.

Ein weiterer Hinweis auf den Willen des Gesetzgebers, das Vertrauen in bestimmte Berufsgruppen zu schützen, steckt in den Einschränkungen innerhalb der einzelnen Berufsbilder. So verlangen § 203 Abs. 1 Nr. 1 StGB die staatlich geregelte Ausbildung, Nr. 4 die Anerkennung durch eine Behörde oder öffentlich-rechtliche Körperschaft und die Nummern 2, 4a und 5 eine staatliche Anerkennung. Diese Eingrenzung lässt darauf schließen, dass bestimmte Berufsbilder und staatliche Qualitätsmerkmale sowie das Vertrauen darin geschützt werden sollen.

Überdies sind die §§ 203 und 206 StGB systemverwandt, woraus auf eine ähnliche Rechtsgüterstruktur geschlossen werden darf. So bestraft § 206 StGB auch das unbefugte Offenbaren, das dort aber „Mitteilung machen" genannt wird. Während bei § 203 StGB eine Person einer Vertrauensperson ein Geheimnis anvertraut, vertraut sie es bei § 206 StGB einem Post- oder Telekommunikationsunternehmen an, zu dem dessen Inhaber oder Mitarbeiter zum Zwecke des Betriebs Zugang haben. Für § 206 StGB ist von der h. M. anerkannt, dass er sowohl das (individuelle) Post- und Fernmeldegeheimnis schützt als auch das öffentliche Interesse an der Sicherheit und Zuverlässigkeit des Post- und Fernmeldeverkehrs.[298] Nun kann man noch einen Vergleich zu § 202 StGB ziehen. Diese Vorschrift bestraft nicht denjenigen, der das Geheimnis offenbart, sondern den, der es auskundschaftet. Hier wird nur die verschlossene Mitteilung, also ein formaler Geheimbereich geschützt.[299]

---

293 Dafür mit zahlreichen Nachweisen zu beiden Meinungen *Schönke/Schröder*[27] § 203 Rn. 3. Ebenso *Henssler/Prütting*[2] § 43a Rn. 31. Für das Gesundheitswesen bejahend BGH NJW 1968, 2288, 2290. Dezidiert a. M. OLG Celle NJW 1962, 693 (Arzt). Ebenfalls dagegen LK/*Schünemann*[11] § 203 Rn. 14 ff. Nur mittelbarer Schutz *Tröndle/Fischer*[54] § 203 Rn. 2.

294 MK-StGB/*Cierniak* § 203 Rn. 3, 5.

295 Ebenroth/Boujong/Joost/*Grundmann* BankR I Rn. 163.

296 Ähnlich Schönke/Schröder/*Lenckner*[27] § 203 Rn. 3.

297 OLG Köln NStZ 1983, 412, 413.

298 *Tröndle/Fischer*[54] § 206 Rn. 1; Schönke/Schröder/*Lenckner*[27] § 206 Rn. 2 m. w. N.

299 *Tröndle/Fischer*[54] § 202 Rn. 2; Schönke/Schröder/*Lenckner*[27] § 202 Rn. 2.

Aus der Zusammenschau wird deutlich, dass § 203 StGB in punkto Normadressat und Gesetzeswortlaut dem § 206 StGB viel näher steht als dem § 202 StGB. Daher ist auch bei § 203 StGB von einem doppelfunktionalen Schutz auszugehen.

Neben dem Privatgeheimnis und der Funktionsfähigkeit der Rechtspflege sieht *Rogall* das Vermögen als durch § 203 StGB geschützt an, weil der Tatbestand gleichfalls Betriebs- und Geschäftsgeheimnisse aufführt.[300] Das überzeugt. Denn auch wenn eine natürliche Person Unternehmensträgerin ist, kann doch ein Betriebsgeheimnis kaum ein zu ihrem persönlichen Lebensbereich gehörendes Geheimnis sein. Daher müssen sich Betriebs- und Geschäftsgeheimnisse auf das von der wirtschaftlichen Einheit umfasste Vermögen beziehen.

Der Schutzzweck des § 203 Abs. 1 Nr. 3 StGB umfasst also die Individualinteressen am persönlichen und geschäftlichen Geheimbereich sowie, soweit es um Betriebs- und Geschäftsgeheimnisse geht, am Vermögen. Gleichermaßen wird das Allgemeininteresse an einer funktionsfähigen Rechtspflege geschützt.

(2) Unrechtstatbestand

Nach § 203 Abs. 1 Nr. 3 StGB wird ein Rechtsanwalt bestraft, wenn er ein fremdes Geheimnis unbefugt offenbart, das ihm in seiner Eigenschaft als Anwalt anvertraut worden oder sonst bekannt geworden ist.

(a) Geheimnis

Beim Geheimnis kann man zwischen einem faktischen und einem normativen Begriffselement unterscheiden.[301] Zunächst einmal ist ein Geheimnis eine Tatsache, die nur einem beschränkten, zumindest noch überschaubaren Personenkreis bekannt ist.[302] Unter Tatsachen sind sowohl äußere als auch innere Tatsachen zu verstehen, also auch Einschätzungen und Meinungen.[303] Außerdem muss das Geheimnis i. S. von § 203 StGB auch objektiv geheim zu halten sein. Der Betroffene muss also ein berechtigtes, schutzwürdiges Interesse daran haben, dass die Tatsache nicht weiter bekannt wird.[304]

(aa) Faktisches Begriffselement

Wird ein Rechtsanwalt konsultiert, so geht es dem Mandanten um eine Rechtssache. Es liegt in der Natur solcher Sachen, dass sie nur einem beschränkten Personenkreis bekannt sind.[305] Anders ist es jedoch, wenn die Sache eines Mandanten öffentlich verhandelt wurde. In diesem Fall und auch, wenn die Verhandlung zwar geheim, die Urteilsverkündung jedoch öffentlich war, wird die Tatsache der Beauftragung eines Anwalts (und darüber hinaus die Tatsache des Bestehens einer Rechtsstreitigkeit) öffentlich.[306] *Lauda* weist aber

---

[300] *Rogall* NStZ 1983, 1, 3. So auch *Tröndle/Fischer*[54] § 206 Rn. 2.

[301] So *Lackner/Kühl*[25] § 203 Rn. 14; *Schmitz* JA 1996, 772, 774; *Rogall* NStZ 1983, 1, 5.

[302] MK-StGB/*Cierniak* § 203 Rn. 15.

[303] *Schmitz* JA 1996, 772, 774.

[304] *Tröndle/Fischer*[54] § 203 Rn. 6.

[305] Allg. A., *Tröndle/Fischer*[54] § 203 Rn. 4; KG JR 1985, 161, 162; LG Wiesbaden RPfleger 1977, 179; LG Frankfurt/Main AnwBl 1985, 258. Im Ergebnis gleich, aber einen nicht bestehenden Streitstand dazu darstellend *Würz-Bergmann* S. 45 f.

richtigerweise darauf hin, dass bezüglich weiterer Informationen, die der Mandant dem Anwalt mitgeteilt hat, genau geprüft werden muss, was tatsächlich im Prozess offenbar wurde.[307] Was nicht Gegenstand des Prozesses war, bleibt Geheimnis. Das gilt umso mehr für die anwaltliche Beratung in außergerichtlichen Fragen.

(bb) Normatives Begriffselement

Schwierigkeiten bereitet dagegen das normative Begriffselement. Die Schutzwürdigkeit bestimmter Elemente der Mandantenakte ist nicht immer leicht zu sehen. Das fängt bereits bei dem Namen und der Anschrift des Mandanten an. Eine zweifelsfreie Identifikation einer Person ist allein mit dem Namen nicht möglich. Damit kann ein Dritter eine Information aus einem Mandat niemandem zuordnen. Daher soll die Schutzwürdigkeit der Identität eines Mandanten anhand der Kombination von Name und Anschrift untersucht werden.

Lenckner erkennt Schutzwürdigkeit bei einem sachlich begründeten Geheimhaltungsinteresse an.[308] Dabei ist aber festzuhalten, dass über dieses Kriterium nicht einer Abwägung über Geheimhaltungsgrade die Tür geöffnet werden soll, sondern lediglich das Offenbaren völlig belangloser Tatsachen straffrei gestellt wird. „Geheimniskrämerei mit Bagatellen" deckt § 203 StGB darum nach der Meinung von *Tröndle/Fischer* nicht.[309] Damit wird die Vorschrift ihrer ultima-ratio-Funktion gerecht, indem sie nur das sozialethische Minimum schützt. So fällt etwa die Tatsache, dass eine Person eine Präferenz für eine bestimmte Musikrichtung oder Urlaubsgegend hat, aus dem strafrechtlichen Schutzbereich heraus.[310]

Demgegenüber stellt die Mandanteneigenschaft selbst nach der h. M. keine Bagatelle dar, sondern ist im Rahmen des § 203 StGB als schutzwürdig anzusehen.[311] Diese Auslegung wird gestützt durch das Volkszählungsurteil des *BVerfG*: Die moderne Informationsverarbeitung biete enorme Möglichkeiten zur Verknüpfung von Daten, so dass es kein belangloses Datum mehr gebe.[312] Wenn man die informationelle Selbstbestimmung mit dem *BVerfG* an den Folgen der Verarbeitung festmacht, kann der Datenschutz nicht pauschal eingeschränkt werden, sondern nur durch Bezugnahme auf den Verwendungszweck.[313] Der Verwendungszweck gehört aber nicht zum objektiven Tatbestand des § 203 StGB, sondern ist Element der Rechtfertigungsebene.

---

306 BGHZ 122, 115, 118 = NJW 1993, 1638, 1639; *Würz-Bergmann* S. 50 ff.; Schönke/Schröder/*Lenckner*[27] § 203 Rn. 6.

307 *Lauda* Anm. zu BGH LM § 134 BGB Nr. 143 (Bl. 3).

308 Schönke/Schröder/*Lenckner*[27] § 203 Rn. 7.

309 *Tröndle/Fischer*[54] § 203 Rn. 6.

310 Schönke/Schröder/*Lenckner*[27] § 203 Rn. 7.

311 *Berger* MDR 2003, 970, 971 f.; NJW 1995, 1584, 1587; *Würz-Bergmann* S. 49. Für den Berufspsychologen BAG NStE Nr. 2 zu § 203 StGB; zustimmend Schönke/Schröder/*Lenckner*[27] § 203 Rn. 19. Für den Arzt *Langkeit* NStZ 1994, 6. Für den Verwaltungsdirektor eines Krankenhauses mit gynäkologisch-geburtshilflicher Abteilung OLG Oldenburg NJW 1982, 2615, 2616. A. A. LG Memmingen NJW 1996, 793, 794; LG Frankfurt am Main AnwBl 1985, 258; LG Wiesbaden Rpfleger 1977, 179. Für Patientenname und Rechnungsbetrag LG Aurich NJW 1971, 252.

312 BVerfGE 65, 1, 45 = NJW 1984, 419, 422 – Volkszählung.

313 *Simitis*[6] § 1 Rn. 57 ff.

(aaa) *Vergleich von Rechtsanwälten, Ärzten und Steuerberatern*

Auch das Zeugnisverweigerungsrecht des Arztes umfasst nach Meinung des *BGH* die Identität des Patienten.[314] Von *Harlfinger* wird allerdings bezweifelt, dass man Mandanten- und Patientengeheimnis gleich gut schützen soll. Er sieht Auskünfte über den Gesundheitszustand als deutlich intimer und schützenswerter an als Informationen über die Rechtsberatung durch einen Anwalt.[315] An dieser Ansicht trifft sicherlich zu, dass die körperliche und seelische Verfassung ein überaus intimer Bereich eines jeden Menschen ist. *Harlfinger* verkennt allerdings, dass es nicht nur eine physische und psychische, sondern auch eine soziale Intimsphäre gibt. So kann ein Straf- oder Scheidungsanwalt Einzelheiten und Geschehnisse aus dem persönlichen Umfeld erfahren, die ebenso intim und schutzwürdig sind wie ärztliche Befunde. Dabei ist offensichtlich, dass das Ausmaß des Eindringens in die Persönlichkeitssphäre typischerweise vom Tätigkeitsfeld des Rechtsanwalts abhängt. Das tut es aber gleichfalls beim Arzt: Die Befunde eines Augenarztes werden wohl allgemein als weniger intim angesehen als diejenigen eines Urologen oder Gynäkologen. Das Mandantengeheimnis pauschal schlechterzustellen, ergibt sich hieraus nicht.[316]

Deshalb darf auch nicht zwischen den Berufsgeheimnis von Rechtsanwälten und Steuerberatern unterschieden werden. Eine Ausnahme ist nur in Bezug auf die Tatsache der Beauftragung eines Steuerberaters zu machen. Daraus lässt sich allenfalls auf die Höhe der Steuerlast schließen, weil bei geringem Einkommen die Steuererklärung so einfach abzugeben sein dürfte, dass ein Steuerberater nicht erforderlich ist. Eine darüber hinausgehende Aussage lässt sich nicht treffen, weil es heutzutage üblich ist, seine Steuererklärung vom Steuerberater erstellen zu lassen. Dessen Beauftragung ist also sozial anerkannt. Daher ist diese Tatsache nicht schutzwürdig.[317] Das Aufsuchen eines Rechtsanwalts hingegen ist für die meisten Leute immer noch eine Ausnahme und bekundet auch in Kreisen, in denen rechtsanwaltliche Beratung häufiger gesucht wird, ein gesteigertes Interesse an der Lösung eines Rechtsproblems.[318]

(bbb) *Vergleich von Rechtsanwälten mit unterschiedlicher Spezialisierung*

Nach diesen Feststellungen kann es auch nicht mehr auf das Fachgebiet des Rechtsanwalts ankommen. Es ist zwar offensichtlich, dass es hier unterschiedliche Beeinträchtigungsstufen gibt.[319] Sucht jemand einen ausschließlich als Strafverteidiger tätigen Rechtsanwalt auf, ist sein Geheimhaltungsinteresse meistens größer als bei dem Mandanten eines Zivilrechtlers. Diese Verallgemeinerung trifft gleichwohl nicht immer zu. Offensichtlich ist das bei familien- und erbrechtlichen Fragestellungen. Ebenso kann der Mandant einer Wirtschaftskanzlei ein großes Interesse daran haben, dass die Beauftragung geheim bleibt.

---

314 BGHSt 33, 148, 151 = NJW 1985, 2203, 2204.

315 *Harlfinger* S. 65. Ähnlich in typisierender Betrachtung BGH NJW 2007, 1196, 1198.

316 BGH NJW 1995, 2026, 2027.

317 BGHZ 141, 173, 178 = NJW 1999, 1544, 1547. Für eine Unterscheidung nach Geheimhaltungsinteresse je nach Spezialisierung des Arztes LG Memmingen NJW 1996, 793; LSG NRW NJW 1997, 2477 f. Unentschieden *Brötel* NJW 1998, 3387, 3388 f.

318 Beispielsfälle finden sich bei *Würz-Bergmann* S. 46 f.

319 Eine unterschiedliche Behandlung je nach Arzttyp überlegen *Brötel* NJW 1998, 3387, 3388 f. und BVerwG NJW 1989, 2961, 2962. Auch bei *Kesseler* Rn. 219 und *Schildt* S. 72 ff. taucht der Gedanke auf.

Aber nicht nur diese Überlegung spricht gegen eine Abstufung. Vielmehr ist die Einschätzung des Gesetzgebers und des Mandanten zu achten. Der Gesetzgeber erlaubt die Zuhilfenahme von Rechtsanwälten nicht nur auf jeder Stufe des Instanzenzuges, sondern auch außerhalb der Gerichte. Gleichzeitig beschränkt er die Rechtsberatung im Wesentlichen auf Rechtsanwälte, § 1 RBerG, § 3 BRAO. Es wird also davon ausgegangen, dass der Bürger in Rechtsfragen auf professionelle Hilfe angewiesen ist, die fast ausschließlich durch Rechtsanwälte sichergestellt wird. Wenn der Rechtsuchende sich einem Anwalt anvertraut, schätzt er selbst die Rechtsfrage als so gravierend ein, dass er sie weder auf sich beruhen lässt noch sich zutraut, sie selbst zu lösen. Wenn der Bürger also nach eigener Einschätzung auf einen Rechtsanwalt angewiesen ist, wäre es fatal, wenn man ihm – sozusagen aus objektiver Warte – einen geringeren Geheimnisschutz zubilligte, weil sein rechtliches oder sonstiges Interesse eine Geheimhaltung nicht rechtfertige. Dies würde das Vertrauen in die Anwaltschaft schwer beschädigen, insbesondere weil für den Einzelnen nicht abzuschätzen wäre, was dem Berufsgeheimnis unterfiele und was nicht.

(cc) Ergebnis

Der Geheimnisbegriff des § 203 Abs. 1 Nr. 3 StGB umfasst jegliche Information, die der Rechtsanwalt vom Mandant erhält, solange sie nur einem beschränkten Personenkreis bekannt ist. Geheim zu halten ist nicht nur der Gegenstand des Mandats, sondern auch die Identität des Mandanten. Auf das Fachgebiet des Anwalts kommt es dabei nicht an.

(b) In der Funktion als Rechtsanwalt anvertraut oder sonst bekannt geworden

§ 203 StGB verlangt, dass das Geheimnis dem Anwalt in seiner Funktion anvertraut oder sonst bekannt geworden ist. Unter Anvertrauen wird die Mitteilung unter der ausdrücklichen oder sich aus den Umständen ergebenden Verpflichtung zur Verschwiegenheit verstanden. Sonst bekannt geworden ist das Geheimnis dem Rechtsanwalt, wenn er es auf andere Weise erfahren hat.[320] Dabei kann es nicht ausreichen, wenn die Kenntnis nur zufällig erlangt wurde. Sonst müsste die Einschränkung „als Rechtsanwalt" ebenso entfallen wie das alternative Tatbestandsmerkmal „anvertraut".[321]

Die weite Formulierung des Tatbestandes soll gewährleisten, dass diejenigen Geheimnisse umfassend geschützt werden, die der Anwalt in direktem Zusammenhang mit seiner Berufsausübung erfahren hat.[322] Alles, was in der Mandantenakte abgelegt ist, wurde dem Anwalt in seiner Funktion anvertraut oder ist ihm sonst bekannt geworden. Hat der Mandant die Äußerung gegenüber dem Anwalt selbst gemacht oder ihm Unterlagen zukommen lassen, ist das Merkmal „anvertraut" erfüllt. Fußt ein Aktenbestandteil dagegen auf Besprechungen oder Verhandlungen der Sache des Mandanten mit Dritten oder auf seinen eigenen Beobachtungen und Überlegungen, so sind diese Informationen ihm „sonst bekannt geworden".[323]

---

320 Zum Ganzen Schönke/Schröder/*Lenckner*[27] § 203 Rn. 13 ff.

321 Für das Letztere ebenso *Schmitz* JA 1996, 772, 776.

322 *Hasenbein* S. 32 f.

323 Schönke/Schröder/*Lenckner*[27] § 203 Rn. 15.

(c) *Offenbaren*

Unter Offenbaren wird die Mitteilung des Geheimnisses an einen Dritten verstanden, der es noch nicht kennt. Die Tathandlung besteht in jedem Tun, das geeignet ist, einem Dritten Kenntnis von dem Geheimnis zu verschaffen. Dabei reicht auch schlüssiges Verhalten. Da der Rechtsanwalt als Geheimhaltungsverpflichteter Garant für die Mandantengeheimnisse ist, ist Offenbaren durch Unterlassen ebenfalls strafbar.[324]

Das Tatbestandsmerkmal „Offenbaren" muss sich auf einen Dritten beziehen. Dritter ist nur, wer das Geheimnis noch nicht oder nicht sicher kennt. Offenbart kann also auch werden, worüber der Dritte bereits eine Vermutung hat oder was er gerüchteweise kennt.[325] Demnach ist der Kreis der Wissenden nicht taugliches Offenbarungsziel. Zu diesem Kreis kann man den Insolvenzverwalter hingegen nicht zählen, weil er vor seiner Bestellung keine Funktion in der insolventen Kanzlei ausgeübt hat und daher die Mandate nicht kennt.

Nach der h. M. fällt aus dem Begriff des Dritten ebenfalls der „Kreis der zum Wissen Berufenen" heraus.[326] Dazu zählt man zumindest diejenigen, derer sich der Rechtsanwalt berufsmäßig zur Erfüllung des Mandats bedient. Das sind also Mitarbeiter und Hilfspersonal (Rechtsanwaltsgehilfen). Begründet wird diese einschränkende Auslegung des § 203 StGB damit, dass der Anwalt ohne Zuhilfenahme Dritter nicht rationell arbeiten könne und der Mandant damit rechnen müsse. Diese Praxis sei zur Verkehrssitte erstarkt, so dass eine Beauftragung eines Rechtsanwalts in Kenntnis dessen als Einverständnis ausgelegt werden könne.[327] Diesem Kreis gehören nach ganz h. M. nicht externe Stellen an, z. B. berufsständische oder gewerbliche Verrechnungsstellen.[328]

Dagegen ist ein Rechtsanwalt, der nicht in der beauftragten Kanzlei arbeitet, Dritter i. S. des Gesetzes.[329] Er ist zwar ebenfalls gemäß § 203 StGB gebunden, aber nur im Verhältnis zu demjenigen, der ihm etwas anvertraut hat. Ein Vertrauensverhältnis besteht jedoch nicht, wenn der Betroffene Mandant eines anderen Anwalts ist. Die Schweigepflicht gilt also auch gegenüber Berufskollegen.[330] Der insolvente Rechtsanwalt darf dem Insolvenzverwalter nicht schon deswegen Einblick in die Akten gewähren, wenn und weil der Verwalter selbst Rechtsanwalt ist.

Zum Kreis der zum Wissen Berufenen gehört der Insolvenzverwalter aber auch als solcher nicht, da er kein berufsmäßiger Gehilfe des insolventen Rechtsanwalts ist. Dies ergibt sich selbst nach dem weiten Verständnis des Kreises der zum Wissen Berufenen. Denn wenn man externe Stellen dazuzählt, so müssen diese doch durch Geschäftsbesorgungsverträge gebunden sein. Einer solchen oder ähnlichen Bindung unterliegt der Verwalter aber nicht.

---

324 Zum Ganzen *Tröndle/Fischer*[54] § 203 Rn. 30b.

325 Schönke/Schröder/*Lenckner*[27] § 203 Rn. 19.

326 MK-StGB/*Cierniak* § 203 Rn. 48 f.; LK/*Schünemann*[11] § 203 Rn. 41; *Langkeit* NStZ 1994, 6; Schönke/Schröder/*Lenckner*[27] § 203 Rn. 19.

327 Vgl. für den Arzt BGHZ 115, 123, 128 f. = NJW 1991, 2955, 2957.

328 *Langkeit* NStZ 1994, 6, 9; *Hasenbein* S. 33 ff.; Schönke/Schröder/*Lenckner*[27] § 203 Rn. 19. Wohl auch LK/*Schünemann*[11] § 203 Rn. 41, 43. Für das Zeugnisverweigerungsrecht nach § 53a StPO *Meyer-Goßner*[49] § 53a Rn. 2. A. M. *Kilian* NJW 1987, 695, 697.

329 Siehe nur MK-StGB/*Cierniak* § 203 Rn. 49, Fn. 234 m. w. N.

330 Für den Arzt BGHZ 115, 123, 128 f. = NJW 1991, 2955, 2957; BGHZ 116, 268, 272 = NJW 1992, 737, 739; *Hasenbein* S. 35. Anders noch BGH NJW 1974, 602.

Wenn der Rechtsanwalt dem Insolvenzverwalter Mandantenakten aushändigt oder diesen über deren Inhalte informiert, so unterfällt dies also dem Begriff des Offenbarens eines Geheimnisses, das ihm als Rechtsanwalt bekannt geworden ist.

(d) Unbefugt

Die Einordnung des Merkmals „unbefugt“ ist streitig. Zum Teil wird es als (negatives) Tatbestandsmerkmal eingestuft,[331] zum Teil als Rechtfertigungsgrund.[332] *Cierniak* sieht von Fall zu Fall die eine oder die andere Funktion erfüllt.[333] Für die Zwecke dieser Untersuchung genügt es, dass die Befugnis zur Offenbarung die Strafbarkeit ausschließt. Im Hinblick auf die Strafbarkeit des Rechtsanwalts ist es letztlich belanglos, ob er tatbestandslos oder gerechtfertigt gehandelt hat.[334] In der insolvenzrechtlichen Betrachtung kommt es aber gerade auf die Strafbarkeit an, denn von ihr hängt es ab, ob der Insolvenzschuldner mandatsbezogene Informationen herausgeben darf.[335]

Als Befugnistatbestände kommen hier Einwilligung, mutmaßliche Einwilligung, Notstand und Wahrnehmung berechtigter Interessen in Frage. Zudem können besondere insolvenzrechtliche Herausgabe- und Auskunftspflichten einschlägig sein.

(aa) Einwilligung

Die Einwilligung setzt objektiv stets Folgendes voraus:[336] Der Einwilligende muss Inhaber des verletzten Rechtsguts sein und darüber disponieren können. Weiterhin ist Einwilligungsfähigkeit vonnöten. Die Einwilligung muss vor der Tat erklärt worden sein und im Zeitpunkt der Rechtsgutsverletzung noch bestehen. Außerdem dürfen keine wesentlichen Willensmängel vorliegen.

Zunächst ist jedoch zu klären, ob bei Drittgeheimnissen die Einwilligung durch den Betroffenen[337] oder den Anvertrauenden[338] erfolgen muss. Für erstere Meinung spricht, dass dadurch das Geheimhaltungsinteresse dessen, den das Geheimnis betrifft, optimal geschützt wird. Allerdings schützt § 203 StGB gerade nicht jedes Geheimnis, sondern nur die Weitergabe durch Angehörige bestimmter Berufsgruppen, denen es in ihrer Funktion bekannt geworden ist. Letztere Meinung korrespondiert also besser mit dem auf bestimmte Vertrauensverhältnisse begrenzten Schutz des informationellen Persönlichkeitsrechts.[339] Ebenso verhält es sich mit dem öffentlichen Interesse an verschwiegenen Rechtsanwälten:[340] Es wird lediglich erwartet, dass der Anwalt sich nach den Vorstellungen des

---

331 MK-StGB/*Cierniak* § 203 Rn. 54; Schönke/Schröder/*Lenckner*[26] § 203 Rn. 22; OLG Köln NJW 1962, 686 ff. Enger *Tröndle/Fischer*[54] § 203 Rn. 31.

332 *Lackner/Kühl*[25] vor § 201 Rn. 2; *Rogall* NStZ 1983, 1, 6; *Hasenbein* S. 35 ff.

333 MK-StGB/*Cierniak* § 203 Rn. 53. Für beide Funktionen *Messer* FS Brandner S. 720, 721.

334 So im Ergebnis auch BT-Dr. 7/550 S. 236.

335 So für die Erfüllung des Tatbestands eines Verbotsgesetzes i. S. von § 134 BGB BGHZ 115, 123, 128 f. = NJW 1991, 2955, 2957; *Berger* NJW 1995, 1584, 1586.

336 Übersicht zu den Voraussetzungen bei *Wessels/Beulke*[34] Rn. 370 ff.; Schönke/Schröder/*Lenckner*[27] Vor §§ 32 ff. Rn. 35 ff.

337 OLG Hamburg NJW 1962, 688, 691; *Lackner/Kühl*[25] § 203 Rn. 18.

338 OLG Köln NStZ 1983, 412 f.; *Tröndle/Fischer*[54] § 203 Rn. 34.

339 Siehe dazu auch oben die Diskussion zum geschützten Rechtsgut auf S. 52.

340 Siehe OLG Köln NStZ 1983, 412, 413.

Mandanten, nicht aber nach denen Dritter richtet.[341] Letzten Endes kann das Strafrecht das Geheimnis nicht besser schützen als der Betroffene. Wenn dieser aber das Geheimnis weitergibt, so kann es nicht darauf ankommen, ob der Empfänger das Geheimnis straflos verbreitet oder mit dessen Zustimmung sein Rechtsanwalt.[342] Einwilligen muss demnach der Mandant.

Das verletzte Rechtsgut müsste also dem Mandanten zustehen. Hier geht es aufgrund der Doppelfunktion des § 203 StGB um zwei Rechtsgüter: das Geheimnis des Mandanten und die Funktionsfähigkeit der Rechtspflege. Der Mandant kann zwar über seine Geheimnisse frei verfügen, nicht aber über die Rechtspflege. Dies ist freilich unschädlich, da die Funktionsfähigkeit der Rechtspflege nicht beeinträchtigt wird, wenn der Mandant selbst die Geheimnisweitergabe erlaubt. Daher darf er auch in diesem Sinne über die Rechtspflege disponieren.

Einwilligungsfähigkeit setzt voraus, dass der Betroffene eine zutreffende Vorstellung vom voraussichtlichen Verlauf und den Folgen des zu erwartenden Eingriffs hat.[343] Dazu ist zunächst erforderlich, dass der Mandant Kenntnis von der Insolvenz seines Anwalts hat. Diese kann er aus der amtlichen Veröffentlichung im Amtsblatt oder aus dem Internet[344] entnehmen, § 9 InsO, außerdem aus dem Bundesanzeiger, § 30 Abs. 1 InsO. Anders als z. B. für die Befreiungswirkung der Leistung im Rahmen des § 82 InsO reicht es für die strafrechtliche Einwilligung jedoch nicht aus, dass der Mandant von der Insolvenzeröffnung wissen konnte. Erforderlich ist vielmehr die tatsächliche Kenntnis. Diese wird in der Regel der Anwalt selbst dem Mandanten verschaffen müssen, da davon auszugehen ist, dass die wenigsten Mandanten die amtlichen Bekanntmachungen wahrnehmen.

Ein Insolvenzschuldner ist grundsätzlich nicht verpflichtet, seine Schuldner auf die Eröffnung des Insolvenzverfahrens hinzuweisen. aufgrund des Mandats könnte dies aber beim Rechtsanwalt anders sein. Eine Unterrichtungspflicht über „alle für den Fortgang der Sache wesentlichen Vorgänge und Maßnahmen" sieht § 11 BORA vor. Nach *Henssler/Prütting* sind darunter „alle Ereignisse zu verstehen, deren Kenntnis zur Bewertung der Erfolgsaussichten für die Durchsetzung oder Verteidigung einer Rechtsposition notwendig sind."[345] Ein solches Ereignis könnte ein durch die Insolvenz ausgelöster Zulassungswiderruf sein. Dieser hat den Zweck, die sich aus dem Vermögensverfall ergebenden Gefahren für die Interessen der Rechtsuchenden abzuwenden.[346] Darf der Rechtsanwalt seiner Tätigkeit nicht mehr nachkommen, können die Mandate durch Fristversäumnis gefährdet sein. Die Kanzlei kann aber durch den Insolvenzverwalter, sofern er Rechtsanwalt ist, oder durch einen Kanzleiabwickler weitergeführt werden.[347] Im Übrigen besteht die Möglichkeit der Wiedereinsetzung in den vorigen Stand. Eine Mandatsgefährdung ist also eher theoretisch. Dagegen würde das Offenlegen der Insolvenz einen Teil der Mandantschaft verunsichern und dazu bewegen, sich von der Kanzlei abzuwenden, so dass sich der Vermögensverfall verschärfen würde. Damit würde eine Unterrichtungspflicht, die vor Gefahren warnen soll,

---

[341] *Henssler/Prütting*[2] § 43a Rn. 32; Schönke/Schröder/*Lenckner*[27] § 203 Rn. 22.

[342] So auch *Schmitz* JA 1996, 949, 952.

[343] *Wessels/Beulke*[34] Rn. 374.

[344] Inzwischen veröffentlichen alle Länder die Mitteilungen gemäß § 9 InsO auf https://www.insolvenzbekanntmachungen.de.

[345] *Henssler/Prütting*[2] § 11 BORA Rn. 3.

[346] Zum Zulassungswiderruf im Einzelnen siehe S. 194 ff.

[347] Siehe dazu S. 180 ff. und S. 233 ff.

diese heraufbeschwören, mithin ihre Prophezeiung selbst erfüllen. Dies allein muss zu ihrer Ablehnung führen.

Das gilt auch, wenn man eine Hinweispflicht aus der Treuepflicht im Mandatsverhältnis gemäß § 242 BGB herleitet. Dabei kann zwar § 43a Abs. 5 BRAO fruchtbar gemacht werden. Wenn der Anwalt ausdrücklich zur Sorgfalt bei der Behandlung der ihm anvertrauten Vermögenswerte verpflichtet ist, so liegt es nahe, dass er auch den Mandanten warnen muss, dass eine Zahlung an ihn ohne Erfüllungswirkung erfolgt, vgl. § 82 InsO. Diese Norm lässt jedoch wie § 8 KO die Erfüllung nur dann entfallen, wenn die Leistung nicht in die Masse gelangt ist.[348] Da jeglicher Erwerb aus dem Mandat im Grunde in die Insolvenzmasse fällt,[349] setzt dies voraus, dass der Insolvenzschuldner der Masse Einnahmen vorenthält. Es besteht aber keine Pflicht, auf die selbst verübte Massehinterziehung hinzuweisen; der Schuldner hat sie schlicht zu unterlassen!

Falls der Mandant trotz mangelnder Hinweispflicht über die Insolvenz informiert ist, könnte er die Einwilligung ausdrücklich oder schlüssig erteilen. Es ist unwahrscheinlich, dass Mandanten ausdrücklich zustimmen, dass ihr Anwalt die Akte dem Insolvenzverwalter aushändigt, da sie keinerlei Vorteil davon haben. Man könnte aber darin eine schlüssige Einwilligung erkennen, dass der Anwalt weiter beschäftigt wird, indem ihm das Mandat nicht entzogen wird. Der *BGH* hat eine solche Möglichkeit angedeutet, wenn der Patient in die Sprechstunde des Praxisübernehmers geht.[350] Allerdings folgt der Praxisübernehmer dem Praxisverkäufer in seiner beruflichen Tätigkeit nach und tritt auch so in Erscheinung. Dies ist nach der Verfahrenseröffnung nur der Fall, wenn der Insolvenzverwalter in die berufsrechtliche Stellung des Insolvenzschuldners einrückt. Ansonsten bleibt er gegenüber dem Mandanten im Hintergrund und nimmt keine anwaltlichen Aufgaben wahr. Man könnte noch daran denken, dass mit der Beauftragung des Anwalts bereits die Einwilligung schlüssig erteilt wurde. Eine dahingehende Auslegung wäre aber nur zulässig, wenn der Mandant mit der Insolvenz des Anwalts rechnen müsste. Diese ist zwar kein Einzelfall mehr, tritt aber im Verhältnis zur Gesamtzahl der Rechtsanwälte selten auf. Daher scheidet eine schlüssige Einwilligung aus.

Wenn man von der Zulässigkeit anwaltlicher Verrechnungsstellen[351] ausgeht, könnte man daran denken, in der Zustimmung des Mandanten zur Abtretung der Vergütungsforderung[352] an die Verrechnungsstelle eine Einwilligung in die Offenbarung an den Insolvenzverwalter zu sehen. Dagegen spricht zunächst jedoch, dass es sich um zwei verschiedene, schwer vergleichbare Sachverhalte handelt. Außerdem hat der Mandant ein Interesse daran, dass der Anwalt vergütet wird, weil dieser sonst das Mandat nicht annehmen wird. Den Insolvenzgläubigern des Anwalts will er hingegen nicht mit seiner Zustimmung helfen. Seine Willenserklärung zur Ermöglichung der Abtretung kann also nicht als Einwilligung in die Preisgabe von Mandantengeheimnissen gegenüber dem Insolvenzverwalter ausgelegt werden.

Die Einwilligung in die Kenntnisnahme des Insolvenzverwalters von Mandantengeheimnissen wird daher nur in Einzelfällen erteilt werden.

---

348 Kübler/Prütting/*Lüke* § 82 Rn. 4; Uhlenbruck/*Uhlenbruck*^{12}, MK/*Ott* § 82 2̊.

349 Vgl. unten S. 101 ff.

350 BGH NJW 1992, 737, 740.

351 Siehe S. 25.

352 Dazu im Einzelnen S. 103 f.

(bb) *Mutmaßliche Einwilligung*

Als Zwischenstück zwischen Einwilligung und rechtfertigendem Notstand wird die mutmaßliche Einwilligung bezeichnet – sie vereint das subjektive Interesse des Betroffenen mit der objektiven Dringlichkeit.[353] Die mutmaßliche Einwilligung kann also eine Tatbestandsverwirklichung rechtfertigen, wenn die Handlung im Interesse des Betroffenen vorgenommen wird und dieser vermutlich einwilligen würde, aber nicht rechtzeitig einwilligen kann. Dabei darf nicht übersehen werden, dass neben dem Handeln im materiellen Interesse des Betroffenen auch das Prinzip des mangelnden Interesses rechtfertigend wirken kann.[354]

Keine der Voraussetzungen der mutmaßlichen Einwilligung ist bei der Weitergabe von Mandantendaten an den Insolvenzverwalter erfüllt. Wie bereits dargestellt wurde, kann zwar nicht davon ausgegangen werden, dass ein Mandant in die Weitergabe einwilligen würde. Dafür mangelt es bei einem Eingriff in die informationelle Selbstbestimmung nicht am Interesse des Betroffenen. Die Auswertung der Mandantenakten schließlich wird kaum jemals so dringlich sein, dass die Einwilligung nicht – zumindest telefonisch – eingeholt werden kann.

(cc) *Notstand*

Speziell bei der Frage, ob der Rechtsanwalt Vergütungsforderungen gerichtlich geltend machen und dabei Einzelheiten aus dem Mandat preisgeben darf, werden Notstandserwägungen angestellt,[355] die nicht nur aus § 34 StGB, sondern auch aus § 228 BGB gespeist werden. Diese Vorschriften setzen eine gegenwärtige, nicht anders abwendbare Gefahr für ein geschütztes Rechtsgut voraus. Gegenwärtig bedeutet, dass das Rechtsgut geschädigt oder gefährdet wird, wenn nicht unmittelbar gehandelt wird. Wenn man davon ausgeht, dass Anwaltsforderungen zur Insolvenzmasse gehören und damit Rechtsgüter der Gläubiger sind, so sind sie jedoch keiner gegenwärtigen Gefahr ausgesetzt. Im Rahmen des Insolvenzverfahrens kann ohne Zeitdruck entschieden werden, ob die sie betreffenden Informationen preisgegeben werden dürfen oder nicht. Dieser rechtlichen Würdigung nach den Maßstäben einer Eingriffsnorm und der Abwägung der betroffenen Rechtsgüter darf nicht durch die Anwendung von Notstandsregeln vorgegriffen werden.

(dd) *Wahrnehmung berechtigter Interessen*

Die Wahrnehmung berechtigter Interessen ist in § 193 StGB geregelt, also unmittelbar nur auf Ehrverletzungsdelikte der §§ 185 ff. StGB bzw. einen Ausschnitt davon anwendbar.[356] Es wird aber von einer Mindermeinung vertreten, dass die Vorschrift auf andere Delikte analog anzuwenden sei, zumindest wenn diese gemeinschaftsbezogene Rechtsgüter schützen, die „so tief in das zwischenmenschliche und gesellschaftliche Leben hineinverwoben sind, daß sich ihr Gebrauch in besonders starkem Maße an den Interessen anderer stößt".[357] Die letztgenannte Voraussetzung wird von § 203 Abs. 1 Nr. 3 StGB nur in einer

---

353 *Tröndle/Fischer*[54] Vor § 32 Rn. 4.

354 *Wessels/Beulke*[34] Rn. 384.

355 Dazu *Rogall* NStZ 1983, 1, 6.

356 Dazu *Lenckner* JuS 1988, 349, 352.

Beziehung erfüllt. Die Regelung dient auch der Funktionsfähigkeit der Rechtspflege, also einem Gemeinschaftsgut. Gerade die Geheimhaltung der Mandantendaten soll aber die Vertrauenswürdigkeit der Anwaltschaft stärken. Was geheim gehalten werden soll, kann jedoch nicht tief in das zwischenmenschliche und gesellschaftliche Leben hineinverwoben sein. Außerdem bedarf es keiner analogen Anwendung einer Vorschrift, wenn es spezielle einschlägige Rechtsvorschriften gibt.[358] Darüber hinaus können auch § 34 StGB[359] oder Grundrechte[360] unmittelbar herangezogen werden. Für eine analoge Anwendung von § 193 StGB besteht daher weder Raum noch Bedarf.[361]

(ee) Herausgabe- und Auskunftspflichten

Befugt zur Geheimnispreisgabe ist der Schuldner nicht nur, wenn er ein Offenbarungsrecht hat, sondern auch bei einer entsprechenden Pflicht.[362]

(aaa) Insolvenzrechtliche Pflichten, §§ 97 Abs. 1 S. 1, 148 Abs. 1 InsO

Der Insolvenzverwalter darf gemäß §§ 97 Abs. 1 S. 1, 148 Abs. 1 InsO Informationen in dem Maße aus den Mandantenakten gewinnen, wie es für die Verwertung der sich möglicherweise daraus ergebenden Vermögenswerte erforderlich ist. Der insolvente Rechtsanwalt ist verpflichtet, dem Verwalter Auskunft über die Mandate zu geben und ihm Einsicht in die Akten zu gewähren.

§ 97 Abs. 1 InsO und § 148 Abs. 1 InsO könnten aber verfassungskonform (einschränkend) auszulegen sein, weil die Einsichtnahme durch den Insolvenzverwalter das informationelle Selbstbestimmungsrecht des Mandanten berührt. Soweit es um persönliche Geheimnisse geht, ergibt sich dies aus Art. 2 Abs. 1 GG i. V. m. Art. 1 Abs. 1 GG, bei Geschäftsgeheimnissen aus Art. 2 Abs. 1 GG i. V. m. dem Rechtsstaatsprinzip.[363] Da die Informationsrechte zur Aufgabe haben, das Eigentumsrecht der Gläubiger aus Art. 14 GG[364] zu schützen, ist eine Grundrechtskollision gegeben. Diese ist nach dem Prinzip der praktischen Konkordanz aufzulösen. Der Eingriff in die informationelle Selbstbestimmung muss verhältnismäßig sein, also einem legitimen Zweck dienen, geeignet und erforderlich sein. Die praktische Konkordanz ist letztlich eine Frage der Verhältnismäßigkeit i. e. S. Der *BGH* hat dies unlängst im Zusammenhang mit einer Arztinsolvenz unter Berufung auf das *BVerfG*[365] und das *BVerwG*[366] sachlich gleich, aber in anderer Diktion geprüft: „Die ärztli-

---

[357] *Eser* S. 46 ff.; Schönke/*Schröder*[17] Vorbem. § 51 Rn. 62a. Allgemeiner *Rogall* NStZ 1983, 1, 6. A. M. LK/*Schünemann*[11] § 203 Rn. 131; Schönke/Schröder/*Lenckner*[27] Vorbem. § 32 ff. Rn. 79, 80; *Kühl*[5] § 9 Rn. 51.

[358] Dazu sogleich.

[359] LK/*Schünemann*[11] § 203 Rn. 131.

[360] *Kühl*[5] § 9 Rn. 51.

[361] So auch Schönke/Schröder/*Lenckner*[25] Vorbem. § 32 ff. Rn. 80 mit ausführlicher Begründung.

[362] *Tröndle/Fischer*[54] § 203 Rn. 37; Schönke/Schröder/*Lenckner*[27] § 203 Rn. 29.

[363] Dazu S. 14 f.

[364] Zum Befriedigungsrecht in der Einzelzwangsvollstreckung BGH NJW 2004, 954, 956; NJW 2004, 3770, 3771; BGHZ 141, 173, 177. Schuldrechtliche Forderungen als Eigentum i. S. von Art. 14 GG, vgl. BVerfGE 68, 193, 222 = NJW 1985, 1385; BVerfGE 83, 201, 208 = NJW 1991, 1807.

[365] BVerfGE 32, 373, 380 = NJW 1972, 1123, 1124.

[366] BVerwG NJW 1989, 2961, 2962.

che Schweigepflicht tritt jedoch zurück, wenn überragende Interessen des Gemeinwohls oder vorrangige Belange Dritter dies gebieten und der Verhältnismäßigkeitsgrundsatz gewahrt ist.“[367]

Von dieser Güterabwägung wäre der Zugriff auf die Mandantenakte nur ausgenommen, wenn deren Inhalt zum unantastbaren Bereich privater Lebensgestaltung angehörte. Die Existenz eines absolut geschützten Kernbereichs leitet das *BVerfG* aus der Würde des Menschen her, Art. 1 GG.[368] Relevant wird dieser Kernbereich also nur bei Privatgeheimnissen. Ein Eingriff in ein Geschäftsgeheimnis berührt zwar die Berufsfreiheit, das Eigentumsrecht oder die allgemeine Handlungsfreiheit,[369] nicht aber die Menschenwürde.[370] Der Kernbereich wird nach formalen und inhaltlichen Komponenten bestimmt.[371] In formaler Hinsicht kommt es auf die – hier gegebene – Bestimmung als Geheimnis an. Dann ist zu fragen, ob der Sachverhalt, auf den zugegriffen wird, „nach seinem Inhalt höchstpersönlichen Charakters ist und in welcher Art und Intensität er aus sich heraus die Sphäre anderer oder die Belange der Gemeinschaft berührt“[372]. Dass der Mandant einen bestimmten Rechtsanwalt aufgesucht hat, kann dabei schon deswegen nicht höchstpersönlich sein, weil dieser Vorgang notwendigerweise den Anwalt und eventuell auch andere Beobachter einbezieht.[373] Aber auch das eigentliche Mandantengeheimnis, also das vom Mandanten Anvertraute und aus den Akten Ersichtliche, verliert seine Höchstpersönlichkeit durch den Akt des Anvertrauens, weil dieser notwendig den Rechtsanwalt einbezieht. Dabei darf zwar nicht übersehen werden, dass der Mandant die Privatsphäre nicht freiwillig verlässt, denn zur Rechtsverwirklichung ist er auf anwaltliche Hilfe angewiesen. Die Rechtsordnung respektiert das und stattet das Verhältnis zwischen Rechtsuchendem und Rechtsanwalt mit einem besonderen Schutz aus, siehe § 203 StGB u. ä. Insoweit darf nicht übersehen werden, dass Mandanten gewisse Belange lieber dem Anwalt als der eigenen Familie anvertrauen (z. B. Familien- und Erbsachen). Dennoch kann deswegen der tatsächliche Bezug zur Umwelt nicht völlig negiert werden. Weiterhin kann sich aus der Mandantenakte ein Anspruch des Anwalts ergeben, der als Vermögensgegenstand den Insolvenzgläubigern zusteht. Daher berührt die Akte die Sphäre anderer. Daher kann die Akte als solche nicht dem absoluten Kernbereich der Persönlichkeit zugeordnet werden.[374]

Die Verwirklichung des Eigentumsrechts der Gläubiger ist legitimer Zweck des Eingriffs in das Mandantengeheimnis. An dieser Stelle soll nur die Beeinträchtigung durch die Informationsbeschaffung untersucht werden. Dass u. U. eine weitere Beeinträchtigung durch die Verwertung eintreten kann,[375] soll später für jede Maßnahme gesondert untersucht werden.[376] Grundvoraussetzung für die Haftungsverwirklichung ist die Sichtung der

367 BGH NJW 2005, 1505, 1506.

368 BVerfGE 6, 32, 41 – Elfes.

369 Dazu S. 15 f.

370 Zum ähnlichen Problem der Anwendbarkeit von Art. 1 Abs. 1 GG auf juristische Personen BVerfGE 106, 26, 43 f.

371 BVerfGE 80, 367, 374 = NJW 1990, 563 f. – Tagebuch; BGHSt 50, 206 = NJW 2005, 3295.

372 BVerfGE 80, 367, 374 = NJW 1990, 563, 564.

373 Vgl. *Schildt* S. 74.

374 So zur Vorlage privatärztlicher Abrechnungen BGHZ 162, 187, 192 f. = NJW 2005, 1505, 1506.

375 Nach Sicherung und Verwertung wird auch im Rahmen von § 807 ZPO unterschieden, siehe *Brötel* NJW 1998, 3387, 3389 f. Angedeutet in BGHZ 141, 173, 178 = NJW 1999, 1544, 1547.

376 Zur Verwertung von Mandantenakten S. 97 ff., zur Verwertung von Vergütungsforderungen S. 101 ff.

Aktiva des Schuldners.[377] Die Akteneinsicht ist also geeignet. Erforderlich ist sie, wenn es kein milderes, gleich geeignetes Mittel dafür gibt. Zwar darf beim Anwalt grundsätzlich von einer hohen Professionalität und Integrität ausgegangen werden,[378] doch schließt diese Grundannahme nicht aus, dass in einzelnen Fällen berechtigte Forderungen nicht eingetrieben werden – sei es aus Fahrlässigkeit oder Vorsatz. Diese Kontrolle bietet den Gläubigern auch dann mehr Sicherheit, wenn Eigenverwaltung gemäß §§ 270 ff. InsO[379] angeordnet wurde. Daher ist die Selbstverwaltung der Forderungen durch den Anwalt nicht so wirksam wie diejenige durch den Insolvenzverwalter.[380] Es ist also erforderlich, dass er Auskunft verlangen darf und gegebenenfalls Einsicht in die Mandantenakten nimmt. Schließlich müssten diese Eingriffe auch noch angemessen, also verhältnismäßig i. e. S. sein. Dabei kommt es wesentlich auf die Eingriffsintensität auf beiden Seiten und die Schutzwürdigkeit der betroffenen Interessen an.

Das Recht auf informationelle Selbstbestimmung wird insoweit verletzt, als der Insolvenzverwalter Einblick in das Geheimnis erlangt. Wie intensiv der Eingriff durch Geheimnisweitergabe ist, hängt zum einen von der Größe[381], präziser: von der Überschaubarkeit[382] des Kreises der Personen ab, die von dem Geheimnis erfahren. Das Kriterium der Überschaubarkeit ist vorzugswürdig, weil es auf Kenntnis und Bestimmbarkeit der Adressaten der Offenbarung abstellt. Die informationelle Selbstbestimmung soll ja verhindern, dass der einzelne bestimmte Freiheiten nicht ausübt, weil er nicht weiß, wer davon erfährt oder Aufzeichnungen macht.[383] Das gilt auch, falls der Eingriff in die informationelle Selbstbestimmung nur erfolgt, wenn der bei der Mandatserteilung für den Auftraggeber fern erscheinende Fall eintritt, dass ein Insolvenzverfahren über das Vermögen des Rechtsanwalts eröffnet wird. Ergänzt wird das Kriterium der Überschaubarkeit durch das Erfordernis der Vertrauenswürdigkeit.[384] Es ist praktisch die Verlängerung des Überschaubarkeitskriteriums, weil dadurch nicht nur sichergestellt wird, dass das Geheimnis unmittelbar lediglich an einen überschaubaren Personenkreis offenbart wird, sondern auch, dass es diesen Kreis nicht verlässt.

Diese Kriterien sollen nun an den Insolvenzverwalter angelegt werden. In einem ersten Schritt wird geprüft, ob und woraus sich für ihn eine Pflicht zur Verschwiegenheit ergibt. Daran schließt sich eine Untersuchung der persönlichen Eigenschaften an, nach denen das Insolvenzgericht den Verwalter für eine Anwaltsinsolvenz auswählt. Dies soll klären, ob erwartet werden kann, dass sich der Insolvenzverwalter an eine mögliche Verschwiegenheitspflicht hält.

i. Verwalterpflichten

(i) Strafrecht

Die unbefugte Geheimnisoffenbarung durch den Insolvenzverwalter ist nicht strafbar.[385]

---

[377] Dazu bereits S. 49.

[378] Siehe oben S. 10.

[379] Dazu unten S. 175 ff.

[380] BGHZ 162, 187, 193 f. = NJW 2005, 1505, 1507.

[381] LG Aurich NJW 1971, 252.

[382] BGHZ 115, 123, 128 = NJW 1991, 2955, 2957. Ähnlich BVerfGE 65, 1, 42 f. = NJW 1984, 419, 422.

[383] Dazu BVerfGE 65, 1, 42 f. = NJW 1984, 419, 422.

[384] BGHZ 162, 187, 194 = BGH NJW 2005, 1505, 1507.

§ 203 Abs. 1 Nr. 3 StGB greift nicht ein, selbst wenn der Verwalter Rechtsanwalt, Steuerberater oder Wirtschaftsprüfer ist, weil er das Geheimnis nicht in dieser Eigenschaft erfahren hat, sondern als Insolvenzverwalter.[386] Eine andere Sichtweise würde verkennen, dass der zum Insolvenzverwalter bestellte Träger eines in § 203 Abs. 1 Nr. 3 StGB genannten Berufes zwar auch in einem Treueverhältnis zum Insolvenzschuldner steht, aber eben nicht unter den Gegebenheiten einer Beratung oder Vertretung in Steuer- oder Rechtsangelegenheiten oder einer Wirtschaftsprüfung. In einer solchen Sache ist der Beauftragte abgesehen von öffentlichen Belangen nur dem Auftraggeber verpflichtet. Der Insolvenzverwalter hingegen ist allen Verfahrensbeteiligten verpflichtet, § 60 Abs. 1 InsO.[387] Damit entstehen keine berufsrechtlichen Verschwiegenheitspflichten nach § 43a Abs. 2 BRAO, § 57 Abs. 1 StBerG oder § 43 Abs. 1 WPO,[388] sondern allenfalls insolvenzrechtliche.

Die Vorschriften des § 203 Abs. 2 StGB sind auch nicht einschlägig. § 203 Abs. 2 Nr. 1 StGB bestraft die unbefugte Geheimnisoffenbarung eines Amtsträgers in Ausübung des Amtes. Von den in § 11 Abs. 1 Nr. 2 StGB aufgezählten Amtsträgern kommt in Hinsicht auf den Insolvenzverwalter nur eine Person in Betracht, die dazu bestellt ist, bei einer sonstigen Stelle oder in deren Auftrag Aufgaben der öffentlichen Verwaltung wahrzunehmen. Die dort sonst genannten Beamten, Richter und Personen in einem sonstigen öffentlich-rechtlichen Dienstverhältnis führen die Insolvenzverwaltung nämlich jedenfalls nicht in Erfüllung ihrer öffentlichen Aufgabe aus. Unter sonstiger Stelle versteht man eine behördenähnliche Institution, die Gesetze ausführen darf.[389] Es geht also auch hier um öffentliche Verwaltung, während die Tätigkeit eines Insolvenzverwalters der Verwirklichung privater Vermögensrechte, also der Rechtspflege dient.[390] *Braun/Uhlenbruck* charakterisieren die Tätigkeit des (Konkurs-)Verwalters als „gesetzlich typisierte Treuhand". Als öffentliche Verwaltung kann sie damit nicht angesehen werden.[391] Das Amt des Insolvenzverwalters ist ein privates.[392] Der Straftatbestand des § 203 Abs. 2 Nr. 1 StGB kann also schon deswegen nicht durch den Insolvenzverwalter verwirklicht werden, weil er kein Amtsträger i. S. des § 11 Abs. 1 Nr. 2 StGB ist.[393]

Ebenso wenig kommt eine Strafbarkeit nach § 203 Abs. 2 Nr. 2 StGB in Betracht, weil die besondere Verpflichtung zum öffentlichen Dienst auch voraussetzen würde, dass die Insolvenzverwaltung eine Aufgabe der öffentlichen Verwaltung ist, § 11 Abs. 1 Nr. 4 StGB.

---

385 So auch *Weidig* DZWIR 2000, 313, 315 ff. A. A. *Berger* NJW 1995, 1584, 1589.

386 *Braun/Uhlenbruck* S. 726 ff. (ausführlich); Braun/*Kind*[2] § 56 Rn. 20; HK/*Kind*[4] § 56 Rn. 6 ff.; *Haarmeyer/Wutzke/Förster*[3] Rn. 5.19. A. M. Uhlenbruck/*Uhlenbruck*[12] § 56 Rn. 66; *Henssler* in: Arbeitskreis für Insolvenz- und Schiedsgerichtswesen e. V., Köln, Aktuelle Probleme des neuen Insolvenzrechts, S. 45, 65 f., 70; Nerlich/Römermann/*Delhaes* § 58 Rn. 3.

387 Vgl. BGHSt 13, 231 = NJW 1959, 2028 f.

388 *Braun/Uhlenbruck* S. 727 und Fn. 16. A. A. Nerlich/Römermann/*Delhaes* vor § 56 Rn. 12.

389 *Tröndle/Fischer*[54] § 11 Rn. 19.

390 *Baumbach/Lauterbach/Albers/Hartmann*[65] § 753 Rn. 3 ff. für die Einzelzwangsvollstreckung des Gerichtsvollziehers.

391 *Braun/Uhlenbruck* S. 727; Nerlich/Römermann/*Delhaes* vor § 56 Rn. 8; BVerfG NJW 2006, 2613, 2614 und wohl auch schon BVerfG NJW 2004, 2725, 2727.

392 *Häsemeyer*[3] Rn. 15.06; Uhlenbruck/*Uhlenbruck*[12] § 56 Rn. 66, 73; Braun/*Kroth*[2] § 80 Rn. 19; *Weidig* DZWIR 2000, 313, 314, 317; *Henssler* in: Arbeitskreis für Insolvenz- und Schiedsgerichtswesen e. V., Köln, Aktuelle Probleme des neuen Insolvenzrechts, S. 45, 53.

393 A. A. *Berger* NJW 1995, 1584, 1589 und Fn. 86.

Und schließlich ist der Insolvenzverwalter auch nicht als öffentlicher Sachverständiger gemäß § 36 GewO bestellt worden, § 203 Abs. 2 Nr. 5 StGB.[394]

Die Offenbarung von Mandantengeheimnissen durch den Insolvenzverwalter ist also nicht strafrechtlich bewehrt.

(ii) Berufsrecht

Es könnten gleichwohl berufsrechtliche Pflichten eingreifen. Allerdings gibt es bislang kein Berufsrecht für Insolvenzverwalter.[395] Berufspflichten können daher allenfalls die Berufsordnungen der einzelnen Professionen statuieren, deren Mitglieder zum Insolvenzverwalter bestellt werden. Zum einen gibt es aber keinen numerus clausus der zur Insolvenzverwaltung geeigneten Berufe. Zum anderen existieren solche Berufsordnungen nicht einmal für alle typischerweise herangezogenen Berufsgruppen, z. B. fehlen sie bei Volks- und Betriebswirten. Aber selbst bei Rechtsanwälten oder Steuerberatern greifen die Berufspflichten z. B. aus § 43a Abs. 2 S. 1 BRAO, § 57 Abs. 1 StBerG nicht, weil die Berufsangehörigen nicht ihren Beruf ausüben, wenn sie eine Insolvenz verwalten.[396] Sie werden nämlich im Insolvenzverfahren nicht wegen ihrer beruflichen Sonderstellung als Vertreter des Mandanten und Organ der Rechtspflege tätig, vgl. §§ 1, 3 BRAO, sondern als wegen ihrer Qualifikation und Zuverlässigkeit im Einzelfall geeignete Person, § 56 InsO.[397] Wenn allerdings ein Rechtsanwalt nicht nur zum Insolvenzverwalter bestellt wird, sondern die Praxis auch selbst fortführt, also in die berufliche und berufsrechtliche Stellung des insolventen Anwalts eintritt, müssen die berufs- und strafrechtlichen Verschwiegenheitspflichten Anwendung finden.[398]

(iii) Insolvenzrecht

In Ermangelung berufsspezifischer Pflichten, die den Insolvenzverwalter in jeder Ausgestaltung einer Anwaltsinsolvenz binden, muss auf die Pflichten des Insolvenzverwalters zurückgegriffen werden. In der InsO fehlt sowohl eine Spezialvorschrift zur Verschwiegenheit als auch eine Generalklausel zu den Pflichten des Insolvenzverwalters. § 60 Abs. 1 InsO legt gleichfalls nur eine Rechtsfolge für die Pflichtverletzung fest, setzt die Pflichten also voraus, anstatt sie zu bestimmen. Der *BGH* leitet eine Verschwiegenheitspflicht aus folgender Überlegung her: Die Eingriffsrechte des Insolvenzverwalters bestehen allein zur ordnungsgemäßen Abwicklung des Insolvenzverfahrens.[399] Daher darf der Verwalter die durch seine Tätigkeit gewonnenen Erkenntnisse nur verwerten, soweit dies zur Erfüllung der ihm gesetzlich übertragenen Aufgaben erforderlich ist.[400] Daher ist der In-

---

394 Dazu *Tröndle/Fischer*[54] § 203 Rn. 28; Schönke/Schröder/*Lenckner*[27] § 203 Rn. 61.

395 Der *Verband der Insolvenzverwalter Deutschlands e. V.* hat einen Verhaltenskodex und einen Diskussionsentwurf Berufsgrundsätze erarbeitet, http://www.vid.de/vid/inhalt/verhaltensrichtlinien.php.

396 Siehe hierzu auch die Ausführungen zu § 203 Abs. 1 StGB auf S. 64.

397 Dazu sogleich auf S. 67 f. ausführlich.

398 Zur Zulässigkeit und den Rechtsfolgen der Kanzleifortführung durch den Insolvenzverwalter siehe S. 180 ff.

399 Dazu schon S. 49 f.

400 BGH NJW 2005, 1505, 1507; NJW 2004, 2015, 2017. Bereits erwogen in BGHZ 141, 173, 179 = NJW 1999, 1544, 1547.

solvenzverwalter zur Verschwiegenheit verpflichtet, wenn er in Ausübung seiner Tätigkeit Geheimnisse Dritter erfährt.[401]

Es fragt sich, ob sich aus der insolvenzrechtlichen Verschwiegenheitspflicht ergibt, dass der Insolvenzverwalter nur persönlich und nicht mit Hilfe seiner Mitarbeiter Informationen aus den Mandantenakten abfragen darf. Die bereits angestellten Überlegungen zur Qualifikation und Pflichtenstellung gelten unmittelbar nur für den Verwalter selbst. Die Zulässigkeit der Kenntnisnahme durch den Kreis der zum Wissen Berufenen innerhalb einer Anwaltskanzlei folgt aus der konkludenten Zustimmung des Mandanten.[402] Eine solche Rechtfertigung gibt es nicht für den Insolvenzverwalter. Andererseits wäre der Zweck des Insolvenzverfahrens mit dem Prinzip der Freiwilligkeit nicht zu erreichen. Dass die Person des Insolvenzverwalters dennoch eine große Bedeutung hat, sagt bereits § 56 Abs. 1 InsO: Es ist eine natürliche Person zu bestellen. Dabei wird nicht in Frage gestellt, dass sich der Insolvenzverwalter auf einen Mitarbeiterstab stützen kann, vgl. § 4 Abs. 1 S. 2 InsVV.[403] In Anbetracht der hohen Wertigkeit des Mandantengeheimnisses sollte die Zahl der Einblicknehmenden in der Praxis des Insolvenzverwalters gleichwohl beschränkt werden. Man kann sich dabei an der Organisation am Insolvenzgericht orientieren: Wenn dem Rechtspfleger zur Arbeitserleichterung des Insolvenzrichters nach §§ 3 Nr. 2e, 18 RPflG ein Großteil der mit dem Verfahren zusammenhängenden Aufgaben übertragen werden,[404] so kann man dem Insolvenzverwalter, der ja im Insolvenzverfahren die Hauptarbeit erledigt,[405] die Hinzuziehung einer Hilfskraft bei der Einsichtnahme in die Mandantenakten nicht verwehren. In Ausnahmefällen mag auch eine zweite Hilfsperson zulässig sein. Sonstige Verwaltungstätigkeit, die nicht mit dem Mandantengeheimnis in Berührung kommt, ist von dieser Einschränkung nicht betroffen.

ii. Verwaltereigenschaften, § 56 Abs. 1 InsO

§ 56 InsO bestimmt die Anforderungen an einen Insolvenzverwalter dahingehend, dass er „eine für den jeweiligen Einzelfall geeignete, insbesondere geschäftskundige und von den Gläubigern und dem Schuldner unabhängige natürliche Person“ sein muss. Damit ist ausgeschlossen, dass eine Personenvereinigung oder juristische Person eingesetzt werden kann,[406] innerhalb derer das Geheimnis vielen Personen offensteht. Von den anderen Voraussetzungen interessiert in diesem Zusammenhang die Geeignetheit für den Einzelfall. Die Geeignetheit umfasst dabei nicht nur die fachliche Qualifikation, sondern auch die persönliche Integrität.[407] Dadurch wird sichergestellt, dass die dem Verwalter bekannt gewordenen Geheimnisse vertraulich bleiben.[408] In das Merkmal „für den jeweiligen Einzelfall geeignet“ darf hineingelesen werden, dass bei der Bestellung des Insolvenzver-

[401] Im Ergebnis dafür *Robrecht* KTS 1971, 139, 140 f.; AG Köln NZI 2004, 155, 156. Dagegen *Braun/Uhlenbruck* S. 735 (jeweils ohne Begründung).

[402] Siehe S. 57.

[403] Ausführlich *Graeber* NZI 2003, 569. *Häsemeyer*[3] Rn. 6.28; *Kuhn/Uhlenbruck*[11] § 79 Rn. 8; HK/*Eickmann*[4] § 56 Rn. 15; *Haarmeyer/Wutzke/Förster*[3] Kap. 5 Rn. 27; BGHZ 113, 262, 264 f. = NJW 1991, 982.

[404] Näher dazu Bassenge/*Herbst/Roth*[10] § 18 Rn. 5 ff.

[405] Vgl. S. 84.

[406] Kübler/Prütting/*Lüke* § 56 Rn. 4; HK/*Eickmann*[4] § 56 Rn. 2.

[407] BGHZ 159, 122, 128 f. = NJW-RR 2004, 1422, 1423; *Haarmeyer/Wutzke/Förster*[3] Kap. 5 Rn. 14.

[408] BGH NJW 2005, 1505, 1507.

walters besonders auf die Vertrauenswürdigkeit und Erfahrung im Umgang mit sensiblen Daten geachtet wird.

Daher genießen Berufe den Vorzug, die regelmäßig zur Verschwiegenheit verpflichtet sind, also hauptsächlich Rechtsanwälte, Steuerberater und Wirtschaftsprüfer, während z. B. von Betriebs- und Volkswirten im Allgemeinen keine Routine im Umgang mit dem Recht auf informationelle Selbstbestimmung erwartet werden kann. Die Bestellung eines Rechtsanwaltes liegt aber ohnehin nahe, da er die berufsspezifischen wirtschaftlichen und organisatorischen Probleme am besten kennt. Zudem müssen bei der Bestellung eines Verwalters für ein Insolvenzverfahren über eine Anwaltskanzlei die bisherigen Erfahrungen mit dem jeweiligen Insolvenzverwalter beachtet werden. So ist demjenigen potenziellen Verwalter der Vorzug zu geben, der sich im Umgang mit ihm anvertrauten Geheimnissen als tadellos erwiesen hat. Zusammenfassend lässt sich sagen, dass in den Fällen der Kanzleiinsolvenz ein dem Insolvenzgericht bekannter und in Geheimhaltung erfahrener Verwalter bestellt werden sollte.

Garant für die Einhaltung der Anforderungen des § 56 Abs. 1 InsO ist der Richter am Insolvenzgericht, § 18 Abs. 1 RPflG. Aus der Diskussion um die Insolvenzverwalterlisten an den Amtsgerichten dürfte als Erkenntnis hervorgegangen sein, dass die Auswahl keinesfalls schematisch erfolgen darf.[409] Vielmehr muss die Eignung des jeweiligen Insolvenzverwalters für das konkrete Verfahren vom Insolvenzgericht geprüft und festgestellt werden. Dies ist eine weitere Absicherung dafür, dass die Anwaltsinsolvenz von einem vertrauenswürdigen Verwalter bearbeitet wird.

iii. *Zusammenfassung und Abwägung*

Jedem Insolvenzverwalter obliegt es, die aus dem Insolvenzverfahren hervorgehenden Informationen über den Rechtsanwalt und seine Mandanten vertraulich zu behandeln. Dies schließt ein, dass zur Sichtung der Mandantenakten nur das unbedingt notwendige Hilfspersonal hinzugezogen wird. Die richterliche Auswahl nach den Kriterien des § 56 InsO stellt zugleich sicher, dass die zum Verwalter bestellte Person ein Maß an Integrität besitzt, das eine Verletzung der insolvenzrechtlichen Verschwiegenheitspflicht durch ihn oder die von ihm ausgewählten und beaufsichtigten Hilfskräfte nicht erwarten lässt. Der Kreis der Personen, die von den Mandantengeheimnissen erfahren, ist damit überschaubar und vertrauenswürdig. Der Eingriff in das informationelle Selbstbestimmungsrecht des Mandanten ist als gering einzustufen.

Wie aber bei der Bestimmung des Schutzguts des § 203 StGB gesehen, hat das anwaltliche Berufsgeheimnis nicht nur die Aufgabe, das Persönlichkeitsrecht des einzelnen zu schützen, sondern soll auch das Vertrauen der Allgemeinheit in die Rechtspflege gewährleisten.[410] Dieses Vertrauen wird erschüttert, wenn der Anwalt verpflichtet ist, Mandate bekannt zu geben. Es besteht die Gefahr, dass viele Rechtsuchende einen finanziell schlecht gestellten Rechtsanwalt meiden, weil sie die des § 97 InsO fürchten.[411] Damit könnte die Auskunftspflicht zu einer generellen Distanzierung des Publikums zur Anwaltschaft führen,

---

[409] Vgl. BVerfG NJW 2004, 2725; BVerfGE NJW 2006, 2613; FK/*Kind*[4] § 56 Rn. 40 ff.

[410] Siehe oben S. 51 ff.

[411] Diese Einschätzung äußert bezüglich § 807 ZPO bei Ärzten auch *Goedel* S. 233. Auswirkungen des Schutzes der Verschwiegenheitspflicht im Prozess auf die Anwaltstätigkeit sieht auch Musielak/*Huber*[5] § 383 Rn. 1.

da die Einschätzung der Zahlungsfähigkeit für einen Außenstehenden schwierig ist und die Insolvenz auch für den Schuldner überraschend und unvorhersehbar sein kann. Im Interesse einer funktionsfähigen Rechtspflege muss aber Misstrauen gegenüber der Anwaltschaft tunlichst vermieden werden.

An dieser Stelle ist jedoch zu fragen, ob der Gesetzgeber nicht durch die prinzipielle Möglichkeit eines Insolvenzverfahrens über anwaltliches Vermögen eine Grundentscheidung gegen die informationelle Selbstbestimmung der Mandanten getroffen hat. Wären alle Anwälte beim Staat beschäftigt, gäbe es keine Kanzleien, die insolvent werden könnten. Somit könnte man folgern, dass ein besonderer Schutz des Vertrauensverhältnisses gerade nicht gewollt war. Allerdings widerspricht eine Amtsanwaltschaft dem Postulat der freien Advokatur, die ihren Sinn nicht nur in der individuellen Berufsfreiheit der Anwälte hat, sondern vor allem in der Gewährleistung des Rechtsstaates, der auf unabhängige, also staatsferne Rechtsanwälte angewiesen ist.[412] Daher ist in der Entscheidung für die freie Advokatur keine Herabstufung der anwaltlichen Schweigepflicht zu sehen, sondern eine Stärkung des Rechtsstaats. Dass der Gesetzgeber die anwaltliche Verschwiegenheit dennoch gewahrt wissen will, machen § 203 Abs. 1 Nr. 3 StGB und § 43 Abs. 2 BRAO deutlich.

Die Rechtspflege wird gleichwohl aus anderen Gründen nicht erheblich beeinträchtigt. Nach wie vor wird nämlich nur ein geringer Teil der Rechtsanwälte insolvent, auch wenn das Phänomen zahlenmäßig an Bedeutung gewinnt. Weiterhin würde sich die der Rechtsanwälte insgesamt verschlechtern, wenn man die Verwertung ihres Vermögens im Insolvenzverfahren dadurch beeinträchtigte, dass dem Insolvenzverwalter keine Mandantendaten preisgegeben werden dürften. Die dadurch ausgelösten Finanzierungsprobleme der Anwälte würden folglich das Vertrauen der Allgemeinheit in die Rechtspflege eher schwinden lassen. Insofern erscheint der diesbezügliche Eingriff in der Summe als eher gering.

Dagegen können die Auswirkungen für die Gläubiger erheblich sein, wenn sie nicht über den Insolvenzverwalter Einblick in die Aktiva des Schuldners erlangen können. Oftmals sind die Vergütungsforderungen neben dem Praxiswert die einzigen Vermögenswerte des Anwalts.[413] Ohne Zugriff auf die Akten ist es dem Verwalter nicht möglich, offene Posten einzuziehen bzw. zu überprüfen, ob Zahlungen in die Masse geflossen sind und damit Masseansprüche zum Erlöschen gebracht haben.[414]

Allerdings wird dieser Eingriff nicht dadurch verschärft, dass sich die Insolvenzgläubiger nicht darauf einstellen konnten, dass die anwaltlichen Vergütungsforderungen nicht zur Insolvenzmasse gehören.[415] Dies trifft zum einen allenfalls auf Delikts- und Unterhaltsgläubiger zu. Bei einer vertraglichen Verpflichtung ist es für den Geschäftspartner des Anwalts ohne Weiteres ersichtlich, dass ein beträchtlicher Teil des Kanzleivermögens aus Vergütungsforderungen besteht. Zum anderen könnte man auf diese Weise die Schutzwürdigkeit der Gläubigerinteressen grundsätzlich verringern, da jedes Pfändungsverbot und damit auch die Nichtzugehörigkeit der entsprechenden Vermögensgegenstände zur Masse von vornherein bekannt ist.

---

412 Siehe dazu bereits S. 10.

413 *Tetzlaff* ZInsO 2005, 393, 400.

414 BGH NJW 2005, 1505, 1507.

415 So aber für die Pfändungsgläubiger OLG Stuttgart NJW 1994, 2838, 2839.

Dennoch bleibt festzuhalten, dass der Insolvenzverwalter ohne Informationen über die Mandate kein wirksames Mittel hätte, um die Vergütungsforderungen zur Masse zu ziehen. Dadurch wären die Insolvenzforderungen faktisch stark entwertet. In die Rechtsposition der Gläubiger würde somit erheblich eingegriffen. Dem steht eine nur geringe Beeinträchtigung des Mandantengeheimnisses gegenüber. Dies lässt die Offenlegung der Mandantenakten gegenüber dem Insolvenzverwalter gemäß §§ 97, 148 Abs. 1 InsO als verhältnismäßig erscheinen. Eine verfassungskonforme Einschränkung der Vorschriften ist diesbezüglich nicht vorzunehmen.

(bbb) Berufsrechtliche Pflichten, §§ 53 Abs. 10 S. 1, 55 Abs. 3, 5 BRAO

Wenn die Zulassung des Rechtsanwalts widerrufen wurde, z. B. wegen der Insolvenz, kann von der Rechtsanwaltskammer ein Kanzleiabwickler bestellt werden, § 55 Abs. 1, 5 BRAO. Der Abwickler hat die Stellung eines von Amts wegen bestellten Vertreters, er darf also das unter anwaltlicher Verwahrung stehende Treugut in Besitz nehmen, §§ 53 Abs. 10, 55 Abs. 3 BRAO. Das schließt das Einsehen der Akten ein.[416] Damit gäbe es eine berufsrechtliche Eingriffsnorm.

Die Vorschrift des § 55 Abs. 5 BRAO ist nicht unmittelbar auf den Insolvenzverwalter anwendbar, weil er nicht als Abwickler bestellt werden kann.[417] Überdies spricht die unterschiedliche Bezeichnung der Ämter dagegen. Der Abwickler muss außerdem von der Anwaltskammer bestellt werden; das Insolvenzgericht ist unzuständig. Eine analoge Anwendung scheidet ebenso aus, weil eine Regelungslücke wegen §§ 97 Abs. 1 S. 1, 148 Abs. 1 InsO fehlt.

(3) Ergebnis

Mit der Offenbarung von Mandantengeheimnissen gegenüber dem Insolvenzverwalter im Rahmen des Insolvenzverfahrens erfüllt der insolvente Rechtsanwalt den Tatbestand des § 203 Abs. 1 Nr. 3 StGB. Eine Rechtfertigung ergibt sich jedoch aus seiner Pflicht gemäß §§ 97 Abs. 1 S. 1, 148 Abs. 1 InsO, Auskunft über Mandate zu erteilen und Einsichtnahme in die Akten zu gewähren.[418] Diese Verpflichtung besteht trotz des hochrangigen Geheimhaltungsinteresses der Mandanten, weil der Eingriff in ihr Recht auf informationelle Selbstbestimmung gering ist, während ohne Informationen aus den Mandantenakten die Verwertung des Vergütungsforderungen wesentlich erschwert und damit die Gläubigerinteressen erheblich beeinträchtigt würden. Damit entfällt eine Strafbarkeit nach § 203 StGB.

ccc) Weitere Verbotsnormen für den Insolvenzschuldner

§ 203 StGB ist nicht die einzige Verbotsnorm, die sich unmittelbar auf das Mandat bezieht. Es kommen darüber hinaus § 43a Abs. 2 BRAO und § 242 BGB i. V. m. dem Mandat in Frage. Außerdem könnte das Datenschutzrecht die Offenbarung von Mandantendaten verbieten.

---

416 *Feuerich*/Weyland[6] § 53 Rn. 34.

417 Siehe unten S. 233.

418 Im Ergebnis BGH NJW-RR 2004, 54; *Schildt* S. 78 f.

Die berufsrechtliche Pflicht zur Verschwiegenheit aus § 43a Abs. 2 BRAO soll nach dem Willen des Gesetzgebers weiter reichen als die durch § 203 StGB strafrechtlich sanktionierte Pflicht.[419] Im Gegensatz zu § 203 StGB schützt § 43a Abs. 2 BRAO jede dem Rechtsanwalt bekannt gewordene Tatsache und nicht nur fremde Geheimnisse vor unbefugter Offenbarung. Außerdem kann i. V. m. § 113 BRAO auch die fahrlässige Verletzung der Verschwiegenheitspflicht geahndet werden.[420] Eine andere Wertung ergibt sich daraus aber nicht: Wenn schon die vorsätzliche Preisgabe von Geheimnissen nach § 203 StGB nicht strafbar ist, kann § 43a Abs. 2 BRAO nicht durch Offenbarung von Nichtgeheimnissen oder fahrlässiges Handeln verletzt werden. Im Ergebnis verbietet also auch diese Vorschrift nicht, dass der Anwalt dem Insolvenzverwalter Mandantengeheimnisse offenbart. Dasselbe muss für die Verschwiegenheitspflicht aus § 2 BORA gelten, da die BORA lediglich die BRAO konkretisiert.[421]

Auch der Anwaltsvertrag enthält eine Verschwiegenheitspflicht. Diese leitet sich aus der Überlegung her, dass Berufspflichten, die auch der Interessenwahrung des Mandanten dienen, stillschweigend Vertragsinhalt geworden sind, §§ 133, 157 BGB.[422] Gerade dieser Schluss zeigt aber, dass die zivilrechtliche Verschwiegenheitspflicht nicht weiter geht als die berufsrechtliche. Am Ergebnis ändert sich also nichts.

Schließlich ist noch die Einwirkung des s i. e. S. zu untersuchen. In Frage kommt u. a. eine Ahndung der unbefugten Bekanntgabe nicht allgemein zugänglicher personenbezogener Daten gemäß §§ 43 Abs. 2 Nr. 1, 3 Abs. 4 S. 1, 2 Nr. 3 BDSG, wenn das BDSG Anwendung findet. Der Rechtsanwalt ist eine nicht-öffentliche Stelle i. S. des § 2 Abs. 4 S. 1 BDSG. Sein Beruf besteht darin, aus einem vom Mandanten unterbreiteten Sachverhalt rechtliche Schlussfolgerungen zu ziehen und umzusetzen. Wenn der Mandant eine natürliche Person ist, muss der Anwalt personenbezogene Daten erheben. Daher ist der Anwendungsbereich des BDSG für Mandanten, die natürliche Personen sind, grundsätzlich eröffnet, §§ 1 Abs. 2 Nr. 3, 2 Abs. 4 S. 1, 3 Abs. 1, 5, 6 BDSG. Allerdings ist das Gesetz subsidiär zu bundesrechtlichen Vorschriften, die auf personenbezogene Daten anzuwenden sind, § 1 Abs. 3 S. 1 BDSG. Gemeint sind damit bereichsspezifische Regelungen; es wird auch von Deckungsgleichheit oder besser Tatbestandskongruenz gesprochen.[423] § 203 Abs. 1 Nr. 3 StGB ist eine Norm, die die Offenbarung personenbezogener Daten bestraft. Diesbezüglich sind BDSG und StGB deckungsgleich. § 203 Abs. 1 Nr. 3 StGB ist folglich eine bereichsspezifische Regelung zum BDSG, so dass dieses nicht anzuwenden ist.[424]

Es gibt also keine Norm, die dem insolventen Rechtsanwalt verbietet, mandatsbezogene Informationen an den Insolvenzverwalter weiterzugeben.

---

419 BT-Dr. 12/4993 S. 27 (zu Nr. 17). So auch *Kleine-Cosack*[4] § 43a Rn. 5.

420 *Kleine-Cosack* § 43a Rn. 5.

421 *Feuerich*/Weyland[6] § 1 BORA Rn. 2. In Bezug auf § 2 BORA *Feuerich*/Weyland[6] § 43a BRAO Rn. 12, § 2 BORA Rn. 1.

422 Henssler/Prütting/*Eylmann*[2] § Vorb. 43 Rn. 12; *Hanna* S. 26; *Friedländer* Exkurs vor § 30 Rn. 12. A. A. *Lang* S. 47 (§ 242 BGB).

423 *Gola/Schomerus*[8] § 1 Rn. 24; *Prütting* ZZP 106 (1993), 427, 439.

424 Roßnagel/*Abel* Kap. 7.11 Rn. 9. Im Ergebnis *Langkeit* NStZ 1994, 6, 7; *Tröndle/Fischer*[54] § 203 Rn. 52; *von Lewinski* BRAK-Mitt 2004, 12, 14; Abel/*Auernhammer*[2] § 6 Rn. 28 f. m. w. N. A. A. *Rüpke* NJW 1993, 3097, 3099.

ddd) Zeugnisverweigerungsrecht, § 383 Abs. 1 Nr. 6 ZPO

Einem Auskunfts- und Einsichtsbegehren des Insolvenzverwalters würde aber auch ein Zeugnisverweigerungsrecht des Rechtsanwalts entgegenstehen. Das zivilprozessuale Zeugnisverweigerungsrecht des § 383 Abs. 1 Nr. 6 ZPO für Rechtsanwälte gilt im Insolvenzverfahren entsprechend, soweit die InsO nichts anderes bestimmt, § 4 InsO.

Um über die Anwendbarkeit der Vorschrift in der InsO entscheiden zu können, muss man ihren Wirkungskreis in der ZPO bestimmen. Neben der unmittelbaren Anwendung auf den Prozesszeugen kommt es in Frage, die Vorschrift als Aussageverweigerungsrecht im Verfahren der eidesstattlichen Versicherung nach § 807 ZPO anzuwenden. Diese Regelung verpflichtet den Schuldner ebenso wie § 97 Abs. 1 InsO, Auskunft über sein Vermögen zu erteilen. *Münzberg* indes wehrt sich dagegen, § 383 Abs. 1 Nr. 6 ZPO analog auf den Rechtsanwalt anzuwenden, der eine Offenbarungsversicherung abzugeben hat.[425] Allerdings kann man die Anwendung eines Zeugnisverweigerungsrechts nicht wie der *BGH* einfach damit abtun, dass der Zeuge „am Verfahren unbeteiligt und meist auch wirtschaftlich nicht am Ausgang des Verfahrens interessiert“ ist, während „die Partei im Zivilprozeß durch ihr eigenes Verhalten und oftmals auch durch ihr Verschulden in die Lage geraten [ist], aus der sich die Konfliktstellung ergibt; sie kann deswegen nicht dieselbe Rücksicht verlangen wie der Zeuge.“[426] Denn in Bezug auf das zu schützende Mandantengeheimnis ist es gleichgültig, ob der Anwalt als Partei oder Zeuge dazu aussagt. Es geht schließlich nicht um seine eigenen Geheimnisse, sondern um Geheimnisse Dritter.

Diese Überlegung ist aber nur richtig, wenn § 383 Abs. 1 Nr. 6 ZPO (auch) das Geheimnis des Dritten schützen soll. Die Regelung entscheidet den Widerstreit zweier Prinzipien: Nach § 203 Abs. 1 Nr. 3 StGB soll der Rechtsanwalt über Mandantengeheimnisse schweigen, während die §§ 373, 390 ZPO eine Offenbarung dieser Geheimnisse vor Gericht verlangen. § 383 Abs. 1 Nr. 6 ZPO löst diese Pflichtenkollision, indem er es dem Rechtsanwalt überlässt, ob er vor Gericht ein Geheimnis preisgeben will. Indem die Vorschrift die Erhebung und Verwertung des Zeugenbeweises vom Willen des Anwalts abhängig macht, berücksichtigt sie ausschließlich sein Interesse.[427] Der Schutz des Geheimhaltungsinteresses der Mandanten wird allein durch § 203 Abs. 1 Nr. 3 StGB bewirkt; denn eine Aussage, die unter Verzicht auf das Zeugnisverweigerungsrecht aus § 383 Abs. 1 Nr. 6 ZPO erfolgt, kann nach § 203 Abs. 1 Nr. 3 StGB strafbar sein.[428] Daher schützt § 383 Abs. 1 Nr. 6 ZPO nicht das Mandantengeheimnis. Eine analoge Anwendung zugunsten der Mandanten auf das Vollstreckungsverfahren und damit auf das Insolvenzverfahren scheidet folglich aus.

eee) Verbotsnormen für den Insolvenzverwalter

Im Vergleich zum insolventen Rechtsanwalt ist die Zahl der auf den Insolvenzverwalter anwendbaren Verbotsnormen geringer, weil dieser nicht berufsrechtlich gebunden ist. Die oben hauptsächlich behandelte Norm § 203 Abs. 1 Nr. 3 StGB kann der Insolvenzverwalter als Täter nicht verwirklichen, weil er – selbst wenn er den dort aufgezählten Berufsgruppen

---

425 Stein/Jonas/*Münzberg*[22] § 807 Rn. 37.

426 BGHZ 41, 318, 324.

427 Musielak/*Huber*[5] § 383 Rn. 1. A. M. MK-ZPO/*Damrau*[2] § 383 Rn. 2.

428 *Tröndle/Fischer*[54] § 203 Rn. 39; Schönke/Schröder/*Lenckner*[27] § 203 Rn. 29 (jeweils m. w. N.). Für § 53 StPO BGHSt 9, 59, 61 f. = NJW 1956, 599 f.

angehört – nicht in Ausübung seines Berufs tätig wird, sondern als Insolvenzverwalter.[429] Er kommt aber als Teilnehmer, meist als Anstifter in Betracht. Teilnahme setzt aber die Verwirklichung einer vorsätzlich begangenen, rechtswidrigen Tat voraus, §§ 26 f. StGB. Die befugte Geheimnisoffenbarung ist freilich keine rechtswidrige Tat.

Indes könnte der Insolvenzverwalter die Vorschriften der §§ 202, 202a StGB als Täter verwirklichen. Sie beziehen sich jeweils auf die Einsichtnahme in Daten, die besonders gegen die Kenntnisnahme Unbefugter gesichert sind. Diese Voraussetzung ist an sich nicht erfüllt, wenn man davon ausgeht, dass der Rechtsanwalt den Zugang zu den Daten freiwillig ermöglicht. Angenommen, der Insolvenzverwalter nähme Einsicht in Akten gegen den Widerstand des Rechtsanwalts und trotz einer entsprechenden Sicherung, z. B. eines Schrankschlosses oder Computerpassworts, stünde eine Strafbarkeit i. S. dieser Vorschriften im Raum. Dreh- und Angelpunkt der Betrachtung kann – wie bei § 203 StGB – nur das Merkmal „unbefugt" sein. Auch hier läuft es auf eine Abwägung zwischen den Gläubiger- und Mandanteninteressen hinaus. Da bei § 203 Abs. 1 Nr. 3 StGB für das Geheimhaltungsinteresse der Mandanten der Belang des Vertrauens der Allgemeinheit in die Anwaltschaft stritt und dennoch die Offenbarung straffrei war, kann das Ergebnis für die §§ 202, 202a StGB, die sicherlich nicht dieses Allgemeininteresse verfolgen, nicht anders ausfallen. Die Einsichtnahme ist also für den Insolvenzverwalter nach diesen Vorschriften straflos.

Im Raum steht aber ein Verstoß gegen das BDSG. Zumindest die vom Rechtsanwalt zugelassene Einsichtnahme ist nicht von den §§ 202, 202a StGB erfasst, so dass es keine bereichsspezifische Regelung gibt, die das BDSG ausschließen könnte. Dazu zählen auch nicht die Pflichten des Insolvenzverwalters, da diese nicht schriftlich niedergelegt sind. Sonst würde § 1 Abs. 3 S. 2 Fall 2 BDSG gegenstandslos, weil die „Verpflichtung zur Wahrung [...] von Berufs- oder besonderen Amtsgeheimnissen, die nicht auf gesetzlichen Vorschriften beruhen"[430] im Rang von Bundesrecht steht, also schon von S. 1 umfasst sein müsste. Die aus der InsO hergeleiteten Pflichten des Insolvenzverwalters sind daher nicht Rechtsvorschriften des Bundes i. S. des § 1 Abs. 3 S. 1 BDSG.[431] Mit der Einsichtnahme in die Mandantenakten könnte sich der Insolvenzverwalter der unbefugten Erhebung nicht allgemein zugänglicher personenbezogener Daten gemäß §§ 43 Abs. 2 Nr. 1, 3 Abs. 3 BDSG schuldig machen. Die weiteren, oben bereits angesprochenen Voraussetzungen der §§ 1 Abs. 2 Nr. 3, 2 Abs. 4 BDSG sind auch hier erfüllt. Damit findet das BDSG Anwendung.

§ 43 Abs. 2 Nr. 1 BDSG verbietet, vorsätzlich unbefugt personenbezogene Daten, die nicht allgemein zugänglich sind, zu erheben. Indem der Insolvenzverwalter Einsicht in Mandantenakten nimmt, erhebt er vorsätzlich personenbezogene Daten gemäß § 3 Abs. 3 BDSG. Das Tatbestandsmerkmal „unbefugt" weist auf die allgemeine Rechtswidrigkeit hin.[432] Das BDSG folgt dabei dem Prinzip des Verbots mit Erlaubnisvorbehalt.[433] Zulässig ist die Datenerhebung nur, wenn das BDSG oder eine andere Rechtsvorschrift es erlaubt oder der Betroffene eingewilligt hat, § 4 Abs. 1 BDSG. Da keine Einwilligung vorliegt,[434]

---

429 Siehe S. 64 f.

430 Keine sprachliche Glanzleistung: Die Verpflichtung zur Geheimniswahrung kann auf einer gesetzlichen Vorschrift beruhen, die Geheimnisse selbst dagegen nicht.

431 *Prütting* ZZP 106 (1993), 427, 438; Simitis/*Walz*[6] § 1 Rn. 164 ff. A. A. *Gola/Schomerus*[8] § 1 Rn. 23.

432 Simitis/*Dammann*[6] § 43 Rn. 80. *Gola/Schomerus*[8] § 43 Rn. 26.

433 *Gola/Schomerus*[8] § 4 Rn. 19.

muss auf eine gesetzliche Vorschrift zurückgegriffen werden. Da der Insolvenzverwalter ein privates Amt ausübt, ist er eine nicht-öffentliche Stelle, § 2 Abs. 4 BDSG, so dass der Dritte Abschnitt des BDSG Anwendung findet, § 27 Abs. 1 BDSG.[435] Ausgeschieden wird jedoch die Datenerhebung außerhalb von nicht-automatisierten Dateien, § 27 Abs. 2 BDSG. Wenn die mandantenbezogenen Daten also in Akten aufbewahrt werden, trifft das BDSG keine Aussage.[436]

Ansonsten, also vor allem für auf dem Computer gespeicherte Mandantendaten, kommt eine Zulässigkeit nach § 28 BDSG in Betracht. Abs. 1 bezieht sich auf die Datenerhebung für eigene Geschäftszwecke. Damit soll abgegrenzt werden zu § 29 BDSG, der die Datenerhebung und -speicherung zur Übermittlung, also für fremde Zwecke, regelt. Geschäftszweck bedeutet demnach, dass die Datenerhebung Hilfsmittel der Tätigkeit des Erhebenden sein muss, quasi Mittel zum Zweck.[437] Im Sinne dieser Abgrenzung des BDSG verfolgt der Insolvenzverwalter daher mit der Datenerhebung eigene Zwecke, nämlich die des § 1 InsO, obwohl er aus insolvenzrechtlicher Sicht für die Gläubiger gewissermaßen treuhänderisch tätig wird. § 28 Abs. 1 Nr. 1 BDSG setzt ein Vertragsverhältnis oder ein vertragsähnliches Vertrauensverhältnis voraus, das aber zwischen Insolvenzverwalter und den Mandanten des insolventen Anwalts nicht besteht. Nr. 2 behandelt die berechtigten Interessen der verantwortlichen Stelle. Darunter wird jedes von der Rechtsordnung gebilligte Interesse verstanden.[438] Dabei kann es sich aber auch um Interessen Dritter oder öffentliche Interessen handeln, wenn die eigenen Zwecke der verantwortlichen Stelle gerade in der Wahrung fremder Interessen bestehen.[439]

Eine weitere Voraussetzung ist, dass kein Grund zu der Annahme besteht, dass der Betroffene ein schutzwürdiges Interesse an dem Ausschluss der Übermittlung hat. Die Nennung der berechtigten und schutzwürdigen Interessen erfordert eine Interessenabwägung. Diese muss aber notwendigerweise dasselbe Ergebnis bringen wie die Abwägung im Rahmen des § 203 StGB beim Rechtsanwalt. Wenn schon gegen eine Norm aus dem StGB verstoßen werden darf, die das informationelle Selbstbestimmungsrecht schützen soll, dann muss dies bei den gleichgerichteten Normen der §§ 43 f. BDSG, die Nebenstrafrecht und Ordnungswidrigkeitenrecht darstellen, erst recht gelten. Auch ein anderer Erst-recht-Schluss führt zu diesem Ergebnis: § 28 Abs. 3 Nr. 1 BDSG hat u. a. die Forderungsabtretung im Auge.[440] Wenn aber zugunsten des Zedenten und auf seine Veranlassung hin die Übermittlung erlaubt sein soll, dann kann sie nicht für den Insolvenzverwalter verboten sein, der die Rechte der Gläubiger im (Gesamt-)Vollstreckungsverfahren durchzusetzen hat.[441] Die Datenerhebung ist also gemäß §§ 4 Abs. 1, 28 Abs. 1 Nr. 2 BDSG zulässig.

§ 4 Abs. 2 S. 1 BDSG erfordert, dass die Daten beim Betroffenen, also beim Mandanten erhoben werden. S. 2 sieht jedoch einige Ausnahmen vor. Ohne die Mitwirkung des Mandanten kommt die Erhebung gemäß Nr. 2a Fall 2 in Betracht, wenn der Geschäftszweck eine Erhebung bei anderen Personen oder Stellen erforderlich macht und keine

---

434 Siehe die Annahme auf S. 60 f.

435 *Blunk* S. 108 f.

436 *Gola/Schomerus*[8] § 27 Rn. 13.

437 *Gola/Schomerus*[8] § 28 Rn. 4; Simitis/*Simitis*[6] § 28 Rn. 22.

438 *Gola/Schomerus*[8] § 28 Rn. 33.

439 Ähnlich Simitis/*Simitis*[6] § 28 Rn. 140 f.

440 Simitis/*Simitis*[6] § 28 Rn. 210; Roßnagel/*Hoeren* Kap. 4.6 Rn. 42.

441 Zur Wertung der Interessen in beiden Konstellationen *Würz-Bergmann* S. 234 ff.

Anhaltspunkte dafür bestehen, dass überwiegende schutzwürdige Interessen des Betroffenen beeinträchtigt werden. Der Zweck der Insolvenzverwaltung erfordert zunächst, dass der Verwalter überhaupt über die Mandate in Kenntnis gesetzt wird. Eine Erhebung bei anderen Personen ist erforderlich, wenn der Betroffene nicht bekannt ist.[442] Wenn die Mandanten bekannt sind, ist es zur Wahrung der Gläubigerinteressen stets notwendig, dass der Insolvenzverwalter die Mandantenakte nutzt und sich nicht nur auf die Angaben des Mandanten als potenziellem Prozessgegner stützt. Die Erhebung beim Rechtsanwalt ist damit erforderlich. Dass die Interessen der Mandanten dabei nicht schutzwürdig sind, wurde bereits bejaht. § 4 Abs. 2 BDSG erlaubt mithin die Erhebung von mandatsbezogenen Informationen beim insolventen Rechtsanwalt. Darüber müssen die Mandanten nicht unterrichtet werden, § 4 Abs. 3 BDSG.[443]

Der Insolvenzverwalter darf also beim Schuldner mandatsbezogene Informationen erheben.

fff) Postsperre, § 99 InsO

Ein weiteres Mittel zur Informationsgewinnung ist für den Insolvenzverwalter die Postsperre. Sie kann vom Insolvenzgericht auf seinen Antrag oder von Amts wegen angeordnet werden, § 99 Abs. 1 S. 1 InsO. Ihr Gegenstand ist, wie sich schon aus dem Wortlaut „für den Schuldner" ergibt, nur die an den Schuldner gerichtete Post; die vom Schuldner verschickten Sendungen sind nicht gesperrt.[444] Durch die Postsperre soll der Verwalter Hinweise auf Vermögenswerte oder Vermögenstransaktionen des Schuldners bekommen. Obwohl die Postsperre die Feststellung und Sicherung der Masse bezweckt, ist von ihr jegliche Post, auch massefreie, umfasst. Dies ergibt sich bereits aus § 99 Abs. 2 S. 2 InsO. Post, die nicht die Insolvenzmasse betrifft, muss jedoch unverzüglich dem Schuldner zugeleitet werden. Daraus kann man schließen, dass Sendungen, die offensichtlich keinen Massebezug haben, vom Verwalter ungeöffnet weiterzuleiten sind.[445] Mandantenpost kann jedoch auf bestehende Vergütungsforderungen des Anwalts hinweisen oder gar einen Vergütungsscheck enthalten. Überdies werden die Briefe der Mandanten zu den Akten gelegt, in die der Verwalter Einsicht nehmen darf. Weder insolvenz- noch berufsrechtliche Gründe sprechen folglich dagegen, Mandantenpost zu öffnen.[446] Wie bei der Einsichtnahme in die Akten muss der Eingriff aber so gering wie möglich gehalten werden. Die Post muss also von derjenigen Person bearbeitet werden, die auch die Mandantenakten sichtet.[447]

An sich dürfen und müssen verfahrensrelevante Sendungen vom Insolvenzverwalter aufbewahrt werden. *Passauer* macht jedoch eine Einschränkung für Sendungen, deren Inhalt ausgewertet wurde und die nicht im Original gebraucht werden.[448] Diese Aussage wird in Bezug auf den Rechtsanwalt durch dessen Pflicht zur Führung von Handakten bekräftigt, § 50 BRAO, weil der Verwalter dadurch auch im Nachhinein auf die Post zugreifen kann.

---

442 *Gola/Schomerus*[8] § 4 Rn. 27.

443 *Gola/Schomerus*[8] § 4 Rn. 29.

444 Uhlenbruck/*Uhlenbruck*[12] § 99 Rn. 1; FK/*App*[4] § 99 Rn. 6. A. M. AG Duisburg NZI 2004, 504.

445 Uhlenbruck/*Uhlenbruck*[12] § 99 Rn. 7.

446 *Hess*/Weis/Wienberg[2] § 99 Rn. 10 ff.; FK/*App*[4] § 99 Rn. 5 (für den Arzt); OLG Bremen NJW 1993, 798 (für den Arzt nach § 121 KO). A. M. *Kesseler* Rn. 344.

447 MK-InsO/*Passauer* § 99 Rn. 18. Ähnlich Uhlenbruck/*Uhlenbruck*[12] § 99 Rn. 8.

448 MK-InsO/*Passauer* § 99 Rn. 37.

In Abs. 3 sind die Schriftstücke des Auftraggebers ausdrücklich genannt. Es ist auch keine Situation ersichtlich, in der solche Sendungen vermögenswerte Originale enthalten könnten. Es lässt sich also zusammenfassen: Post an den insolventen Rechtsanwalt – auch von Mandanten – darf und muss geöffnet werden, außer sie weist offensichtlich keinen Bezug zur Insolvenzmasse auf. Wird ein solcher Bezug nach dem Öffnen festgestellt, ist das Schriftstück zu kopieren und die Kopie aufzubewahren. Alle Sendungen sind anschließend ohne Rücksicht auf ihren Verfahrensbezug im Original dem Schuldner auszuhändigen.

Der Einsatz von E-Mail im Schriftverkehr mit dem Mandanten ist jedenfalls mit dessen Zustimmung zulässig und zunehmend gebräuchlich.[449] Fraglich ist nur, ob E-Mail unter den Postsendungsbegriff des § 99 InsO fällt. *Passauer* lehnt dies ab.[450] Er verweist auf den Gesetzgeber, der keine Telefonsperre ermöglichen wollte.[451] Diese Meinung leuchtet aber aus einem anderen Grund viel eher ein: Nach dem normalen Sprachgebrauch kann man eine E-Mail schwerlich als Postsendung verstehen.

Der Gesetzgeber allerdings hat eine weite Auslegung des Begriffs der Postsendung gefordert, so dass Telegramme, Fernschreiben und Telefaxe ebenfalls erfasst sind.[452] Zumindest Telefaxe werden aber genauso wenig wie E-Mails von der Post transportiert. Der Wortlaut ist demnach sehr weit zu verstehen. Ohnehin bedeutet E-Mail ja nichts anderes als E-Post, es geht also um elektronische Post(sendungen). Auch der Sinn der Vorschrift spricht dafür, E-Mail in § 99 InsO einzubeziehen. Schon nach der Gesetzesbegründung kann man davon ausgehen, dass alle Mitteilungen, die in Schriftform materialisiert werden können, unabhängig vom Zugangsweg erfasst werden sollen. Denn auch das Telefax muss weder beim Absender noch beim Empfänger in Papierform bestehen. Und das ist schließlich der entscheidende Unterschied zwischen diesen Kommunikationsformen und dem Telefonat: Das (Telefon-)Gespräch ist von Natur aus nicht reproduzierbar und damit flüchtig. Es genießt daher grundsätzlich einen höheren Schutz als Kommunikationsformen, die es von vornherein zulassen, dass ihr Inhalt zeitlich und örtlich später und prinzipiell von jedermann in gleicher Weise wahrgenommen werden kann. Diese Unmittelbarkeit der Kommunikation hat in den Augen des Gesetzgebers eine besondere Qualität.[453] Da die E-Mail nicht darüber verfügt, ist auch sie Postsendung i. S. des § 99 InsO.[454]

ggg) Ergebnis

Das Recht auf informationelle Selbstbestimmung in seiner verfassungs- und einfachrechtlichen Ausprägung verbietet dem Insolvenzschuldner nicht, Auskunft über die Mandate zu geben und Einsicht in die Mandantenakten zu gewähren. Genauso wenig ist der Insolvenzverwalter gehindert, Auskunft vom schuldnerischen Anwalt zu verlangen und Einsicht zu nehmen.[455] Es darf auch eine Postsperre angeordnet werden. Der Verwalter muss indes

---

[449] *von Lewinski* BRAK-Mitt 2004, 12, 15; *Lapp* BRAK-Mitt 1997, 106, 107 f.

[450] MK-InsO/*Passauer* § 99 Rn. 20.

[451] BT-Dr. 12/2443 S. 143 Zu § 112.

[452] Siehe vorige Fn.

[453] *Münzel/Böhm* ZInsO 1998, 363, 366. A. M. Uhlenbruck/*Uhlenbruck*[12] § 99 Rn. 6.

[454] Im Ergebnis HK/*Eickmann*[4] § 99 Rn. 14; Uhlenbruck/*Uhlenbruck*[12] § 99 Rn. 6; Kübler/Prütting/*Lüke* § 99 Rn. 4; Braun/*Kroth*[2] § 99 Rn. 3. Jetzt auch Nerlich/Römermann/*Wittkowski* § 99 Rn. 7.

[455] Im Ergebnis BGH NJW-RR 2004, 54. A. M. Hess/*Weis*/Wienberg[2] §§ 35, 36 Rn. 214; *Feuerich*/Weyland[6] § 27 Rn. 12; Gottwald/*Klopp/Kluth*[3] § 26 Rn. 9 f. Widersprüchlich *Harlfinger*: Offenbarung

sicherstellen, dass die erlangten Informationen vertraulich behandelt werden. Mit den konkreten Mandantenakten sollten sich zwei, allenfalls drei Personen aus der Praxis des Insolvenzverwalters einschließlich seiner selbst befassen.

bb) Rechte des Insolvenzgerichts

aaa) Auskunft

Auch dem Insolvenzgericht muss der Schuldner gemäß § 97 Abs. 1 InsO Mandantengeheimnisse offenbaren. Ob die Offenbarung durch den Insolvenzschuldner gegen § 203 StGB verstößt und damit unzulässig ist, hängt von der verfassungskonformen Auslegung der Norm ab.

Die Auskunftspflicht gegenüber dem Insolvenzgericht dient zumindest im eröffneten Verfahren in erster Linie der Überwachung des Insolvenzverwalters, § 58 InsO, und stellt damit sicher, dass das Insolvenzverfahren ordnungsgemäß abläuft. Dies liegt daran, dass der Insolvenzverwalter selbst im eröffneten Verfahren die meisten Entscheidungen trifft und dem Gericht berichtet, § 58 Abs. 1 S. 2 InsO. Das Gericht wird daher von seinem Auskunftsrecht gegenüber dem Insolvenzschuldner nur zu Kontrollzwecken Gebrauch machen.

Auch dieser Eingriff ist am Recht auf informationelle Selbstbestimmung zu messen. Dessen Beeinträchtigung soll die Vermögensrechte der Gläubiger aus Art. 14 GG verwirklichen und verfolgt damit einen legitimen Zweck. Bereits aus § 58 InsO ergibt sich, dass dieser Eingriff auch geeignet und erforderlich ist. § 58 Abs. 1 S. 1 InsO besagt, dass der Insolvenzverwalter unter der Aufsicht des Insolvenzgerichts steht. Da die Haftungsverwirklichung in der Gesamtvollstreckung ebenso wie in der Einzelzwangsvollstreckung rechtsstaatlichen Maßstäben genügen muss, ist die richterliche Überwachung des gesamten Verfahrens unverzichtbar. Sie schützt die Insolvenzgläubiger davor, dass sie ungleich behandelt werden oder die Masse zu ihren Lasten gemindert wird. Dadurch wird der allgemeine Grundsatz verwirklicht, dass der Staat, wenn er fremdes Vermögen durch eine von ihm bestellte Person verwalten lässt, dies auch zu überwachen hat.[456] Das Gericht kann Auskünfte beim Insolvenzverwalter anfordern oder sich direkt beim Insolvenzschuldner informieren. Insbesondere die letztgenannte Möglichkeit verbessert die Überwachungsmöglichkeiten des Insolvenzgerichts bezüglich der Pflichterfüllung des Schuldners und des Verwalters im Insolvenzverfahren. Sie ist daher geeignet und erforderlich. Letztendlich problematisch ist damit nur die Verhältnismäßigkeit i. e. S. Dazu soll die Intensität einer Offenbarung gegenüber dem Insolvenzgericht mit der einer Auskunft an den Insolvenzverwalter verglichen werden.

Insolvenzsachen sind originär dem Insolvenzrichter zugewiesen, ein Großteil der Aufgaben ist aber dem Rechtspfleger übertragen. Hieraus ergibt sich, dass sich im Regelfall zwei Personen am Insolvenzgericht mit einem Verfahren beschäftigen und daher auch Einsicht in die Akten erlangen können. Gegenüber der Einsichtnahme durch den Insolvenzverwalter scheint dies eine Steigerung des Eingriffs zu sein. Dabei muss man gleichwohl bedenken, dass der Insolvenzverwalter ebenfalls Hilfspersonen einschalten kann, um die Akten zu

---

von forderungsbezogenen Informationen zulässig, S. 65; Einsichtnahme in die Mandantenunterlagen unzulässig, S. 46.

456 Uhlenbruck/*Uhlenbruck*[12] § 58 Rn. 1; Nerlich/Römermann/*Delhaes* § 58 Rn. 1.

sichten. Genauso erlangt aber auch die Geschäftsstelle am Amtsgericht Kenntnis vom Akteninhalt. Beim Vergleich der Eingriffsintensität kann es jedoch nicht auf die schiere Größe des Personenkreises, der in das Geheimnis eingeweiht wird, ankommen, sondern auf dessen Überschaubarkeit und Vertrauenswürdigkeit.[457] Diesbezüglich erscheint die Auskunft gegenüber dem Insolvenzgericht unproblematisch. Gerade durch die Zuständigkeit des Einzelrichters und des Rechtspflegers wird sichergestellt, dass die Informationen aus den Mandantenakten an einen denkbar kleinen Personenkreis gelangen. Es gibt keinen Anlass, die Integrität von Richter und Rechtspfleger geringer einzuschätzen als die des Insolvenzverwalters. Die Auskunftserteilung an das Insolvenzgericht ist somit ebenso wie diejenige an den Insolvenzverwalter verhältnismäßig.

Darüber hinaus ist der Insolvenzverwalter ebenso zur Auskunft gegenüber dem Gericht verpflichtet, § 58 Abs. 1 InsO. Wenn der Verwalter Auskunft über den Inhalt von Mandantenakten gibt, offenbart auch er Mandantengeheimnisse. Wie bereits gezeigt, verstößt der Verwalter dabei aber nicht gegen straf- oder berufsrechtliche Normen. Lediglich eine Verletzung seiner Pflichten als Insolvenzverwalter kommt in Frage.[458] Wenn aber in der Abwägung schon die Verletzung des Berufsgeheimnisses des Rechtsanwalts durch Offenbarung gegenüber dem Insolvenzgericht nicht als Pflichtverstoß begriffen wurde, kann die Auskunft durch den Insolvenzverwalter an das Gericht nicht pflichtwidrig sein. Der Verwalter darf die Auskunft nach § 58 Abs. 1 InsO also erteilen.

bbb) Einsichtnahme

Ob das Insolvenzgericht in die schuldnerischen Akten, also die Geschäftsbücher i. S. des § 36 Abs. 2 Nr. 1 InsO Einsicht nehmen darf, ist noch nicht deutlich herausgearbeitet worden. Gesichert ist, dass das Gericht die Geschäftsbücher des Insolvenzverwalters einsehen kann.[459] Dabei stützt man sich auf die Prüfungs- und Überwachungsbefugnis des Gerichts gegenüber dem Insolvenzverwalter aus § 58 InsO. Hingegen finden sich selten Aussagen zu der Einsichtnahme in die schuldnerischen Geschäftsbücher, obwohl diese doch auch wichtige Informationen zur Rechtmäßigkeit des Verwalterhandelns liefern können. *Delhaes* sieht in § 58 InsO immerhin die Befugnis, diejenigen Kontrollmaßnahmen zu ergreifen, die das Gericht für erforderlich hält.[460] Daraus wird man schließen dürfen, dass es sich auch die Geschäftsbücher des Schuldners, also die Mandantenakten ansehen kann.[461] Dies bestätigt *Graeber*: „Sämtliche Handlungen [des Insolvenzverwalters] mit Bezug auf die Vermögensmasse des Schuldners sind gegebenenfalls durch das Insolvenzgericht auf eine Pflichtgemäßheit zu überprüfen."[462] Auch die Auswertung und Durchsetzung schuldnerischer Forderungen oder deren Nichtgeltendmachung sind Handlungen mit Bezug auf die Vermögensmasse. Die Erkenntnis des Gerichts wäre gering, wenn man es lediglich auf die Geschäftsbücher des Insolvenzverwalters verweisen würde. Folglich darf es die Vorlage der schuldnerischen Geschäftsbücher vom Verwalter fordern.[463]

---

457 Dazu bereits oben S. 64.
458 Siehe dazu S. 66 ff.
459 *Haarmeyer/Wutzke/Förster*³ Kap. 5 Rn. 43. Zu § 83 KO *Heni* S. 75; *Kuhn/Uhlenbruck*¹¹ § 83 Rn. 1.
460 Nerlich/Römermann/*Delhaes* § 58 Rn. 6.
461 Unklar Smid/*Smid*² § 58 Rn. 12; HK/*Eickmann*⁴ § 58 Rn. 4; RGZ 154, 291, 296.
462 MK-InsO/*Graeber* § 58 Rn. 20. Ähnlich Beck/Depré/*Ley* § 7 Rn. 24.
463 So auch Mohrbutter/*Ehricke*⁷ S. 58.

Als eine Offenbarung i. S. des § 203 StGB kann man die Gewährung der Einsichtnahme durch den Insolvenzschuldner ansehen, falls sich die Akten bei ihm befinden. Dies ist möglich, wenn der Insolvenzverwalter dem Schuldner die Mandantenakten zum Besitz überlassen hat. Sind die Akten hingegen beim Insolvenzverwalter, so kann allenfalls in der Übergabe an den Verwalter eine Offenbarung durch den Insolvenzschuldner gesehen werden. Der Verbleib der Mandantenakten spielt aber letztlich keine Rolle. Ebenso wie das Einsichtsrecht des Insolvenzverwalters dient dasjenige des Gerichts dazu, ein ordnungsgemäßes Insolvenzverfahren sicherzustellen. Dabei muss das Gericht über genauso gute Informationsmöglichkeiten wie der Verwalter verfügen. Daher ist das Gericht befugt i. S. des § 203 StGB, Einsicht in die Mandantenakten zu nehmen und sie sich dazu von ihm aushändigen zu lassen. Wie oben gezeigt,[464] kann das Ergebnis dann für die anderen Verbotsnormen nicht anders ausfallen. Sollte dagegen der Besitz der Akten beim Insolvenzverwalter liegen, stellt sich das Problem überhaupt nicht. Der Verwalter muss mit dem Insolvenzgericht zusammen arbeiten, wie sich insbesondere aus § 58 Abs. 1 S. 2 InsO ergibt. Daher verstößt er schon gar nicht gegen eine ihm auferlegte Pflicht, wenn er dem Gericht die Einsichtnahme gestattet.

ccc) Ergebnis

Das Insolvenzgericht – verkörpert durch Insolvenzrichter und Rechtspfleger – ist zur umfassenden Kontrolle des Insolvenzverfahrens berechtigt. Zu diesem Zweck darf es Auskünfte vom insolventen Rechtsanwalt sowie vom Insolvenzverwalter einholen und die Mandantenakten einsehen.

cc) Rechte der Gläubiger

Den Insolvenzgläubigern können Informationsrechte kollektiv im Rahmen des Gläubigerausschusses und der Gläubigerversammlung oder individuell zustehen.

aaa) Gläubigerausschuss

(1) Rechte gegenüber dem Insolvenzschuldner

Der Gläubigerausschuss kann vor der ersten Gläubigerversammlung durch das Insolvenzgericht oder durch die Gläubigerversammlung eingesetzt werden, §§ 67 f. InsO. Das Auskunftsrecht gegenüber dem Insolvenzschuldner leitet sich wieder aus § 97 InsO her.

Es besteht für den Ausschuss die ausdrückliche Pflicht, die Geschäftsbücher und -papiere einzusehen oder einsehen zu lassen, § 69 S. 2 InsO. Eine Pflicht zur Kontrolle der schuldnerischen Bücher besteht aber nicht,[465] so dass man sich die Frage stellen kann, ob damit auch ein dementsprechendes Recht fehlt. Dies ist aber aus systematischen Gründen zu verneinen. § 69 S. 1 InsO setzt eine allumfassende Überwachungskompetenz des Gläubigerausschusses voraus, denn ansonsten hätte die Überwachungspflicht wenig Sinn. Satz 2 schränkt diese Kompetenz daher nicht ein, sondern verpflichtet den Ausschuss zu bestimmten Maßnahmen, während er die allgemeine Pflicht aus Satz 1 nach

[464] Siehe S. 70 ff.
[465] MK-InsO/*Gößmann* § 97 Rn. 18; FK/*Hössl*[2] § 97 Rn. 3.

eigenem Ermessen durch geeignete Maßnahmen erfüllen kann. Außerdem überwacht der Gläubigerausschuss nicht nur die Zweckmäßigkeit der Aufgabenerfüllung des Verwalters, sondern zusammen mit dem Insolvenzgericht auch deren Rechtmäßigkeit.[466] Dem Ausschuss müssen daher mindestens ebenso gute Informationen zur Verfügung stehen wie dem Insolvenzgericht. Wenn dieses prinzipiell Einsicht nehmen darf, ist das auch dem Gläubigerausschuss zuzugestehen.

(a) Kollision mit dem Recht auf informationelle Selbstbestimmung der Mandanten

Abermals ist jedoch zu fragen, ob die Offenbarung von auf die Mandanten bezogenen Daten für den Insolvenzschuldner und die Gläubiger geltende Verbotsnormen verletzt. In der Sache ändert sich nichts im Vergleich zu der Besprechung der Verbotsnormen im Zusammenhang mit den Rechten des Insolvenzverwalters. Für den Insolvenzschuldner gelten ohnehin die gleichen Normen, während auf den Insolvenzverwalter nur die §§ 202, 202a StGB und § 43 Abs. 2 Nr. 1 BDSG anwendbar waren. Diese Vorschriften gelten für jedermann, also auch für die Insolvenzgläubiger. Im Ergebnis läuft die Prüfung dieser Vorschriften jeweils auf die Frage hinaus, ob die Übermittlung der Daten der Mandanten deren Recht auf informationelle Selbstbestimmung unzumutbar einschränkt und damit dem Verhältnismäßigkeitsgrundsatz widerspricht. Nur dies ist hier also noch zu untersuchen.

Als Überwachungsorgan des Insolvenzverwalters nach § 69 InsO besteht kein Zweifel an der Legitimität, Geeignetheit und Erforderlichkeit des Zugangs des Ausschusses zu den Mandantenakten. Das Augenmerk ist folglich auch hier auf die Verhältnismäßigkeit i. e. S. zu legen. Die Intensität des Eingriffs in die Geheimnissphäre der Mandanten bestimmt sich wieder nach der Überschaubarkeit und Vertrauenswürdigkeit der Personen, die in das Geheimnis eingeweiht werden.

Die Zahl der Gläubiger, die im Ausschuss vertreten sind, ist üblicherweise größer als auf Seiten der Insolvenzverwaltung und des Insolvenzgerichts. Am Insolvenzgericht sind im Wesentlichen zwei Personen mit dem Insolvenzfall befasst: Richter und Rechtspfleger; dazu kommt noch die Geschäftsstelle. Im Büro des Insolvenzverwalters ist die Personenzahl ähnlich beschränkt, wie bereits oben gezeigt wurde.[467] Dass der Gläubigerausschuss im Unterschied dazu häufig zahlenmäßig stärker ist, ergibt sich schon aus § 67 Abs. 2 S. 1 InsO. Die Regelung fordert, dass mindestens die drei Gruppen Absonderung, Insolvenzgläubiger (mit den höchsten Forderungen) und Kleingläubiger vertreten sein sollen.[468] Wie oben dargestellt,[469] spielt die Größe jedoch nicht die ausschlaggebende Rolle. Es kommt vielmehr auf die Überschaubarkeit an. Diese dürfte beim Gläubigerausschuss ebenfalls gegeben sein, auch wenn die Größe des Ausschusses im Vorhinein letztlich nicht bestimmbar ist und wohl hauptsächlich von der Gesamtzahl der Gläubiger abhängt. Problematisch ist aber sicherlich, dass dem Gläubigerausschuss auch juristische Personen angehören können.[470] Nach einer Meinung können die Vertreter der juristischen Person ausgewechselt werden.[471] Folgt man dieser Ansicht, fällt es schwer, von Überschaubarkeit zu sprechen, wenn eine

---

466 *Kübler*/Prütting § 69 Rn. 2; Uhlenbruck/*Uhlenbruck*[12] § 69 Rn. 1.

467 Siehe S. 67 f.

468 HK/*Eickmann*[4] § 67 Rn. 9; FK/*Kind*[4] § 67 Rn. 12.

469 Vgl. S. 64 f.

470 Smid/*Smid*[2] § 67 Rn. 5; Braun/*Kind*[2] § 67 Rn. 8.

juristische Person – wie es meistens der Fall sein dürfte – zu den Ausschussmitgliedern gehört.

Ein allerdings gravierenderes Problem ist die Vertrauenswürdigkeit der Ausschussmitglieder. Das Gesetz gibt für diese Personen keinerlei Qualifikation vor. Die h. M. nimmt zwar eine Schweigepflicht für Ausschlussmitglieder an,[472] die sich aus der Unterstützungsfunktion des Ausschusses ergeben soll.[473] Dennoch ist Misstrauen angebracht. In den Worten von *Uhlenbruck*: „Die Praxis hat gezeigt, daß die Annahme einer solchen Verpflichtung zur Verschwiegenheit manche Gläubigerausschuß- oder -beiratsmitglieder nicht davon abzuhalten vermag, im Rahmen ihrer Ausschußtätigkeit erlangte Kenntnisse für sich [...] zu verwerten."[474]

Selbst das Gericht kann praktisch keinen Einfluss auf die Zusammensetzung des Ausschusses nehmen. Falls es vor der ersten Gläubigerversammlung einen Gläubigerausschuss eingesetzt hat, muss die Gläubigerversammlung ihn nicht beibehalten, § 68 Abs. 1 S. 2, Abs. 2 InsO. Das Gericht kann ein Ausschussmitglied zwar von Amts wegen aus wichtigem Grund entlassen, § 70 S. 1, 2 InsO. Diese Einflussmöglichkeit erscheint aber aus drei Gründen schwächer als in Bezug auf den Insolvenzverwalter. Erstens stellt der wichtige Grund ein negatives Tatbestandsmerkmal für das Bleibendürfen im Ausschuss dar. Der Wortlaut betont den Sonderfall, so dass das Gericht die Entlassung besonders begründen muss; *Kind* spricht gar von „ultima ratio".[475] Auch wenn die Nichteignung des Insolvenzverwalters in § 57 S. 2 InsO streng genommen ein negatives Merkmal ist, bezieht es sich doch auf § 56 Abs. 1 InsO.[476] Dort ist die Eignung als positive Voraussetzung formuliert, so dass die Ablehnung bereits erfolgen kann, wenn ein Bestandteil der Eignung nicht vorliegt; dies muss kein wichtiger Grund sein.[477] Zweitens wird unter Eignung das Erfordernis der Integrität subsumiert, während sich bei einem Insolvenzgläubiger – auch als Mitglied des Gläubigerausschusses – schon die Frage stellt, ob er überhaupt integer sein muss. Es fällt jedenfalls schwer, für dieses hauptsächlich von eigenen Interessen geleitete Amt Pflichten zu formulieren, die die Interessen Dritter wahren sollen. Jedes Insolvenzgericht wird sich mit der Entlassungsbegründung schwer tun, zumal es – drittens – kaum Kenntnis über die Vertrauenswürdigkeit der einzelnen Ausschussmitglieder haben dürfte. Während der vom Gericht bestellte Insolvenzverwalter im Hinblick auf die besonderen Anforderungen an seine Integrität meist aus früheren Verfahren bekannt ist,[478] unterscheidet sich der Gläubigerkreis von Insolvenz zu Insolvenz. Es ist daher kaum vorstellbar, dass ein Insolvenzgericht in der Praxis jemals einen Insolvenzgläubiger mangels Integrität im Vorhinein ausschließt. Wenn man sich nun noch vor Augen hält, dass die Gläubiger dem Insolvenz-

---

471 Braun/*Kind*[2] § 67 Rn. 9; MK-InsO/*Gößmann* § 69 Rn. 5. A. M. Nerlich/Römermann/*Delhaes* § 69 Rn. 8; *Kuhn/Uhlenbruck*[11] § 88 Rn. 1a. Gegen die Entsendung eines Vertreters auch AG Gelsenkirchen KTS 1967, 192.

472 *Gundlach/Frenzel/Schmidt* ZInsO 2006, 69, 70; Uhlenbruck/*Uhlenbruck*[12] § 69 Rn. 17; *Uhlenbruck* BB 1976, 1198, 1200; *Heni* S. 148; LG Tübingen ZIP 1983, 1157, 1158; *Robrecht* KTS 1971, 129, 142. A. M. BGH MDR 1982, 139 = ZIP 1981, 1001, 1002.

473 *Kübler*/Prütting § 69 Rn. 20.

474 *Uhlenbruck* BB 1976, 1198, 1200.

475 Braun/*Kind*[2] § 70 Rn. 7. So auch *Haarmeyer/Wutzke/Förster*[3] Kap. 5 Rn. 54. Nicht ganz so restriktiv Nerlich/Römermann/*Delhaes* § 70 Rn. 7.

476 HK/*Eickmann*[4] § 57 Rn. 6.

477 Für eine weite Auslegung der fehlenden Eignung auch Uhlenbruck/*Uhlenbruck*[12] § 4 Rn. 5.

478 Siehe S. 67 f.

schuldner entgegengesetzte Interessen verfolgen, kann man nicht darauf vertrauen, dass jedes Ausschussmitglied verantwortungsvoll mit den Akten umgeht.

Das Recht der Mandanten auf informationelle Selbstbestimmung wird somit stark beeinträchtigt. Möglicherweise muss das Informationsinteresse des Gläubigerausschusses teilweise oder ganz dahinter zurücktreten.

(b) Ausgleich nach dem Verhältnismäßigkeitsgrundsatz: Keine Informationsrechte für die Gläubiger (Treuhänderlösung)

Manche Stimmen in der Literatur schlagen für bestimmte Konstellationen des Zivilprozesses eine Art Geheimverfahren vor. Dabei soll die Naturalpartei selbst ausgeschlossen und durch einen Rechtsanwalt[479] oder allgemeiner: durch einen Mittler[480] vertreten werden. Der Mittler sei vom Gericht auszuwählen.[481] Diese Stellungnahmen beziehen sich aber auf ein Geheimverfahren zum Schutz von Unternehmensgeheimnissen. Solche Geheimnisse sind vor allem im Verhältnis zu gegenwärtigen oder zukünftigen Wettbewerbern schutzbedürftig. Daher ist die Beeinträchtigung gering, wenn z. B. ein Anwalt von dem Geheimnis erfährt, solange er zur Verschwiegenheit gegenüber dem Auskunftsberechtigten verpflichtet ist. Anders ist es beim Recht auf informationelle Selbstbestimmung. Dieses schützt gerade auch vor der Weitergabe von Geheimnissen an Berufskollegen.[482] Der Eingriff wird also nicht dadurch geringer, dass sich die Anwälte anstelle der Insolvenzgläubiger die Mandantenakten anschauen. Dies gilt selbst dann, wenn man davon ausgeht, dass ein Geheimnis bei einem als Mittler eingesetzten Rechtsanwalt besser aufgehoben ist als bei einem durchschnittlichen Insolvenzgläubiger. Auf der anderen Seite ist die Anwesenheit der Parteivertreter im Insolvenzverfahren nicht so dringlich wie im Zivilprozess, da hier der Insolvenzverwalter auch und gerade die Interessen der Gläubiger vertritt.[483] Daher ist die Mitwirkung von Gläubigeranwälten abzulehnen.

Einen wirksamen Schutz des Rechts auf informationelle Selbstbestimmung der Mandanten kann es nur geben, wenn den Gläubigern und deren Mittlern das Auskunfts- und Einsichtnahmerecht verwehrt wird. Dadurch wird das Mandantengeheimnis im Hinblick auf die Gläubiger optimal verwirklicht. Dem muss der Eingriff in das Eigentumsrecht der Gläubiger gegenübergestellt werden. Es wird nicht beeinträchtigt, wenn die Masse vollständig verwertet wird. Dabei muss aber bedacht werden, dass auch das „Gespann" aus Insolvenzverwalter und Insolvenzgericht Fehler machen kann. In einem solchen Fall würde eine Vergütungsforderung nicht verwertet und damit die Insolvenzmasse gemindert. Besonders gefährlich ist es, wenn die notwendige Sachkenntnis fehlt, um die Verwertbarkeit der Forderungen einschätzen zu können.[484] Dieser Problematik kann aber wirkungsvoll durch die Bestellung eines sachkundigen Insolvenzverwalters begegnet werden.[485]

Den Gläubigern stehen überdies zwei Kontrollmöglichkeiten zur Verfügung: Zum einen führt das Gericht Aufsicht über den Insolvenzverwalter, § 58 InsO. Dabei ist es zwar

479 *Stadler* S. 246 f.; *Stadler* NJW 1989, 1202, 1204.
480 Zöller/*Greger*[20] § 411 Rn. 3a.
481 *Stadler* S. 247.
482 Siehe S. 57.
483 LG Tübingen ZIP 1983, 1357, 1358.
484 Darauf weist in einem anderen Zusammenhang *Lachmann* NJW 1987, 2206, 2209 hin.
485 Siehe bereits S. 67.

grundsätzlich auf eine Rechtsaufsicht beschränkt, kann aber objektiv masseschädigende Maßnahmen beanstanden.[486] Da nach der hier vorgeschlagenen Lösung die Masse einer erhöhten Gefahr ausgesetzt ist, sollte das Insolvenzgericht den Insolvenzverwalter gegebenenfalls verstärkt überwachen.[487] Falls der Verwalter eine Vergütungsforderung nicht geltend macht, obwohl sie rechtlich und faktisch durchsetzbar ist, schädigt dieses Unterlassen objektiv die Masse. Daher wird das Gericht in einem solchen Fall eingreifen dürfen. Dabei kann es auch Zwangsgeld gegen den Verwalter verhängen, § 58 Abs. 2 InsO. Abgesichert werden diese Befugnisse über das ständige Informationsrecht des Insolvenzgerichts aus § 58 Abs. 1 S. 2 InsO gegenüber dem Insolvenzverwalter und aus § 97 Abs. 1 S. 1 InsO gegenüber dem Insolvenzschuldner.

Zum anderen haben die Gläubiger die Möglichkeit, den Verwalter in der ersten Gläubigerversammlung neu zu wählen, § 57 InsO.[488] Sie können also eine Person ihres Vertrauens einsetzen, wenn sie mit der Wahl des Gerichts nicht zufrieden sind. Dem Gericht bleibt gleichwohl die Überprüfung der Geeignetheit, § 57 S. 3 InsO. Damit kann es sicherstellen, dass auch der neue Verwalter die Gewähr bietet, dass Geheimnisse der Mandanten vertraulich behandelt werden.[489] Die Einflussmöglichkeiten sowohl des Gerichts als auch der Gläubiger selbst lassen es angemessen erscheinen, dass der Insolvenzverwalter – gegebenenfalls zusammen mit dem Insolvenzgericht – Einsicht in die Mandantenakten erhält, nicht aber die Gläubiger. Der Insolvenzverwalter nimmt die Interessen der Gläubiger beim Einblick in die Mandantendaten gleichsam als Treuhänder wahr.

Das Mandantengeheimnis lässt sich durch den Ausschluss der Gläubiger von den Informationsrechten optimal schützen, während die Beeinträchtigung des Eigentumsrechts der Gläubiger auch dank deren Einwirkungsrecht auf die Bestellung des Insolvenzverwalters relativ gering ist. Die hier vorgeschlagene „Treuhänderlösung" entspricht damit am ehesten dem Verhältnismäßigkeitsgrundsatz. Denn wenn man dem Gläubigerausschuss die Auskunft und Einsichtnahme hinsichtlich der Mandantenakten gestattete, wäre das Eigentumsrecht der Gläubiger nur unwesentlich besser verwirklicht, aber das Recht auf informationelle Selbstbestimmung der Gesamtheit der Mandanten schwer beschädigt.

Das *AG Köln* geht ebenfalls davon aus, dass die Informationsrechte der Gläubiger unter bestimmten Umständen beschränkt werden dürfen. So sei allen Gläubigern – also auch den Mitgliedern des Gläubigerausschusses – die Einsichtnahme in Insolvenzakten verwehrt, wenn und solange dies den Interessen der Gläubigergemeinschaft zuwiderlaufe.[490] Dabei genüge es, dass nur einer der Gläubiger andere, entgegengesetzte Interessen hat als die Gemeinschaft. Aus dem Urteil lassen sich mehrere Schlüsse ziehen: Es ist erstens möglich, die Gläubiger von der Einsicht in bestimmte Insolvenzakten auszuschließen. Zweitens genügen die gemeinsamen Interessen aller Gläubiger als Rechtfertigungsgrund. Wenn dies ausreicht, müssen die Interessen Dritter erst recht genügen. Schließlich haben Unbeteiligte einen Anspruch darauf, vom Insolvenzverfahren so weit wie möglich verschont zu bleiben. Und drittens werden die Gläubiger nicht auf Dauer von der Einsicht ausgeschlossen, sondern nur solange, wie die Interessenlage des Insolvenzverfahrens eine Geheimhal-

486 Braun/*Kind*² § 58 Rn. 4.

487 Dies schlägt auch Nerlich/Römermann/*Delhaes* § 58 Rn. 7 vor.

488 Zu den Einschränkungen in der Anwaltsinsolvenz siehe S. 192 f.

489 Zur Geeignetheit siehe S. 67 f.

490 AG Köln KTS 1989, 935 ff. Zu den Gefahren Beispiele bei *Heni* S. 130 f.

tung erfordert. Dieser Punkt ist jedoch in diesem Zusammenhang problematisch, weil die Gläubiger ja nach der hier vorgestellten Lösung dauerhaft vom Einblick in die Akten ausgeschlossen sein sollen.[491] Begründen lässt sich dieser Unterschied aber zum einen mit der besonderen Wertigkeit des Mandantengeheimnisses, das Grundlage des Vertrauens der Allgemeinheit in die Anwaltschaft ist. Zum anderen sind diejenigen Mandanten des insolventen Rechtsanwalts, die zugleich dessen Gläubiger sind, Dritte im Insolvenzverfahren. Ihre Rechtsposition kann sich im Verlauf des Verfahrens nicht verändern.

(c) Kollision mit den Prozessgrundrechten

(aa) Anspruch auf rechtliches Gehör

Die gefundene Lösung bringt das Eigentumsrecht der Insolvenzgläubiger und das Recht auf informationelle Selbstbestimmung zu einem verfassungsmäßigen Ausgleich. Problematisch ist noch, dass durch die Vorenthaltung der Mandantenakten der Anspruch der Insolvenzgläubiger auf rechtliches Gehör aus Art. 103 Abs. 1 GG beeinträchtigt werden könnte. Dieses Prozessgrundrecht[492] findet auch im Insolvenzverfahren Anwendung,[493] allerdings zunächst nur auf richterliche Entscheidungen.[494] Wenn ein Vermögensgegenstand vom Insolvenzverwalter verwertet oder freigegeben wird, ist dies jedoch keine Entscheidung des Insolvenzrichters, sondern des Insolvenzverwalters. Es wird zwar vertreten, dass Rechtspfleger als Gericht i. S. des Art. 103 Abs. 1 GG anzusehen sind, wenn sie richterliche Aufgaben i. S. des § 3 RPflG wahrnehmen.[495] Der Insolvenzverwalter nimmt jedoch im Gegensatz zum Rechtspfleger keine originär richterliche Aufgabe wahr. Er hat eine vom Insolvenzgericht unabhängige Kompetenz. Da er zur neutralen Sachaufklärung verpflichtet ist, lässt er sich allenfalls mit dem Staatsanwalt vergleichen, siehe §§ 151 ff. InsO einerseits, § 160 Abs. 2 StPO andererseits. Für den Staatsanwalt ist aber gesichert, dass er nicht von Art. 103 Abs. 1 GG erfasst wird.[496]

Diese Betrachtung sieht sich dem Einwand ausgesetzt, dass das Insolvenzverfahren wesentlich vom Insolvenzgericht beeinflusst wird: Es eröffnet und beendet das Verfahren, beaufsichtigt den Verwalter und ordnet Zwangsmaßnahmen an. Dabei sollte indes nicht übersehen werden, dass der Insolvenzrichter lediglich den Rahmen für die Arbeit des Insolvenzverwalters schafft, das Verfahren selbst jedoch zum größten Teil in dessen Hand liegt.[497] Nach *Smid* wird das Gericht „durch den Verwalter", also gerade nicht selbst tätig.[498] aufgrund der persönlichen Haftung des Insolvenzverwalters gemäß §§ 60 f. InsO

[491] Darauf weist auch *Stadler* S. 237 im Zusammenhang mit zivil- und strafprozessualen Vorschriften zum Parteiausschluss hin.

[492] Zu den verschiedenen rechtlichen Qualifikationen des BVerfGE Stein/Jonas/*Leipold*[22] vor § 128 Rn. 9 m. w. N.

[493] BGH ZIP 1988, 1409, 1410; Smid/*Smid*[2] § 5 Rn. 2. Ausführlich KS/*Vallender*[2] S. 248 ff.

[494] Vgl. BVerfGE 101, 397, 404 f. = NJW 2000, 1709.

[495] Maunz/Dürig/*Schmidt-Aßmann* Art. 103 Abs. 1 Rn. 55. Dagegen BVerfGE 101, 397, 404 f. = NJW 2000, 1709.

[496] BVerfGE 27, 88, 103 = NJW 1970, 238, 240; Maunz/Dürig/*Schmidt-Aßmann* Art. 103 Abs. 1 Rn. 56; Sachs/*Degenhart*[3] Art. 103 Rn. 5.

[497] FK/*Hössl*[2] § 56 Rn. 1. „Herr des Konkursverfahrens" nach BVerfGE 88, 145, 161 = NJW 1993, 2861, 2862. „Zentrale Figur" nach Nerlich/Römermann/*Delhaes* vor § 56 Rn. 3; MK-InsO/*Graeber* § 36 Rn. 1; Smid/*Smid*[2] § 56 Rn. 5.

kann man noch weiter gehen und sagen, dass er eine eigenverantwortliche, vom Gericht unabhängige Tätigkeit ausübt.[499] Dies ergibt sich auch daraus, dass der Verwalter nur der Rechts-, aber nicht einer Zweckmäßigkeitsaufsicht des Gerichts unterliegt.[500] Wegen des großen Gewichts der Auswahl des Insolvenzverwalters wird ihr „schicksalhafte Bedeutung“ zugesprochen.[501] Deshalb ist die Sichtweise verkürzt, in der Arbeit des Verwalters nur die Vorbereitung richterlicher Entscheidungen zu sehen. Hinzu kommt, dass der Großteil der Aufgaben des Insolvenzverwalters verwaltender Natur ist und daher keine Gemeinsamkeit mit der Tätigkeit der Rechtsprechung hat.[502]

Aber selbst wenn man den Insolvenzgläubigern einen Anspruch auf rechtliches Gehör gemäß Art. 103 Abs. 1 GG gegenüber dem Insolvenzverwalter zugesteht, so wird dieses doch nicht schrankenlos gewährleistet. Anerkannt ist, dass rechtliches Gehör nicht gewährt zu werden braucht, wenn es zwingende Gründe der Rechtssicherheit oder der Funktionsfähigkeit der Rechtspflege erfordern (kollidierendes Verfassungsrecht).[503] Der inhaltliche Anwendungsbereich des Art. 103 Abs. 1 GG wird aber noch weiter reduziert. So hat z. B. bei der körperlichen Untersuchung der Partei im Zivilprozess der Gegner kein Anwesenheitsrecht.[504] Der Gegner ist aber unmittelbar vom Prozess betroffen. Davon kann bei den Gläubigern innerhalb der Anwaltsinsolvenz nicht gesprochen werden. Damit ist es hier noch weniger angebracht, dass Beteiligte unmittelbaren Zugang zu den Beweistatsachen haben. In beiden Fällen ist es mit Art. 103 Abs. 1 GG vereinbar, dass die Tatsachen über einen Mittler der Gegenpartei bzw. den Gläubigern gewahr werden. Denn die Fernhaltung der Gläubiger von mandantenbezogenen Informationen lässt nicht befürchten, dass die Verwertung der Insolvenzmasse nennenswert zu Lasten der Gläubiger beeinträchtigt wird.

Außerdem ist der Anspruch auf rechtliches Gehör Ausfluss des Anspruchs auf ein rechtstaatliches Verfahren.[505] Ein faires Verfahren dient dem effektiven Rechtsschutz, also dem im Verfahren betroffenen materiellen Recht. Auch das *BVerfG* sieht als Zweck des Art. 103 Abs. 1 GG „die Abklärung der tatsächlichen Grundlage der Entscheidung“, also letztlich die Durchsetzung der materiellen Rechtsposition.[506] Wenn der Anspruch der Gläubiger auf rechtliches Gehör zur Gänze durchgesetzt werden soll, so können die Vermögenswerte, die sich aus den Mandantenakten ergeben, nicht verwertet werden, weil sonst deren Recht auf informationelle Selbstbestimmung völlig zurückträte. Folglich würden die Insolvenzgläubiger den effektiven Rechtschutz in Bezug auf ihr Eigentum an der Insolvenzforderung insoweit einbüßen, wie das Auskunfts- und Einsichtsverbot hinsichtlich der Mandantenakten die Verwertung des Kanzleivermögens verhindert. Wenn man aber das rechtliche Gehör

---

498 Smid/*Smid*[2] § 5 Rn. 4.

499 KS/*Naumann*[2] S. 443; Uhlenbruck/*Uhlenbruck*[12] § 58 Rn. 6.

500 Nerlich/Römermann/*Delhaes* § 58 Rn. 5; RGZ 29, 80, 83 f. Weitere Nachweise siehe Fn. 466. A. A. Smid/*Smid*[2] § 58 Rn. 8.

501 Smid/*Smid*[2] § 56 Rn. 5. Ähnlich Uhlenbruck/*Uhlenbruck*[12] § 56 Rn. 1.

502 Auch in den Kommentierungen zum Anwendungsbereich des rechtlichen Gehörs findet sich das Insolvenzverfahren nicht, vgl. Dreier/*Schulze-Fielitz* Art. 103 I Rn. 15 ff.; von Münch/*Kunig*[5] Art. 103 Rn. 4 ff.

503 *Pieroth/Schlink*[22] Rn. 1082. Weitergehend von „sachlichen Gründen“ sprechen BVerfGE 81, 123, 129 = NJW 1990, 1104 f.; BVerfGE 101, 106, 129 = NJW 2000, 1175, 1178.

504 Zöller/*Greger*[20] § 411 Rn. 3a. So wohl auch im Erst-recht-Schluss Thomas/Putzo/*Reichold*[27] § 372 Rn. 3; *Baumbach/Lauterbach/Albers/Hartmann*[65] § 372 Rn. 4.

505 *Ipsen*[9] Rn. 863. Ähnlich Sachs/*Degenhart*[3] Art. 103 Rn. 3.

506 BVerfGE 55, 1, 5 f. = NJW 1980, 2698.

als einen Teil der Garantie effektiven Rechtsschutzes begreift, so kann dieser durch die Treuhänderlösung zum Großteil erhalten werden, während die Geheimnisse der Mandanten gewahrt bleiben. Dieses Verfahren bringt die in Frage stehenden Grundrechte somit optimal zur Geltung.[507] Damit ist praktische Konkordanz hergestellt. Art. 103 Abs. 1 GG wird nicht unzulässig eingeschränkt.

(bb) Anspruch auf ein rechtsstaatliches Verfahren

Auch wenn gerade bezweifelt wurde, dass gegen Handlungen des Insolvenzverwalters ein Anspruch auf rechtliches Gehör i. S. des Art. 103 Abs. 1 GG besteht, bleibt unbestritten, dass in einem staatlichen Verfahren rechtsstaatliche Grundsätze zu wahren sind, auch wenn kein Richter tätig wird.[508] Die Insolvenzgläubiger haben Anspruch auf ein faires Verfahren.[509] Dieser wird aus dem Rechtsstaatsprinzip i. V. m. Art. 2 GG hergeleitet,[510] wenn nicht ein spezielleres Grundrecht einschlägig ist, wie hier Art. 14 GG.[511] Zwar gewährt der Anspruch auf ein rechtsstaatliches Verfahren ein dem Art. 103 Abs. 1 GG vergleichbares Recht auf Anhörung, doch ist er einer allgemeinen Abwägung zugänglich. Das *BVerfG* drückt dies so aus (bezogen auf den Beweis durch Sachverständigengutachten): „Die im rechtsstaatlichen Fairneßprozeß verankerte Pflicht des Gerichts, die tatsächlichen Grundlagen eines Gutachtens hinreichend zu überprüfen und daran auch die Parteien mitwirken zu lassen, verträgt Einschränkungen, soweit Rechte anderer beeinträchtigt würden.“[512] Von den bei einer Verhältnismäßigkeitsprüfung maßgeblichen Kriterien ist nur dasjenige der Verhältnismäßigkeit i. e. S. fraglich. Hier sollte man sich noch einmal die grundrechtliche Anbindung des Anspruchs auf ein rechtsstaatliches Verfahren vor Augen halten: Verfahrensrechte sind kein Selbstzweck, sondern dienen der Durchsetzung materieller Rechtspositionen. Wenn im Hinblick auf das Eigentum festgestellt wurde, dass das Recht auf informationelle Selbstbestimmung in der Abwägung obsiegt,[513] so kann das Ergebnis für ein Prozessgrundrecht, das zur Wahrung des Eigentums dient, nicht anders ausfallen.[514] Die Einschränkung des Rechts auf ein faires Verfahren ist daher verhältnismäßig.

Die Insolvenzgläubiger werden also weder in ihrem Recht auf rechtliches Gehör noch in dem auf ein faires Verfahren verletzt.

507 Dieser Gedankengang wurde von *Stadler* S. 245 f. zur Wahrung von Unternehmensgeheimnissen im Zivilprozess entwickelt. Ähnlich jetzt BVerfGE 101, 103, 129 f. = NJW 2000, 1175, 1178, allerdings in Bezug auf geheimzuhaltende Verwaltungsakten.

508 BVerfGE 101, 397, 404 f. = NJW 2000, 1709; Sachs/*Degenhart*[3] Art. 103 Rn. 44. Speziell für das Insolvenzverfahren KS/*Prütting*[2] S. 221, 225 f., Rn. 13.

509 Sachs/*Degenhart*[3] Art. 103 Rn. 44.

510 BVerfG NJW 1991, 2076; Sachs/*Degenhart*[3] Art. 103 Rn. 45.

511 BVerfGE 24, 367, 401 = NJW 1969, 309, 312; BVerfGE 46, 325, 334 f. = NJW 1978, 368, 369.

512 BVerfGE 91, 176, 183 = NJW 1995, 40, 41. Ähnlich BVerfG NJW 1997, 1909.

513 Siehe oben S. 68 ff.

514 So auch angedeutet in BVerfGE 35, 348, 361 = NJW 1974, 229, 231. Maunz/Dürig/*Schmidt-Aßmann* Art. 103 Abs. 1 Rn. 8 („im Regelfall“).

(2) *Vergleich mit Wertungen aus anderen Regelungsgebieten*

Das hier gefundene Ergebnis soll zur dogmatischen Absicherung mit Wertungen verglichen werden, die sich aus Lösungen zu ähnlich gelagerten Problemen ergeben.[515]

(a) *Erkenntnisverfahren*

(aa) *Zivilgerichte*

Der Treuhänderlösung im Insolvenzverfahren entspricht ein streitiges Verfahren, in dem mindestens ein von einer Partei beantragter Beweis in Abwesenheit der Gegenpartei oder ihres Anwalts erhoben wird. Überwiegend wird davon ausgegangen, dass ein solcher „Geheimprozess" im Zivilverfahren nicht statthaft ist und gegen Art. 103 Abs. 1 GG verstößt.[516] Auch wenn für die Gegenmeinung gute Argumente sprechen,[517] soll im Folgenden vom Standpunkt der h. M. ausgegangen werden. Die Ablehnung des Geheimprozesses stellt nämlich die Treuhänderlösung nicht in Frage. Die in Fn. 516 angeführten Urteile berühren nur zum Teil die hier problematisierte Sachlage. In dem Beschluss des *BVerfG* wurde ein entscheidungserhebliches Gutachten vom Gericht nicht der Gegenpartei zugeleitet. Das *LG München* hatte sich mit einem Fall zu befassen, in dem offensichtlich keine sachlichen Gründe gegen die Teilnahme eines sachkundigen Vertreters der Partei am Sachverständigentermin sprachen. Durch diese Judikate ist folglich nichts darüber gesagt, ob sachliche Gründe wie die Geheimhaltungsinteressen Dritter einen Parteiausschluss von der Beweisaufnahme rechtfertigen. Lediglich die Urteile des *BGH* und des *OLG Köln* behandeln Fälle, in dem Interessen einer Partei dagegen sprechen, dass die andere von den Befundtatsachen des Sachverständigenbeweises Kenntnis erlangt.

Das stärkste Argument für eine ausnahmslose Beteiligung der Parteien ist der Widerspruch zum Anspruch auf rechtliches Gehör. In den bisher unter dem Stichwort Geheimprozess untersuchten Konstellationen ging es um eine Partei im Zivilprozess. Diese Situation ist aber nicht mit dem Insolvenzverfahren vergleichbar. Zum Ersten werden die Gläubiger bei der Sichtung und Verwertung der Masse vom Insolvenzverwalter vertreten, der auch ihre Interessen zu wahren hat. Dann sind die Insolvenzgläubiger – zum Zweiten – weniger stark von den Wirkungen des Verfahrens betroffen als die Parteien im Zivilprozess. Das liegt daran, dass es nicht um den Anspruch als solchen geht, sondern um die Befriedigung im Rahmen des Insolvenzverfahrens. Darum ist das Interesse des Gläubigers durch die meist quotale Befriedigung gegenüber dem Zivilprozess und dadurch herabgesenkt, dass er sich den Erlös mit anderen Gläubigern teilen muss. Zum Dritten wird das Verfahren vom Insolvenzverwalter gelenkt, also gerade nicht von der rechtsprechenden Gewalt i. S. von Art. 92 GG. Die weit verbreitete Ablehnung des Geheimprozesses greift die hier vorgestellte Lösung damit nicht an.

---

515 Diese Methode verwendet auch *Würz-Bergmann* S. 92 ff.

516 BVerfGE 62, 392, 396 f.; BGHZ 116, 47, 58 = NJW 1992, 1817, 1819; OLG Köln NJW-RR 1996, 1277; LG München NJW 1984, 807 f.; Stein/Jonas/*Leipold*[22] vor § 128 Rn. 61; *Thomas/Putzo*/Reichold[27] § 286 Rn. 6; Zöller/*Greger*[26] § 402 Rn. 5b. Unentschieden *Kissel/Mayer*[4] § 172 Rn. 41.

517 Vor allem vorgetragen von *Stürner* S. 223 ff.; *Stadler* NJW 1989, 1202, 1203 ff. Ebenso *Rosenberg/Schwab/Gottwald*[16] § 115 Rn. 45; Zöller/*Greger*[20] § 411 Rn. 3a.

(bb) *Arbeitsgerichte*

Im Gegensatz zum BGH hat das *BAG* es zum Beweis des Vorhandenseins eines Gewerkschaftsmitglieds in einem Betrieb ausreichen lassen, dass ein Notar sich dessen vergewissert und dann vor dem Gericht dazu befragt wird, ohne den Namen des Gewerkschaftsmitglieds zu nennen.[518] Dabei muss beachtet werden, dass das arbeitsrechtliche Verfahren keine Besonderheiten bezüglich der Beweisaufnahme kennt und daher das Verfahren mit dem im Zivilprozess übereinstimmt. Die *2. Kammer des Ersten Senats des BVerfG* hatte sich anschließend mit dem Fall zu beschäftigen. Sie nahm die Verfassungsbeschwerde nicht zur Entscheidung an.[519] Zumindest im arbeitsgerichtlichen Verfahren ist folglich eine Art Geheimprozess möglich.

(cc) *Straf- und Verwaltungsgerichte*

Ob in Straf- oder Verwaltungsprozessen die Offenbarung geheimhaltungsbedürftiger Tatsachen gegenüber dem Gericht unter Ausschluss des betroffenen Verfahrensbeteiligten gegen Art. 103 Abs. 1 GG verstößt, war Gegenstand der Rechtsprechung des *BVerfG*.[520] Auf eine eingehende Analyse der Entscheidungen wird hier verzichtet, weil die Überlegungen und Ergebnisse allenfalls beschränkt auf den Interessenskonflikt zwischen Gläubigern und Mandanten übertragen werden könne. Das folgt schon aus der Tatsache, dass die erwähnten Entscheidungen des *BVerfG* die Geheimhaltung staatlicher Akten aus Gründen des Gemeinwohls behandelten, während es im Insolvenzverfahren um konkurrierende Rechte Privater geht.

(b) *Vollstreckungsverfahren*

(aa) *Einzelzwangsvollstreckung, § 807 ZPO*

§ 807 ZPO entspricht insofern § 97 InsO, als diese Norm dazu dient, das schuldnerische Vermögen zu ermitteln. Demnach ist auch § 807 ZPO eine Befugnis zur Offenbarung von Geheimnissen und damit taugliche Grundlage für Eingriffe in das Recht auf informationelle Selbstbestimmung.[521] Zu überprüfen ist, ob das für § 97 InsO gefundene Ergebnis mit der Rechtslage zu § 807 ZPO in Einklang steht.

Zu § 807 ZPO vertritt die h. M., dass der Anwalt Namen und Anschrift der Vergütungsschuldner und die Forderungshöhe angeben muss.[522] Nun ist zwar die Meinung verbreitet, dass die Interessen des Schuldners in der Insolvenz weniger zu berücksichtigen sind als in der Einzelzwangsvollstreckung.[523] Der *BGH* fordert, dass Insolvenzgläubiger

---

518 BAG NJW 1993, 612, 613 ff. Ebenso LAG Düsseldorf NZA 1989, 236. A. A. *Leipold* SAE 1996, 69, 71 f. m. w. N.; *Lachmann* NJW 1987, 2206.

519 BVerfG NJW 1994, 2347.

520 BVerfGE 57, 250, 288 = NJW 1981, 1719, 1724; BVerfGE 101, 106, 129 f. = NJW 2000, 1175, 1178. Vgl. dazu auch § 99 Abs. 2 VwGO.

521 *Brötel* NJW 1998, 3387, 3389.

522 OLG Stuttgart NJW 1994, 2838; LG Frankfurt/Main AnwBl 1985, 258; LG Wiesbaden Rpfleger 1977, 179 f.; Stein/Jonas/*Münzberg*[22] § 807 Rn. 37; *Baumbach/Lauterbach/Albers/Hartmann*[65] § 807 Rn. 30, 32, 43; Zöller/*Stöber*[26] § 807 Rn. 28; BGH NJW 2005, 1505, 1506 f. (Arzt); NJW 1999, 1544, 1547 (Steuerberater). A. A. *Berger* NJW 1995, 1584, 1589.

523 *Tetzlaff* ZInsO 2005, 393, 399 m. w. N.; MK-InsO/*Peters* § 36 Rn. 24.

zumindest nicht schlechter stehen als Pfändungsgläubiger:[524] „Aus diesem Grunde müssen die betreffenden Forderungen schon in der Einzelvollstreckung genau nach Namen und Anschrift des Drittschuldners sowie nach dem Grund der Forderung bezeichnet werden [...]. In der Insolvenz ist dies erst recht erforderlich." Dieser Schluss verkennt aber, dass die Insolvenzgläubiger im Insolvenzverwalter einen Sachwalter haben, der ihre Interessen im gesetzlichen Rahmen vertritt. Dagegen sind die Pfändungsgläubiger darauf angewiesen, ihre Forderungen selbst durchzusetzen. Meistens ist aber der einzige Weg, den Forderungsbestand eines Selbstständigen zu ermitteln, die Erstellung eines Vermögensverzeichnisses nach § 807 ZPO.[525] Hier ist es also angemessen, dass das Vermögensverzeichnis allen Pfändungsgläubigern zugänglich gemacht wird, auch wenn das informationelle Selbstbestimmungsrecht der Mandanten durch den relativ unüberschaubaren Kreis von Gläubigern ohne besondere Anforderungen an ihre Vertrauenswürdigkeit erheblich leidet. Für die Insolvenzgläubiger wurde aber bereits gezeigt, dass die Haftung des Schuldners auch ohne direkten Einblick in die Mandantenakten verwirklicht wird.[526]

Im Übrigen geht die h. M. zu § 807 ZPO schon bedenklich weit, weil die Vorschrift die Interessen Dritter nicht berücksichtigt. So bestimmt § 903 ZPO, dass der Vollstreckungsschuldner im Allgemeinen innerhalb von drei Jahren nach Abgabe der eidesstattlichen Versicherung nicht zu einer weiteren Versicherung verpflichtet werden kann. Daraus wird geschlossen, dass davon betroffene Gläubiger Einsicht in die Niederschrift der eidesstattlichen Versicherung und in das Vermögensverzeichnis gemäß §§ 900, 299 ZPO verlangen dürfen.[527] Jedem Gläubiger ist es folglich möglich, in Bezug auf zum Zeitpunkt der Versicherung nicht abgewickelte Mandate die Identität des Mandanten und die Höhe der Vergütungsforderung zu erfahren. Er kann sogar das Vermögensverzeichnis einsehen, wenn der Rechtsanwalt bereits gezahlt hat, um der Vollstreckung zuvorzukommen. Dann befinden sich nämlich noch Vollstreckungstitel mit Klausel und Zustellungsnachweis im Besitz des Gläubigers. Damit kann er Einsichtnahme verlangen, obwohl er schon befriedigt wurde. Ebenso bleiben Mandanten im Vermögensverzeichnis aufgeführt, die ihre Schuld in der Zwischenzeit beglichen haben. Daneben kann sogar Dritten Einsicht in das Schuldnerverzeichnis gewährt werden, wenn sie ein rechtliches Interesse glaubhaft machen. Die §§ 900, 299 ZPO bieten damit keinen vollständigen und wirksamen Schutz vor unberechtigter Einsichtnahme in Mandantengeheimnisse. Aus diesem Blickwinkel heraus erscheint eher die h. M. zu § 807 ZPO zu großzügig als die hier zu § 97 InsO vertretene Ansicht zu eng.

(bb) Unternehmenssanierung, § 120 VglO

Im Gegensatz zur InsO und auch zur KO war in der VglO die Einsicht in Gerichtsakten ausdrücklich geregelt.[528] § 120 Abs. 1 VglO sah ein Akteneinsichtsrecht außer für den

---

[524] BGH NJW 2004, 2015, 2017.

[525] *Würz-Bergmann* S. 93 bezeichnet es als die „letzte Chance".

[526] Siehe S. 67 und S. 82.

[527] Zöller/*Stöber*[26] § 900 Rn. 38.

[528] § 120 VglO (in Kraft vom 1. 4. 1935 bis 31. 12. 1998) lautete:
„(1) Der Schuldner, der vorläufige Verwalter, der Vergleichsverwalter und jeder Gläubiger können die Akten einsehen; der Schuldner, der vorläufige Verwalter und der Vergleichsverwalter können sich Abschriften daraus erteilen lassen.
(2) Gläubigern kann die Einsicht in solche Teile der Akten versagt werden, deren Kenntnis für sie

Schuldner auch für vorläufigen und endgültigen Verwalter und für die Gläubiger vor. Abs. 2 stellte es in das Ermessen des Gerichts, die Einsicht in Aktenteile zu versagen, deren Kenntnis für die Gläubiger ohne Bedeutung ist. Damit sollten u. a. im Interesse des Schuldners oder der Gesamtheit der Gläubiger Geschäftsgeheimnisse[529] sowie Drittinteressen geschützt werden.[530] Diese waren gegen das Informationsinteresse abzuwägen.[531] Dies zeigt, dass bereits zur VglO anerkannt war, dass Interessen Dritter die Beteiligungsrechte der Gläubiger einschränken können.

(c) Einzelne Rechtsgebiete

(aa) Handelsrecht

Im Handelsrecht gibt es zwei Vorschriften, die Aussagen zur Geheimhaltung treffen. Einen präparatorischen Anspruch stellt § 87c Abs. 4 HGB dem Handelsvertreter zur Verfügung. Bei Streit über die Provisionsabrechnung darf er unter bestimmten Umständen verlangen, dass „nach Wahl des Unternehmers entweder ihm oder einem von ihm zu bestimmenden Wirtschaftsprüfer oder vereidigten Buchsachverständigen Einsicht in die Geschäftsbücher oder die sonstigen Unterlagen so weit gewährt wird, wie dies zur Feststellung der Richtigkeit oder Vollständigkeit der Abrechnung oder des Buchauszuges erforderlich ist." Der Gesetzgeber hat eine Regelung getroffen, die einen Ausgleich schafft zwischen dem Provisionsinteresse des Handelsvertreters und dem Geheimhaltungsinteresse des Unternehmers. Dabei darf der Handelsvertreter die Person des Wirtschafts- oder Buchprüfers auswählen.[532]

Im streitigen Verfahren gibt § 258 HGB dem Gericht die Befugnis, sich von Amts wegen Handelsbücher vorlegen zu lassen. Dabei kommt es im Unterschied zu den §§ 422 f. ZPO nicht auf eine bürgerlich-rechtliche Vorlagepflicht an. § 259 S. 1 HGB stellt die Anwesenheit der Parteien bei der Beweisaufnahme aus den streitrelevanten Teilen der Bücher sicher, gleichwohl werden sie davon ausgeschlossen, wenn sich das Gericht zu Zwecken der Beweiswürdigung anhand anderer Teile von der ordnungsgemäßen Buchführung überzeugen will, S. 2.[533]

Sowohl § 87c Abs. 4 HGB als auch § 259 S. 2 HGB treffen mithin eine Regelung, die (auch) diejenige Seite von der Einsicht in die Geschäftsbücher ausschließt, zu deren (vermeintlichem) Vorteil die Einsicht genommen wird. Damit wird bezweckt, das Geheimhaltungsinteresse einer Partei zu schützen.[534]

---

ohne Bedeutung ist oder deren Geheimhaltung nach Angabe des Schuldners für die Fortführung seines Unternehmens erforderlich ist.

(3) Anderen als den im Absatz 1 bezeichneten Personen kann der Vorstand des Gerichts ohne Einwilligung des Schuldners die Einsicht der Akten nur gestatten, wenn ein rechtliches Interesse glaubhaft gemacht wird."

529 *Uhlenbruck* KTS 1989, 527, 547 ff.; *Uhlenbruck* BB 1976, 1198, 1200.

530 *Bley/Mohrbutter*[4] § 120 Rn. 5.

531 *Kilger/Schmidt*[17] § 120 VglO 2) a).

532 *Baumbach/Hopt*[32] § 87c Rn. 27; Koller/*Roth*/Morck[5] § 87c Rn. 16.

533 Staub/*Hüffer*[4] § 259 Rn. 5, 10.

534 Staub/*Hüffer*[4] § 259 Rn. 1. Zu den Geheimhaltungsinteressen des Unternehmers bei der Einsicht in die Bücher RGZ 87, 10, 16, in dessen Folge § 87c HGB eingeführt wurde (vgl. Staub/*Brüggemann*[4] § 87c Rn. 23).

(bb) Gewerblicher Rechtsschutz

Ähnliche Mechanismen finden sich bei der Behandlung von Wettbewerbsverstößen. Wenn z. B. ein Unternehmen unbefugt eine Rechtsposition benutzt, die einem anderen zusteht, so muss es den damit unrechtmäßig erzielten Gewinn herausgeben. Die Höhe des Gewinns hängt von Umsatz und Stückgewinn des Verletzers ab, die der Verletzte meistens nicht kennt. Damit er dennoch seinen Anspruch beziffern kann, hat er einen wettbewerbsrechtlichen Auskunftsanspruch aus Vertrag oder Gewohnheitsrecht, § 242 BGB.[535] Grundvoraussetzung ist eine besondere rechtliche Beziehung zwischen den Parteien, die sich hier aus einem begangenen Wettbewerbsverstoß ergibt. Weiterhin darf der Gläubiger die Unkenntnis nicht verschuldet haben, und der Schuldner muss die Auskunft unschwer erteilen können.

Rechtsfolge ist, dass der Verletzer seine Einnahmen und Aufwendungen offenzulegen hat. Dadurch würde aber der Verletzte u. U. ein Geschäftsgeheimnis erfahren, z. B. die Kostenstruktur des Verletzers. Deshalb hat man den sog. Wirtschaftsprüfervorbehalt ersonnen.[536] Dabei wird ein Wirtschaftsprüfer (oder vereidigter Buchsachverständiger) auf Verschwiegenheit verpflichtet. Er überprüft die Gewinnberechnung des Verletzers und teilt die Höhe des sog. Verletzergewinns dem Verletzten mit, ohne die Berechnungsgrundlage zu offenbaren.[537] Der Verletzte darf dem Wirtschaftsprüfer zur Kontrolle auch Fragen stellen, insbesondere ob bestimmte Elemente, die er bereits kennt (z. B. Abnehmer), in der Auskunft auftauchen.[538] Entsprechend § 87c Abs. 4 HGB hat der Verletzer das Recht zur Auswahl des Wirtschaftsprüfers.[539] Dies wird z. T. kritisch aufgefasst, weil gerade bei ständigen Betreuungsverhältnissen die Neutralität des vom Verletzer ausgewählten Wirtschaftsprüfers bezweifelt wird. Daher wird die entsprechende Anwendung von § 315 Abs. 3 BGB erwogen. Danach soll der Gegner die gerichtliche Bestellung beantragen können, wenn er Zweifel an der Neutralität des vom Berechtigten ausgewählten Wirtschaftsprüfers hat.[540]

Vergleicht man die für das Wettbewerbsrecht gefundene Lösung mit der hier für das Insolvenzverfahren vorgeschlagenen, so muss man an die Stelle des Verletzers den insolventen Rechtsanwalt setzen. Dem Verletzten entsprechen die Insolvenzgläubiger, und der Insolvenzverwalter rückt an die Stelle des Wirtschaftsprüfers. Vergleichbar ist zunächst die Richtigkeitsgewähr, die die beiden eingesetzten „Treuhänder" bieten.[541] Die Insolvenzgläubiger können gleichfalls den Insolvenzverwalter mit ihnen bereits bekannten Mandaten konfrontieren. Die Interessenlage deutet sogar darauf, dass die Einschaltung des Treuhänders die Insolvenzgläubiger weniger hart trifft als den Verletzten. Dieser muss nämlich den

535 Zum Ganzen Harte/Henning/*Beckedorf* Vor § 8 Rn. 21 ff.

536 Dazu BGH GRUR 1978, 52 f. – Fernschreibverzeichnisse. Überblick und Einzelheiten bei Hefermehl/*Köhler*[25] § 9 UWG Rn. 4.19 ff.

537 *Ploch-Kumpf* S. 93.

538 BGH GRUR 1978, 52, 53 – Fernschreibverzeichnisse; *Ploch-Kumpf* S. 95.

539 BGH GRUR 1962, 354, 357 – Furniergitter; GRUR 1980, 227, 233 – Monumenta; WRP 1999, 1031, 1032 – Rollstuhlnachbau; Harte/Henning/*Beckedorf* Vor § 8 Rn. 32; *Ploch-Kumpf* S. 94 f. Widersprüchlich Hefermehl/*Köhler*[25] § 9 UWG Rn. 4.21 einerseits, § 9 UWG Rn. 4.19, § 12 UWG Rn. 2.64 andererseits.

540 Dazu *Teplitzky*[8] Kap. 38 Rn. 29.

541 Zur Integrität und Qualifikation des Insolvenzverwalters siehe oben S. 67 f., zu derjenigen des Wirtschaftsprüfers *Ploch-Kumpf* S. 94.

Betrag des Verletzergewinns kennen, um seinen Anspruch auf Gewinnabschöpfung geltend machen zu können. Dagegen sind die Insolvenzgläubiger gar nicht darauf angewiesen, Einblick in die Mandantenakten zu haben, damit die Insolvenzmasse verwertet wird. Sie machen also kein materielles, sondern ein prozessuales Recht geltend. Dabei sind sie noch besser gestellt als der Verletzte. Dieser muss wohl oder übel dem Wirtschaftsprüfer glauben, wenn nicht noch ein Zweitgutachter bestellt wird,[542] während das Insolvenzgericht regelmäßig die Geschäftsführung des Insolvenzverwalters überwacht. Zudem haben die Insolvenzgläubiger im Gegensatz zum Verletzten sogar die Möglichkeit, den Treuhänder auszuwechseln, indem sie einen neuen Insolvenzverwalter wählen, § 57 InsO. Im Vergleich zum Wettbewerbsrecht ist die hier vertretene Ansicht zum Insolvenzverfahren gläubigerfreundlicher. Der Vergleich stützt sie also.

Die im Wettbewerbsrecht aus § 242 BGB hergeleitete Lösung ist im Patentrecht in § 139 Abs. 3 S. 2 PatG verankert. Auch im Patentverletzungsprozess muss dafür Sorge getragen werden, dass die Rechtsverfolgung von Patentinhabern nicht zur Ausforschung von Betriebsgeheimnissen von Konkurrenten führt. Verlangt sein kann also in bestimmten Fällen, dass dem Kläger die geforderten Information nur indirekt zugänglich gemacht wird, z. B. mittels eines Wirtschaftsprüfervorbehalts.[543] Dieser setzt voraus, dass die Nachteile für den Verletzer, die die Offenbarung der Information an den Verletzten mit sich bringt, so schwer sind, dass sie das Interesse des Verletzten an lückenloser unmittelbarer Unterrichtung überwiegen.[544]

(d) Ergebnis

Die vorhergehende Übersicht hat gezeigt, dass es einige Situationen vor oder im Prozess gibt, in denen der Gesetzgeber oder die Rechtsprechung Möglichkeiten entwickelt haben, eine Partei auszuschließen, wenn ihre Kenntnis von bestimmten Tatsachen der anderen Partei unzumutbar wäre. Die Gründe dafür lassen sich stets auf die persönliche oder geschäftliche Geheimsphäre zurückführen. Letztlich sollen diese Ausschlussgründe das Recht auf informationelle Selbstbestimmung schützen. Denselben Zweck verfolgt die oben hergeleitete Maßgabe, dass Insolvenzverwalter und Insolvenzgericht den Gläubigern keine Auskunft über Mandate erteilen dürfen. Sie ist daher systemkonform und führt die aus anderen Rechtsgebieten bekannte Dogmatik im Insolvenzrecht weiter.

(3) Rechte gegenüber dem Insolvenzverwalter und dem Insolvenzgericht

Der Gläubigerausschuss kann nicht nur vom Insolvenzschuldner unmittelbar Auskunft verlangen, § 97 Abs. 1 InsO, sondern sich auch an den Insolvenzverwalter richten. Dieser wird vom Ausschuss überwacht, § 69 InsO. Das setzt voraus, dass der Ausschuss vom Verwalter Bericht und Rechnungslegung verlangen kann.[545] Da dabei die Mandantengeheimnisse in gleicher Weise wie durch die Auskunft des Insolvenzschuldners verletzt würden, ist diese Auskunftserteilung wegen des informationellen Selbstbestimmungsrechts unzulässig. Dieses Recht ist ebenso eingeschränkt wie dasjenige aus § 97 Abs. 1 InsO.[546]

---

542 BGH GRUR 1980, 227, 233 – Monumenta; *Ploch-Kumpf* S. 94.

543 Schulte/*Kühnen*[7] § 139 Rn. 214. Siehe S. 91.

544 Schulte/*Kühnen*[7] § 139 Rn. 102.

545 Smid/*Smid*[2] § 69 Rn. 5.

Das Insolvenzgericht hingegen ist schon vom Grundsatz her niemandem zu Auskünften verpflichtet.[547] Beteiligte und Dritte sind auf die Einsicht in die Gerichtsakten verwiesen, § 299 ZPO, § 4 InsO. Dieses Einsichtsrecht bezieht sich jedoch ausschließlich auf Prozessakten, also Akten, die das Gericht angelegt hat. Eine Auskunft über den Inhalt von Akten des Rechtsanwalts, also seinen Geschäftsbüchern,[548] ist darüber nicht zu erlangen. Geschäftsbücher fallen nämlich nicht unter die Auskunftspflicht, weil sie keine Prozessakten sind.[549] Daher haben weder einzelne Gläubiger noch Dritte die Möglichkeit, sich die vom Insolvenzschuldner angelegten Akten anzusehen. Das Gericht hat dafür zu sorgen, dass keine Mandantengeheimnisse in den Gerichtsakten niedergelegt werden. Sollte in diesem Zusammenhang etwas schriftlich festgehalten werden müssen, sind Sonderbände anzulegen.

bbb) Gläubigerversammlung und einzelne Gläubiger

Die Gläubigerversammlung ist berechtigt, vom Insolvenzverwalter einzelne Auskünfte und einen Bericht über den Sachstand und die Geschäftsführung zu verlangen, § 79 S. 1 InsO. Fraglich ist, ob die Gläubigerversammlung grundsätzlich das auch Recht hat, die Geschäftsbücher des Schuldners einzusehen. Im Gegensatz zum Wortlaut von § 69 InsO ist in der amtlichen Überschrift zu § 79 InsO nicht von „überwachen“ die Rede, sondern von „Unterrichtung“. Die Auskunft des Insolvenzverwalters kann sich zwar auf alle Bereiche erstrecken, muss aber nicht in jedes Detail gehen.[550] Deshalb würde eine allgemeine Überwachungsbefugnis zu weit gehen. Aus dem Wortlaut des § 79 InsO lässt sich schließen, dass die Gläubigerversammlung nicht so intensiv über die Verwaltertätigkeit informiert werden muss wie der Ausschuss. Dem entspricht es, wenn die Gläubigerversammlung kein Einsichtsrecht innehat.

Der Gläubigerausschuss stellt einen Ausschnitt der Gläubigerversammlung dar. Daher kann der Eingriff in das Recht auf informationelle Selbstbestimmung nicht weniger schwer wiegen, wenn die Gläubigerversammlung Auskunft verlangt. Auch diese Maßnahme ist mithin unverhältnismäßig.

Einzelne Gläubiger, die lediglich die Stellung Verfahrensbeteiligter i. S. von § 299 Abs. 1 ZPO, § 4 InsO haben, können vom Insolvenzverwalter keine Auskunft oder Einsicht bezüglich der Mandantenakten verlangen.[551] Dass dies auch in Hinsicht auf das Insolvenzgericht gilt, wurde bereits geklärt.

ccc) Zum Wissen Berufene

Im Anschluss an die obigen auf den Insolvenzverwalter bezogenen Ausführungen zum Kreis der zum Wissen Berufenen[552] drängt sich eine Frage auf: Darf ein zum Wissen Berufener, der eine Insolvenzforderung gegen den Anwalt hat, die Mandantenakten einsehen?

---

546 Ohne Einschränkung zu § 88 Abs. 1 KO *Heni* S. 125.
547 Jaeger-InsO/*Gerhardt* § 4 Rn. 41.
548 Siehe S. 44.
549 Jaeger-InsO/*Gerhardt* § 4 Rn. 27; MK-InsO/*Ganter* § 4 Rn. 72; *Heni* S. 93.
550 FK/*Kind*[4] § 79 Rn. 6.
551 Nerlich/Römermann/*Delhaes* vor § 56 Rn. 7.
552 Siehe oben S. 57 f.

Der Hauptfall ist der Angestellte, dessen Lohn aussteht. Aus der Sicht des Strafrechts (§ 203 StGB) spricht hier nichts gegen eine Einsichtnahme, da dieser Personenkreis von Anfang an die Akten kennen sollte. Man kann nicht annehmen, dass das Mandat auf den Anwalt beschränkt worden ist, als dieser insolvent wurde. Auch eine Beendigung des Mandats führt nicht dazu, dass Mitarbeiter nicht mehr Einblick nehmen dürfen. Insbesondere für die Abrechnung oder auch gerichtliche Geltendmachung ist der Anwalt auf seine Hilfskräfte angewiesen. Es besteht also kein Zweifel daran, dass der Rechtsanwalt auch weiterhin seinen Angestellten Einsichtnahme in die Mandantenakten gewähren darf in dem Umfang, der für den Mandanten offenkundig war.

Insolvenzrechtlich stellt sich indes die Frage, ob diese Lösung gegen den Grundsatz der gleichmäßigen Gläubigerbefriedigung verstößt, § 1 S. 1 InsO.[553] Dieser Grundsatz besagt aber im Wesentlichen nur, dass die Insolvenzgläubiger vermögensmäßig gleich behandelt werden sollen. Zwar sind ungerechtfertigte Ungleichbehandlungen im Verfahren nicht statthaft, doch ergibt sich die unterschiedliche Behandlung hier aus der besonderen Stellung der Angestellten im Vertrauensverhältnis zum Mandanten. Daher ist gegen die Einsichtnahme durch diesen Personenkreis nichts einzuwenden. Vielmehr stellt sich dadurch der in jeder Hinsicht erwünschte Effekt ein, dass die Insolvenzgläubiger eine Art Vertreter haben, der ihnen nicht den Inhalt der Akten vortragen darf, aber bei dem davon ausgegangen werden darf, dass er im eigenen Interesse und dem aller Insolvenzgläubiger darauf achtet, dass die Verwertung der Vergütungsforderungen ordnungsgemäß und nicht zu Lasten der Masse abläuft.

dd) *Verzeichnisse*

Neben Auskunft und Einsichtnahme gibt es noch andere Gelegenheiten im Insolvenzverfahren, bei denen Mandantengeheimnisse ans Licht kommen können. Mindestens eine Woche vor dem Berichtstermin muss der Insolvenzverwalter das Verzeichnis der Massegegenstände, das Gläubigerverzeichnis und die Vermögensübersicht zur Einsicht der Beteiligten niederlegen, § 154 InsO. Beteiligt sind sowohl der Schuldner als auch alle Gläubiger. Ein Mandantengeheimnis kann hier in zweierlei Form zutage treten: Zum einen kann der Mandant als Schuldner einer Vergütungsforderung im Verzeichnis der Vermögensgegenstände, § 151 InsO, und in der Vermögensübersicht, § 153 InsO, aufgeführt sein. Zum anderen ist er möglicherweise Gläubiger und als solcher im Gläubigerverzeichnis, § 152 InsO, erwähnt. In beide Richtungen muss das Recht auf informationelle Selbstbestimmung geschützt werden.

Bei der Aufstellung des Vermögensverzeichnisses gelten die Grundsätze der Vollständigkeit und der Einzelaufzeichnung.[554] Die Gegenstände müssen unterscheidbar und mit ihrem Wert bezeichnet werden, § 151 Abs. 2 InsO. Abs. 3 erlaubt, dass auf Antrag des Verwalters die Aufstellung des Verzeichnisses unterbleibt. Damit könnte möglicherweise auch verhindert werden, dass die Vergütungsforderungen des Anwalts in dem Verzeichnis auftauchen. Zweck des Abs. 3 ist indes, dem Verwalter eine mühsame Aufnahme der Vermögensgegenstände zu ersparen, wenn eine zuverlässige Aufzeichnung des Schuldners vorliegt.[555] Auf diese Voraussetzung kann es aber nicht ankommen, wenn es um den

553 Zur par conditio creditorum MK-InsO/*Stürner* Einl Rn. 62 f.

554 Vgl. Uhlenbruck/*Maus*[12] § 151 Rn. 3 f.

Schutz des Berufsgeheimnisses geht. Zudem gilt die Einschränkung des § 151 Abs. 3 InsO nur für das Vermögensverzeichnis.

Es bleibt also nichts anderes übrig, als die §§ 151 ff. InsO teleologisch zu reduzieren. Nur diejenigen Vergütungsforderungen dürfen im Verzeichnis der Vermögensgegenstände und in der Vermögensübersicht einzeln aufgeführt werden, deren Schuldner dem zugestimmt hat. Die anderen Forderungen sind zu einer Position „Forderungen gegen Mandanten" zusammenzufassen. Ebenso sind die Mandanten, so sie Gläubiger sind, im Gläubigerverzeichnis als eine Gruppe „Mandanten" zu führen, wenn sie nicht der Offenlegung des jeweiligen Mandats zustimmen.

Aus § 197 Abs. 1 S. 1, 2 Nr. 1 InsO lässt sich herleiten, dass die Gläubigerversammlung nicht nur ein Auskunfts- und Berichtsrecht während des Insolvenzverfahrens hat, sondern darüber hinaus im Schlusstermin die Vorlegung der Schlussrechnung und deren Erörterung durch den Insolvenzverwalter verlangen darf. Konsequenterweise muss auch hier dem Verwalter der Bericht über die Vergütungsforderungen verboten werden. Unschädlich ist natürlich, die Gesamtsumme der eingezogenen Forderungen zu nennen.

ee) Verfahrensfragen

aaa) Richterliche Anordnung von Amts wegen

Auch im Schrifttum wird vertreten, dass der Gläubigerausschuss vom Zugang zu Informationen ausgeschlossen werden darf, wenn die Kenntnis der Ausschussmitglieder die Verfahrensabwicklung beeinträchtigen könnte. Dabei will *Uhlenbruck* eine Entscheidung des Insolvenzverwalters genügen lassen,[556] während *Heni* eine richterliche Anordnung auf Antrag des Verwalters fordert.[557] Wenn es um die Rechte Dritter geht, nämlich um das Recht auf informationelle Selbstbestimmung der Mandanten, kann weder die eine noch die andere Lösung überzeugen. Ob der Informationsausschluss gegen die Gläubiger zu verhängen ist, hängt nur von der Eigenschaft des Schuldners als Rechtsanwalt ab. Der Insolvenzverwalter hat also keine besseren Erkenntnismöglichkeiten als das Insolvenzgericht. Daher erscheinen weder Entscheidungsbefugnis noch Antragsrecht des Verwalters sinnvoll. Die dargestellten Einschränkungen der Gläubigerrechte treten ohnehin de jure ein. Aus Gründen der Verfahrensklarheit sind sie jedoch vom Insolvenzrichter von Amts wegen anzuordnen. Dies hat den Vorteil, dass sie mit dem Eröffnungsbeschluss verkündet werden können. Überdies besteht dann die Möglichkeit, den Gläubigerausschuss im Eröffnungsverfahren einzusetzen,[558] ohne dass ein vorläufiger Insolvenzverwalter bestellt wird. In diesem Fall liefe ein Entscheidungs- oder Antragsrecht des Verwalters ins Leere.

bbb) Eröffnungsverfahren und besondere Verfahrensarten

Auch im Eröffnungsverfahren und in den anderen von der InsO bereitgestellten Verfahrensarten muss der Geheimnisschutz nach dem Treuhänderprinzip verwirklicht werden.

---

[555] Vgl. Uhlenbruck/*Maus*[12] § 151 Rn. 10.

[556] *Uhlenbruck* BB 1976, 1198, 1200.

[557] *Heni* S. 134 f.

[558] H. M., *Kübler*/Prütting § 67 Rn. 11; MK-InsO/*Gößmann* § 67 Rn. 2; Uhlenbruck/*Uhlenbruck*[12] § 67 Rn. 1. A. M. *Pohlmann* Rn. 300 ff.

Entsprechende Vorkehrungen sind allerdings erst angezeigt, wenn ein (vorläufiger) Gläubigerausschuss nach § 67 Abs. 1 InsO eingesetzt wird, weil davor nur das Insolvenzgericht und u. U. der vorläufige Insolvenzverwalter Zugriff auf die Mandantendaten nehmen können. Ist ein vorläufiger Verwalter bestellt, § 21 Abs. 2 Nr. 1 InsO, hat dieser im Wesentlichen dieselben Auskunfts- und Einsichtsrechte wie der Insolvenzverwalter im eröffneten Verfahren, § 22 Abs. 3 InsO. Entgegen *Kesseler*[559] entspricht nämlich das Einsichtsrecht des § 22 Abs. 3 S. 2 InsO demjenigen aus § 148 Abs. 1 InsO. Auf die Parallelität deutet auch der Verweis auf § 97 InsO in § 22 Abs. 3 S. 3 InsO hin. Da der vorläufige Insolvenzverwalter die Interessen der Gläubiger zu vertreten hat, fungiert er als ihr Treuhänder. Deshalb kann und muss in diesem Fall das oben dargestellte Verfahren zur Anwendung kommen. Der Gläubigerausschuss ist nicht berechtigt, von Gericht oder Verwalter Auskunft über Mandanten zu verlangen. Es ist theoretisch denkbar, wenn auch praktisch unwahrscheinlich, dass ein vorläufiger Gläubigerausschuss eingesetzt wird, obwohl kein vorläufiger Verwalter bestellt ist. In diesem Fall müssten die Gläubiger gemäß § 97 Abs. 1 InsO Auskunft unmittelbar vom Insolvenzschuldner verlangen können, da niemand für sie die treuhänderisch tätig wird. Gerade im Eröffnungsverfahren sollte eine solche Konstellation vermieden werden, weil noch nicht einmal klar ist, ob das Insolvenzverfahren überhaupt eröffnet wird. Die Offenbarung von Mandantengeheimnissen gegenüber dem Gläubigerausschuss wäre daher unverhältnismäßig. Im Eröffnungsverfahren ist demnach ein vorläufiger Verwalter zu bestellen, wenn ein Gläubigerausschuss eingesetzt wird.

Soweit der Insolvenzplan vorsieht, dass die Planerfüllung überwacht wird, hat der Insolvenzverwalter die Befugnisse eines vorläufigen Verwalters, § 261 Abs. 1 InsO. Damit gilt das gerade Gesagte auch hier. Falls keine Überwachung vorgesehen ist, haben die Gläubiger ohnehin keine Auskunftsrechte gegenüber dem Schuldner, so dass das Berufsgeheimnis nicht beeinträchtigt wird. Dasselbe gilt für das Restschuldbefreiungsverfahren. Wird Eigenverwaltung angeordnet, vertritt der Sachwalter bzw. der Treuhänder die Interessen der Gläubiger treuhänderisch, § 270 Abs. 1 S. 2, Abs. 3 S. 1, § 1 S. 2 InsO. Somit besteht in diesem Verfahren ebenfalls kein Grund, den Gläubigern Geheimnisse aus Mandaten zu offenbaren.

Die für das Regelinsolvenzverfahren entwickelte Treuhänderlösung kann mithin für alle Verfahrensarten der InsO und für das Eröffnungsverfahren Geltung beanspruchen. Denn überall dort, wo die Gläubiger Informationensrechte gegenüber dem Insolvenzschuldner hätten, muss ein „Treuhänder" bestellt werden, der diese Rechte für sie wahrnehmen kann.

ccc) Keine Subsidarität der Zwangsvollstreckung

Das Insolvenzverfahren in der hier vorgestellten Ausprägung schützt die Mandantendaten besser als das Verfahren der Einzelzwangsvollstreckung. Die Schlechterstellung der Rechte der Mandanten in der Zwangsvollstreckung wurde damit begründet, dass die Gläubiger keine andere Möglichkeit hätten, auf das schuldnerische Vermögen zuzugreifen.[560] Nun kann aber jeder Gläubiger einen Insolvenzantrag stellen, wenn der Anwalt die Voraussetzungen des § 17 InsO erfüllt. Daraus ergibt sich die Frage, ob es den Gläubigern unter dieser Bedingung verboten ist, die Zwangsvollstreckung in das Vermögen des Anwalts

559 *Kesseler* Rn. 260.

560 Siehe S. 88 f.

zu betreiben. Dieses Verbot müsste auch den Auftrag zur Abnahme einer eidesstattlichen Versicherung i. S. des § 807 ZPO umfassen. Umgekehrt könnte man fordern, dass der Rechtsanwalt zum Schutz der Mandantendaten verpflichtet ist, Insolvenz anzumelden, wenn er die Voraussetzungen des § 17 InsO erfüllt und Zwangsvollstreckungsmaßnahmen oder die Abgabe einer eidesstattlichen Versicherung drohen.

Dieses Problem lässt sich zunächst vereinfachen, indem man diejenigen Gegenstände aus der Betrachtung herauslässt, die keinen Bezug zu Mandantendaten haben. Eine Vollstreckung in alle Vermögensgegenstände des Rechtsanwalts außer den Akten ist also ohne Weiteres möglich. Aber auch für die Vollstreckung in Mandantenakten kann es keine Subsidiarität geben: Sie ist weder gewollt noch möglich. Der Gesetzgeber hat die Instrumente der Einzel- und Gesamtvollstreckung mit unterschiedlichen Voraussetzungen ausgestaltet. Voraussetzung der Zwangsvollstreckung ist der Titel *des Gläubigers*, während die Insolvenzeröffnung von Zahlungsunfähigkeit, drohender Zahlungsunfähigkeit oder Überschuldung *des Schuldners* abhängt. Daraus wird deutlich, dass die Zwangsvollstreckung ein Instrument der Privatautonomie ist, das Insolvenzverfahren dagegen ein ordnungspolitisches Instrument.[561] Der Gesetzgeber weist den beiden Instituten ihre eigene Bedeutung zu. Dass sich die Anwendungsbereiche überschneiden, bedeutet nicht, dass eines der Institute zurücktreten müsste. Das ist bis jetzt auch noch nicht behauptet worden. Dass dies auch praktisch nicht in Frage kommt, ergibt sich daraus, dass der Vollstreckungsgläubiger vor Einleitung einer Vollstreckungsmaßnahme in Gegenstände, die mit dem Mandantengeheimnis in Verbindung stehen, überprüfen müsste, ob er einen Gläubigerantrag stellen kann und dieser begründet wäre. Eine solche Vorprüfung kann aber nur im Wege der Analogie eingeführt werden. Dafür ist im Vollstreckungs- oder Zivilrecht kein analogiefähiges Beispiel zu erblicken. Zudem könnte die Vorprüfung nur mit Hilfe des Gerichts bzw. gerichtlicher Auskunftsbefugnisse durchgeführt werden. Alle diese Ausführungen zeigen, dass eine Subsidiarität der Zwangsvollstreckung ein Fremdkörper im Gesetzesgefüge wäre und daher nicht in die ZPO oder die InsO hineininterpretiert werden darf.

ff) Zusammenfassung

Aus den oben stehenden Überlegungen ergibt sich folgendes Bild: Der Insolvenzverwalter darf den Insolvenzschuldner zu seinen Mandaten befragen und Einsicht in die Mandantenakten nehmen. Das Insolvenzgericht hat dieselben Befugnisse sowohl gegenüber dem Verwalter als auch gegenüber dem Schuldner. Hingegen sind die Gläubiger individuell und kollektiv sowie Dritte von jeglicher Information über Mandate ausgeschlossen, wenn sie nicht zum Wissen berufen sind. Diese Beschränkungen sind in den Beschluss zur Eröffnung des Insolvenzverfahrens von Amts wegen aufzunehmen.

d) Verwertung

Grundsätzlich steht das Verwaltungs- und Verfügungsrecht über die Mandantenakten dem Insolvenzverwalter zu. Die wirtschaftliche Verwertung, sei es durch Verkauf oder Verpachtung, könnte aber von der Zustimmung der Mandanten und des Schuldners abhängen.

---

561 *Häsemeyer*[3] Rn. 2.01.

Außerdem ist zu bedenken, ob sie durch den Schutz der Erwerbsgegenstände gemäß § 36 Abs. 1 S. 1 InsO, § 811 Abs. 1 Nr. 5 ZPO begrenzt wird.

aa) Zulässigkeit von Verkauf und Verpachtung

Dass der Verkauf der Mandantenakten mit Zustimmung der Mandanten zulässig ist, dürfte inzwischen gesichert sein. Ursprünglich ging das *RG* von der grundsätzlichen Sittenwidrigkeit des Verkaufs einer Arztpraxis (einschließlich der Patientenakten) aus, da der Arztberuf nicht um des Erwerbs willen, sondern im allgemeinen Interesse an der Volksgesundheit ausgeübt werde.[562] Bei der Anwaltstätigkeit sah das Gericht den Dienst am Recht im Vordergrund.[563] Später hat das *RG* diese Ansicht im Hinblick auf die Anwaltskanzlei darauf beschränkt, dass der Kaufpreis nicht so hoch sein dürfe, dass der Erwerber seinen Beruf ausschließlich zum Erwerbe ausführen müsse, um den Preis zu finanzieren.[564] Heute ist von der ganz h. M. anerkannt, dass die Akten – als Teil des Praxiswerts – ein Vermögensgegenstand des Rechtsanwalts ist, der von diesem veräußert werden darf, soweit die Mandanten zustimmen.[565]

Daneben kommt die Verpachtung der Mandantenakten in Betracht. Es liegt nahe, sie a maiore ad minus als zulässig zu betrachten, wenn schon der Verkauf möglich ist.[566] Da gilt jedenfalls, solange sich der Vertrag nicht auf die Verschaffung neuer Mandate erstreckt, weil es sich sonst um eine verbotene Provisionsregelung handeln würde, vgl. § 49b Abs. 3 BRAO.[567]

bb) Zustimmung der Mandanten

Die Unwirksamkeit einer Verwertungshandlung kann sich aus ihrer Gesetzeswidrigkeit ergeben, § 134 BGB. Bekanntlich ist § 203 Abs. 1 Nr. 3 StGB ein Verbotsgesetz i. S. der Vorschrift. Die Untersuchung der Einwilligung hat gezeigt, dass der Mandant in die Offenbarung eines Mandantengeheimnisses einwilligen muss.[568] Ohne die vorherige Zustimmung des Mandanten ist jegliche Nutzung der jeweiligen Mandantenakte, die mit ihrer Offenbarung an einen Dritten verbunden ist, unzulässig.[569]

Die Zustimmung der Mandanten kann vom Insolvenzverwalter, aber auch vom Rechtsanwalt selbst erfragt werden. Die Befragung durch den Anwalt hat zwei Vorteile: Die Mandanten werden erstens weniger verunsichert, als wenn ihnen ein Insolvenzverwalter gegenübertritt. Zweitens erspart diese Vorgehensweise dem Verwalter Arbeit. Dies wirft die Frage auf, ob der Rechtsanwalt zur Mandantenbefragung aufgrund § 97 Abs. 2 InsO verpflichtet ist. Dort ist aber lediglich von der Unterstützung des Verwalters die Rede.

---

562 RGZ 66, 139, 140 ff.

563 RGZ 66, 143, 147. So auch noch RGZ 153, 280, 285.

564 RGZ 153, 280, 284 ff.; RGZ 161, 153, 155 ff. Ebenso BGHZ 43, 46, 47 ff. = NJW 1965, 580; BGH NJW 1973, 98, 100. Für den Arzt BGHZ 16, 71, 74 ff. = NJW 1955, 337, 338.

565 BGH NJW 1995, 2026; BGHZ 148, 97 = NJW 2001, 2462. Vgl. MK-BGB/*H. P. Westermann*[4] § 453 Rn. 17 m. w. N. (für Karteien).

566 *Eich* Rn. 94. Im Ergebnis *Feuerich*/Weyland[6] § 27 Rn. 12; *Kesseler* Rn. 263 (jeweils m. w. N.).

567 *Zuck* NJW 1993, 3118 f.

568 Siehe S. 58 ff.

569 Kübler/Prütting/*Holzer* § 35 Rn. 62; *Hess/Röpke* NZI 2003, 233, 236; Uhlenbruck/*Uhlenbruck*[12] § 35 Rn. 43.

Gemeint ist damit, dass der Schuldner die Arbeit des Insolvenzverwalters ermöglichen soll.[570] Er muss keinesfalls die Arbeit des Insolvenzverwalters erledigen. Das wäre aber der Fall, wenn der Schuldner die Mandanten befragte, obwohl der Verwalter dies selbst tun kann. Die Mandantenbefragung kann vom Schuldner folglich nicht verlangt werden.[571]

cc) Zustimmung des Rechtsanwalts

Wenn der Rechtsanwalt verpflichtet ist, dem Insolvenzverwalter Mandantendaten zu offenbaren, ergibt sich daraus das Recht des Verwalters, entsprechende Informationen ohne seine Zustimmung zu erheben. Offen ist bisher, ob der Anwalt verhindern kann, dass der Insolvenzverwalter Mandantendaten im Rahmen der Verwertung an Dritte weitergibt.

Aus der Vertraulichkeit des Mandanten-Anwalt-Verhältnisses schließt *Schick*, dass der Anwalt der Verwertung der Akten zustimmen müsse.[572] Dies ergebe sich daraus, dass der Mandant das Geheimnis dem Anwalt persönlich anvertraue. Da der Verwalter über die Aktenverwertung bestimmen dürfe, entstehe zwischen ihm und dem Anwalt „eine Art Kondominium", weil jeder auf den anderen angewiesen sei.[573]

Diese Ansicht ist verfehlt.[574] Sie geht davon aus, dass das Berufsgeheimnis den Rechtsanwalt individuell schützen soll und damit zu seiner Disposition steht. Es ist zwar richtig, dass die anwaltliche Schweigepflicht und das damit einhergehende Schweigerecht Vorbedingung des Anwaltsberufs ist.[575] Dadurch wird aber nur die Anwaltschaft als solche geschützt und allenfalls mittelbar der einzelne Rechtsanwalt. Es geht dabei auch nicht um die Begünstigung einer Berufsgruppe, sondern um die Erhaltung der Funktionsfähigkeit der Rechtspflege.[576] Dazu reicht es aber aus, wenn mit dem Geheimnis allein nach dem Willen des Mandanten verfahren wird.[577] Ein Mitbestimmungsrecht des Anwalts würde hingegen die Autonomie des Mandanten beeinträchtigen. Es hätte die groteske Folge, dass der Rechtsanwalt gegen den Willen des Mandanten Akten zurückhalten könnte.

dd) Einschränkung durch den Schutz der Erwerbsgegenstände, § 811 Abs. 1 Nr. 5 ZPO

Der Rechtsanwalt benötigt zur Mandatsbearbeitung die Mandantenakten. Sie sind folglich Erwerbsgegenstände i. S. des § 811 Abs. 1 Nr. 5 ZPO. Wenn sie dem Rechtsanwalt gehören, sind sie zugleich Geschäftsbücher i. S. der § 36 Abs. 2 Nr. 1 InsO, § 811 Abs. 1 Nr. 11 ZPO. Damit werden sie vom Insolvenzbeschlag erfasst. Grundsätzlich ist der Insolvenzverwalter

---

570 Dazu S. 30 f.

571 So wohl auch Kübler/Prütting/*Onusseit* § 157 Rn. 8. A. M. *Schildt* S. 133, 176.

572 Allgemein für Freiberufler *Schick* NJW 1990, 2359, 2360 f.; Nerlich/Römermann/*Andres* § 35 Rn. 73; Braun/*Bäuerle*[2] § 35 Rn. 46; *Kilger/K. Schmidt*[16] § 1 KO 2) D a) bb). Für Arzt und Anwalt Jaeger-KO/*Henckel*[9] § 1 Rn. 12.

573 So auch *Kuhn/Uhlenbruck*[11] § 1 Rn. 22.

574 *Kuhn/Uhlenbruck*[11] § 1 Rn. 78a a. E. (aber dazu im Widerspruch der Anfang des Abschnitts); Uhlenbruck/*Uhlenbruck*[12] § 35 Rn. 50; *Hess/Röpke* NZI 2003, 233, 237; MK-InsO/*Lwowski* § 35 Rn. 157 f.; FS Gaul/*Gerhardt* S. 139, 145 f.; *Kluth* NJW 2002, 186; *Blunk* S. 196 f.; *Harlfinger* S. 44 ff.; *van Zwoll/Mai/Eckardt/Rehborn* Rn. 410.

575 Zum Ganzen S. 12 ff.

576 Zum Schutzzweck des § 203 Abs. 1 Nr. 3 StGB siehe S. 51 ff.

577 Dazu auch S. 58 f.

zu jeder Verwertung befugt. Es stellt sich die Frage, ob dies auch dann gilt, wenn der Schuldner die Kanzlei weiterhin betreibt.

Das dem Insolvenzverwalter grundsätzlich zustehende Verwaltungs- und Verwertungsrecht muss eingeschränkt werden. Ansonsten könnte der selbstständige Schuldner seiner Tätigkeit nicht nachgehen. Denn jede Aufzeichnung, die er anfertigen würde, wäre ein Neuzugang zum Vermögen des Schuldners und würde als Geschäftsbuch in die Insolvenzmasse fallen. Wenn der Verwalter diese Aufzeichnung ohne Weiteres gemäß § 148 Abs. 1 InsO in Besitz nehmen könnte, wäre die selbstständige Tätigkeit schlechthin nicht vorstellbar. Eine solch weitreichende Bedeutung kann der Gesetzgeber der Vorschrift des § 36 Abs. 2 Nr. 1 InsO nicht zugemessen haben wollen. Dies widerspräche der grundsätzlichen Anerkennung der selbstständigen Erwerbstätigkeit während des Insolvenzverfahrens, die in § 295 Abs. 2 InsO zum Ausdruck kommt. Die Norm setzt eine selbstständige Tätigkeit während des Insolvenzverfahrens voraus; ein Unternehmen aufzubauen, nachdem das schuldnerische Vermögen im Insolvenzverfahren verwertet wurde, ist praktisch nicht möglich. Um während des Verfahrens arbeiten zu können, benötigt der Schuldner indes die Geschäftsbücher. Das Ergebnis muss sein, dass § 811 Abs. 1 Nr. 5 ZPO den § 36 Abs. 2 Nr. 1 InsO so weit verdrängt, wie es die unternehmerische Tätigkeit des Schuldners erfordert.

Konkret wird man demjenigen Rechtsanwalt, der seine Kanzlei aufrechterhält, den unmittelbaren Besitz an den Akten zugestehen müssen. Er ist aber verpflichtet, diese dem Insolvenzverwalter jederzeit auszuhändigen, solange dieser sein Einsichtsrecht nicht treuwidrig ausübt. Diese Auslegung läuft analog zum Auskunftsrecht des Verwalters nach § 97 InsO. Um die Vollständigkeit und Richtigkeit der Akten überprüfen zu können, muss dem Insolvenzverwalter das Recht gewährt werden, zu jeder Zeit die Kanzlei aufzusuchen und Akten zu sichten. Auch dieses Recht darf der Verwalter nicht wider Treu und Glauben ausüben.

Der Insolvenzverwalter kann somit die Mandantenkartei verkaufen und verpachten. Er muss dazu aber jeden Mandanten einzeln fragen, ob er der Überlassung seiner Akten an einen bestimmten Dritten zustimmt.

V. Kanzleiräume

Befindet sich eine von der Kanzlei genutzte Immobilie im Eigentum des Schuldners, so gehört sie zur Insolvenzmasse, § 35 Abs. 1 InsO, § 864 ZPO. Dagegen steht zwar die Überlegung, dass das schuldnerische Unternehmen Räume benötigt. Insofern würde der Zweck des § 811 Abs. 1 Nr. 5 ZPO, die Erwerbstätigkeit des Schuldners zu schützen, auch auf die Vollstreckung in schuldnerisch genutzte Immobilien passen. Der Gesetzgeber hat diesen Gedanken in der Abwägung gegenüber den Gläubigerinteressen zurückgestellt und die Regelung des § 811 ZPO in dem Titel über die Vollstreckung in bewegliches Vermögen und nicht in dem Abschnitt über die allgemeinen Vorschriften der Zwangsvollstreckung verankert. § 811 ZPO darf also nicht auf Grundstücke angewendet werden.

Das gilt selbst dann, wenn man den immateriellen Wert, der durch die räumliche Lage der Kanzleiräume erzeugt wird, berücksichtigt. Wenn dem Unternehmen die angestammte Betriebsimmobilie entzogen wird, muss es sich neue Räumlichkeiten suchen und verliert dadurch die Vorteile, die aus der bisherigen (günstigen) räumlichen Lage an sich (Laufkundschaft) und durch die Konstanz (Stammkundschaft) hervorgingen.[578] Dieser Umstand vermindert den Ertrag des schuldnerischen Unternehmens und schränkt damit den Erwerb des Schuldners ein. Man kann aber keinesfalls davon ausgehen, dass der Gesetzgeber dieses Problem nicht gesehen hätte. Es tritt schließlich nicht nur bei Rechtsanwälten oder Freiberuflern im Allgemeinen auf. Die Vorteile des angestammten Standorts genießt z. B. auch das Handwerk, die klassische Zielgruppe des Insolvenzrechts: Bäcker und Friseure etwa sind in großem Umfang auf Laufkundschaft angewiesen. Diese Berufe hatte der Gesetzgeber mit Sicherheit im Auge, so dass nicht von einer planwidrigen Regelungslücke ausgegangen werden darf.

Schuldnerschutz wird bei der Einzelzwangsvollstreckung in unbewegliches Vermögen nur durch § 765a ZPO gewährt. Dieser Paragraph stellt eine Ausnahmevorschrift dar und soll eine extreme persönliche, aber nicht unternehmensbezogene Zwangslage verhindern. Die Betriebsimmobilie ist damit ohne Einschränkung Haftungsunterlage in Zwangsvollstreckung und Insolvenz. Die Verwertung muss der Insolvenzmasse allerdings wirtschaftlich nützen, was nicht der Fall sein muss, wenn die Kanzlei im laufenden Betrieb Gewinn abwirft.[579]

Ist die Immobilie mit Sicherungsrechten belastet, so kann der Sicherungsgläubiger unabhängig vom Insolvenzverfahren in das Grundstück vollstrecken, § 49 InsO, § 10 ZVG. Der Insolvenzverwalter kann aber unter gewissen Umständen beantragen, die Zwangsversteigerung einzustellen, § 30d ZVG.[580]

VI. Forderungen

1. Vergütungsforderungen

Für den Insolvenzverwalter stellt sich die Frage, ob und in welcher Höhe er auf Vergütungsansprüche zugreifen kann, die vor oder nach der Verfahrenseröffnung entstanden sind. Zudem muss geprüft werden, inwiefern die selbstständige Tätigkeit des Schuldners während des Insolvenzverfahrens das gefundene Ergebnis beeinflusst.

a) Insolvenzbeschlag im Grundsatz

Die Grundfragen des Insolvenzbeschlags stellen sich hier erneut. Wenn der Insolvenzverwalter eine anwaltliche Vergütungsforderung verwerten will, muss sie zum schuldnerischen Vermögen gehören und der Zwangsvollstreckung unterliegen, §§ 35 f. InsO.

Forderungen sind Vermögensgegenstände i. S. der InsO.[581] Das muss auch für Anwaltsforderungen gelten, selbst wenn diese möglicherweise wegen des anwaltlichen Berufsgeheimnisses nur eingeschränkt übertragen werden können. Denn für die Qualifizierung als Vermögensgegenstand kommt es nicht darauf an, auf welche Weise oder ob überhaupt der Gegenstand übertragbar ist. Es muss ausreichen, dass er in der Hand des Berechtigten

578 Dazu *Kotzur* NJW 1988, 3239. Auch nach *Knief* AnwBl 1978, 246, 248 ist der Wert des Standorts nicht zu unterschätzen.

579 Dazu genauer auf S. 166.

580 Siehe unten S. 201.

581 Nerlich/Römermann/*Andres* § 35 Rn. 36.

einen Vermögenswert hat. Die Vergütungsforderungen des Anwalts gehören mithin zu dessen Vermögen.

Zwei Vorschriftengruppen treffen Aussagen über die Pfändbarkeit von Forderungen: Die §§ 850-850k ZPO sollen die Kahlpfändung verhindern, § 851 ZPO dagegen Wertungen aus dem materiellen Recht in die Zwangsvollstreckung übertragen. Dabei sollen die erstgenannten Vorschriften später behandelt werden, weil sie nicht die Forderung als solche betreffen, sondern ihre Pfändung von der wirtschaftlichen Bedeutung für den Schuldner, also von anderen Vermögensgegenständen, Einnahmen und Ausgaben abhängig machen. § 851 ZPO dagegen bezieht sich auf unmittelbar aus der Forderung, nämlich aus ihrer Unübertragbarkeit herrührende Pfändungsverbote.

aa) Abtretbarkeit, § 134 BGB, § 203 StGB

Dass eine Forderung nicht übertragbar ist, kann Folge eines gesetzlichen Verbots sein, § 134 BGB. Da die Abtretung ein dingliches Rechtsgeschäft in Bezug auf eine Forderung ist, findet § 134 BGB Anwendung. Als gesetzliches Verbot kommt § 203 Abs. 1 Nr. 3 StGB in Frage. Diese Vorschrift bestraft lediglich die unbefugte Offenbarung von Mandantengeheimnissen durch den Rechtsanwalt, nicht aber, dass der Insolvenzverwalter diese in Erfahrung bringt. Darauf kommt es jedoch hier nicht an, denn die Vergütungsforderung entsteht notwendigerweise in der Hand des Rechtsanwalts. Dadurch ist der erste Zedent notwendigerweise stets ein Normadressat des § 203 Abs. 1 Nr. 3 StGB, wenn sich die Vergütungsforderung gegen den Mandanten richtet.[582] Sollten also die restlichen Voraussetzungen der Vorschrift stets erfüllt sein, könnte der Rechtsanwalt niemals eine Vergütungsforderung abtreten. Die Forderung wäre damit nicht übertragbar.

aaa) Offenbaren eines Geheimnisses

Für die Betrachtung des Unrechtstatbestandes des § 203 Abs. 1 Nr. 3 StGB kann zum größten Teil auf die bisherigen Überlegungen zurückgegriffen werden.[583] So ist klar, dass der Rechtsanwalt ein Geheimnis offenbart, wenn er es einer Person preisgibt, die außerhalb des Kreises der zum Wissen Berufenen steht. Denn die Abtretung ist nur wirksam, wenn die betreffende Forderung bestimmt oder bestimmbar ist.[584] Das Bestimmtheitserfordernis wirkt sich schon bei dem Angebot zum Forderungskauf aus. Bereits zu diesem Zeitpunkt muss der Alt- dem Neugläubiger den Namen des Schuldners und die Höhe der Forderung angeben. Allein darin liegt die Offenbarung eines Geheimnisses.[585] Darüber hinaus ist der Altgläubiger verpflichtet, dem Neugläubiger die zur Geltendmachung der Forderung nötige Auskunft zu erteilen und ihm die zum Beweis der Forderung dienenden Urkunden auszuliefern, § 402 BGB. Das bedeutet im Falle des Rechtsanwalts, dass er Auskunft über das Mandat geben und die Akte aushändigen muss, soweit dies beweiserheblich ist. Das spricht auch gegen die Meinung des *BGH*, jedenfalls die stille Zession sei statthaft,[586]

582 Es kommen aber auch andere Vergütungsschuldner in Betracht, vgl. *Hartmann*[37] Grdz RVG Rn. 21 ff.

583 Siehe S. 53 ff.

584 St. Rspr. RGZ 98, 200, 202; BGHZ 7, 365, 367 = NJW 1953, 21; BGH NJW 2000, 276, 277; *Brox/Walker* SchuldR BT[31] § 34 Rn. 15.

585 *Würz-Bergmann* S. 37.

586 BGH NJW 1993, 1912; BGH NJW 1993, 2795, 2796. *Ring* EWiR 1993, 745, 746.

denn zumindest im Sicherungsfall darf die Einzugsermächtigung widerrufen werden,[587] so dass für den stillen Zedenten ebenfalls die Pflichten aus § 402 BGB entstehen. Ob sich diese unmittelbar aus der dinglichen Übertragung der Forderung oder aus dem schuldrechtlichen Kausalvertrag ergeben, spielt keine Rolle.[588] Wenn der Rechtsanwalt dieser Pflicht nachkommt, verletzt er den objektiven Tatbestand des § 203 Abs. 1 Nr. 3 StGB.

Eine Ausnahme wäre nur da zu machen, wo der Zessionar auch sonst alles kennt, was zum Berufsgeheimnis gehört, also den gesamten Inhalt der Akte. Eine solche originäre Kenntnis kann er nur erlangt haben, wenn er die Akte im Original oder in Kopie erhalten hat. Das ist praktisch nur bei einem Kanzleimitarbeiter der Fall. Hat der Neugläubiger vom Mandat und dessen Inhalt nur in schriftlichen Auszügen oder gar nur mündlich erfahren, ist es äußerst unwahrscheinlich, dass er jedes Detail kennt. Dann wäre aber genau dieses unbekannte Detail offenbart i. S. des § 203 StGB, wenn der Anwalt es aufgrund von § 402 BGB dem Zessionar mitteilen würde. Man könnte aber zu Einschränkungen kommen, wenn man sich die Tatbestandsmerkmale „Offenbaren eines schutzwürdigen Geheimnisses" genauer anschaut. Der Begriff des Geheimnisses ist ein objektiver. Vorausgesetzt sei, dass das Mandat noch nicht öffentlich verhandelt oder äquivalent bekannt wurde, denn sonst kann § 203 Abs. 1 Nr. 3 StGB nicht mehr verletzt werden. Der Begriff des Offenbarens ist zwar subjektiv, gleichwohl trennt er scharf zwischen dem, was der Offenbarungsempfänger weiß, und dem ihm Unbekannten. Selbst wenn das Detail nur unbedeutend ist, kann es dem Zessionar doch unbekannt sein und somit offenbart werden. Anzusetzen ist folglich allein bei der Schutzwürdigkeit des Geheimnisses. Wenn der Inhalt eines Mandats schon in groben Zügen bekannt ist, kann der Mandant kaum noch schutzwürdig sein, wenn der Zessionar Details erfährt. Zu der hier erforderlichen Kenntnis zählen sicherlich die von der Rechtsfrage berührten Parteien und der Sachverhalt, soweit er rechtliche Bedeutung hat. Unerheblich ist, ob der Neugläubiger die Informationen mündlich oder schriftlich erhalten hat. Ist eine Tatsache bekannt, kann die Kenntnis nicht durch eine andere Form oder einen anderen (höheren) Beweiswert gesteigert werden.

bbb) Unbefugt

(1) Einwilligung

Sollte der Zessionar diese Informationen zum Zeitpunkt der Abtretung nicht besitzen, kommt es darauf an, ob der Anwalt zur Offenbarung dieser Informationen befugt war. Eine ausdrückliche oder schlüssige Einwilligung kann nicht darin erblickt werden, dass der Mandant sich dem Rechtsanwalt anvertraut. Eine schlüssige Einwilligung käme allenfalls in Frage, wenn der Mandant davon ausgehen müsste, dass eine gegen ihn gerichtete Vergütungsforderung stets oder üblicherweise an einen Dritten, z. B. eine Verrechnungsstelle abgetreten werde. Dann nämlich könnte man die Inanspruchnahme anwaltlicher Hilfe ohne gleichzeitigen Widerspruch bei objektiver Betrachtung vernünftigerweise nur als Zustimmung verstehen, vgl. § 157 BGB. Das hat der *BGH* jedoch zunächst für die Abtretung von privatärztlichen Honorarforderungen abgelehnt.[589] Zwar sei unter Privatpatienten

---

[587] OLG München BB 1985, 2270; Jauernig/*Stürner*[11] § 398 Rn. 15. Weiter, aber von der Auslegung des Abtretungsvertrages abhängig BGHZ 82, 283, 290 = NJW 1982, 571, 572.

[588] BGH NJW 1993, 2795. Zu beiden Auffassungen vgl. die Nachweise bei *Berger* NJW 1995, 1584, 1587 f.

allgemein bekannt, dass Verrechnungsstellen existierten. Deswegen müsse der Patient indes nicht davon ausgehen, dass der behandelnde Arzt sein Honorar durch eine solche Stelle abrechnen lasse. Dies verbiete die Wertigkeit der ärztlichen Schweigepflicht und insbesondere die Intimität der ärztlichen Aufzeichnungen. Wenig später hat der *BGH* diese Rechtsprechung auf die Abtretung von Anwaltshonoraren übertragen.[590] In der Mandantenakte mag zwar nicht gleichermaßen Intimes stehen, doch ist das Vertrauen des Mandanten zum Anwalt genauso schutzwürdig. Hier muss mit einer Abtretung noch viel weniger gerechnet werden, da anwaltliche Verrechnungsstellen (bis jetzt) kaum existieren.[591] Dann kommt höchstens eine mutmaßliche Einwilligung in Betracht. Wie bereits oben gezeigt, wird die mutmaßliche Einwilligung vom materiellen oder mangelnden Interesse des Betroffenen bestimmt.[592] Eine Abtretung an einen Dritten bringt dem Mandanten jedoch nichts. Dagegen ist nicht davon auszugehen, dass er kein Interesse an der Geheimhaltung hat.[593] Überdies kann die mutmaßliche Einwilligung nur bejaht werden, wenn die Entscheidung eilig ist und der Betroffene nicht rechtzeitig gefragt werden kann. Bei einer Abtretung sind beide Aspekte nicht ersichtlich. Eine Einwilligung in jeglicher Form scheidet damit aus, wenn sie nicht ausdrücklich abgegeben wurde.[594]

(2) Abtretung an einen anderen Rechtsanwalt, § 49b Abs. 4 BRAO

Eine besondere Befugnisnorm hält möglicherweise § 49b Abs. 4 BRAO bereit.[595] Sein Satz 2 lautet: „Die Abtretung von Gebührenforderungen oder die Übertragung ihrer Einziehung an einen nicht als Rechtsanwalt zugelassen Dritten ist unzulässig, es sei denn, die Forderung ist rechtskräftig festgestellt, ein erster Vollstreckungsversuch fruchtlos ausgefallen und der Rechtsanwalt hat die ausdrückliche, schriftliche Einwilligung des Mandanten eingeholt.“ Dieser Satz sollte die ursprüngliche Abtretungsregelung der Anwaltlichen Standesrichtlinien ablösen. Dort war die Vergütungsabtretung an Nichtanwälte in § 54 Abs. 3 geregelt, und zwar i. S. eines umfassenden Abtretungsverbots.[596] Als Nachfolgeregelung war ursprünglich nur der Text des § 49b Abs. 4 S. 2 geplant.[597] Der Satz tauchte erstmals in der Beschlussempfehlung und dem Bericht des *Rechtsausschusses des Bundestags* vom 24. 5. 1994 auf.[598] Dort wird zur Begründung auf die beiden Urteile des *BGH* zur Abtretung anwaltlicher Honorarforderungen aus dem Jahre 1993[599] Bezug genommen. In diesen Entscheidungen hat der BGH laut Ausschussbericht „zur Frage der

---

589 BGHZ 115, 123, 126 ff. = NJW 1991, 2955, 2956 f.

590 BGHZ 122, 115, 119 = NJW 1993, 1638, 1639.

591 Dazu näher S. 25.

592 Siehe S. 61.

593 BGHZ 122, 115, 120 = NJW 1993, 1638, 1639.

594 *Würz-Bergmann* S. 70 f.

595 Dafür Schönke/Schröder/*Lenckner*[27] § 203 Rn. 29; *Diepold* MDR 1995, 23; *Ahrens* Rn. 76; Feuerich/*Weyland*[6] § 49b Rn. 48; *Gienapp/von Hugo* BB 1997, 2229, 2232. Jüngst auch BGH NJW 2007, 1196 f. Dagegen *Prechtel* NJW 1997, 1813.

596 Der Text lautete (abgedruckt in *Lingenberg/Hummel/Zuck/Eich*[2] S. 542): „(3) Es ist unzulässig, Kostenforderungen zwecks Beitreibung an einen Dritten, der nicht Rechtsanwalt ist, abzutreten oder ein Inkassobüro mit ihrer Einziehung zu beauftragen.“ Mit Kosten sind Gebühren und Auslagen gemeint.

597 Entwurf der Bundesregierung vom 19. 5. 1993, BT-Dr. 12/4993 S. 7.

598 BT-Dr. 12/7656 S. 49.

599 BGHZ 122, 115 = NJW 1993, 1638 und BGH NJW 1993, 1912.

Abtretung von anwaltlichen Gebührenforderungen festgestellt, daß eine solche regelmäßig die Offenbarung von Informationen über den Mandanten enthält, deren Vertraulichkeit durch § 203 Abs. 1 Nr. 3 StGB geschützt ist. Wirksam ist sie im Hinblick auf § 134 BGB nur, wenn entweder der Rechtsanwalt die Zustimmung des Mandanten zur Weitergabe von Informationen aus dem Mandatsverhältnis einholt oder Zessionar und Zedent denselben Schweigepflichten unterworfen sind. Dem wird mit der gegenüber dem Regierungsentwurf veränderten Fassung des § 49b Abs. 4 klarstellend Rechnung getragen." Eingefügt wurde also der heutige Satz 1: „Der Rechtsanwalt, der eine Gebührenforderung erwirbt, ist in gleicher Weise zur Verschwiegenheit verpflichtet wie der beauftragte Rechtsanwalt."

Freilich muss man sich fragen, ob der Gesetzgeber den *BGH* richtig verstanden hat. Dieser hat in seinem Urteil vom 13. 5. 1993 konstatiert, dass es eine gesetzliche Bestimmung, die die Abtretung einer Vergütungsforderung an einen Rechtsanwalt erlaubt *und* diesen denselben Schweigepflichten unterwirft wie den Zedenten, nicht gebe.[600] Nur eine solche Regelung könne eine wirksame Ausnahme vom Verbot des § 203 Abs. 1 Nr. 3 StGB begründen. Der Rechtsausschuss hat wohl übersehen, dass die Voraussetzungen der Abtretungsbefugnis und der Ausdehnung der anwaltlichen Schweigepflicht auf den Neugläubiger kumulativ, nicht alternativ aufgestellt wurden.[601] Zwar ist durch die Einführung der Schweigepflicht für den Zessionar die Abtretung in Bezug auf diese Voraussetzung erleichtert worden,[602] aber eben nicht hinsichtlich des Einwilligungserfordernisses.[603] Nun will man im Umkehrschluss aus § 49b Abs. 4 S. 2 BRAO, der die Abtretung an Nichtanwälte unter drei Voraussetzungen – darunter die ausdrückliche schriftliche Einwilligung des Mandanten – stellt, folgern, dass diese Voraussetzungen bei einer Abtretung unter Berufskollegen nicht gegeben sein müssten.[604] Dazu besteht aber kein Anlass. Denn es ist gerade nicht klar, ob z. B. auf einen erfolglosen Vollstreckungsversuch oder die Einwilligung des Mandanten verzichtet werden soll.[605]

Es bleibt also dabei, dass auch bei der Abtretung von Vergütungsforderungen unter Rechtsanwälten die Einwilligung des Mandanten notwendig ist. Die *Bundesregierung* hat den Streit über die Auslegung von § 49b Abs. 4 BRAO aufgegriffen und eine Neufassung der Vorschrift in ihrem Entwurf eines Gesetzes zur Neuregelung des Rechtsberatungsrechts vorgeschlagen.[606] Sie sieht eine ausdrückliche Erlaubnis der Abtretung von Vergütungs-

[600] BGH NJW 1993, 1912.

[601] So schon BGH NJW 1993, 2371, 2372. BGH NJW 2005, 507, 508; LG München I NJW 2004, 451, 452; *Prechtel* NJW 1997, 1813, 1814; Schönke/Schröder/*Lenckner*[27] § 203 Rn. 29.

[602] BGH NJW 1995, 2915, 2916.

[603] *Prechtel* NJW 1997, 1813, 1817.

[604] OLG Hamburg OLGR 2001, 74, 75 f.; LG Baden-Baden NJW-RR 1998, 202 f.; *Diepold* MDR 1995, 23; *Paulus* NJW 2004, 21, 22; *Schildt* S. 64 f. m. w. N.

[605] LG München I NJW 2004, 451, 452 f.; LG Karlsruhe NJW-RR 2002, 706, 707; *Dahns* NJW-Spezial 2004, 45.

[606] Dieses Gesetz soll auch das RDG einführen, vgl. S. 25. Der Entwurfstext lautet:
„(4) Die Abtretung von Vergütungsforderungen oder die Übertragung ihrer Einziehung an Rechtsanwälte oder rechtsanwaltliche Berufsausübungsgemeinschaften (§ 59a) ist zulässig. Im Übrigen sind Abtretung oder Übertragung nur zulässig, wenn eine ausdrückliche, schriftliche Einwilligung des Mandanten vorliegt oder die Forderung rechtskräftig festgestellt ist. Vor der Einwilligung ist der Mandant über die Informationspflicht des Rechtsanwalts gegenüber dem neuen Gläubiger oder Einziehungsermächtigten aufzuklären. Der neue Gläubiger oder Einziehungsermächtigte ist in gleicher Weise zur Verschwiegenheit verpflichtet wie der beauftragte Rechtsanwalt."

forderungen an Rechtsanwälte und Berufsausübungsgemeinschaften vor. Damit wäre die Abtretung nur noch unzulässig, wenn ein ausdrückliches Abtretungsverbot im Einzelfall vereinbart wurde.

(3) Gerichtliche und außergerichtliche Rechtsverfolgung

Die Kriterien einer Abtretung ohne Einwilligung des Mandanten müssen daher unabhängig von § 49b Abs. 4 BRAO bestimmt werden. Ausgangspunkt der Überlegungen ist, dass es dem Rechtsanwalt möglich sein muss, seine Vergütungsforderung gegenüber dem Mandanten einzuklagen.[607] Im Laufe des Prozesses können die Tatsache der Mandatierung und der Inhalt des Mandats öffentlich werden. Dann stünde der Abtretung das Geheimhaltungsinteresse des Mandanten nicht mehr entgegen.

Indem der Rechtsanwalt eine Vergütungsforderung einklagt, offenbart er zunächst im schriftlichen Verfahren, anschließend in der mündlichen Verhandlung mandatsbezogene Geheimnisse aus dem Mandat. Dass dies rechtens ist, wird unterschiedlich begründet. Häufig beruft man sich darauf, dass die Zahlungsweigerung des Mandanten einen Angriff auf oder eine Gefahr für die durch die Forderung vermittelte Eigentumsposition sei. Die daraus folgende Rechtfertigung wird entweder auf Notwehr, § 32 StGB,[608] Notstand, § 34 StGB,[609] oder Wahrnehmung berechtigter Interessen, § 193 StGB analog,[610] gestützt. Problematisch an dieser Sichtweise ist aber schon, dass die bloße Nichtzahlung die Forderung in ihrem Bestand nicht mindert und insofern auch keinen Angriff und keine Gefahr bedeutet.[611] Dies könnte man nur vertreten, wenn man auf den Zinsverlust oder die drohende Verjährung abstellen würde.[612] Dann bleibt aber immer noch das Problem, dass nicht von Anfang an klar ist, ob der Rechtsanwalt oder der Mandant den Prozess gewinnen wird. Entscheidet das Gericht, dass die anwaltliche Forderung nicht besteht, entfiele damit die materielle Vermögensposition des Rechtsanwalts und mithin auch der Rechtfertigungsgrund. Diese Folgerung ist nicht nur misslich für den Rechtsanwalt, der nicht im Voraus weiß, ob er sich durch die Klageerhebung strafbar macht, sondern zeigt auch, dass eine andere Rechtfertigung gesucht werden muss.

Wenn die materielle Rechtsposition des Anwalts nicht zur Rechtfertigung taugt, muss die prozessuale Position untersucht werden. Das staatliche Gewaltmonopol wurde errichtet, damit nicht das Recht des Stärkeren gilt, sondern jeder materielle Anspruch Geltung findet. Recht kann sich der Bürger im Allgemeinen nicht mehr selbst verschaffen, sondern muss es sich vom Staat bzw. der Justiz gewähren lassen. Deshalb sind die Verfahrensordnungen der Gerichte so geschaffen, dass sie die betroffenen materiellen und prozessualen Positionen im Verfahren zur Geltung bringen.[613] Wird also ein Verfahren vor einem staatlichen Gericht angestrengt, kann dieses Vorgehen schon deswegen nicht rechtswidrig sein, weil die staatliche Verfahrensordnung genau dies vorsieht. Bei Rechtsanwälten setzen die §§ 11 Abs. 5

---

[607] Allg. A., vgl. BGH NJW 1995, 2915, 2916; Schönke/Schröder/*Lenckner*[27] § 203 Rn. 33 m. w. N.; *Würz-Bergmann* S. 76 m. w. N. in Fn. 191.

[608] *Schünemann* ZStW 90 (1978), 11, 61 f. (neben § 34 StGB).

[609] Henssler/Prütting/*Eylmann*[2] § 43a Rn. 80; *Schmitz* JA 1996, 949, 954; *Everts* NJW 2002, 3136, 3138.

[610] *Eser* S. 46 ff.; *Würz-Bergmann* S. 75 ff.

[611] Zur Ablehnung der Anwendbarkeit von § 193 StGB siehe S. 61 f.

[612] *Würz-Bergmann* S. 78 f.

[613] BGHZ 36, 18, 20 f. = NJW 1961, 2254, 2255; *Berger* MDR 2003, 970, 973.

S. 2, 14 Abs. 2 RVG die Möglichkeit voraus, Vergütungsforderungen einzuklagen.[614] Der Ausgleich und die Wahrung der betroffenen Interessen hat im und durch das Verfahren zu erfolgen. Davon ausgenommen ist nur der missbräuchliche Verfahrenseintritt, also z. B. wenn der Anspruch prozessual sicher nicht besteht oder das Verfahren nicht angezeigt ist. Unter die letzte Ausnahme lässt sich der Fall subsumieren, dass der säumige Vergütungsschuldner noch nicht gemahnt wurde. Hier muss der Anwalt zuerst den Mandanten ernsthaft zur Zahlung auffordern, bevor er den Klageweg beschreiten darf. Während die nicht veranlasste Klage im Allgemeinen nur Kostenfolgen hat, § 93 ZPO, führt sie zur Strafbarkeit gemäß § 203 Abs. 1 Nr. 3 StGB, wenn sie sich auf eine anwaltliche Vergütungsforderung bezieht. In allen anderen Fällen – auch bei Bagatellforderungen[615] – kann die Verfolgung des Rechtsweges hingegen nicht rechtswidrig sein.

Anstatt selbst Klage zu erheben, kann der Rechtsanwalt die Prozessführung einem anderen Rechtsanwalt überlassen. Der beauftragte Berufskollege hat natürlich die Möglichkeit, zunächst eine außergerichtliche Lösung zu finden. Aus dieser Darstellung wird deutlich, dass mit der Möglichkeit der Rechtsverfolgung nicht unmittelbar die Abtretung an beliebige Dritte eröffnet ist. An diesem von *Würz-Bergmann* vorgestellten Gedankengang ist zwar richtig, dass der Mandant durch eine Abtretung nicht stärker belastet wird als durch eine öffentliche Verhandlung.[616] Das leuchtet auch deswegen ein, weil eine gerichtsöffentliche Tatsache nicht mehr Geheimnis i. S. von § 203 StGB sein kann.[617] Allerdings geht der Gerichtsverhandlung stets die Klageerhebung voraus. Daraufhin kann der Mandant bereits anerkennen und die Forderung bezahlen. Dann findet kein Gerichtsverfahren statt. Und wenn ein anderer Anwalt eingeschaltet wird, macht u. U. dessen Brief beim säumigen Mandanten so viel Eindruck, dass auch auf diese Weise die öffentliche Verhandlung entbehrlich gemacht wird. Kurz gesagt: Solange die öffentliche Verhandlung nicht stattgefunden hat, besteht kein Grund, die Abtretung an beliebige Dritte zuzulassen. Die bloße Terminierung oder Aufführung in der Tagesordnung des Gerichts reichen nicht aus, weil daraus für die Öffentlichkeit nicht hervorgeht, dass es sich um eine Vergütungsforderung handelt bzw. auf welchem Sachverhalt sie beruht.

Bei einer zweiten Einschränkung der Abtretungsmöglichkeiten ist *Würz-Bergmann* dagegen zu folgen: Wenn der Gegenstand der Beratung zu einem Ausschluss der Öffentlichkeit führte, würde das Mandantengeheimnis nicht öffentlich.[618] In einem solchen Fall ist die Abtretung ebenfalls nicht statthaft. In Betracht kommen dafür zwei Vorschriften im GVG: Nach § 171b GVG kann die Öffentlichkeit ausgeschlossen werden, soweit Umstände aus dem persönlichen Lebensbereich eines Prozessbeteiligten zur Sprache kommen, deren öffentliche Erörterung schutzwürdige Interessen verletzen würde, soweit nicht das Interesse an der öffentlichen Erörterung dieser Umstände überwiegt. Das Gleiche gilt für wichtige Geschäfts-, Betriebs-, Erfindungs- und Steuergeheimnisse, wobei hier nach dem Wortlaut das Interesse an öffentlicher Erörterung keine Rolle spielen soll. Dieses Erfordernis wird man aber in das Wort „wichtig" hineinlesen dürfen, denn sonst wäre die betriebliche Geheimnissphäre besser geschützt als die private.[619] Im Gegensatz zum

---

614 Gerold/Schmidt/*Müller-Rabe*[17] § 11 RVG Rn. 3, 134. Zur BRAGO KG NJW 1994, 462, 463; *Henssler* NJW 1994, 1817, 1822; *Everts* NJW 2002, 3136, 3137.

615 *Berger* MDR 2003, 970, 973. Anders Henssler/Prütting/*Eylmann*[2] § 43a Rn. 80.

616 *Würz-Bergmann* S. 104.

617 Siehe S. 53.

618 *Würz-Bergmann* S. 104 f.

Begriff des Mandantengeheimnisses in § 203 Abs. 1 Nr. 3 StGB gehört die Tatsache der Mandatierung nicht zum Schutzbereich der GVG-Vorschriften.[620] Es ist nämlich kaum vorstellbar, dass das Mandat dergestalt dem persönlichen Lebensbereich oder der betrieblichen Geheimsphäre zugeordnet ist, dass zwar der Prozessgegner davon erfahren darf bzw. notwendigerweise davon erfährt, aber nicht die Öffentlichkeit. Die Zession einer Anwaltsforderung an beliebige Dritte ist folglich nur unter der engen Voraussetzung möglich, dass öffentlich über die Forderung verhandelt wurde.

Man könnte lediglich darüber nachdenken, ob an Rechtsanwälte zediert werden darf, da diese ja auch mandatiert werden dürfen. Denn der Rechtsanwalt kann trotz der gemäß § 78 Abs. 6 ZPO gegebenen Möglichkeit, sich selbst zu vertreten, einen Kollegen mit der Rechtsberatung und der außer- und innerprozessualen Vertretung zur Durchsetzung seiner Forderung betrauen. Wenn der Anwalt aber dem von ihm beauftragten Anwalt alle zur Rechtsverfolgung nötigen Informationen geben darf, müsste dies auch im Rahmen des § 402 BGB bei der Abtretung an einen Anwalt gelten.[621] Gleichwohl ist problematisch, dass das Mandantengeheimnis auf diese Weise die Forderung und mit ihr das Mandantengeheimnis von einem Anwalt zum nächsten gereicht werden kann, wenn der Mandant nur – eventuell berechtigterweise – nicht zahlt.[622] Dies widerspricht dem Schutzbedürfnis des Mandantengeheimnisses und ist darüber hinaus geeignet, dem Ansehen der Anwaltschaft zu schaden. Aus diesen Gründen kann es bei der Abtretung keine Sonderbehandlung für Berufskollegen und ebenso wenig für berufsständische Rechtsschutzstellen[623] (z. B. eine anwaltliche Verrechnungsstelle) geben. Alle möglichen Zessionare werden gleich behandelt.

Der Rechtsanwalt ist damit nicht befugt, Vergütungsforderungen ohne ausdrückliche Einwilligung abzutreten, wenn über sie nicht öffentlich verhandelt worden ist. Im Folgenden soll darauf eingegangen werden, wie sich ein Verstoß gegen § 203 Abs. 1 Nr. 3 StGB auf die Zugehörigkeit der Forderungen zur Insolvenzmasse auswirkt.

ccc) Nichtigkeit

Die Nichtigkeitsfolge des § 134 BGB wird nur ausgelöst, wenn neben dem Verstoß gegen die strafrechtliche Norm des § 203 Abs. 1 Nr. 3 StGB eine Reihe anderer Voraussetzungen vorliegen.[624] Zunächst muss der Inhalt des Rechtsgeschäfts verboten sein, nicht nur dessen Form. § 203 StGB will das Mandantengeheimnis schützen, daher wendet es sich gegen den Inhalt des auf Abtretung und damit Offenbarung des Geheimnisses gerichteten Vertrags.

Von der Nichtigkeit ist aber nicht nur der schuldrechtliche, sondern auch der dingliche Vertrag erfasst. Das ergibt sich aus dem dinglichen Bestimmtheitsgrundsatz: Zur wirksamen Abtretung muss die Forderung so bezeichnet werden, dass sie zweifelsfrei bestimmt oder bestimmbar ist. Dazu ist zumindest die Nennung des Forderungsschuldners, oft auch der

---

619 Im Ergebnis *Kissel/Mayer*[4] § 172 Rn. 39.

620 Zum Schutzbereich *Kissel/Mayer*[4] § 171b Rn. 3 f., § 172 Rn. 40 ff.

621 Ausführlich *Paulus* NJW 2004, 21 f.

622 Zum gleichen Problem in Bezug auf § 49b Abs. 4 S. 2 BRAO LG München I NJW 2004, 451, 452 f.

623 A. A. *Hasenbein* S. 51 ff. Dazu vor allem mit Hinweisen zum Verhältnismäßigkeitsgrundsatz BGH NJW 1993, 2371, 2372.

624 Übersichtlich bei Jauernig/*Jauernig*[11] § 134 Rn. 9 ff.

Forderungshöhe vonnöten. Das dingliche Geschäft verstößt also unmittelbar gegen § 203 Abs. 1 Nr. 3 StGB. Dieser Gedanke trifft auch auf die Globalzession zu. Zwar muss hier die einzelne Forderung nicht zum Zeitpunkt des dinglichen Geschäfts bestimmt werden, sondern nur bestimmbar sein. Die Beschreibung „Alle Vergütungsforderungen ab dem 1. 1. 2006“ etwa reicht also aus. Das dingliche Geschäft der Abtretung birgt aber immer auch die Durchsetzung der Forderung in sich. Dazu benötigt der Zessionar wiederum den Namen des Forderungsschuldners usw. Selbst bei einer stillen Zession kann der Sicherungsfall eintreten. Die Bestimmung der Forderung ist also jeder Form der Abtretung inhärent und damit auch die Offenbarung von Mandantengeheimnissen. Daher verstößt auch das Erfüllungsgeschäft selbst gegen § 203 Abs. 1 Nr. 3 StGB. Auf die (umstrittene) Begründung des *BGH*, mindestens bei bestimmten Arten des Forderungskaufs bildeten schuldrechtliches und dingliches Geschäft sowie die tatsächliche Geheimnisoffenbarung „ein einheitliches, untrennbares Ganzes“,[625] kann daher verzichtet werden.

Es ist nicht erforderlich, dass der Abtretende schuldhaft handelt; der objektive Verstoß gegen die Verbotsvorschrift reicht aus.[626] Auch bei der Anwendung des § 134 BGB macht sich das besondere Gewicht des Rechts auf informationelle Selbstbestimmung bemerkbar. So genügt es entgegen den üblichen Anforderungen, dass ein einseitiger Verbotsverstoß vorliegt. Es schadet also nicht, dass der Neugläubiger kein Verbot bricht. Auch die bloße Verpflichtung zur Geheimnisoffenbarung – sei es explizit oder über § 402 BGB – reicht zur Nichtigkeit der Abtretung aus.[627] § 134 BGB erfasst folglich nicht nur das dingliche Geschäft, sondern auch die Verpflichtung zur Abtretung.

Die Nichtigkeit der Abtretung kann sich nicht nur aus § 134 BGB i. V. m. § 203 StGB ergeben, sondern auch aus § 134 BGB i. V. m. Art. 1 Abs. 1, 2 Abs. 1 GG und § 138 BGB. Der Begriff der guten Sitten in § 138 BGB muss dabei im Lichte des Art. 1 Abs. 1, 2 Abs. 1 GG ausgelegt werden. Da das Recht auf informationelle Selbstbestimmung auch bei der Auslegung von § 203 StGB maßgebend war, sind in diese Prüfung schon alle relevanten Aspekte eingeflossen. Das Ergebnis muss also für § 134 BGB i. V. m. Art. 1 Abs. 1, 2 Abs. 1 GG und § 138 BGB dasselbe sein.

Die Abtretung anwaltlicher Vergütungsforderungen und darauf gerichtete schuldrechtliche Verträge sind mithin bei einem Verstoß gegen § 203 StGB nichtig.

bb) Pfändbarkeit

Die Pfändung einer Forderung erfolgt nicht automatisch, sondern muss vom Pfändungsgläubiger beim Vollstreckungsgericht beantragt werden, § 829 ZPO. Da der sachenrechtliche Bestimmtheitsgrundsatz auch hier gilt, ist die zu pfändende Forderung so zu bezeichnen, dass sie von anderen Forderungen zweifelsfrei unterschieden werden kann.[628] Der Pfändungsgläubiger benötigt daher Name und Anschrift des Drittschuldners, also des Mandanten. Wenn der Pfändungsgläubiger diese Daten nicht bereits erhalten hat – sei es vom Drittschuldner oder anderen Personen –, kann er sie auf zwei Arten bekommen: Ent-

---

625 BGHZ 115, 123, 130 f. = NJW 1991, 2955, 2957. Ähnlich BGHZ 122, 115, 122 = NJW 1993, 1638, 1640.

626 Soergel/*Hefermehl*[13] § 134 Rn. 16, 25.

627 BGH NJW 1993, 1912; LG Karlsruhe NJW-RR 2002, 706; LG München I NJW 2004, 451.

628 BGHZ 13, 42, 43 = NJW 1954, 881.

weder der Anwalt gibt sie ihm freiwillig oder er muss sie im Rahmen einer eidesstattlichen Versicherung nach § 807 ZPO offenlegen.

aaa) Bekannte Forderung

Zunächst soll aber der Fall betrachtet werden, in dem der Vollstreckungsgläubiger über alle zur Pfändung nötigen Informationen verfügt. Damit wird die Problematik vereinfacht, weil sich nicht die Frage stellt, ob der Rechtsanwalt Informationen zur Pfändung preisgeben darf. Der Vollstreckungsgläubiger muss also in diesem Fall Namen und Anschrift eines Mandanten kennen.[629] Nicht erforderlich ist es, im Antrag auf Pfändung die konkrete Rechtssache, die der Anwalt bearbeitet hat, zu nennen. Insoweit genügt die Bezeichnung in allgemeinen Umrissen,[630] also durch die Angabe „Vergütungsforderung(en)".

(1) Verkehrsfähigkeit

§ 851 Abs. 1 ZPO beschränkt die Pfändbarkeit einer Forderung, indem er sie von der Übertragbarkeit, also der Abtretbarkeit, abhängig macht. Damit könnte nicht in Vergütungsforderungen vollstreckt werden, deren Schuldner die Abtretung verweigert, auch wenn dem Pfändungsgläubiger so viele Daten bekannt sind, dass er die zu pfändende Forderung bestimmen kann. Es ist aber fraglich, ob diese Auslegung des § 851 ZPO zutreffend ist. Richtigerweise muss das Pfändungsverbot des Abs. 1 dieser Vorschrift auf nicht verkehrsfähige Forderungen begrenzt werden. Das sind Forderungen, die unabhängig von der Zustimmung des Schuldners nicht abgetreten werden können. Dieses Ergebnis leitet sich wie folgt her: § 851 Abs. 2 ZPO bestimmt, dass der vereinbarte Ausschluss der Abtretung nach § 399 Fall 2 BGB unwirksam ist, soweit der geschuldete Gegenstand der Pfändung unterworfen ist. Damit soll verhindert werden, dass der Gläubiger im Zusammenspiel mit dem Schuldner die Forderung dem Zugriff seiner Gläubiger entzieht.[631] Dies kann aber nicht dazu führen, dass Forderungen, die aus anderen Gründen nicht abtretbar sind, z. B. wegen § 613 S. 2 BGB oder sogar § 399 Fall 1 BGB,[632] der Pfändung unterworfen werden.[633] Folglich sind in § 851 Abs. 2 ZPO nur Forderungen gemeint, die grundsätzlich abtretbar sind. Das bedeutet im Umkehrschluss, dass das absolute Pfändungsverbot des § 851 Abs. 1 ZPO nur für grundsätzlich unpfändbare, nicht verkehrsfähige Forderungen gilt.[634]

Ob die anwaltliche Vergütungsforderung verkehrsfähig ist, hängt nach der obigen Überlegung davon ab, ob sie – wenn auch nur unter bestimmten Umständen – übertragen werden darf. Diese Umstände sind nunmehr in § 49b Abs. 4 S. 2 BRAO geregelt. Eine Vergütungsforderung kann also abgetreten werden, wenn sie rechtskräftig festgestellt und ein erster Vollstreckungsversuch fruchtlos ausgefallen ist und der Rechtsanwalt die

---

629 Thomas/*Putzo*[27] § 829 Rn. 6.

630 BGH Rpfleger 1991, 381, 382; *Baumbach/Lauterbach/Albers/Hartmann*[65] § 829 Rn. 23.

631 BGHZ 56, 228, 232.

632 Weitere Beispiele bei *Würz-Bergmann* S. 225. Zur Unanwendbarkeit von § 851 Abs. 1 ZPO auf § 399 Fall 1 BGB Stein/Jonas/*Brehm*[22] § 851 Rn. 28.

633 *Diepold* MDR 1993, 835, 836.

634 BGHZ 141, 173, 175 ff. = NJW 1999, 1544, 1546 f.; OLG Stuttgart NJW 1994, 2838 f; BFH NJW 2005, 1308; *Würz-Bergmann* S. 226 f. A. A. Henssler/Prütting/*Dittmann*[2] § 49b Rn. 42; Feuerich/*Weyland*[6] § 49b BRAO Rn. 54.

ausdrückliche, schriftliche Einwilligung des Mandanten eingeholt hat. Ob die Abtretung an einen anderen Rechtsanwalt erfolgt, spielt nach der hier vertretenen Ansicht hingegen keine Rolle. Diese Voraussetzungen sind zwar relativ eng, dennoch hängt die Abtretbarkeit letztlich vom Vergütungsschuldner ab, weil er einwilligen muss. Auch nach der Einführung des § 49b Abs. 4 BRAO ist die Forderung gegen ihn damit verkehrsfähig.[635]

(2) Vereinbarkeit mit dem Recht auf informationelle Selbstbestimmung

Aus der Verkehrsfähigkeit der Vergütungsforderung lässt sich aber nicht ohne Weiteres auf die Pfändbarkeit schließen. Es stellt sich nämlich die Frage, ob § 851 ZPO im Lichte des Rechts auf informationelle Selbstbestimmung einschränkend ausgelegt werden muss. Dazu ist das diesbezügliche Mandanteninteresse mit dem Gläubigerinteresse nicht nur hinsichtlich der Pfändung abzuwägen, sondern auch in Bezug auf die Überweisung. Diese wird zwar nicht immer vom Pfändungsgläubiger beantragt. Falls aber eine Pfändung wirtschaftlich sinnlos wäre, wenn sie nicht von einer Überweisung gefolgt würde, so müsste man auch die Pfändung verbieten. Denn der Entzug einer Rechtsposition, die dem dadurch zu Begünstigenden keinen Nutzen bringt, ist rechtsmissbräuchlich, § 242 BGB.[636] Zu untersuchen sind also sowohl die Auswirkungen der Pfändung als auch der Überweisung.

(a) Pfändung

Die Forderungspfändung ist beim Vollstreckungsgericht zu beantragen.[637] Sie wird vom Rechtspfleger bearbeitet, § 20 Nr. 16 RpflG. In persönlicher Hinsicht erfährt also eine zusätzliche Person vom Mandantengeheimnis. Aber auch der Vollstreckungsgläubiger kann mehr über das Mandat erfahren, indem er die Überweisung der Forderung beantragt. Dann ist der Vollstreckungsschuldner verpflichtet, dem Gläubiger die zur Geltendmachung der Forderung nötige Auskunft zu erteilen und ihm die über die Forderung vorhandenen Urkunden herauszugeben, § 836 Abs. 3 S. 1 ZPO. Diese Vorschrift ist parallel zu § 402 BGB.[638] Insofern kann man auf die oben angestellten Überlegungen zurückgreifen.[639]

Sowohl in persönlicher als auch inhaltlicher Beziehung wird demnach durch die Pfändung in die Geheimnissphäre eingegriffen. Dabei ist die Konstellation die gleiche wie bei den Informationseingriffen gemäß §§ 97 Abs. 1 S. 1, 148 Abs. 1 InsO:[640] Auf der Seite der Gläubiger streitet das Eigentumsrecht, auf der Seite des Mandanten sein Recht auf informationelle Selbstbestimmung. Der Ausgleich zweier Grundrechtspositionen erfolgt wieder durch Anwendung des Verhältnismäßigkeitsprinzips. Die Verwirklichung des Eigentumsrechts ist ein legitimes Ziel, das durch Forderungspfändung auch erreicht werden kann. Wenn man einmal davon ausgeht, dass der Schuldner auf Mahnung des Gläubigers nicht gezahlt hat, ist es auch das mildeste Mittel, denn eine andere Möglichkeit, als einen Dritten

---

635 Zum alten Recht OLG Stuttgart NJW 1994, 2838 f.

636 Palandt/*Heinrichs*[66] § 242 Rn. 50; MK-BGB/*Roth*[4] § 242 Rn. 399. Ähnlicher Gedanke bei BGH NJW 1987, 1946, 1947.

637 Zum Antragserfordernis Zöller/*Stöber*[26] Vor § 704 Rn. 19.

638 Stein/Jonas/*Brehm*[22] § 836 Rn. 12.

639 Siehe S. 102 f.

640 Siehe oben S. 62 ff.

einzuschalten, hat der Gläubiger nicht. Der Dritte ist in diesem Fall der Rechtspfleger am Vollstreckungsgericht.

Darüber hinaus müsste das Mittel angemessen sein. Hier wird schnell deutlich, dass sich die Situation der Forderungspfändung erheblich von derjenigen der Abtretung unterscheidet. Bei der Abtretung stehen die eigenen wirtschaftlichen Interessen des Anwalts gegen die Geheimhaltungsinteressen des Mandanten. Der Mandant ist aber an der Abtretung unbeteiligt. In seine Rechte einzugreifen, verbietet sich grundsätzlich, weil es sich sonst um einen unzulässigen Vertrag zu Lasten Dritter handeln würde. Nur in besonderen Fällen ist dies möglich. Im Falle der Forderungspfändung geht es jedoch nicht um einen Vertrag zwischen Vollstreckungsgläubiger und -schuldner, sondern um einen Zugriff des Gläubigers auf das Vermögen des Schuldners. Es handelt sich also um ein nicht einvernehmliches Verhalten, das dem Gläubiger nur zugestanden wird, weil der Schuldner die Erfüllung des Zahlungsanspruchs verweigert. Für den Gläubiger ist die Pfändung die ultima ratio zur Durchsetzung seines Anspruchs. Verwehrt man ihm die Pfändung, verliert er seine Vermögensposition vollends. Anders ist es beim Mandanten: Durch die Pfändung allein wird das Geheimnis zwar gebrochen, aber immerhin nur an eine einzige Person, nämlich an den Rechtspfleger am Vollstreckungsgericht weitergegeben. Dieser wiederum unterliegt der strafrechtlichen Schweigepflicht gemäß § 203 Abs. 2 S. 1 Nr. 1 StGB. Der geringe Eingriff auf Seiten des Mandanten und der drohende große Verlust auf Seiten des Vollstreckungsgläubigers lassen die Offenbarung des Mandats an den Rechtspfleger als angemessen erscheinen.

(b) Überweisung

Der zweite Aspekt des Vollstreckungsvorgangs, der für das Mandantengeheimnis relevant ist, liegt in der Überweisung und der damit verbundenen Verpflichtung des Anwalts, dem Vollstreckungsgläubiger Auskunft zu erteilen und Urkunden herauszugeben, § 836 Abs. 3 ZPO.[641] Allerdings müssen diese Offenbarungshandlungen nicht immer notwendig sein. Zum einen kann der Gläubiger, der das Mandat bisher noch nicht kennt, es nach der Pfändung von Dritten in groben Zügen kennenlernen, so dass die Auskünfte des Anwalts gemäß § 836 Abs. 3 ZPO für ihn kein Geheimnis mehr darstellen. Zum anderen kann der Vergütungsschuldner freiwillig oder nach durch den Anwalt erwirkter Verurteilung[642] an den Pfändenden zahlen.[643] Allein aus diesen Gründen wäre eine Pfändung auch dann wirtschaftlich sinnvoll, wenn der Anwalt seiner Verpflichtung aus § 836 Abs. 3 ZPO nicht nachkommen dürfte (und somit auch keine Offenbarungspflicht bestünde).[644]

Trotzdem bleibt im Lichte des Rechts auf informationelle Selbstbestimmung zu prüfen, ob der Rechtsanwalt die zur Geltendmachung der Forderung nötige Auskunft erteilen und über die Forderung vorhandene Urkunden herausgeben darf. Dass dies legitim, geeignet und erforderlich i. S. des Verhältnismäßigkeitsgrundsatzes ist, wurde schon gezeigt. Ob diese Offenbarung auch verhältnismäßig i. e. S. ist, ergibt sich aus der Gegenüberstellung der Intensität der Beeinträchtigung der jeweiligen Rechtsgüter und der Interessenlage. Da

641 *Würz-Bergmann* S. 232.

642 Zur Klage des Pfändungsschuldners BGHZ 147, 225, 229 f. = NJW 2001, 2178, 2179 f.

643 *Kesseler* Rn. 222.

644 Vgl. oben S. 111.

das Geheimnis des Mandanten schon insofern aufgedeckt ist, als der Vollstreckungsgläubiger dessen Namen und Anschrift kennt, ist die Beeinträchtigung nicht so groß wie bei einer Abtretung. Um zu verhindern, dass der Schuldner gemäß § 836 Abs. 3 ZPO dem Gläubiger Auskunft über das Mandat erteilen muss, schlägt *Würz-Bergmann* vor, dass der Drittschuldner sofort unter Vorbehalt an den Gläubiger leisten solle. Damit würde er seine informationellen Interessen wahren, aber gleichzeitig auch seine finanziellen, weil er auf der Grundlage des Bereicherungsrechts gegen den Anwalt vorgehen könne, wenn die Forderung nicht oder nicht in der betreffenden Höhe bestanden hat.[645] Dem Mandanten das Prozess-, Vollstreckungs- und Insolvenzrisiko aufzubürden, erscheint aber unzumutbar.[646] Dennoch wäre durch die Überweisung das Recht auf informationelle Selbstbestimmung nur teilweise beschränkt, während ohne diese Möglichkeit die Forderung des Vollstreckungsgläubigers wertlos wäre, wenn der Drittschuldner nicht freiwillig zahlt. Die Überweisung ist folglich ultima ratio. Hier wird auch der Unterschied zur Abtretung deutlich: Es gibt nämlich keinen Zwang zur Abtretung. Die wirtschaftliche Verwertung der Forderung bleibt dem Anwalt immer möglich, indem er sie gegebenenfalls vor Gericht geltend macht. Dagegen ist dem Vollstreckungsgläubiger keine andere Verwertung der Forderung als durch Pfändung und gegebenenfalls Überweisung möglich. Ein Pfändungsverbot würde sich also sehr viel stärker als ein Abtretungsverbot auswirken.[647] Daher muss das Recht auf informationelle Selbstbestimmung in dem Umfang zurücktreten, wie Informationen über die Vergütungsforderung für die Vollstreckung darin notwendig sind.

Der Verhältnismäßigkeitsgrundsatz besagt jedoch, dass das Mandantengeheimnis geschont werden muss. Denkbar wäre, dass zuerst der Anwalt gegen den Mandanten klagt. Dadurch würde aber nicht das Mandantengeheimnis geschont, sondern durch die Verhandlung der Öffentlichkeit, bei deren Ausschluss mindestens noch dem Richter und der Geschäftsstelle offenbar. Der Eingriff wird allenfalls dadurch abgemildert, dass es wegen der berufs- und strafrechtlichen Verschwiegenheitspflichten vergleichsweise unwahrscheinlich ist, dass diese Personen das Geheimnis weiterverbreiten werden. Der Gläubiger würde den Mandatsinhalt aber ohnehin erfahren, wenn man auf die Klage des Schuldners § 856 ZPO analog anwendet.[648] Dies wird damit begründet, dass eine doppelte Beanspruchung des Drittschuldners vermieden werden soll. Dementsprechend erlangt das Urteil der Vergütungsklage analog § 856 Abs. 4 ZPO Rechtskraft auch gegenüber dem Gläubiger.[649] Dieser muss sich dann aber dem Schuldner als Streitgenosse anschließen können, § 856 Abs. 2 ZPO analog, und kommt so als Prozessbeteiligter mit dem Mandantengeheimnis in Kontakt.

Daher kann der Gläubiger nicht auf eine Klage des Schuldners verwiesen werden. Tatsächlich eingeschränkt werden muss, wie sich schon aus dem Wortlaut des § 836 Abs. 3 ZPO ergibt, die Auskunfts- und Herausgabepflicht des Anwalts, und zwar auf dasjenige, was zur Geltendmachung der Forderung notwendig ist. Nach *Berger* hat der Anwalt nicht die notwendigen Angaben zu machen, sondern diejenigen zu unterlassen, zu deren

645 *Würz-Bergmann* S. 232 f.

646 OLG Stuttgart NJW 1994, 2838, 2839.

647 BGHZ 141, 173, 177 = NJW 1999, 1544, 1547.

648 So *Berger* JZ 2002, 46, 48; Stein/Jonas/*Brehm*[22] § 835 Rn. 33. Zumindest für Berechtigung des Drittschuldners zur Streitverkündung *Baumbach/Lauterbach/Albers/Hartmann*[65] § 835 Rn. 22 „Leistungsklage".

649 Im Ergebnis MK-ZPO/*Smid*[2] § 835 Rn. 18.

Geheimhaltung er verpflichtet ist.[650] Diese Aussage entbehrt eines Inhalts, weil es ja gerade darum geht, die Geheimhaltungspflicht des Anwalts in der konkreten Situation festzulegen. Falls damit jedoch einer grundsätzlich zur Geheimhaltung verpflichtenden Norm ein absoluter Vorrang beigemessen werden sollte, ist auch dieses Ergebnis widersprüchlich, weil praktisch alle Angaben des Mandanten vertraulich sind.[651] Übrig bleibt insofern nur eine Vergütungsrechnung oder eine vollstreckbare Ausfertigung eines Titels über die Vergütungsforderung.[652] Die hier vertretene Auffassung geht aus den bereits genannten Gründen darüber hinaus.

Der Vergütungsschuldner hat sich außerdem gemäß § 840 ZPO zu den Erfüllungsaussichten der gegen ihn gerichteten Forderung dem Gläubiger zu erklären. Die in Abs. 1 aufgezählten Auskünfte sind aber technischer Natur und berühren nicht den Inhalt des Mandats. Daher kann es keinen Konflikt mit der Geheimnissphäre des Mandanten geben.[653]

Im Ergebnis bedeutet dies, dass Gläubiger trotz gewisser Einschränkungen ihnen bekannte anwaltliche Vergütungsforderungen pfänden können.

bbb) Unbekannte Forderung

Oft wird der Gläubiger jedoch nicht wissen, ob und gegenüber welchen Mandanten der Anwalt Außenstände hat. Wenn der Anwalt – gemäß § 203 Abs. 1 Nr. 3 StGB – dazu schweigt, kann der Gläubiger nur mittels einer eidesstattlichen Versicherung an Informationen darüber kommen. Der Schuldner muss sie bei frucht- oder aussichtsloser Pfändung, Durchsuchungsverweigerung oder wiederholtem Nichtantreffen abgeben, § 807 ZPO. Es ist das gesamte Vermögen aufzuführen; Forderungen sind mit Schuldner und Betrag anzugeben.[654]

Folglich müsste der Anwalt in der eidesstattlichen Versicherung auch Inhalte des Berufsgeheimnisses offenbaren. Dies kann aber nur richtig sein, wenn er dabei nicht gegen § 203 Abs. 1 Nr. 3 StGB verstößt. Wie bereits häufiger gesehen, läuft dies auf eine Abwägung zwischen dem Vermögensinteresse der Gläubiger und dem Geheimhaltungsinteresse der Mandanten hinaus. Hier soll der Vergleich zu den insolvenzrechtlichen Informationspflichten gezogen werden. Es wurde festgestellt, dass den Insolvenzgläubigern Auskunftserteilung und Einsichtnahme von Seiten des Insolvenzschuldners, aber auch des Verwalters und des Gerichts verwehrt ist. Der Eingriff in die Geheimnissphäre der Mandanten ist bei Insolvenz und Zwangsvollstreckung ähnlich. Ebenso wie aus den Geschäftsbüchern ergibt sich aus dem Vermögensverzeichnis der Bestand an offenen Vergütungsforderungen, wenn keine besonderen Schutzmaßnahmen zugunsten der Mandanten ergriffen werden. Im Insolvenzverfahren stehen diese Informationsrechte nur dem Gläubigerausschuss und der Gläubigerversammlung zu. Die Mitglieder des Gläubigerausschusses sind bis auf die Ausnahme fachkundiger Personen, § 67 Abs. 3 InsO, absonderungsberechtigte Gläubiger und Insolvenzgläubiger.

---

650 *Diepold* MDR 1993, 835, 836; *Berger* NJW 1995, 1584, 1588.

651 Zum Umfang des strafrechtlichen Schutzes der Vertraulichkeit S. 54 f.

652 *Diepold* MDR 1993, 835, 836.

653 *Würz-Bergmann* S. 232.

654 Thomas/*Putzo*[27] § 807 Rn. 24.

Der Kreis derjenigen, die Auskunft über Angaben im Schuldnerverzeichnis verlangen können, ist größer. Auf das Schuldnerverzeichnis ist gleichwohl nicht näher einzugehen, da es keine mandatsbezogenen Informationen enthält. Dort sind nur die unter § 915 Abs. 1 S. 1, 2 ZPO fallenden Vollstreckungsschuldner aufgeführt. Einsicht in das Vermögensverzeichnis mit den Namen der Mandanten und ihren Verbindlichkeiten wird nur über § 299 ZPO gewährt. Die Gläubiger müssen also einen Vollstreckungstitel mit Klausel und Zustellungsnachweis vorlegen.[655] Daraus leitet sich zwar namentlich bei einem Vollstreckungsbescheid oder der Unterwerfung in die sofortige Zwangsvollstreckung, § 794 Abs. 1 Nr. 4, 5 ZPO, keine materielle Richtigkeit her. Gleichwohl wird durch das Erfordernis des Titels der Kreis der einsichtsberechtigten Vollstreckungsgläubiger stärker begrenzt als die Zahl der Insolvenzgläubiger, die lediglich eine Forderung glaubhaft machen müssen. Allein daraus wird deutlich, dass die Offenbarung der Vergütungsforderungen im Vermögensverzeichnis das Mandantengeheimnis weniger belasten würde als deren Mitteilung an die Insolvenzgläubiger.

Dieser Gruppe wurde die Information über Vergütungsforderungen zudem deswegen verweigert, weil ihre Rechte durch den Insolvenzverwalter und das Insolvenzgericht ausreichend gewahrt sind. In der Zwangsvollstreckung stellt sich die Situation anders dar: Den Vollstreckungsgläubigern steht kein Verwalter oder ein anderer Treuhänder zur Seite; es gibt keine Vollstreckungsbehörde. Wenn es aber keine andere Möglichkeit für die Gläubiger gibt, ihre Forderungen durchzusetzen, so muss die Offenbarung von Mandantengeheimnissen an sie ernsthaft erwogen werden.[656] Ansonsten würden die Vollstreckungsgläubiger ihrer Forderungen beraubt und gezwungen, einen Insolvenzantrag bezüglich des Rechtsanwalts zu stellen, wenn die Antragsvoraussetzungen vorliegen. Es wäre aber widersprüchlich, den Gläubigern das an sich vorgeschaltete Vollstreckungsverfahren faktisch in vielen Fällen zu verweigern und sie in ein Insolvenzverfahren zu nötigen, obwohl beide Verfahren gleichwertig und gleichrangig sind. Dieser Widerspruch muss zu Gunsten der Gläubiger gelöst werden. Der Anwalt hat daher seine Vergütungsforderungen offenzulegen.

Sowohl bekannte als auch unbekannte anwaltliche Vergütungsforderungen sind also pfändbar.[657] Der Anwalt hat sie im Vermögensverzeichnis nach § 807 ZPO anzugeben.

cc) Zugehörigkeit zur Insolvenzmasse

Da die Vergütungsforderungen pfändbar sind, gehören sie zur Insolvenzmasse, § 36 Abs. 1 InsO.[658] Ausschließen könnte man dies nur, wenn es aufgrund des Rechts auf informationelle Selbstbestimmung keine Verwertungsmöglichkeit gäbe. Der Vergütungsschuldner kann jedoch freiwillig zahlen, wodurch es zu keiner Offenbarung eines Mandantengeheimnisses kommt.[659] Geschieht dies nicht, steht dem Insolvenzverwalter der Klageweg offen. Die Frage, ob er den Mandanten verklagen darf, muss sich genauso beantworten lassen wie

---

655 Zöller/*Stöber*[26] § 900 Rn. 38.

656 Dazu bereits S. 88 f.

657 Im Ergebnis ebenso BGH NJW-RR 2004, 54; BFH NJW 2005, 1308 f. BGHZ 162, 187, 190 f. = NJW 2005, 1505, 1506 (für den Arzt).

658 BGH NJW-RR 2004, 54; NJW 2004, 2015, 2017. BGHZ 141, 173, 175 ff. = NJW 1999, 1544, 1546 f. (Steuerberater). BGHZ 162, 187, 190 f. = NJW 2005, 1505, 1506 f. (Privatarzt). *Harlfinger* S. 63 f. m. w. N. (Freiberufler).

659 Vgl. oben S. 107.

die Frage, ob der Rechtsanwalt den Mandanten verklagen darf.[660] Denn das wirtschaftliche Interesse auf der einen Seite und das Geheimhaltungsinteresse auf der anderen Seite ändern sich nicht, wenn anstatt des Anwalts persönlich die Insolvenzmasse der Nutznießer ist.

Dieser Gedanke spricht auch dafür, dass der Verwalter die Vergütungsforderungen nicht an Dritte abtreten darf. Zwar ist diese Offenbarung nicht durch § 203 StGB strafrechtlich bewehrt, aber der Insolvenzverwalter unterliegt ebenfalls einer Geheimhaltungspflicht.[661] Diese darf zur Verwertung der Forderung ebenso wenig durchbrochen werden wie § 203 Abs. 1 Nr. 3 StGB durch den Rechtsanwalt.

Im Ergebnis gehört die Vergütungsforderung also zur Insolvenzmasse. Der Insolvenzverwalter darf sie vor und außer Gericht eintreiben, aber nicht abtreten.

dd) Sonderfall: Vorausabtretung vor der Verfahrenseröffnung

Da Vergütungsforderungen zur Insolvenzmasse gehören, kann der insolvente Anwalt nach Verfahrenseröffnung nicht mehr über sie – ebenso wenig wie über sonstige Gegenstände der Insolvenzmasse – verfügen, § 81 Abs. 1 S. 1 InsO. Es gilt noch zu untersuchen, ob Forderungen wirksam übertragen und damit der Masse entzogen worden sind, die der Schuldner vor der Eröffnung des Insolvenzverfahrens abgetreten hat, die aber erst danach entstanden sind. Eine solche Vorausabtretung ist grundsätzlich möglich, muss aber dem sachenrechtlichen Bestimmtheitsgrundsatz genügen. Handelt es sich um eine Vergütungsforderung, sind die Bedingungen des § 49b Abs. 4 S. 2 BRAO zu erfüllen, insbesondere das Einverständnis des Mandanten einzuholen.[662]

Würden diese Erfordernisse auch im Insolvenzfall ausreichen, um eine Abtretung wirksam sein zu lassen, könnte der spätere Insolvenzschuldner erhebliche Werte, die faktisch erst nach Verfahrenseröffnung geschaffen werden, der Insolvenzmasse entziehen. Dies widerspräche dem Ziel der InsO, durch die Einbeziehung des Neuerwerbs die Masse anzureichern, um einen Ausgleich für die Möglichkeit der Restschuldbefreiung zu schaffen.[663] Es wurde zwar schon zur KO angenommen, dass nach der Verfahrenseröffnung entstehende Forderungen von § 15 KO erfasst wurden, also darauf bezogene Vorausabtretungen unwirksam waren.[664] Diese Ansicht kann jedoch nur stimmen, wenn die Forderung zur Konkursmasse gehört. Eine Forderung, die bei Verfahrenseröffnung noch nicht existiert hat, kann nicht dem schuldnerischen Vermögen nach der KO zugeordnet werden, § 1 KO. Eine Ausnahme lässt sich nur dort machen, wo der Verwalter die Forderung mit Mitteln der Masse, also durch Surrogation erwirbt. In diesen Fällen gehört die erworbene Forderung ebenso zur Masse wie ehemals der dafür ausgeschiedene Gegenstand.[665] Dies betrifft vor allem den Verkauf massezugehöriger Waren, aber nicht die Leistung von Diensten. Die Arbeitskraft gehört nämlich nicht zur Masse. Somit konnte nach der KO kein Surrogationserwerb im Rahmen von Anwaltsdienst- oder -werkverträgen stattfinden, was zur

---

660 Dazu S. 106 f.

661 Siehe oben S. 66 f.

662 Daher sieht *Trendelenburg* ZInsO 2000, 437, 440 die Vorausabtretung als unmöglich an.

663 FS Uhlenbruck/*Runkel* S. 315 f., 319; *Schildt* S. 84.

664 BGH NJW 1955, 544 f.; BGHZ 106, 236, 241 = NJW 1989, 1282, 1283; *Kuhn/Uhlenbruck*[10] § 15 Rn. 9h; Hess-KO/*Hess*[6] § 15 Rn. 14; *Kilger/K. Schmidt*[17] § 15 KO 4) b).

665 BT-Dr. 12/2443 S. 122 Zu § 42. Jaeger-InsO/*Henckel* Vor §§ 49-52 Rn. 55; *Häsemeyer*[3] Rn. 9.28; *Foerste*[3] Rn. 150.

Folge hat, dass Forderungen daraus nicht zum Vermögen des Schuldners zur Zeit der Verfahrenseröffnung gehörten.[666]

Diese Wirkung schafft erst § 35 Abs. 1 InsO, der auch den Neuerwerb zur Insolvenzmasse rechnet, i. V. m. § 81 InsO und § 91 InsO. Diese Vorschriften versagen jeglichem Rechtserwerb vor und nach der Eröffnung des Insolvenzverfahrens die Wirksamkeit. Von § 91 InsO sollen insbesondere gestreckte Erwerbsvorgänge wie der Vorbehaltskauf (des Gläubigers) und die Vorausabtretung umfasst werden.[667] Erfolgt die Verfügung des Insolvenzschuldners nach der Verfahrenseröffnung, ist sie hingegen bereits nach § 81 InsO unwirksam. Die Vorschrift findet zwar Anwendung, wenn der Übertragungsakt insoweit nicht abgeschlossen ist, als noch Erklärungen oder Handlungen des Schuldners oder des anderen Teils vonnöten sind.[668] Wie sich aus dem Wortlaut „verfügt" ergibt, muss es sich dabei jedoch um Teile des Verfügungsaktes handeln. Die Begründung eines Mandats ist zwar eine Handlung des Schuldners, aber sie bezieht sich nicht unmittelbar auf die Verfügung, auch wenn sie notwendig ist, um diese wirksam werden zu lassen. Es bleibt also bei der Anwendbarkeit von § 91 InsO in diesen Fällen.[669] Es gibt aber auch Stimmen, die § 81 InsO auch auf nach der Verfahrenseröffnung entstandene vorausabgetretene Forderungen anwenden wollen. Das ist möglich, wenn man Verfügungsbefugnis noch im Moment der tatsächlichen Rechtsübertragung, also bei Forderungsentstehung verlangt.[670]

Welche Norm man auch für anwendbar hält: Die Abtretung von Forderungen aus Mandanten, die zur Zeit der Eröffnung des Insolvenzverfahrens noch nicht bestanden, ist unwirksam. Die Begründung liegt darin, dass die Abtretung unsicherer, aber bestimmbarer Forderungen zwar möglich ist, aber im Gegensatz zur Abtretung bedingter oder befristeter Forderungen ihr Rechtsgrund noch nicht gesichert ist, so dass die Abtretung erst mit Entstehung der Forderung wirksam wird.[671] Für bedingte und befristete Forderungen wird die Wirksamkeit ihrer Abtretung trotz Insolvenzverfahrens aus dem Rechtsgedanken des § 161 Abs. 1 S. 2 BGB hergeleitet.[672] Dies ist der Unterschied zwischen der Abtretung von Gehaltsforderungen und Forderungen aus Anwaltslohn: Während der Rechtsgrund der Gehaltsforderung im Arbeitsvertrag liegt und ihre Entstehung nur noch von der Bedingung der Arbeitsleistung abhängt, setzt sich das Einkommen des Rechtsanwalts aus verschiedenen, häufig zum Abtretungszeitpunkt noch gar nicht bestehenden Mandaten zusammen. Zukünftige oder unsichere Mandate indes bringen keine künftige Forderung i. S. des § 161 BGB hervor.[673] Eine Abtretung, die sich auf eine solche Konstellation bezieht, ist mithin bereits gemäß § 91 InsO, nach a. M. gemäß § 81 InsO unwirksam. Bestand das Mandat hingegen bereits zur Zeit der Eröffnung des Insolvenzverfahrens, so ist aus der unsicheren Anwaltsforderung eine bedingte Forderung geworden mit der Folge, dass die Abtretung vor

666 Jaeger-KO/*Henckel*[9] § 15 Rn. 45. Zu ungenau daher die in Fn. 664 aufgeführten Ansichten, die offensichtlich nur den Warenverkauf im Blick haben.

667 Uhlenbruck/*Uhlenbruck*[12] § 91 Rn. 17.

668 MK-InsO/*Ott* § 81 Rn. 9.

669 *Medicus* JuS 1967, 385, 390 f.; BGHZ 135, 140, 144 = NJW 1997, 1857, 1858; *Schildt* S. 103.

670 So *Larenz* BGB AT[7] § 18 II 3c; *Sander* ZInsO 2003, 1129, 1131.

671 BGHZ 109, 368, 371 f. = NJW 1990, 1113, 1114; BGHZ 30, 238, 241 = NJW 1959, 1539, 1540; *Kilger/K. Schmidt*[17] § 15 KO 4) b); FS Gerhardt/*Runkel* S. 839, 846. A. A. *Trendelenburg* ZInsO 2000, 437, 440.

672 *Bork*[4] Rn. 147a m. w. N.; *Keller* Rn. 857. Für direkte Anwendung der Vorschrift KS/*Landfermann*[2] S. 159, 164. Im Einzelnen BGHZ 124, 76, 80 = NJW 1994, 449, 451.

673 Vgl. *Ries* ZInsO 2003, 1079, 1081.

Verfahrenseröffnung wirksam wird. In diesem Fall tritt die Unwirksamkeit der Abtretung auch nicht mehr gemäß § 91 InsO bzw. § 81 InsO ein.

Für Bezüge aus einem Dienstverhältnis oder an deren Stelle tretende laufende Bezüge sieht § 114 InsO jedoch vor, dass diesbezügliche Abtretungen (nur) für die Zeit von zwei Jahren nach Eröffnungsbeschluss wirksam sind. Darunter können indes nicht die Einkünfte Selbstständiger fallen, auch wenn diesen ein Dienstvertrag zugrunde liegt.[674] Das ergibt sich schon aus der Systematik: Der Oberbegriff des Tatbestands sind laufende Bezüge, die im Zusammenhang mit einem bestehenden oder beendeten Dienstverhältnis stehen. Einkünfte Selbstständiger sind keine laufenden Bezüge, sondern fallen je nach Geschäftsgang an. Diese Eigenheit unternehmerischer Forderungen lässt es auch nicht sinnvoll erscheinen, die Einkünfte von Selbstständigen unter § 114 InsO zu fassen. Denn die vor Verfahrenseröffnung erfolgte Abtretung dieser Forderungen kann häufig nicht so lange in das Insolvenzverfahren hineinreichen, um die Interessen der Insolvenzgläubiger in der Restschuldbefreiung unangemessen zu benachteiligen. Denn der private Unternehmer, für den allein die Restschuldbefreiung in Frage kommt, bekommt selten „Aufträge", die sich über Jahre hinziehen. Entgeltforderungen, die durch neue, nach der Eröffnung des Insolvenzverfahrens angenommene Aufträge entstehen, können bereits gemäß § 81 InsO nicht wirksam abgetreten werden. Eine vor Verfahrenseröffnung erfolgte Lohnabtretung kann dagegen so lange Bestand haben, wie der Arbeitnehmer beschäftigt ist. So besteht der Gesetzeszweck des § 114 InsO darin, einen Ausgleich zwischen der für die Restschuldbefreiung benötigten Anreicherung der Insolvenzmasse und dem Kreditbedürfnis der Arbeitnehmer zu schaffen, indem die Wirksamkeit der Lohnabtretung auf zwei Jahre begrenzt wird.[675] Es gibt daher keinen Grund, mit der Gegenmeinung[676] die Einkünfte von Selbstständigen und Angestellten u. ä. in der Insolvenz gleichzustellen.

Darum findet auch § 81 Abs. 2 S. 1 InsO keine Anwendung. Diese Regelung betrifft ebenfalls „Bezüge aus einem Dienstverhältnis oder an deren Stelle tretende laufende Bezüge" und ordnet die Unwirksamkeit von Verfügungen des Schuldners auch für die Zeit nach der Beendigung des Insolvenzverfahrens an. Sinn der Vorschrift ist es, die Abtretung an den Treuhänder im Rahmen der Restschuldbefreiung zu ermöglichen, wie sich aus § 81 Abs. 2 S. 2 InsO ergibt.[677] Selbstständige Insolvenzschuldner haben ihre Einkünfte zwar auch nach § 287 Abs. 2 InsO an den Treuhänder abzutreten, aber dies soll nur sicherstellen, dass die Masse nicht leer ausgeht, wenn der Schuldner eine abhängige Tätigkeit aufnimmt.[678] Ansonsten sind gemäß § 295 Abs. 2 InsO entsprechende Zahlungen an den Treuhänder zu leisten. Schließlich lässt sich § 295 Abs. 2 InsO noch insoweit fruchtbar machen, als der Selbstständige Zahlungen so erbringen muss, „wie wenn er ein angemessenes Dienstverhältnis eingegangen wäre". Aus dieser Gegenüberstellung von selbstständiger Tätigkeit und Dienstverhältnis ergibt sich, dass sich die Begriffe im Rahmen der InsO ausschließen.[679]

---

674 BGHZ 162, 187, 190 = NJW 2005, 1505, 1506; Uhlenbruck/*Berscheid*[12] § 114 Rn. 6; Uhlenbruck/*Vallender*[12] § 295 Rn. 62; *Uhlenbruck* ZVI 2002, 49, 51. AG Köln NZI 2004, 155 f.; FS Gerhardt/*Runkel* S. 839, 845 ff.; *Tetzlaff* ZInsO 2005, 393, 400 f. (letztere jeweils zum Arzt).

675 BT-Dr. 12/2443 S. 151; *Pech* S. 60 f.; Kübler/Prütting/*Moll* § 114 Rn. 2 ff.; Braun/*Kroth*[2] § 114 Rn. 1; *Trendelenburg* ZInsO 2000, 437, 440, *Schildt* S. 112.

676 MK-InsO/*Löwisch/Caspers* § 114 Rn. 4 ff.; OLG Düsseldorf ZInsO 2003, 1149, 1150.

677 BR-Dr. 1/92 S. 136.

678 Uhlenbruck/*Vallender*[12] § 295 Rn. 65.

Weder § 114 InsO noch § 81 Abs. 2 S. 1 InsO führen also dazu, dass die Vorausabtretung unwirksam wird. Das lässt sich auch vom Ergebnis her gut vertreten, weil der Masse künftige Vergütungsforderungen nicht auf unabsehbare Zeit durch Vorausabtretungen entzogen werden. Vielmehr sind diese Abtretungen nur wirksam, soweit sie sich auf vor Verfahrenseröffnung entstandene Mandate beziehen. Denn auf Forderungen, die sich aus später begründeten Mandaten ergeben, findet § 81 InsO uneingeschränkt Anwendung.

Zusammenfassend lässt sich sagen, dass erst die Einbeziehung des Neuerwerbs in die Insolvenzmasse durch § 35 Abs. 1 InsO dazu geführt hat, dass Vorausabtretungen der Vergütungsforderungen unwirksam sind. Dabei hat sich gezeigt, dass scharf zwischen Neuerwerb und Massesurrogation unterschieden werden muss.[680] Letztere Rechtsfigur führt dazu, dass auch Erwerb, der nach Verfahrenseröffnung eintritt, zum Altbestand des Vermögens gerechnet wird. Er muss aber aus der Masse erwirtschaftet worden sein. Die Anwaltsvergütung beruht dagegen stets auf massefreier Arbeitskraft und kann somit nur als Neuerwerb i. S. des § 35 Abs. 1 Fall 2 InsO begriffen werden.

b) Berücksichtigung des beruflichen und privaten Bedarfs des Schuldners

Die Einkünfte aus selbstständiger Tätigkeit müssen aus zwei Gründen anders behandelt werden als Löhne und Gehälter: Zum einen schwanken sie in Höhe und Zusammensetzung, so dass nicht wie in § 850c ZPO vorgesehen ein fester Betrag für den privaten Bedarf des Schuldners reserviert werden kann. Zum anderen sind in den Forderungen des Selbstständigen noch nicht dessen berufsbezogene Aufwendungen berücksichtigt. Zu klären ist demnach, wie die Betriebsausgaben und der Unterhalt des Insolvenzschuldners bei der Einbeziehung seiner Forderungen in die Insolvenzmasse zu veranschlagen sind. Die Lösung dazu ist in der Anwendung der §§ 850 ff. ZPO zu finden, auf die zum großen Teil von § 36 Abs. 1 S. 2 InsO verwiesen wird. Vor und nach der Verfahrenseröffnung entstandene Forderungen werden getrennt behandelt.

aa) Neuerwerb

aaa) Betriebsausgaben

(1) Grundsätzliche Behandlung

Es besteht Unklarheit darüber, wie mit den durch die Anwaltstätigkeit entstandenen Kosten verfahren werden soll. Prinzipiell bestehen drei Möglichkeiten: Man könnte die Kosten so mit den Einnahmen verrechnen, dass nur der (positive) Saldo als Neuerwerb i. S. des § 35 Abs. 1 InsO gewertet wird; eine ähnliche Wirkung würde eine Analogie zu § 295 Abs. 2 InsO erzielen. Denkbar ist auch die Anhebung des Pfändungsfreibetrags um den Betrag der Kosten, sei es im Rahmen von § 850f Abs. 1 ZPO, sei es entsprechend § 850a Nr. 3 ZPO. Schließlich kann man die Kosten auch gar nicht berücksichtigen.

Die letztgenannte Meinung wird vom *LG Halle* mit dem Argument vertreten, dass „[d]as mit der Selbstständigkeit verbundene wirtschaftliche Risiko [...] allein der Schuldner“ trage.[681] Werden die Kosten aber bei der Berechnung des notwendigen Unterhalts

679 *Sander* ZInsO 2003, 1129, 1132.
680 Uhlenbruck/*Uhlenbruck*[12] § 35 Rn. 36.

nicht berücksichtigt, so muss sie der Schuldner von diesem bestreiten, so dass er selbst höchstwahrscheinlich auf Sozialhilfe angewiesen ist. Gerade dies soll aber durch den Pfändungsschutz vermieden werden. Ansonsten könnten sich die Gläubiger auf Kosten der Allgemeinheit sanieren. Folglich müssen die Kosten der Erwerbstätigkeit bei der Pfändung der daraus erwachsenden Forderungen berücksichtigt werden.

Es wurden dafür einige Lösungen vorgeschlagen. Die berufsbedingten Ausgaben (einer Psychologin) sollen dem *BGH* zufolge entsprechend § 850a Nr. 3 ZPO berechnet werden.[682] Für die analoge Anwendung dieser Vorschrift spricht, dass ohnehin die auf Dienstentgelt bezogenen Vorschriften der §§ 850 ff. ZPO weitgehend denselben Regelungszweck wie § 850i ZPO verfolgen. Andererseits kommt eine Analogie nicht in Betracht, wenn eine ausdrückliche Regelung vorhanden ist. § 850f Abs. 1 Buchst. b Fall 2 ZPO beschäftigt sich genau mit dem Fall, dass der Schuldner aus beruflichen Gründen besondere Bedürfnisse hat, die über den Pfändungsfreibetrag des § 850i ZPO hinausgehen. Dadurch soll die Benachteiligung ausgeglichen werden, die ein bestimmter Schuldner erleidet, weil die Grundfreibeträge der §§ 850c, 850d und 850i ZPO seine besonderen Ausgaben nicht einbeziehen.[683] Davon ist auch und gerade der selbstständige Freiberufler erfasst, dessen Betriebsausgaben nicht durch § 850i ZPO berücksichtigt werden.[684] § 850f Abs. 1 ZPO findet hier also zwanglos Anwendung.[685] Verwunderlich ist, dass dies der *BGH* im Fall der Pfändung einer Kassenzahnarztforderung genauso gesehen hat,[686] im oben genannten Fall der Pfändung der Forderung einer Psychologin aber § 850a Nr. 3 ZPO analog heranzieht.[687]

Nachdem die Voraussetzungen für eine Analogie zu § 850a Nr. 3 ZPO abgelehnt wurden, kann auch eine solche zu § 295 Abs. 2 InsO nicht in Betracht kommen.[688] Diese Regelung ist per se schon problematisch, weil sie die Insolvenzgläubiger nicht an dem teilhaben lässt, was ein besonders erfolgreicher Selbstständiger mehr erwirtschaftet, als er in einer Anstellung verdient hätte.[689] Ihr Anwendungsbereich sollte deshalb nicht noch im Wege einer Analogie ausgeweitet werden. Im Insolvenzverfahren wäre sie überdies systemfremd und ihre Anwendung mit zahlreichen Unsicherheiten behaftet.[690]

Abzulehnen ist ebenso, nur das neu erworbene Nettovermögen als Neuerwerb i. S. des § 35 Abs. 1 InsO anzusehen, wie es *Andres* vorschlägt.[691] Danach sollen von den Einnahmen die zugehörigen Aufwendungen abgezogen werden, so dass nur der sich ergebende

---

681 LG Halle Rpfleger 2001, 439 f.

682 BGH NJW 2003, 2167, 2170. Vgl. Zöller/*Stöber*[26] § 850i Rn. 2; *Voigt/Gerke* ZInsO 2002, 1054, 1061.

683 Schuschke/*Walker*[3] § 850f Rn. 5; MK-ZPO/*Smid*[2] § 850f Rn. 1, 4. Für Berücksichtigung des § 850f Abs. 1 ZPO auch Zöller/*Stöber*[26] § 850i Rn. 2. *Grote* ZInsO 2003, 416, 417 wendet auf berufsbedingte Ausgaben trotz des Wortlauts „Unterhalt" § 850i ZPO an.

684 Thomas/*Putzo*[27] § 850f Rn. 4; *Stöber* Forderungspfändung[14] Rn. 1178. Zum Kassenzahnarzt BGHZ 96, 324, 331 = NJW 1986, 2362, 2363. A. A. LG Halle Rpfleger 2001, 439 f.

685 AG Göttingen Rpfleger 2002, 170; *Schmerbach* ZVI 2003, 256, 260.

686 BGHZ 96, 324, 331 = NJW 1986, 2362, 2363.

687 BGH NJW 2003, 2167, 2170.

688 Anders aber *Henckel* in: Arbeitskreis für Insolvenz- und Schiedsgerichtswesen e. V., Köln, Aktuelle Probleme des neuen Insolvenzrechts, S. 97, 115; Jaeger-InsO/*Henckel* § 35 Rn. 128; *Schildt* S. 91 f.

689 Kritisch zu § 295 Abs. 2 InsO *Trendelenburg* ZInsO 2000, 437, 439 und wohl auch MK-InsO/*Ehricke* § 295 Rn. 109.

690 Dazu unten S. 169 f.

691 Nerlich/Römermann/*Andres* § 35 Rn. 92 f. So auch Braun/*Bäuerle*[2] § 35 Rn. 77; *Röllenbleg* NZI 2004, 176, 178 f.; Hess/*Weis*/Wienberg[2] §§ 35, 36 Rn. 42. A. A. *G. Pape* ZInsO 2002, 917, 919.

Nettoerlös als Neuerwerb aufgefasst wird, während der übrige Teil insolvenzfrei sei. Eine solche Verrechnung stellt zwar den selbstständigen Schuldner dem angestellten gleich, weil dessen Belastungen schon vom Arbeitgeber abgeführt werden und als Arbeitseinkommen i. S. des § 850 Abs. 2 ZPO somit vom Arbeitnehmer nur der Bruttolohn gefordert werden kann. Auf der anderen Seite wird aber der Verweis von § 36 Abs. 1 S. 2 InsO auf § 850f Abs. 1 ZPO missachtet, der genau dieses Problem behandelt. Eine betriebswirtschaftliche Sichtweise, bei der Aufwand und Ertrag miteinander verrechnet werden, ist der InsO fremd.[692] Zudem würde die gerade in einem Gesamtvollstreckungsverfahren nötige Rechtssicherheit und -klarheit fehlen, wenn der Insolvenzbeschlag von der internen Kalkulation des Schuldners abhinge.[693] *K. Schmidt* schließlich weist zu Recht darauf hin, dass Vertragspartner des Schuldners kaum feststellen können, zu welchem Teil an diesen selbst und zu welchem an den Verwalter zu leisten ist.[694] Sie würden in der Praxis nach § 372 Abs. 2 BGB hinterlegen mit der Folge für Schuldner und Verwalter, dass die Leistung erst mit Verzögerung einträfe. Mangels Rechtsklarheit ist diese Lösung somit undurchführbar.

Die dargestellten Kritikpunkte versucht *Runkel* zu beheben, indem er den Vorschlag von *Andres* so modifiziert, „daß der selbständig Tätige für die Dauer des Neuerwerbs wie ein ‚Angestellter' für die Masse arbeitet, so er dazu bereit ist, und dafür den nicht der Pfändung unterliegenden Ertrag seiner Tätigkeit vom Verwalter bekommt."[695] Anstelle einer „Modifikation" wird dadurch aber die Lösung von *Andres* in ihr Gegenteil verkehrt. Während dieser durch den Insolvenzbeschlag der Nettoeinkünfte erreicht, dass Einnahmen, die zur Deckung von betriebsnotwendigen Ausgaben gebraucht werden, insolvenzfrei bleiben, geht *Runkel* den umgekehrten Weg: Er zieht alle Verträge, die der Anwalt in Ausübung (und möglicherweise auch bei Gelegenheit) der Anwaltstätigkeit schließt, zur Masse.

Diese Konstruktion ist nicht konform zur InsO, weil sie ohne Not die Gefahr einer Masseschmälerung mit sich bringt. Denn der Insolvenzverwalter tritt in die Arbeitgeberposition des Schuldners ein und kann damit den Schuldner selbst anstellen.[696] Geschieht dies nicht, kann der Schuldner immer noch freiwillig ohne Arbeitsvertrag für die Masse arbeiten. Dies wird man dann wohl als überobligatorische Unterstützung nach § 97 Abs. 2 InsO ansehen müssen. Aber ein Zwischending, also gedachter Gehaltsbezug des Schuldners ohne Arbeitsvertrag, ist nicht vorgesehen. Es ist auch nicht einzusehen, warum der Insolvenzverwalter dem Schuldner einen einer Anstellung entsprechenden Betrag zur Verfügung stellen muss, ohne die Weisungsbefugnis aus dem Arbeitsverhältnis zu erhalten. *Tetzlaff* weist deshalb mit Recht darauf hin, dass diese Vorgehensweise nur bei einer Kooperation des Schuldners möglich ist.[697]

Die Rechtsklarheit und -sicherheit, die die Lösungen von *Andres* und *Runkel* beanspruchen, aber nach der hier vertretenen Meinung nicht liefern können, führt der Beschluss des Gerichts nach § 36 Abs. 1 S. 2, Abs. 4 InsO, § 850f Abs. 1 ZPO herbei.[698] Dadurch wird ein

692 Ähnlich *Bremen* ZInsO 2002, 1, 8; FS Kruse/*K. Schmidt* S. 671, 681 f.; *Windel* KTS 367, 394 f.

693 Kritisch aufgrund ähnlicher Erwägungen auch FS Uhlenbruck/*Runkel* S. 315, 329.

694 FS Kruse/*K. Schmidt* S. 671, 681.

695 FS Uhlenbruck/*Runkel* S. 315, 329. Zustimmend MK-InsO/*Lwowski* § 35 Rn. 65.

696 Im Einzelnen S. 184.

697 *Tetzlaff* ZVI 2002, 309, 310.

698 Für diese Lösung auch *Uhlenbruck* ZVI 2002, 49, 52 f.

Gleichklang hergestellt zwischen der Behandlung des Einkommens des Selbstständigen in Zwangsvollstreckung und Insolvenz.[699] Zumal das in § 850f ZPO i. V. m. § 36 Abs. 4 S. 1 InsO vorgezeichnete Verfahren, das Insolvenzgericht über die Höhe des unpfändbaren Betrags entscheiden zu lassen, am besten geeignet ist, direkt wie indirekt verrechenbare Betriebskosten zu berücksichtigen.[700] Neben direkt verrechenbaren Kosten wie vorgeschossenen Gebühren oder Fahrtkosten gibt es auch indirekte Kosten, die nur anteilig auf die einzelne Vergütungsforderung bezogen werden können, z. B. für das Sekretariat oder Räumlichkeiten. Die Komplexität dieser Fragen spricht dagegen, sie gemäß § 828 Abs. 1 ZPO vom Vollstreckungsgericht entscheiden zu lassen. Das sachnähere Insolvenzgericht sollte sie beantworten. Dass eine Fortführung des Betriebs auch unter diesen Umständen möglich ist, wird später gezeigt.[701] Dementsprechend ist der unpfändbare und damit massefreie Teil der Anwaltsvergütung auf Antrag vom Insolvenzgericht festzulegen.

Zu den Betriebsausgaben müssen auch die Ausgaben für die Gesundheits- und Altersvorsorge zählen.[702] Das ergibt sich aus dem Sozialverträglichkeitsprinzip des Vollstreckungs- und Insolvenzrechts. Denn wenn die Gläubiger auf den schuldnerischen Erwerb zugreifen dürfen, dann nur unter der Voraussetzung, dass es nicht zu Lasten der Allgemeinheit passiert. Das wäre aber der Fall, wenn der Schuldner sich nicht kranken- oder rentenversichern könnte und im Krankheitsfall oder im Alter auf Sozialhilfe angewiesen wäre. Ebenso selbstverständlich ist der Abzug der Einkommenssteuerlast des Schuldners.[703]

(2) Verfahren

Ein wesentlicher Einwand gegen die Anwendung der Pfändungsschutzvorschriften auf den Neuerwerb ist das Verfahren. Insbesondere *Andres* bemängelt, dass dem Insolvenzgericht meistens die Fachkenntnis fehle, um angemessene Beträge freistellen zu können. Zudem erzeuge das Erfordernis der Antragstellung für jeden Auftrag eine erhöhte Arbeits- und Kostenbelastung für das Gericht, aber auch für den Schuldner.[704] Dem tritt *Ries* entgegen. Aus der Anwendung des § 850i ZPO müsse sich keine notorische Zusatzbelastung der Insolvenzgerichte ergeben, weil der Insolvenzverwalter für die Bewilligung eines Pfändungsfreibetrages zuständig sei.[705] Während in der Einzelvollstreckung das Vollstreckungsgericht die persönlichen und wirtschaftlichen Verhältnisse des Schuldners nicht kenne, sei der Insolvenzverwalter „durchweg voll im Thema“.

Dieser Meinung kann nur teilweise gefolgt werden. So darf nicht dem Insolvenzverwalter die Entscheidung über den zu belassenden Betrag zugewiesen werden, für die nach den Vorschriften der ZPO und ausdrücklich gemäß § 36 Abs. 4 S. 1 InsO das Insolvenzgericht zuständig ist.[706] Richtig ist sicherlich, dass nicht gefordert werden kann, dass

[699] So das vom Rechtsausschuss gewünschte Ergebnis, siehe BT-Dr. 14/6468 S. 17 Zu § 36 Absatz 1.

[700] Vgl. BT-Dr. 14/6468 S. 17 Zu § 36 Absatz 4.

[701] Siehe unten S. 161 ff.

[702] *Ries* ZVI 2004, 221, 226; FS Metzeler/*Vallender* S. 21, 30; *Schmerbach* ZVI 2003, 256, 270. Zum Schutz des Vorsorgekapitals und der Auszahlungen siehe S. 129 ff.

[703] *Ries* ZVI 2004, 221, 226. Siehe auch sogleich S. 123.

[704] Nerlich/Römermann/*Andres* § 35 Rn. 93. Ebenso *Andres/G. Pape* NZI 2005, 141, 143; *Tetzlaff* ZVI 2004, 2, 3; *Kohte* NZI 2003, 393, 394; *Voigt/Gerke* ZInsO 2002, 1054, 1061; *van Zwoll/Mai/Eckardt/Rehborn* Rn. 520.

[705] *Ries* ZVI 2004, 221, 225. So auch *Schildt* S. 161; *Voigt/Gerke* ZInsO 2002, 1054, 1061; *Smid/Wehdeking* InVo 2000, 293, 296 f.

der Schuldner bei jedem Zahlungseingang einen Antrag gemäß § 850f Abs. 1 Buchst. b ZPO i. V. m. § 36 Abs. 1 S. 2 InsO stellt und dieser vom Gericht geprüft wird. Dadurch würde – insofern ist die Kritik von *Andres* gerechtfertigt – das Verfahren so aufwändig und schwerfällig, dass die berufliche Tätigkeit in der Insolvenz erheblich erschwert oder unmöglich gemacht würde. So hohe Anforderungen stellt das Gesetz freilich nicht. In § 850f Abs. 1 Buchst. b ZPO ist vom Arbeitseinkommen die Rede, in § 850i ZPO von einer Vergütung, derer der Schuldner während eines angemessenen Zeitraums für seinen notwendigen Unterhalt usw. bedarf. Keine der beiden Vorschriften erfordert demnach die Bewilligung von Mitteln bezogen auf bestimmte Zahlungseingänge. Vielmehr liegt nahe, beide Vorschriften gleich auszulegen und in angemessenen Zeitabständen zu überprüfen, wie viel dem Schuldner von seinem Arbeitseinkommen belassen werden kann und muss. Um welche Zeitspanne es konkret geht, hängt davon ab, wann die nächste Einnahme erwartet wird, die Betriebsausgaben und Unterhalt abdeckt.[707] Da die meisten Rechtsanwälte regelmäßige Einkünfte aus der Gesamtheit der Mandate haben, wird man – unter Berücksichtigung von Praktikabilitätserwägungen – von einer monatlichen Beurteilung auszugehen haben.[708]

Die besonderen Umstände des Insolvenzverfahrens ermöglichen aber Modifikationen dieser Praxis. aufgrund der Insolvenz erscheint es angezeigt, zur Kontrolle und Hilfestellung Ausgaben und Einnahmen des Schuldners genauer zu überwachen, als dies in der Einzelvollstreckung nötig oder möglich wäre. Der Verwalter kann ohne Weiteres mehrmals pro Monat vom Schuldner eine Übersicht der Ausgaben und Einnahmen verlangen, um sich ein vollständiges und aktuelles Bild der Lage zu machen. Damit übernimmt er die Aufgabe, die in der Zwangsvollstreckung dem Gericht zufällt. Dieses kann sich somit nach einer Phase der Abstimmung darauf verlassen, dass der Verwalter nach der Maßgabe des Gerichts handelt. Dann kann es von dem anfänglichen Monatszeitraum auf einen viertel- oder halbjährlichen Zeitraum übergehen. Dadurch ist bei geringer Belastung des Insolvenzgerichts gewährleistet, dass die Gläubigerbelange bei der Belassung von Einkünften beachtet werden.

Aus diesen Gründen ist auch eine weitere Verfahrensvereinfachung nicht vonnöten. Laut *Ries* ist insbesondere die Berücksichtigung der Versicherungen und persönlichen Steuerlast des Schuldners praktisch mit „sehr viel Rechnerei“ verbunden. Er will deswegen den Überschuss des Selbstständigen nach Abzug der Betriebskosten als Brutto-Brutto-Lohn (Bruttolohn zuzüglich Arbeitgeberabgaben) behandeln und davon wohl pauschal die Abzüge auf Arbeitgeber- und Arbeitnehmerseite vornehmen, um so zu einem Nettoeinkommen zu gelangen, auf das die Pfändungstabelle des § 850c ZPO angewendet werden kann.[709] Selbst wenn die in diesem Vorschlag begründeten Unklarheiten beseitigt sind und er eine tatsächliche Arbeitserleichterung für den Insolvenzverwalter sein sollte, kann dies nicht der maßgebliche Maßstab für die Berechnung des Insolvenzfreibetrags sein. Insbesondere die Versicherungsbeiträge dürfen nicht pauschal angesetzt werden, sondern sind nach ihrem tatsächlichen Anfall zu berücksichtigen. Andernfalls könnte der Schuldner von der sozialstaatlich gewünschten Versicherung absehen, weil er die Prämien nicht bezahlen kann

706 Auch BGH NJW 2003, 2167, 2170 geht von einer Prüfung durch das Insolvenzgericht aus.

707 Stein/Jonas/*Brehm*[22] § 850i Rn. 11.

708 *Baumbach/Lauterbach/Albers/Hartmann*[65] § 850i Rn. 5 geht von sechs Wochen aus.

709 *Ries* ZVI 2004, 221, 226.

oder aus Kurzsichtigkeit oder Konsumlust nicht bezahlen will. Eine Luxusversicherung ist auf der anderen Seite deswegen nicht zu befürchten, weil § 850e Nr. 1 Buchst. b ZPO die Freibeträge auf „den Rahmen des Üblichen“ beschränkt.

(3) Erwirtschaftung von Verlusten

Erreicht oder übersteigt in einem Zeitabschnitt der Betrag der Kosten und des notwendigen Unterhalts die Einkünfte, so kann dem Schuldner nicht alles belassen werden.[710] § 850f Abs. 1 ZPO sieht nämlich vor, dass er nur „einen Teil“ des pfändbaren Betrags behalten darf. In einem besseren Monat, in dem die Einkünfte den größeren Betrag darstellen, muss der pfändungsfreie Betrag aber dementsprechend vergrößert werden, um den „Verlustvortrag“ auszugleichen.[711] Sonst würde es dem Schuldner zum Nachteil gereichen, dass er statt gleichmäßiger Einkünfte die für die Selbstständigkeit typischen schwankenden Einkünfte hat. Das Insolvenzverfahren darf nicht Vehikel zur Schlechterstellung Selbstständiger werden. Verbleibt dauerhaft aufgrund dieser Vorgehensweise kein Überschuss für die Insolvenzmasse, so ist dies hinzunehmen. Sollte die Tätigkeit langfristig zu Verlusten führen, ändert sich an dieser Aussage nichts. Diese Verluste hat allein der Schuldner mit seinem insolvenzfreien Vermögen zu tragen.

Auch über § 100 InsO kann der Insolvenzschuldner die Insolvenzgläubiger nicht dazu zwingen, ihm mehr zu überlassen, als er durch seine Tätigkeit erwirtschaftet. Diese Vorschrift verschafft ihm nämlich weder gegenüber der Gläubigerversammlung noch gegenüber dem Insolvenzverwalter einen Rechtsanspruch.[712] Die Gewährung von Unterhalt gemäß § 100 InsO kann gleichwohl wirtschaftlich sinnvoll sein, wenn die Kanzlei im Augenblick Verluste erzeugt, aber in Zukunft Überschüsse erwartet werden.[713]

(4) Entzug der notwendigen Mittel

Unter Umständen kann es für Insolvenzgläubiger lohnend sein, auf den zur Betriebsfortführung notwendigen Betrag zuzugreifen. Damit würde unmittelbar der der Insolvenzmasse zustehende Anteil an den Einkünften des Schuldners steigen, während für Lieferanten und Arbeitnehmer weniger übrig bliebe, so dass der Schuldner nicht mehr alle Rechnungen begleichen könnte. Mittelbar und langfristig käme damit der Kanzleibetrieb zum Erliegen, weil Lieferanten und Arbeitnehmer ihre Lieferungen und Dienste einstellen würden.[714] Damit stünden die Erwerbsgegenstände zur Verwertung frei.[715]

Möglicherweise kann der nach § 850f Abs. 1 ZPO zu belassende Betrag reduziert oder eliminiert werden, weil überwiegende Belange der Gläubiger entgegenstehen. Als überwiegende Belange i. S. des § 850f Abs. 1 ZPO a. E. kommen individuelle und generelle Belange in Betracht. Ein einzelner Gläubiger könnte z. B. auf höhere Verwertungsbeträge angewiesen sein, um nicht der Sozialhilfe anheimzufallen oder selbst insolvent zu werden. Dazu gehört ebenso der Fall, dass die Verwertung durch einen Aufschub zugunsten des

710 Ganz h. M., vgl. Schuschke/*Walker*[3] § 850f Rn. 5 m. w. N.. A. M. LG Duisburg Rpfleger 1998, 355 f.

711 So auch *Schmerbach* ZVI 2003, 256, 260 f.

712 MK-InsO/*Passauer* § 100 Rn. 20, 27, 29; Uhlenbruck/*Uhlenbruck*[12] § 100 Rn. 1.

713 *Schmerbach* ZVI 2003, 256, 260.

714 Nerlich/Römermann/*Andres* § 55 Rn. 83.

715 Vgl. S. 35.

Schuldners für einen Gläubiger aufgrund dessen hohen Alters oder schlechten Gesundheitszustands praktisch nutzlos wird.[716] Die Berücksichtigung der Belange einzelner Gläubiger ist dem Insolvenzrecht allerdings fremd; hier gilt vielmehr die par conditio creditorum. Die nur einzelnen Gläubigern zustehende Pfändung führt daher nicht zum Insolvenzbeschlag.[717] Sonderinteressen werden nur ausnahmsweise in der InsO berücksichtigt, nämlich durch die besonderen Pfändungsmöglichkeiten der Delikts- und Unterhaltsgläubiger, § 89 Abs. 2 S. 2 InsO. Dementsprechend hat der Insolvenzverwalter die Masse insgesamt zu mehren, aber nicht die Interessen einzelner zu befriedigen. Dies überzeugt auch deswegen, weil eine Vergrößerung der Masse einzelnen bedürftigen Insolvenzgläubigern nur teilweise, nämlich als Anteil der Abschlagszahlung zugute käme. Wenn der nach § 850f Abs. 1 ZPO zu belassende Betrag wegen eines besonderen Belangs eines Gläubigers in der Zwangsvollstreckung z. B. um 100 € zu kürzen wäre, so erhielte dieser Gläubiger bei einem Anteil von 20% an den Insolvenzforderungen einen Abschlag von 20 €. Der Rest der Abschlagszahlung käme Gläubigern zugute, die keine besonderen Belange geltend machen können. Eine solche Zurückdrängung der schuldnerischen Interessen zu Gunsten nicht schutzwürdiger Insolvenzgläubiger ist unverhältnismäßig und kann daher nicht zu einer Einschränkung des zu belassenden Betrags im Rahmen des § 850d Abs. 1 ZPO i. V. m. § 36 Abs. 1 InsO führen.

Eine Ausnahme ist nur dort zu machen, wo alle oder fast alle Gläubiger die gleichen schutzwürdigen Belange haben. Das kann vorkommen, wenn zwei Ehegatten die einzigen Insolvenzgläubiger sind oder wenn es nur einen Gläubiger gibt. In diesen Fällen gleicht die Situation so sehr der Einzelzwangsvollstreckung, dass die Entscheidung nach den dort geltenden Erwägungen getroffen werden darf.

Abgesehen von diesen generalisierten individuellen Belangen gibt es aber Belange, die schlechthin alle Insolvenzgläubiger gleichermaßen betreffen. In der Zwangsvollstreckung kann ein solcher Belang gegeben sein, wenn sich bei Anwendung des § 850f Abs. 1 Buchst. b Fall 2 ZPO die Befriedigung der Gläubiger unangemessen hinausziehen würde.[718] Das *KG* hat dazu entschieden, dass zumindest die fälligen Zinsen gepfändet werden können müssen.[719] In absehbarer Zeit müsse auch die Hauptforderung getilgt werden. Diese Überlegungen lassen sich freilich nicht auf das Insolvenzverfahren übertragen. Ziel des Verfahrens ist es, das schuldnerische Vermögen zu ordnen. Dem widerspricht es, wenn während der Sanierungs- und Verwaltungsbemühungen des Insolvenzverwalters eine vorschnelle Befriedigung angestrebt wird. Zudem ist das Ergebnis vieler Insolvenzverfahren, dass die Gläubiger auf einen Teil ihrer Forderungen verzichten müssen, sei es im Rahmen eines Insolvenzplans oder als Folge der Restschuldbefreiung. Die Insolvenzgläubiger können also von vornherein nicht davon ausgehen, dass sie vollständig befriedigt werden. Daher vermag eine Herabsetzung des insolvenzfreien Betrages nach § 850f Abs. 1 ZPO zu dem Zweck der vollständigen Befriedigung nicht zu überzeugen. Im Übrigen könnten die Belange der Gläubiger allenfalls bis zur Sozialhilfegrenze berücksichtigt werden. Denn eine beschleunigte Befriedigung auf Kosten des Staates kann es nicht geben.

---

716 OLG Celle Rpfleger 1990, 376 f.

717 Siehe Fn. 241.

718 Zöller/*Stöber*[26] § 850f Rn. 7. Vgl. OLG Celle Rpfleger 1990, 376.

719 KG VersR 1962, 174, 175.

(5) Austausch eines Erwerbsgegenstandes

Mit den gewonnenen Erkenntnissen über die Behandlung des Neuerwerbs kann nun der Frage nachgegangen werden, welche Rechtsfolgen beim Verkauf eines Erwerbsgegenstandes eintreten, für den ein Ersatzanschaffung angeschafft werden soll. Ebenso wie bei der Fortschaffung von Erwerbsgegenständen[720] hat der Rechtsanwalt beim Verkauf keinen Erwerbswillen mehr, der auf den zu verkaufenden Gegenstand gerichtet ist, auch wenn er mit dem Erlös einen Ersatzgegenstand erwerben will. Somit fällt der Gegenstand mit der Verkaufsentscheidung in die Insolvenzmasse, da er nicht mehr von § 811 Abs. 1 Nr. 5 ZPO, § 36 Abs. 1 S. 2 InsO erfasst wird. Das Entgelt steht als Neuerwerb ohnehin der Masse zu, § 35 Abs. 1 Fall 2 InsO.

Pech lehnt diese Rechtsfolge ab, weil dadurch die Neugläubiger benachteiligt würden.[721] Sie schlägt daher eine „negative Surrogation"[722] vor: Was mit insolvenzfreien Mitteln erworben wird, soll selbst insolvenzfrei sein. Nachgebildet ist diese Konstruktion dem allgemeinen Surrogationsgedanken, der in der KO seinen festen Platz hatte. Danach war das, was mit Mitteln der Konkursmasse erworben wurde, selbst wieder massezugehörig, obwohl der Neuerwerb nach altem Recht in das freie Vermögen des Schuldners fiel. Dabei wird indes übersehen, dass der zu verkaufende ehemalige Erwerbsgegenstand nicht mehr insolvenzfrei ist, nachdem sich der Rechtsanwalt zum Verkauf entschieden hat. Damit ist der „negativen Surrogation" der Boden entzogen.

Es muss also bei der Anwendung von § 35 Abs. 1 Fall 2 InsO auf den Verkaufserlös bleiben. Das von *Windel* gesehene Problem einer Auszehrung des schuldnerischen Kanzleibetriebs[723] tritt dennoch nicht ein, weil aus dem Neuerwerb dasjenige freizustellen ist, was der Schuldner zur Fortführung der beruflichen Tätigkeit benötigt, § 36 Abs. 1 S. 2 InsO, § 850f Abs. 1 Buchst. b ZPO. Wenn eine Ersatzanschaffung für die Kanzlei getätigt wird, sind daher die entsprechenden Mittel aus dem Neuerwerb herauszugeben. Gleiches gilt, wenn ein Erwerbsgegenstand durch einen Dritten beschädigt, zerstört oder entzogen wird und dieser der Masse den Schaden ersetzt.

Die Rechtsfolgen der Veräußerung für den Vertragspartner des Rechtsanwalts hängen davon ab, welches Geschäft der Insolvenzverwalter genehmigt. Wenn der Verwalter das schuld- und sachenrechtliche Geschäft genehmigt, erwirbt der Käufer unentziehbares Eigentum. Erstreckt sich die Genehmigung nur auf den Kaufvertrag, so hat der Käufer kein Eigentum an dem ehemaligen Erwerbsgegenstand erlangt. Der Insolvenzverwalter kann folglich vindizieren. Dagegen steht dem Käufer aber ein Zurückbehaltungsrecht aus § 273 BGB zu, weil er noch Übereignung gemäß § 433 Abs. 1 S. 1 BGB verlangen kann. Wird nur die Übereignung genehmigt, so wird der Käufer immerhin so weit geschützt, als er in Anwendung der Saldotheorie vom Bereicherungsanspruch der Masse deren Bereicherung in Höhe des Kaufpreises abziehen darf.[724] Dieses Ergebnis gilt auch für den Fall, dass der Verwalter die Genehmigung hinsichtlich beider Geschäfte verweigert.

---

720 Dazu siehe oben S. 39 f.

721 Vgl. *Pech* S. 94 Fn. 7, S. 152 f.

722 Begriff von FS Uhlenbruck/*Runkel* S. 315, 319.

723 *Windel* KTS 1995, 367, 407.

724 Eingeschränkt wird die Saldotheorie nur bei Leistungen vor Insolvenzeröffnung, vgl. BGHZ 149, 326 = NJW 2002, 1050.

bbb) Unterhalt

(1) Allgemeines

Von den §§ 850 ff. ZPO als Arbeitseinkommen geschützt werden nicht nur Löhne und Gehälter, sondern auch sonstige Vergütungen für Dienstleistungen aller Art, die die Erwerbstätigkeit des Schuldners vollständig oder zu einem wesentlichen Teil in Anspruch nehmen, § 850 Abs. 2 ZPO. Damit genießen auch die Vergütungsforderungen des selbstständigen Rechtsanwalts den Pfändungsschutz für Arbeitseinkommen. Von den genannten Vorschriften ist auf den Unterhalt des Selbstständigen § 850i ZPO anwendbar, weil sich § 850c ZPO auf fortlaufendes Einkommen bezieht. Laufendes Einkommen hat aber nur der angestellte Anwalt. Der selbstständige Anwalt hingegen erhält eine nicht wiederkehrend zahlbare Vergütung für persönlich geleistete Dienste.[725] Im Gegensatz zum Schutz des Arbeitseinkommens ist die Anwaltsvergütung nicht von selbst in einer bestimmten Höhe unpfändbar; der Schuldner muss dies vielmehr beim Vollstreckungsgericht beantragen. Ihm ist daraufhin so viel zu belassen, wie er während eines angemessenen Zeitraums für seinen notwendigen Unterhalt und den seiner engeren Familie bedarf. Die Entscheidung darüber trifft anstelle des Vollstreckungsgerichts, § 828 Abs. 1 ZPO, das Insolvenzgericht, § 36 Abs. 4 S. 1 InsO.

Über die Höhe des notwendigen Unterhalts i. S. des § 850i ZPO wird gestritten. Dabei wird z. T. vertreten, dass der Begriff wie in § 850d Abs. 1 S. 2 ZPO ausgelegt werden soll. Danach umfasst der notwendige Unterhalt zumindest „Nahrung, Wohnung mit Licht und Heizung, Kleidung, Hausrat, auch Taschengeld in bescheidenem Umfang."[726] Im Übrigen orientiert man sich am (vollstreckungsrechtlichen) Existenzminimum, also dem Regelsatz für laufende Hilfe nach den §§ 27 ff. SGB XII.[727] Mit der Gegenmeinung[728] ist aber § 850c ZPO aus der Erwägung heraus anzuwenden, dass die Bevorzugung von regelmäßigem gegenüber unregelmäßigem Arbeitsentgelt nicht sinnvoll und vom Gesetzgeber auch nicht gewollt ist.[729] Hinzu kommt, dass nicht bevorrechtigte Gläubiger ansonsten auch auf dasjenige zugreifen könnten, was bei Bezügen aus Dienstverhältnis den Delikts- und Unterhaltsgläubigern zusteht.[730] Damit stünden privilegierte Gläubiger eines Selbstständigen schlechter als bevorrechtigte Gläubiger eines Beziehers von Dienstbezügen. Diese Folge wäre sachlich verfehlt.

Soweit der Unterhalt des Schuldners durch § 850i ZPO i. V. m. §§ 35 f. InsO gesichert ist, ist der Schuldner nicht darauf angewiesen, dass ihm Unterhalt gemäß § 100 InsO gewährt wird. Diese Vorschrift hat ihren Anwendungsbereich, wenn der Schuldner keine oder unzureichende Einnahmen hat und § 850i ZPO nicht genug Schutz bietet.[731]

---

[725] BGHZ NJW-RR 2004, 644 f.; Stein/Jonas/*Brehm*[22] § 850i Rn. 5.

[726] Thomas/*Putzo*[27] § 850d Rn. 10.

[727] Zöller/*Stöber*[26] § 850i Rn. 2, § 850d Rn. 7. Noch nach den §§ 22 f. BSHG OLG Köln OLGZ 1990, 234, 240; OLG Hamm OLGZ 1984, 457, 458; OLG Düsseldorf Rpfleger 1979, 469. Das BSHG ist im Rahmen der Hartz-IV-Gesetzgebung mit Wirkung vom 1. 1. 2005 durch das SGB XII ersetzt worden, siehe BGBl. I 2003 S. 3022 ff.

[728] BGH NJW-RR 2004, 644; Hess/*Weis*/Wienberg[2] §§ 35, 36 Rn. 42; *Schmerbach* ZVI 2003, 256, 260; Schuschke/*Walker*[3] § 850i Rn. 5; LG Halle Rpfleger 2001, 439. Unklar MK-ZPO/*Smid*[2] § 850i Rn. 16: einerseits Maßgabe der §§ 850a-f ZPO, andererseits Sozialhilfesätze als Maßstab.

[729] *Foerste/Ising* ZRP 2005, 129.

[730] Zu den bevorrechtigten Gläubigern sogleich.

(2) Delikts- und Unterhaltsgläubiger

An dieser Stelle ist die Rechtsstellung der bevorrechtigten Delikts- und Unterhaltsgläubiger näher zu erläutern. Sie sind in besonderem Maße schützenswert, weil ihre Forderungen nicht auf ihrem Willensentschluss beruhen. Eine Lösung dafür bieten die §§ 850d, 850f Abs. 2 ZPO, wonach die in § 850c ZPO bezeichneten Beschränkungen bei gesetzlichen Unterhaltsansprüchen und Forderungen aus vorsätzlich begangener unerlaubter Handlung nicht zu berücksichtigen sind.[732] Zwar ist § 850c ZPO nur auf laufendes Einkommen anwendbar, aber insoweit wird er bei nicht wiederkehrend zahlbaren Vergütungen durch § 850i ZPO ersetzt. Diese Vorschrift berücksichtigt die erweiterte Pfändbarkeit der §§ 850d, 850f Abs. 2 ZPO, indem sie nicht mehr pfändungsfrei stellt, als dem Schuldner nach freier Schätzung des Gerichts bei Bezügen aus Dienstverhältnis verbleiben würde, § 850i Abs. 1 S. 3 ZPO.[733] Dass dabei die durch fahrlässiges Delikt Geschädigten nicht berücksichtigt werden, mag man bedauern. Eine dahingehende Korrektur des Zwangsvollstreckungs- und mittelbar des Insolvenzrechts ist aber nicht Aufgabe der Rechtsanwendung, sondern der Rechtssetzung.

Im Insolvenzverfahren ist eine Bevorzugung der Delikts- und Unterhaltsgläubiger ebenfalls auf diesem Wege möglich, obwohl die §§ 850d, 850f Abs. 2 ZPO ausdrücklich von der Verweisung in § 36 Abs. 1 S. 2 InsO ausgenommen wurden. Der Grund liegt darin, dass die von diesen Vorschriften bezeichneten Vermögensanteile nur von bestimmten Gläubigern gepfändet werden können. Diese Anteile sind insolvenzfrei, so dass die Delikts- und Unterhaltsgläubiger diesbezüglich nicht Insolvenzgläubiger sind und somit das Vollstreckungsverbot des § 89 Abs. 1 InsO für sie nicht gilt. Sie können damit exklusiv in den erweitert pfändbaren Teil insolvenzfreier Forderungen vollstrecken.[734]

ccc) Zusammenfassung – Verteilung des Neuerwerbs

Damit wird der Neuerwerb des selbstständigen Schuldners wie folgt aufgeteilt: Dem Schuldner ist auf Antrag zu belassen, was er zum notwendigen Unterhalt und zur Aufrechterhaltung seines Betriebs braucht. Der berufsbedingte Aufwand umfasst üblicherweise auch die Befriedigung der Neugläubiger. Den Delikts- und Unterhaltsgläubigern steht der erweitert pfändbare Betrag zu, also die Differenz zwischen dem Betrag für den notwendigen Unterhalt nach § 850i ZPO und dem Betrag für den notwendigen Unterhalt nach § 850d ZPO. Den Insolvenzgläubigern bleibt der Rest, also praktisch die nicht wiederkehrend zahlbaren Vergütungen abzüglich des notwendigen Unterhalts nach § 850i ZPO und der Betriebsausgaben nach § 850f Abs. 1 Buchst. b Fall 2 ZPO, im Ergebnis damit der Nettoertrag des Unternehmens.

---

731 Zum Ganzen einschließlich der Frage, ob § 100 InsO ermessensabhängig ist, Braun/*Kroth*[2] § 100 Rn. 7 ff. Zu großzügige Anwendung von § 100 InsO bei *Schmerbach* ZVI 2003, 256, 258 ff.

732 So auch *Tetzlaff* ZVI 2004, 2, 6.

733 Stein/Jonas/*Brehm*[22] § 850i Rn. 4; Schuschke/*Walker*[3] § 850i Rn. 5; *Stöber* Forderungspfändung[14] Rn. 1239. Für Berücksichtigung im Rahmen der überwiegenden Gläubigerbelange des Abs. 1 S. 4 *Baumbach/Lauterbach/Albers/Hartmann*[65] § 850i Rn. 6.

734 Vgl. Stein/Jonas/*Brehm*[22] § 850 Rn. 63; Braun/*Bäuerle*[2] § 40 Rn. 2.

bb) *Altbestand*

Die bisherigen Ausführungen bezogen sich auf den Neuerwerb. Hier leuchtet die Anwendung der §§ 850 ff. ZPO unmittelbar ein: Wenn der Schuldner nach Insolvenzeröffnung eine Tätigkeit ausübt und dadurch eine Forderung erwirbt, so stehen der Einnahme in diesem Zeitraum entsprechende Kosten gegenüber. Darüber hinaus hat er seinen Unterhalt für den betreffenden Zeitraum zu bestreiten. Einnahmen und Ausgaben sind also auf denselben Zeitabschnitt bezogen. Nun stellt sich die Frage, ob dieser Pfändungsschutz für den Altbestand der Forderungen gleichermaßen gilt.

Daraus könnte man folgern, dass auf Forderungen des Selbstständigen, die vor der Verfahrenseröffnung entstanden sind, die §§ 850 ff. ZPO unanwendbar sind. Dagegen spricht, dass es die eben beschriebene Abschnittsbezogenheit von Einnahmen und Ausgaben nicht gibt. Denn die Aufwendungen, die ein Mandat erfordert, sind u. U. bereits davor bestritten worden, etwa für Personal oder Literatur. Der Unterhalt für den Zeitraum der Tätigkeit ist bereits durch Vergütungen früherer Tätigkeit gesichert. In diesem Sinne beziehen sich also die Einnahmen meistens auf zurückliegende Ausgaben. Aber so, wie das für die gegenwärtige Periode nötige Geld für Unterhalt und Kosten bereits verdient wurde, muss die anwaltliche Tätigkeit der gegenwärtigen Periode das Geld für die folgende einbringen. Es ist ein Grundprinzip des Wirtschaftens, dass die Gegenleistung, die für Unterhalt und Kosten aufkommen soll, erst erfolgt, wenn die Vorleistungen getätigt wurden. Im Normalfall entspricht also der Zeitabschnitt der Ausgaben nicht dem der Einnahmen. Erst das Arbeitsverhältnis nach heutigem Verständnis hat dazu geführt, dass meistens die Zeiträume von Einnahmen (Gehalt) und Ausgaben (persönliche Lebensführung, Betriebsausgaben) zusammenfallen. Das Gesetz zeigt, dass es auf eine – betriebswirtschaftlich mögliche – Zuordnung von Einnahmen und Ausgaben, Kosten und Ertrag nicht ankommt. Der Gesetzestext gibt dazu schon nichts her. Aber wichtiger noch, auch der Zweck der §§ 850 ff. ZPO verbietet eine solche Zuordnung. Diese Vorschriften wollen eine Kahlpfändung des Schuldners verhindern. Er soll seine für Unterhalt und Erwerb notwendigen Ausgaben tätigen können. Andernfalls könnte er seiner Arbeit nicht nachgehen, seinen Unterhalt nicht bestreiten und wäre auf die Hilfe der Allgemeinheit angewiesen. Es kommt mithin nicht auf die Unterscheidung zwischen Altbestand und Neuerwerb an, sondern darauf, dass der Schuldner seine augenblicklichen Ausgaben bestreiten kann. Die Pfändbarkeit von Altforderungen wird daher durch die §§ 850 ff. ZPO beschränkt.[735]

2. *Versorgungsansprüche*

In der Insolvenz des Rechtsanwalts kann sich die Frage stellen, ob Versorgungsansprüche des Anwalts zur Insolvenzmasse gehören, und zwar dann, wenn die Versorgung nach der Insolvenzeröffnung einsetzt, also durch Erreichen des Versorgungsalters. Derartige Ansprüche bestehen bei entsprechender eigener Vorsorge gegen einen Renten- oder Lebensversicherer, zumindest aber gegen das Versorgungswerk der Rechtsanwälte.

---

735 Jaeger-InsO/*Henckel* § 36 Rn. 15. Ähnlich MK-InsO/*Uhlenbruck* § 35 Rn. 58.

a) Renten- und Lebensversicherer

Der Rechtsanwalt muss sich nicht auf die Zahlungen des Versorgungswerks verlassen bzw. kann sich sogar von der Mitgliedschaft freistellen lassen.[736] Die private Altersvorsorge wird meistens in Form einer Renten- oder Lebensversicherung betrieben.

Bis zur Einführung des § 851c ZPO konnten die Rentenzahlungen nur über § 36 Abs. 1 InsO, §§ 850 Abs. 3 Buchst. b und 850i ZPO geschützt werden. Die Anwendung von § 850i ZPO setzt allerdings eine Vergütung für persönlich geleistete Arbeiten oder Dienste voraus. Die Zahlungen aus einer Versicherung lassen sich nicht darunter fassen, da diese nicht auf persönlicher Leistung beruht, sondern auf Einzahlungen aus einer beliebigen Quelle.[737] § 850 Abs. 3 Buchst. b ZPO passt hingegen vom Wortlaut, solange die Versicherung keine Kapitalauszahlung, sondern nur Rentenzahlungen vornimmt und sie lediglich dem Versicherungsnehmer oder seinen unterhaltsberechtigten Angehörigen zugutekommen.

Es wurde jedoch eingewandt, dass die Vorschrift ihrem Sinn nach nur auf Versicherungsnehmer anwendbar ist, die zur Zeit des Vertragsschlusses Arbeitnehmer sind.[738] Nach dieser Meinung sollen lediglich Arbeitnehmer, die aus Eigeninitiative für das Alter vorgesorgt haben, Arbeitnehmern mit ausreichenden arbeitsrechtlichen Vorsorgebezügen gleichgestellt werden.[739] Diese Überlegung ist im Ausgangspunkt sicherlich richtig, aber der Wortlaut schließt es eben nicht aus, dass auch selbstständige Versicherungsnehmer einbezogen werden. Die Situation ist insoweit gerade mit derjenigen der Rechtsanwälte vergleichbar: Die gesetzliche Rentenversicherung bietet ebenso wie das Versorgungswerk der Rechtsanwälte eine Grundsicherung, die durch private Vorsorge ergänzt werden kann bzw. muss. Systematisch unverständlich ist es, wenn dass *OLG Frankfurt* behauptet, fortlaufende Einkünfte freiberuflich Tätiger seien kein Arbeitseinkommen i. S. des § 850 ZPO.[740] Aus der Vorschrift des § 850 Abs. 1 ZPO ergibt sich bereits, dass der Gesetzgeber grundsätzlich jedes Einkommen eines Selbstständigen der Pfändung unterwerfen will, sei es als fortlaufendes i. S. des § 850 Abs. 2 ZPO, sei es als nicht wiederkehrendes i. S. des § 850i ZPO. Auch mit Blick auf Art. 3 Abs. 1 GG ist nicht einzusehen, warum § 850 Abs. 3 Buchst. b ZPO nicht auf Renten- und Lebensversicherungen Selbstständiger anwendbar sein soll.[741]

Dennoch waren gewichtige Kommentarstimmen und die Instanzrechtsprechung anderer Meinung,[742] so dass sich der Gesetzgeber wohl genötigt sah, die Altersversorgung Selbstständiger ausdrücklich dem Pfändungsschutz des Arbeitseinkommens zu unterstellen. Mit dem Gesetz zum Pfändungsschutz der Altersvorsorge und zur Anpassung des Rechts der Insolvenzanfechtung vom 26. 3. 2007 wurde § 851c ZPO eingeführt und § 36 Abs. 1 S. 2 InsO dementsprechend ergänzt.[743] § 851c ZPO bezieht sich auf alle Renten, die aufgrund

---

736 Vgl. § 6 Satzung des Versorgungswerks der Rechtsanwälte in Baden-Württemberg, http://www.vw-ra.de/download/satzung_komplett.pdf. Siehe auch *von Gleichenstein* ZVI 2004, 149 Fn. 2.

737 BFH NJW 1992, 527, 528.

738 OLG Frankfurt/Main VersR 1996, 614; LG Frankfurt/Oder Rpfleger 2002, 322 f.; LG Braunschweig NJW-RR 1998, 1690, 1691; Zöller/*Stöber*[26] § 850 Rn. 11; *Baumbach/Lauterbach/Albers/Hartmann*[65] § 850 Rn. 14.

739 OLG Frankfurt/Main VersR 1996, 614.

740 OLG Frankfurt/Main VersR 1996, 614. Ähnlich LG Braunschweig NJW-RR 1998, 1690, 1691.

741 Im Einzelnen *von Gleichenstein* ZVI 2004, 149, 152 f.; *Schildt* S. 58; *van Zwoll/Mai/Eckardt/Rehborn* Rn. 532; Stein/Jonas/*Brehm*[22] § 850 Rn. 48; Wieczorek/Schütze/*Lüke*[3] § 850 Rn. 71.

742 Siehe Fn 738.

von Verträgen gewährt werden, engt aber in Abs. 1 die Voraussetzungen im Vergleich zu § 850 Abs. 3 Buchst. b ein. So darf die Rentenzahlung nicht vor Vollendung des 60. Lebensjahrs beginnen und nicht an einen Dritten erfolgen. Im Vergleich zur hier vertretenen Rechtsauffassung bedeutet die Gesetzesergänzung zwar eine Verschlechterung der Rechtslage Selbstständiger und eine Benachteiligung gegenüber Angestellten, verglichen mit der bisherigen Rechtsprechungspraxis werden sich die Selbstständigen dennoch faktisch besserstellen. Daher ist die Neuregelung im Grundsatz zu begrüßen.

§ 851c Abs. 2 ZPO entzieht das vom Selbstständigen angesammelte Vorsorgekapital bis zu einem bestimmten, von seinem Alter abhängigen Betrag der Pfändung. Dahinter steckt der Gedanke, dass der von Abs. 1 angestrebte Schutz der Renten ins Leere liefe, wenn nur die Rentenzahlungen dem Pfändungsschutz des Arbeitseinkommens unterlägen, der Kündigungsanspruch des Versicherungsnehmers aber pfändbar wäre.[744] Diese Überlegung gilt jedoch auch für § 850 Abs. 3 Buchst. b ZPO. Die davon umfassten Renten müssen daher ebenfalls im Hinblick auf das Vorsorgekapital geschützt sein. Dieser Schutz besteht soweit, als dadurch eine den §§ 850 ff. ZPO entsprechende Rente gezahlt werden kann. Andernfalls könnte der Schuldner beliebige Summen durch Einzahlung in eine Renten- oder Lebensversicherung dem Vollstreckungszugriff der Gläubiger entziehen. Die Höhe des unpfändbaren Kapitalstocks hängt vom Alter und Einkommen des Schuldners, aber auch von der Sterblichkeitsrate und der Kapitalmarktsituation ab. Die Bestimmung ist vom Vollstreckungs- bzw. Insolvenzgericht zu leisten, falls nötig mit Hilfe der jeweiligen Versicherung. Da die konkrete Berechnung aufwendig und für alle Beteiligten mit Unwägbarkeiten verbunden ist, ist die Pauschalierung durch den Gesetzentwurf positiv zu werten.

b) Versorgungswerk der Rechtsanwälte

Bei den Ansprüchen gegen das Versorgungswerk ist zunächst zu klären, ob sie überhaupt pfändbar und damit insolvenzbefangen sind. Der *BGH* hatte einen Fall zu entscheiden, in dem die Ansprüche eines Rechtsanwalts gegen das Versorgungswerk der Rechtsanwälte in Baden-Württemberg gepfändet werden sollten.[745] § 11 Abs. 1 Rechtsanwaltsversorgungsgesetz (RAVG) besagt: „Ansprüche auf Leistungen können vom Anspruchsberechtigten weder abgetreten noch verpfändet werden." Die Aussage erscheint eindeutig, doch der BGH führte die Regelung einer verfassungskonformen Auslegung zu. Ausgangspunkt dabei war das durch Art. 14 GG geschützte Befriedigungsrecht der Gläubiger des ehemaligen Anwalts. Nach Meinung des BGH ist die durch § 11 Abs. 1 RAVG angeordnete Einschränkung des Eigentumsrechts nicht zu rechtfertigen. Der Staat, der selbst das Zwangsvollstreckungsmonopol ausübt, dürfe den davon betroffenen Gläubigern das Einkommen bestimmter Schuldnerkreise nicht generell als Haftungsgrundlage entziehen.

Dem Gericht ist vor allem im Ergebnis, weniger in der Begründung zuzustimmen. Die Vorschrift des § 11 Abs. 1 RAVG will dem Rechtsanwalt und dessen Familie offenbar die Versorgung in den Zwangslagen sichern, auf die sich § 9 Abs. 1 S. 1 RAVG bezieht.[746] Im

743 BGBl. I 2007 S. 368.

744 Vgl. BT-Dr. 618/05 Gesetzentwurf der Bundesregierung S. 6 f.

745 BGHZ 160, 197 = NJW 2004, 3770.

746 LG Ravensburg NJW 2004, 1538, 1539. In § 9 Abs. 1 S. 1 RAVG sind Altersrente, Berufsunfähigkeitsrente, Hinterbliebenenrente, Sterbegeld und Kapitalabfindung genannt.

Hinblick darauf erscheinen die Abtretung und Vereinbarung eines Vertragspfandrechts am gefährlichsten, weil damit die gesamte Versorgung ohne Begrenzung abgegeben werden kann. Dass diese Verfügungen verboten sind, erscheint sinnvoll und benachteiligt auch keine Dritten, da sie freiwillig sind und beide Parteien der Verfügung die Möglichkeit haben, sich über die rechtlichen Gegebenheiten zu informieren. Anders ist es bei der Pfändung i. S. der §§ 828 ff. ZPO. Für den Vollstreckungsgläubiger ist es nicht vorhersehbar, dass seine Forderung nicht freiwillig beglichen wird. Hingegen gebieten es weder soziale Gründe noch solche des Schutzes Dritter, die Pfändung auszuschließen. Denn Dritte werden – im Gegensatz zur Pfändung von Vergütungsforderungen – nicht beeinträchtigt, während die §§ 850 ff. ZPO dafür sorgen, dass dem Rechtsanwalt und seiner Familie ein angemessener Betrag zum Leben verbleibt und sie damit auch nicht zu Lasten der Allgemeinheit auf Sozialhilfe angewiesen sind.[747] Unter diesen Umständen den Gläubigern die Pfändung zu verwehren, erscheint also in der Tat nicht gerechtfertigt.

Versorgungsansprüche des Rechtsanwalts sind demnach pfändbar und gehören zur Insolvenzmasse.[748] Im Ergebnis genießen die Ansprüche denselben Schutz wie Arbeitseinkommen. Für sozialversicherungsrechtliche Ansprüche geht dies aus § 54 Abs. 4 SGB I hervor.[749] Das RAVG mancher Bundesländer verweist für die Pfändung der Ansprüche gegen das Versorgungswerk auf diese Vorschrift.[750] Ein solcher Verweis fehlt indes im baden-württembergischen RAVG. Für den Beschluss des *BGH* war die Frage der Anwendbarkeit der §§ 850a-c ZPO nicht relevant, da die Gläubigerin nur Pfändung nach Maßgabe der §§ 850 ff. ZPO beantragt hatte.[751] Unabhängig vom Einzelfall ist die analoge Anwendung des § 54 Abs. 4 SGB I geboten. Denn der Plan des Landesgesetzgebers in Bezug auf § 11 RAVG bestand darin, den Rechtsanwalt weitgehend vor einer Verarmung im Alter zu schützen. Wenn er aus diesem Grund eine Verfügung des Rechtsanwalts über die Versorgungsansprüche unmöglich gemacht hat, wäre es sinnwidrig, seinen Gläubigern einen unbeschränkten Zugriff zu gewähren. Die Mitgliedschaft im Versorgungswerk und die gesetzliche Rentenversicherung sind in ihren Zielen auch vergleichbar: Beide wurden verpflichtend ausgestaltet, um den Mitgliedern eine unabdingbare materiellen Grundlage im Alter zu sichern. Daher muss § 54 Abs. 4 SGB I auch für die Ansprüche gegen das Versorgungswerk der Rechtsanwälte gelten. Diese sind damit gemäß den Pfändungsschutzvorschriften insolvenzbefangen.[752]

c) *Ergebnis*

Versorgungsansprüche gegen Renten- und Lebensversicherer sowie gegen das Versorgungswerk der Rechtsanwälte gehören bereits nach geltendem Recht nur nach Maßgabe der §§ 850 ff. ZPO, § 36 Abs. 1 S. 2 InsO zur Insolvenzmasse. Während das dazu notwendige Vorsorgekapital beim anwaltliche Versorgungswerk nicht geschützt zu werden braucht, da

747 Zur Anwendbarkeit der Pfändungsvorschriften Stein/Jonas/*Brehm*[22] § 850 Rn. 33, 35.

748 So auch *Schildt* S. 62.

749 Der Absatz lautet: „(4) Im übrigen können Ansprüche auf laufende Geldleistungen wie Arbeitseinkommen gepfändet werden.“

750 Vgl. BGHZ 160, 197, 202 f. = NJW 2004, 3770, 3772.

751 BGHZ 160, 197, 203 = NJW 2004, 3770, 3772.

752 *Esser/Prossliner* NZI 2002, 647, 651.

kein Kündigungsanspruch besteht, ergibt sich der entsprechende Schutz der Versicherungen aus § 850 Abs. 3 Buchst. b ZPO.

VII. Gegenseitige Verträge, §§ 103 ff. InsO

§ 103 InsO enthält die Grundregel zur Behandlung schwebender Verträge. Das sind gegenseitige Verträge, bei denen keine der Vertragsparteien ihre Leistung bei Eröffnung des Insolvenzverfahrens vollständig erbracht hat. In diesen Fällen hat der Insolvenzverwalter das Recht, Erfüllung zu wählen und damit dem Vertragspartner einen Leistungsanspruch gegen die Masse zu verschaffen oder die Erfüllung abzulehnen. Dann kann der andere Teil eine etwaige Forderung wegen Nichterfüllung nur als Insolvenzforderung geltend machen, § 103 Abs. 2 S. 1 InsO. Die Regelung verfolgt einen doppelten Zweck. Sie dient einerseits der Masse, weil sie dem Verwalter eine Wahlmöglichkeit eröffnet: Er kann die Erfüllung vorteilhafter Verträge fordern, um die Masse zu mehren, und die Erfüllung ungünstiger Verträge ablehnen, um die Masse zu schonen. Andererseits sichert § 103 InsO demjenigen Vertragspartner den Schutz des funktionellen Synallagmas, der sich darauf berief, indem er nicht vorleistete. Dieser soll nur leisten müssen, wenn der Insolvenzverwalter vollwertige Gegenleistung anbietet.

Nun kann man sich fragen, ob von dieser Regelung alle schwebenden Verträge des Rechtsanwalts betroffen sind. Unproblematisch ist das sicherlich bei Verträgen ohne besondere Verbindung zur anwaltlichen Tätigkeit oder einzelnen Mandaten. Darunter fällt z. B. ein Vertrag mit einem Maler, die Räume der Kanzlei zu streichen. Ist dieser Werkvertrag von keiner Partei vollständig erfüllt worden, kann der Insolvenzverwalter die Erfüllung nach § 103 InsO wählen oder ablehnen.

Anders mag es bei einem Mandat sein oder der Bestellung von zur Berufausübung erforderlicher Literatur. Nach den Motiven zur KO können die §§ 17 ff. KO (§§ 103 ff. InsO) „nicht angewendet werden auf solche zweiseitigen Verträge, welche den Konkursverhältnissen überhaupt nicht unterliegen".[753] Beispielhaft werden Verträge erwähnt, deren Natur es nicht zulasse, dass die vertragsmäßige Leistung entweder statt an den Gemeinschuldner (Insolvenzschuldner) an den Verwalter oder statt durch den Gemeinschuldner durch den Verwalter erbracht werden. Diese in den Motiven zur KO genannte Unterteilung soll aufgegriffen und auf das Problem der Insolvenz des Rechtsanwalts angewandt werden.

1. Insolvenzfreie Leistung an den Schuldner

Beispiele für diese Fallgruppe sind Leistungen an die Person des Schuldners. Dazu gehören der Vertrag mit dem Hausarzt[754] und die Bestellung einer Kapelle für die Geburtstagsfeier des Schuldners.[755] Wenn der Insolvenzverwalter nun Erfüllung wählte, gäbe er der anderen Partei eine Masseforderung, während ihre Leistung ausschließlich dem Schuldner, aber nicht der Masse zugute käme. Es ist leicht einzusehen, dass eine solche Regelung unsinnig wäre. Verträge, die Leistungen zum Gegenstand haben, die nicht der Masse zugutekommen, kann der Insolvenzverwalter nicht zur Masse ziehen. Sie sind der insolvenzfreien

---

[753] Zitiert bei HK/*Marotzke*[4] § 103 Rn. 14.

[754] HK/*Marotzke*[4] § 103 Rn. 14.

[755] MK-InsO/*Huber* § 103 Rn. 87.

Sphäre des Schuldners zugeordnet.[756] Der Schuldner muss sie mit seinem insolvenzfreien Vermögen erfüllen.

Doch am sinnfälligsten wird diese Fallgruppe repräsentiert durch die Lieferung von Gegenständen, die der Schuldner für seinen Erwerb braucht.[757] Erwerbsgegenstände sind gemäß § 36 Abs. 1 S. 1 InsO, § 811 Abs. 1 Nr. 5 ZPO nicht Bestandteil der Insolvenzmasse. Auch sie unterliegen nicht der des Verwalters.

Dies kann u. U. kuriose Auswirkungen haben. Wenn der Schuldner eine entgeltliche Tätigkeit aufnimmt, so ist sein Einkommen nur im Rahmen der §§ 850 ff. InsO insolvenzfrei, steht ansonsten aber der Masse als Neuerwerb zu, § 35 Abs. 1 Fall 2 InsO. Daran ändert sich im Grunde auch nichts, wenn er sich in Naturalien bezahlen lässt. Sollte der Schuldner z. B. für einen Rechtsrat einen hochwertigen Fernseher erhalten, kann dieser weggenommen oder gegen ein einfaches Gerät ausgetauscht werden, §§ 811 Abs. 1 Nr. 5, 811a Abs. 1 ZPO, § 36 Abs. 1 S. 1 InsO. Erhält der Schuldner hingegen einen Erwerbsgegenstand, z. B. einen Kommentar, so unterliegt dieser nicht dem Insolvenzbeschlag. Die Insolvenzmasse hat auch keinen Bereicherungsanspruch gegen den Vertragspartner des Schuldners, da dieser im Rahmen des Vertrages nicht bereichert ist. Das bedeutet, dass sich der Schuldner Einkommen, das oberhalb der Pfändungsfreigrenzen liegt, in natura und zwar in Erwerbsgegenständen auszahlen lassen sollte. Durch die Einbeziehung des Neuerwerbs in die Insolvenzmasse bieten §§ 35 f. InsO damit einen Anreiz zu Naturalienwirtschaft und Schwarzarbeit. Dieses bedenkliche Ergebnis muss aber in Kauf genommen werden, wenn man die gesetzliche Regelung richtig interpretiert. Denn aus § 35 Abs. 1 Fall 2 InsO geht nicht hervor, dass der Schuldner einen Neuerwerb erarbeiten muss. Die Masse wird durch §§ 811 Abs. 1 Nr. 5, § 36 Abs. 1 S. 1 InsO nicht schlechter gestellt, als wenn der Schuldner überhaupt nichts verdienen würde. Wenn er sich statt Geld in Erwerbsgegenständen bezahlen lässt, kann das im Hinblick darauf, dass gar nicht arbeiten müsste, also nicht als unzulässige Umgehung angesehen werden.

Wenn § 811 Abs. 1 Nr. 5 ZPO sicherstellen soll, dass der Schuldner seinem auf persönlicher Arbeitsleistung beruhenden Erwerb weiter nachgehen kann, fragt sich, ob dies auch für Verträge gilt, die in engerem Zusammenhang mit dem Unternehmen stehen, aber nicht auf den Kauf von Erwerbsgegenständen gerichtet sind. Zu denken ist an den Mietvertrag über die Kanzleiräume, Stromlieferungsvertrag, Telekommunikationsdienstleistungsvertrag, aber auch an Arbeitsverträge mit Angestellten. Diese Verträge haben gemeinsam, dass sie den notwendigen Rahmen für die schuldnerische Tätigkeit schaffen. Eine Anwendung des Rechtsgedankens des § 811 Abs. 1 Nr. 5 ZPO auf angemietete betrieblich genutzte Immobilien im Rahmen des Insolvenzverfahrens ist aber problematisch, weil der Gesetzgeber Immobilien bewusst vom Pfändungsschutz ausgenommen hat. Dieses Argument gilt jedoch nicht für Verträge über Stromlieferung und Telekommunikationsdienstleistung. Dafür hat der Schuldner die Möglichkeit, sich diese Leistungen sowohl vom ursprünglichen Lieferanten durch Neuabschluss des Vertrags als auch von anderen Lieferanten zu besorgen. Dass die Versorger möglicherweise aufgrund der Insolvenz nicht kontrahieren wollen, beeinflusst die Berufsausübung, spricht aber nicht entscheidend gegen den Insolvenzbeschlag dieser Verträge. Der Gesetzgeber wollte zwar den Bestand der Erwerbsgegenstände schützen, aber nicht den Zufluss von zur Berufsausübung nötigen Leistungen. So sind

---

756 MK-InsO/*Huber* § 103 Rn. 87; *Marotzke*[3] Rn. 4.15; *Voigt/Gerke* ZInsO 2002, 1054, 1062 f.

757 HK/*Marotzke*[4] § 103 Rn. 15.

auch Arbeitsverträge des Schuldners mit seinen Angestellten insolvenzbefangen. Diese unternehmensbezogenen Verträge unterliegen mithin den §§ 103 ff. InsO.[758]

2. *Insolvenzfreie Leistung durch den Schuldner*

Wenn der Schuldner durch eigene Tätigkeit leisten soll, kann aufgrund dieser persönlichen Leistung der darauf gerichtete Vertrag – das Mandat – aus zwei Gründen nicht der Erfüllungswahl unterliegen.

Zunächst ist an eine Ausnahmeregel zu § 103 InsO zu denken. Von den §§ 104 ff. InsO könnten für die anwaltliche Tätigkeit nur die §§ 113, 115 und 116 InsO einschlägig sein. Diese Vorschriften setzen freilich allesamt voraus, dass der Insolvenzschuldner die Geschäftsbesorgung in Auftrag gegeben hat; durch das Mandat wird er aber dazu verpflichtet. Er hat also nicht die Leistung zu fordern, sondern zu erbringen.

§ 103 InsO könnte aber deswegen keine Anwendung finden, weil die Arbeitskraft des Rechtsanwalts nicht dem Insolvenzbeschlag unterliegt. In der Insolvenz des Arbeitnehmers wird die Erfüllungswahl des Verwalters aus diesem Grund im Ergebnis abgelehnt.[759]

Aus der Rechtsfolgenperspektive spielt es keine Rolle, ob das Mandat der Erfüllungswahl unterliegt, solange der Rechtsanwalt es ordnungsgemäß bearbeitet. Denn die Gegenleistung – sofern sie nicht ihrerseits insolvenzfrei ist – fließt in die Insolvenzmasse, § 35 Abs. 1 Fall 2 InsO. Dagegen mindert die Erfüllung durch den Insolvenzschuldner nicht die Masse, da die dafür genutzten Güter Arbeitskraft und Erwerbsgegenstände ohnehin insolvenzfrei sind. Hinsichtlich der Betriebsausgaben und des Unterhalts ergeben sich ebenso wenig Auswirkungen, weil in entsprechender Höhe Einnahmen freigestellt werden können, § 36 Abs. 1 InsO, §§ 850f Abs. 1, 850i ZPO.

Anders ist es aber, wenn der Rechtsanwalt das Mandat nicht oder schlecht erfüllt. Wird der Anwaltsvertrag vom Insolvenzbeschlag umfasst, so verringert sich die Insolvenzquote aufgrund des Anspruchs des Mandanten auf Schadensersatz wegen Nicht- oder Schlechterfüllung, und zwar unabhängig davon, ob der Verwalter Erfüllung wählt oder nicht. Im ersteren Fall ist der Schadensersatzanspruch eine Masseschuld, vgl. §§ 280 Abs. 1, 675 BGB, § 55 Abs. 1 Nr. 2 InsO, im letzteren eine Insolvenzschuld, § 103 Abs. 2 S. 1 InsO. Ist das Mandat hingegen massefrei, wird nur der Schuldner persönlich zum Schadensersatz verpflichtet.[760] Hier wirkt sich der Insolvenzbeschlag zuungunsten der Masse aus. Positives ergäbe sich nur dann, wenn anstatt des Schuldners ein anderer, vom Insolvenzverwalter anzustellender Anwalt das Mandat übernehmen könnte. Das scheidet aber aus, weil man bei einer Einzelkanzlei davon ausgehen muss, dass der Inhaber persönlich verpflichtet worden ist.[761] Es handelt sich um eine höchstpersönliche Tätigkeit.[762] Die gegenteilige Ansicht[763] verkennt die Bedeutung des Vertrauensverhältnisses zwischen Anwalt und Mandant. Der Insolvenzbeschlag des Mandats bringt somit nur Nachteile. Aus massefreundlicher Sicht ist er daher abzulehnen.

---

758 A. M. mit Ausnahme der Dienst- und Mietverträge *Voigt/Gerke* ZInsO 2002, 1054, 1063 f.; *Schildt* S. 97, 100.

759 Jaeger-InsO/*Henckel* § 55 Rn. 55; *Schollmeyer* S. 46; HK/*Marotzke*[4] § 105 Fn. 4.

760 Zur Entstehung von Masseverbindlichkeiten ausführlich S. 138 ff.

761 BGH NJW 1988, 1973.

762 *W. Schick* NJW 1990, 2359, 2361.

763 *Schildt* S. 99.

Aber auch dogmatisch erscheint es einleuchtender, wenn ein Bereich wie die Arbeitstätigkeit des Schuldners, auf den der Verwalter keinen Einfluss hat, diesem auch nicht formell unterstellt wird. Aus diesem Grunde ist der Gedanke *Hubers* abzulehnen, der Insolvenzverwalter könne das Mandat mit Wirkung für und gegen die Masse bei fortbestehender Leistungsbereitschaft neu begründen.[764] Dieses Vorgehen würde die Masse angesichts des Insolvenzbeschlags des Neuerwerbs nicht anreichern, ihr aber im Falle der Nichterfüllung, auf die der Verwalter keinen Einfluss hat, schaden. Da der Neuerwerb zur Masse gehört, gibt es aus Sicht der Gläubiger keine Einwände gegen die Fortsetzung der anwaltlichen Tätigkeit. Auch für den Schuldner ist die Lösung akzeptabel, da er durch den Pfändungsschutz der §§ 850f Abs. 1, 850i ZPO die Kanzlei und seinen Lebensunterhalt finanzieren kann.[765]

Runkel wendet ein, dass die Neugläubiger rechtlos gestellt würden, wenn ihnen als Haftungsmasse nur das insolvenzfreie Vermögen des Schuldners zur Verfügung stünde.[766] Dadurch würde die selbstständige Tätigkeit schnell zum Erliegen kommen, weil niemand mit dem Schuldner Verträge schließen wolle. Dieses Ergebnis sei vom Gesetzgeber nicht gewollt; vielmehr solle der Schuldner durch eigene berufliche Tätigkeit ein Einkommen erzielen, mit dem die Gläubiger befriedigt werden können. Diese Beobachtung ist zwar richtig, muss freilich nicht dazu führen, nach Umgehungsmöglichkeiten zu suchen.[767] Zunächst ergibt sich nicht aus der Regierungsbegründung zu § 35 Abs. 1 InsO, auf die sich *Runkel* bezieht, dass von der Tätigkeit der Selbstständigen ein erheblicher Beitrag zur Schuldenbereinigung erwartet wird; Bezug wird vor allem auf nicht unternehmerisch tätige Personen genommen.[768]

Schließlich muss man sich fragen, warum die Pfändungsgrenzen der §§ 850 ff. ZPO bei einer selbstständigen Tätigkeit im Rahmen des Insolvenzverfahrens nicht ausreichen sollen, den Neugläubigern eine angemessene Haftungsgrundlage zu bieten, während dies die Gläubiger nicht abschreckt, wenn Einzelvollstreckungsmaßnahmen durchgeführt werden. Denn die §§ 850f Abs. 1, 850i ZPO sollen im Hinblick auf die Zwangsvollstreckung ja noch im verstärkten Maße dazu beitragen, dass Arbeitstätigkeit und Unterhaltsfähigkeit des Schuldners trotz der Vollstreckung nicht beeinträchtigt werden. Gerade die Regelung des § 850f Abs. 1 Buchst. b ZPO begünstigt diejenigen Gläubiger, auf deren Leistungen der laufende Kanzleibetrieb angewiesen ist, indem sie es dem Schuldner ermöglicht, diese Forderungen zu erfüllen. Es ist nicht ersichtlich, dass der Gesetzgeber den durch diese Vorschrift im Insolvenzverfahren gewährten – mittelbaren – Schutz der Neugläubiger als unzureichend betrachtet. Vielmehr ist eine selbstständige Tätigkeit nach dem gesetzlich vorgegebenen Modell möglich. Das Mandat ist demnach nicht vom Insolvenzbeschlag umfasst. § 103 InsO findet keine Anwendung.[769]

---

764 MK-InsO/*Huber* § 103 Rn. 88.

765 Siehe S. 127 ff.

766 FS Uhlenbruck/*Runkel* S. 315, 327. So wohl auch die Überlegung in Nerlich/Römermann/*Balthasar* § 103 Rn. 11.

767 Beispiele bei FS Uhlenbruck/*Runkel* S. 315, 327 ff.

768 BT-Dr. 12/2443 S. 122 Zu § 42.

769 LG Rostock NJW-RR 2002, 846, 847. Mit den gerade genannten Einschränkungen MK-InsO/*Huber* § 103 Rn. 88. Ebenso zur KO Jaeger-KO/*Henckel*[9] § 17 Rn. 108; FG Düsseldorf ZIP 1992, 635, 636. Zweifelnd HK/*Marotzke*[4] § 103 Rn. 21.

Gegenseitige Verträge, bei denen Leistung oder Gegenleistung nicht zur Insolvenzmasse gehören, unterliegen nicht der Erfüllungswahl nach § 103 InsO.[770] Dazu gehören insbesondere anwaltliche Mandate und die Beschaffung von Erwerbsgegenständen des Rechtsanwalts.

VIII. Zusammenfassung

Die Grundvoraussetzung für die Verwertung eines Gegenstandes im Insolvenzverfahren ist die Zugehörigkeit zur Insolvenzmasse. Nicht zur Insolvenzmasse zählen die Arbeitskraft des Schuldners, die Zulassung zur Anwaltschaft, der Kanzleiname und die Versorgungsansprüche. Ebenso wenig gehören die zum Erwerb notwendigen Gegenstände dazu. Daneben wird der Betrag des Arbeitseinkommens freigestellt, den der Schuldner zur Deckung der Betriebsausgaben und zum Unterhalt braucht.

Von den zum Kanzleivermögen gehörenden Gegenständen fällt somit nur die Betriebsimmobilie in die Masse. Dafür sind sämtliche laufenden unternehmensbezogenen Verträge insolvenzbefangen, seien es Arbeitsverträge mit den Kanzleiangestellten, der Mietvertrag oder sonstige Versorgungsverträge. Von den Einnahmen des Rechtsanwalts wird alles, was über die Kosten der Kanzlei und den notwendigen Unterhalt hinausgeht, vom Insolvenzbeschlag erfasst.

IX. Aussonderungsrechte

Die hier behandelte Materie enthält kaum Besonderheiten in Bezug auf aus- und abzusondernde Gegenstände. Allenfalls über die Behandlung von Fremdgeld ist zu sprechen.

Der Rechtsanwalt ist verpflichtet, Geld von Mandanten auf gesonderten Konten aufzubewahren und Geld, das Mandanten zusteht, auf gesonderte Konten überweisen zu lassen, § 43a Abs. 5 BRAO, § 4 BORA. Das vom Rechtsanwalt in fremdnütziger Treuhand geführte Konto wird als Anderkonto bezeichnet.[771] Er kann dabei für jeden Mandanten ein Konto anlegen (Einzelanderkonto) oder ein Konto für mehrere Mandanten vorhalten (Sammelanderkonto).[772] Kontoinhaber und damit verfügungsberechtigt ist der Rechtsanwalt; die Mandanten haben nur einen Herausgabeanspruch gegen ihn. Demnach gehört das Fremdgeld zu seinem Vermögen, so dass es scheinbar Bestandteil der Insolvenzmasse ist, § 35 Abs. 1 InsO. Haftungsrechtlich gesehen steht das Treugut aber nicht den Gläubigern des Treuhänders, sondern denen des Treugebers zu. Sonst könnte der Treugeber leicht Vermögenswerte der Haftung entziehen.[773]

Geldbeträge und Wertsummen kann man im Grundsatz nicht aussondern, da sich das Aussonderungsrecht seinem Wesen nach nur auf individuell bestimmte Gegenstände bezieht.[774] Davon kann aber abgewichen werden, wenn die Beträge nicht mit dem eigenen Vermögen des Anwalts vermischt werden können. Eine solche Abweichung ist beim Anderkonto möglich, weil der Rechtsanwalt durch die Eröffnung als Anderkonto nach außen

---

770 Smid/*Smid*[2] § 103 Rn. 17; Kübler/Prütting/*Tintelnot* § 103 Rn. 48.

771 *Kümpel*[3] Rn. 3.149; *Kuhn/Uhlenbruck*[11] § 43 Rn. 13.

772 Zum rechtlichen Rahmen vgl. die Bedingungen für Anderkonten und Anderdepots von Rechtsanwälten und Gesellschaften von Rechtsanwälten, abgedruckt bei *Baumbach/Hopt*[32] AGB-Anderk a.

773 Jaeger-InsO/*Henckel* § 47 Rn. 68.

774 BGHZ 58, 257, 258 = NJW 1972, 872; Nerlich/Römermann/*Andres* § 47 Rn. 2, 6.

dokumentiert, dass er zwar Inhaber ist, der Saldo aber haftungsrechtlich den betroffenen Mandanten zugewiesen werden soll. Dies gilt auch, obwohl bei Anderkonten meistens das Geld nicht unmittelbar aus dem Vermögen des Mandanten in dasjenige des Anwalts übertragen worden ist, wie es das Unmittelbarkeitsprinzip[775] verlangt. Diese Anforderung ist von der Rechtsprechung für Anderkonten aufgegeben worden.[776] Daher ist das Fremdgeld auszusondern.[777]

§ 8 Gesamtverwertung des Kanzleivermögens

Nachdem im vorigen Kapitel der Insolvenzbeschlag einzelner zur Kanzlei gehörender Vermögensgegenstände untersucht wurde, soll nun auf die Gesamtverwertung des Kanzleivermögens eingegangen werden. Dabei wird danach unterschieden, ob der Insolvenzschuldner mit dem Verwalter zusammenarbeitet oder nicht. Falls der insolvente Rechtsanwalt bei der Berufsausübung Masseverbindlichkeiten erzeugen kann, ist eine Schädigung der Insolvenzmasse infolgedessen nicht ausgeschlossen. Daher muss zunächst geklärt werden, unter welchen Umständen der Schuldner Masseverbindlichkeiten erzeugen kann.

I. Entstehung von Masseverbindlichkeiten

1. Mit Zustimmung des Insolvenzverwalters

Auch wenn der Schuldner nicht zur Zusammenarbeit mit dem Insolvenzverwalter verpflichtet ist, kann er sich dafür entscheiden. Damit wird bezweckt, das Insolvenzverfahren schneller zu beenden, mehr Mittel für Unterhalt und Unternehmen zur freien Verfügung zu haben oder das Wohlwollen des Verwalters und des Gerichts zu erlangen.[778] Die von Wissenschaft und Rechtsprechung vorgeschlagenen Kooperationsformen sind vielfältig. Sie setzen allesamt voraus, dass der Verwalter das Unternehmen fortführt. Die Zulässigkeit dieser Vorgehensweise ergibt sich im Allgemeinen aus der Gläubigerautonomie und im Besonderen aus der Möglichkeit der Gläubigerversammlung, im Berichtstermin die vorläufige Fortführung des Schuldnerunternehmens durch den Insolvenzverwalter zu beschließen, § 157 S. 1 Fall 2 InsO. Der Verwalter darf aber auch vor dem Berichtstermin das Unternehmen fortführen, denn dies kann bereits der vorläufige Insolvenzverwalter, auf den die Verwaltungs- und Verwertungsbefugnis übergegangen ist (sog. starker Verwalter), § 22 Abs. 1 S. 2 Nr. 2 InsO. Es wäre widersprüchlich, wenn vor Verfahrenseröffnung und nach dem Berichtstermin das Unternehmen fortgeführt werden dürfte, aber nicht in der Zeit dazwischen.

---

[775] RGZ 160, 52, 59. Weitere Nachweise bei Jaeger-InsO/*Henckel* § 47 Rn. 70 Fn. 184. Ablehnend Gottwald/*Gottwald*[3] § 40 Rn. 31.

[776] Vgl. BGH NJW 1954, 190, 191 und BGH NJW-RR 1993, 301.

[777] BGH NJW 1959, 1223, 1224 f.; BGHZ 51, 395, = NJW 1969, 942; Gottwald/*Gottwald*[3] § 40 Rn. 35; HK/*Eickmann*[4] § 47 Rn. 15. Weitere Nachweise zur Rspr. und Lit. bei Jaeger-InsO/*Henckel* § 47 Fn. 174.

[778] Gründe bei *W. Schick* NJW 1990, 2359, 2361 f.

Im Folgenden sind die verschiedenen Möglichkeiten darzustellen, dem Insolvenzschuldner Verpflichtungsmacht zu übertragen. Bei dieser Gelegenheit wird der Frage nachgegangen, ob durch die Kooperation einverständlich die Verfügungsmacht über insolvenzfreies Vermögen auf den Insolvenzverwalter übergehen kann.

a) *Verpflichtungsmacht des Insolvenzschuldners über die Insolvenzmasse*

aa) *Grundfragen*

Die Verpflichtungsmacht kann sich nur auf die kanzleibezogenen Geschäfte beziehen, da der Fortführungsbeschluss nichts mit der privaten Lebensführung des Anwalts zu tun hat. Es ist aber bereits umstritten, ob der Insolvenzverwalter die Verpflichtungsmacht hinsichtlich der Masse überhaupt übertragen kann.[779] Hier hilft es, sich die dogmatische Behandlung der Verpflichtungsmacht anzusehen. Ihr Übergang vom Schuldner auf den Insolvenzverwalter regelt sich nämlich nicht nach § 80 Abs. 1 InsO, der lediglich die Verwaltungs- und Verfügungsbefugnis umfasst. Wodurch die Masse verpflichtet wird, ist dagegen in § 55 InsO normiert. Daher wird im Rahmen der Eigenverwaltung explizit nicht auf § 55 InsO verwiesen, § 274 Abs. 1 InsO. Es kommt im eröffneten Verfahren also darauf an, ob eine Verbindlichkeit durch die Verwaltung, Verwertung oder Verteilung der Insolvenzmasse begründet wurde, § 55 Abs. 1 Nr. 1, 2 InsO. Aus der Trennung der Vermögenssphären der Insolvenzmasse und des freien Vermögens folgt, dass insolvenzfreies Vermögen und insolvenzfreie Verträge grundsätzlich nicht der Verwaltung der Insolvenzmasse gemäß § 55 Abs. 1 Nr. 1 InsO unterliegen. Verpflichtungsmacht kann der Verwalter dem Schuldner demnach nur übertragen, wenn sich dies als Verwaltung der Masse darstellt. Dazu gehört natürlich die Begründung von massebezogenen Neugeschäften,[780] und zwar nicht nur durch den Insolvenzverwalter selbst, sondern auch durch den Insolvenzschuldner. Die Zustimmung zu Neugeschäften des Schuldners kann sinnvoll sein und ist damit von § 55 Abs. 1 Nr. 1 InsO umfasst. Deshalb steht einer Übertragung der Verpflichtungsmacht hinsichtlich der Masse i. S. einer einzelfallbezogenen oder generellen Zustimmung der schuldnerischen Neugeschäfte nichts im Wege. Die Kritik von *Schumacher*, eine ausdrückliche Verpflichtungsermächtigung finde keinen Anknüpfungspunkt im Gesetz,[781] muss daher zurückgewiesen werden.

Ebenfalls unklar ist, auf welchem rechtskonstruktiven Wege Verpflichtungsmacht erteilt werden kann. *Henckel* und *Windel* schlagen dafür eine analoge Anwendung von § 185 Abs. 2 S. 1 BGB vor, allerdings mit der Einschränkung auf die Genehmigung im Einzelfall.[782] Diese Vorschrift heranzuziehen, ist aber nicht nur wegen ihres begrenzten Anwendungsbereichs unbefriedigend, sondern wegen der fehlenden Regelungslücke auch unlogisch. Denn das Auseinanderfallen von Verpflichtendem und Verpflichtetem hat der Gesetzgeber nicht in § 185 BGB, sondern in den §§ 164 ff. BGB geregelt. Die Voraussetzungen einer wirksamen Stellvertretung sind die Abgabe einer eigenen Willenserklärung des Vertreters in fremdem Namen im Rahmen seiner Vertretungsmacht. Dass der Schuldner

[779] Dafür FS Uhlenbruck/*Runkel* S. 315, 327 f; *Tetzlaff* ZVI 2002, 309, 312. Dagegen FK/*Schumacher*[4] § 55 Rn. 20; *Schildt* S. 90.

[780] Uhlenbruck/*Uhlenbruck/Berscheid*[12] § 55 Rn. 8.

[781] FK/*Schumacher*[4] § 55 Rn. 20.

[782] Jaeger-KO/*Henckel*[9] § 7 Rn. 26; *Windel* KTS 1995, 367, 397 f.

eine eigene Willenserklärung abgibt, steht außer Frage. Wenn er mit Verpflichtungsmacht für die Masse handeln will, muss er in fremdem Namen auftreten, also als Vertreter des Insolvenzverwalters.[783] Die Vertretungsmacht erhält der Schuldner im Rahmen eines Auftrags, § 662 BGB, der den Abschluss des einzelnen Vertrags, eines bestimmten Typs oder aller kanzleibezogenen Verträge umfasst. Sollte einmal ein Geschäft nicht von der Vertretungsmacht erfasst sein, kann der Insolvenzverwalter immer noch nach §§ 177 Abs. 1, 184 BGB genehmigen. Wenn das Geschäft für die Masse objektiv günstig ist und der Massegewinn ohne die Genehmigung entfiele, muss er genehmigen. Allerdings ist ihm dabei ein Einschätzungsspielraum einzuräumen, so dass eine Genehmigungspflicht nur bei evident günstigen Geschäften besteht.[784]

Auf ein praktisches Bedürfnis scheint diese Lösung jedoch keine Antwort zu geben: die Genehmigung von Geschäften, die der Schuldner nicht – wenigstens konkludent – im Namen des Insolvenzverwalters abgeschlossen hat. Der Verwalter kann auch ein Interesse daran haben, dass ein solches, vorteilhaftes Geschäft des Schuldners für und gegen die Masse wirkt. Wenn der Vertragspartner einverstanden ist, kann ohne Weiteres eine Vertragsübernahme oder der Neuabschluss des Vertrages mit der Masse als Vertragspartei vereinbart werden. Weigert er sich aber, liegt keine Vertretung ohne Vertretungsmacht, sondern ein Eigengeschäft des Schuldners vor. Eine Genehmigung nach § 177 BGB kommt nicht in Frage. Das heißt aber nicht, dass das vorteilhafte Geschäft nicht der Masse zugutekommen könnte. Leistungen, die an den Schuldner erbracht werden, fallen in die Masse, § 35 Abs. 1 Fall 2 InsO. Der Insolvenzverwalter kann mit dem Schuldner bei der Erfüllung des Vertrages zusammen arbeiten, wenn der Schuldner dabei auf Gegenstände oder Geldmittel der Masse angewiesen ist. Dass der Schuldner sich der Mitarbeit oder Mithilfe bei der Erfüllung verweigert, wird selten vorkommen, nachdem er den Vertrag selbst geschlossen hat.

Damit verbleiben nur wenige Fälle, in denen die Insolvenzmasse alleine erfüllen will und kann. Sie scheinen eine Genehmigung außerhalb des Vertretungsrechts zu erfordern, die nach manchen Stimmen analog § 185 Abs. 2 S. 1 BGB erfolgen soll.[785] Hier handelt es sich aber nicht um eine Regelungslücke, sondern um ein Schweigen des Gesetzes. Grundsätzlich besitzt keine Person die Rechtsmacht, Verträge einer anderen Person mit Wirkung für und gegen sich zu genehmigen. Daran ändert sich auch nichts durch die Eröffnung eines Insolvenzverfahrens. Die Berechtigung zur Erfüllungswahl nach § 103 InsO ist eine Ausnahme davon und hat ihren guten Sinn: Der Vertragspartner hatte vor Verfahrenseröffnung mit dem Schuldner einen rechtswirksamen Vertrag geschlossen, der diesen – in Gestalt der Insolvenzmasse – weiterhin grundsätzlich bindet.[786] Allerdings eröffnet § 103 InsO die Möglichkeit, die Haftung der Masse abzuwehren und dem Vertragspartner nur eine Schadensersatzforderung als Insolvenzforderung einzuräumen. Geschäfte des Schuldners nach Verfahrenseröffnung genehmigen zu können, kann zwar sinnvoll für die Insolvenzmasse sein, rechtfertigt aber nicht die Annahme einer ausfüllungsbedürftigen Regelungslücke.

---

[783] Erkennbarkeit des Handelns für die Masse verlangt auch Jaeger-KO/*Henckel*[9] § 7 Rn. 26.

[784] *Windel* KTS 1995, 367, 397 f., Fn. 202. Nur auf die objektive Massegünstigkeit abstellend Jaeger-KO/*Henckel*[9] § 7 Rn. 26.

[785] Siehe schon Fn. 782.

[786] So unter Abkehr von der Erlöschenstheorie BGHZ 150, 353 = NJW 2002, 2783; BGHZ 155, 87 = NJW 2003, 2744. Zur Entwicklung der Rechtsprechung HK/*Marotzke*[4] § 103 Rn. 1 ff.

bb) Sonderfälle

aaa) Abführungsvereinbarung

Als verwalterfreundliche Lösung[787] wird der Weg bezeichnet, wenn der Insolvenzverwalter den Schuldner seine Geschäfte im Großen und Ganzen frei führen lässt und mit ihm die Abführung einer bestimmten Summe in regelmäßigen Abständen vereinbart. Der Schuldner wird nur stichprobenmäßig überwacht. Verwalterfreundlich ist diese Vorgehensweise deswegen, weil sie den Aufwand für den Insolvenzverwalter gering hält. Sie setzt allerdings voraus, dass der schuldnerische Betrieb Gewinne macht und sich leicht überwachen lässt. Die zweite Bedingung ist bei einer Anwaltskanzlei oft erfüllt: Sie wird aufgrund der Kanzleipflicht des § 27 Abs. 1 S. 1 BRAO in einem Geschäftslokal betrieben und wickelt die meisten Geschäfte – zumal mit den Mandanten – unbar ab. Zweifel können sich im Einzelfall allenfalls ergeben, wenn die Buchführung nicht aussagekräftig genug ist.[788]

An der Zulässigkeit dieser Lösung, namentlich einer Abführungsvereinbarung, besteht kein Zweifel.[789] Bedenken gegen diese Form der Kanzleiweiterführung sollen aber nicht verschwiegen werden. Gerade in der Anwaltsinsolvenz ist das schuldnerische Unternehmen durch die Pfändungsschutzbestimmungen der §§ 811 Abs. 1 Nr. 5, 850f Abs. 1, 850i ZPO lebensfähig. Auch das Verfahren zur Freistellung von Mitteln nach den §§ 850f Abs. 1, 850i ZPO kann so ausgestaltet werden, dass keine nennenswerte Beeinträchtigung der Geschäftstätigkeit stattfindet.[790] Darum ist nicht einzusehen, warum über den Weg einer Abführungsvereinbarung dem Schuldner mehr Mittel zufließen sollen, als ihm nach den Pfändungsschutzvorschriften zustehen. Dadurch stellt er sich nicht nur besser als abhängig Beschäftigte, sondern verliert auch einen Anreiz zur Ausarbeitung eines Insolvenzplans oder zur Stellung eines Antrags zur Eigenverwaltung. Diese beiden Verfahren haben den Vorzug, dass der Gesetzgeber sowohl materiell- als auch prozessrechtliche Vorkehrungen zum Interessenausgleich aller Beteiligter getroffen hat. Die Umsetzung der vorläufigen Unternehmensfortführung liegt dagegen im Wesentlichen in der Hand des Insolvenzverwalters. Als weiteren Vorteil zumindest der Eigenverwaltung sind die geringeren Kosten der Überwachung durch den Sachwalter anzusehen, § 12 InsVV. Aus Gründen der Gerechtigkeit und der Motivation des Schuldners sollte die Abführungsvereinbarung daher ihm im Ergebnis nicht mehr geben, als er nach Maßgabe der zwangsvollstreckungsrechtlichen Vorschriften bekäme.[791] Damit ist auch der Vorschlag abzulehnen, dem Schuldner aus Motivationsgründen einen über die Pfändungsfreigrenze hinausgehenden Mehrbetrag gemäß § 100 InsO zu gewähren.[792] Da die Vorschrift ohnehin eine Mehrheit in der Gläubigerversammlung voraussetzt, kann mit Hilfe dieser Mehrheit ein solcher Motivationszuschlag im Allgemeinen systemkonform im Rahmen eines Insolvenzplans vereinbart werden.

---

787 Begriff geprägt von *Tetzlaff* ZVI 2004, 2, 5.

788 Zu den Anforderungen *Tetzlaff* ZVI 2004, 2, 3 f.

789 BGH NJW 2003, 2167, 2170; *Kluth* NJW 2002, 186, 187 f.; *Kohte* NZI 2003, 393, 394; *Tetzlaff* ZVI 2004, 2, 3.

790 Siehe bereits oben S. 122 f.

791 Im Ergebnis ähnlich durch Anwendung von § 278 Abs. 1 InsO analog *Kluth* NJW 2002, 186, 188.

792 Dies fordern indes *Schmerbach* ZVI 2003, 256, 259; *Schildt* S. 161.

bbb) Anstellung des Schuldners als „Geschäftsführer“ der Kanzlei

Die Fortführung der Kanzlei kann auch die Anstellung des Schuldners einschließen. Zur Beantwortung der Frage nach der Verpflichtungsmacht des Schuldners soll nur untersucht werden, ob der Schuldner als Geschäftsführer der Kanzlei angestellt werden kann. Dadurch wären seine Rechtsgeschäfte mittelbar durch eine Handlung des Insolvenzverwalters begründet worden und Verbindlichkeiten der Masse, § 55 Abs. 1 Nr. 1 InsO. Ob der Schuldner als weisungsunterworfener Angestellter tätig sein darf, wird später beantwortet.[793] An dieser Stelle interessiert die Frage nicht, da die Bindungswirkung der Rechtsgeschäfte des Arbeitnehmers für seinen Arbeitgeber von seinen arbeitsvertraglichen Befugnissen abhängt und sich somit nach allgemeinen Regeln entscheidet.

Ein echtes Anstellungsverhältnis zwischen dem Insolvenzverwalter und dem insolventen Anwalt bringt stets eine arbeitsrechtliche Weisungsbefugnis des Verwalters mit sich. Das Weisungsrecht steht aber im Widerspruch zur anwaltlichen Unabhängigkeit gemäß § 1 BRAO. Dass der Rechtsanwalt zumindest gegenüber Berufsfremden unabhängig sein muss, zeigt § 46 Abs. 1 BRAO. Diese Vorschrift besagt, dass der Rechtsanwalt für einen Auftraggeber, zu dem er in einem Arbeitsverhältnis steht, nicht in seiner Eigenschaft als Rechtsanwalt tätig werden darf. Sie ist Ausdruck der Doppelberufstheorie, nach der eine Person zwei Berufe ausüben kann, insbesondere eine anwaltliche und eine erwerbswirtschaftliche Tätigkeit.[794] Daraus folgt, dass die Tätigkeit als Syndikus keine Anwaltstätigkeit ist,[795] allgemeiner: Für einen Berufsfremden kann ein Rechtsanwalt nicht in Anstellung anwaltlich tätig werden.[796] Diese Betonung der Unabhängigkeit gegenüber Nichtanwälten kommt auch in den §§ 59e Abs. 3, 59f Abs. 1 BRAO zum Ausdruck, nach denen in einer Rechtsanwalts-GmbH die Anteils- und Stimmenmehrheit und die Geschäftsführungsmehrheit den Anwälten zusteht, auch wenn Träger anderer rechts- und wirtschaftsberatender Berufe Gesellschafter und Geschäftsführer werden können, §§ 59e Abs. 1, 59f Abs. 2 BRAO i. V. m. § 59a Abs. 1 S. 1, Abs. 3 BRAO. Rechtsanwälte dürfen somit hinsichtlich ihrer Berufsausübung keine Weisungen von Nichtanwälten entgegennehmen.[797]

Kein Verstoß gegen die anwaltliche Unabhängigkeit wird jedoch in der Anstellung von Anwälten in einer Kanzlei gesehen.[798] Dies belegen z. B. § 56 Abs. 2 Nr. 1 BRAO, § 24 Abs. 1 Nr. 5 BORA, die vom Rechtsanwalt verlangen, dass er der Rechtsanwaltskammer die Eingehung, wesentliche Änderung oder Beendigung eines Beschäftigungsverhältnisses anzeigt, oder § 26 BORA, der die Beschäftigung von Rechtsanwälten unter angemessenen Bedingungen fordert. Begründet wird dies damit, dass der Arbeitgeber selbst dem Berufsrecht unterliegt und folglich über Unabhängigkeit und Eigenverantwortlichkeit verfügt.[799]

---

[793] Siehe S. 184.

[794] BT-Dr. 12/7656 S. 49 Zu Nr. 18a (§ 46 BRAO); BVerfGE 87, 287, 327 ff. = NJW 1993, 317, 320 f.; BAG MDR 1996, 857; *Feuerich*/Weyland[6] § 46 Rn. 3.

[795] BGH NJW 2000, 1645; BGH NJW 1999, 1715, 1716.

[796] Für die meisten Freiberufler ebenso *Kesseler* Rn. 242 f.

[797] So ausdrücklich für die Ärzte § 2 Abs. 4 BOÄ-BW.

[798] *Henssler/Prütting*[2] § 2 Rn. 18; *Feuerich*/Weyland[6] § 2 Rn. 18.

[799] St. Rspr. BGHZ 33, 266, 267 ff. = NJW 1961, 216 f.; BGHZ 35, 287, 290 f. = NJW 1961, 1863; NJW 1987, 1328 f. m. w. N.

Er ist es aber, mit dem der Mandant kontrahiert hat und an den sich der Mandant (und sei es mittelbar) wendet.[800]

Aus all dem folgt indes nicht, dass der Insolvenzverwalter, der Rechtsanwalt ist, den Schuldner anstellen und mit der Leitung von dessen Kanzlei betrauen könnte. Denn dann wird der insolvente Anwalt nicht Angestellter in der Kanzlei eines anderen, sondern in seiner eigenen. Das bedeutet aber, dass er nicht vom Kanzleiinhaber weisungsabhängig ist, sondern von einem Dritten, der eine eigene, andere Kanzlei führt. Der Schuldner, der nach wie vor als Inhaber auftritt, kann somit nicht diejenige anwaltliche Unabhängigkeit gewährleisten, die das Publikum von ihm erwartet. Seine berufliche Tätigkeit widerspricht damit § 1 BRAO.[801] Die Anstellung des Schuldners als Geschäftsführer seiner eigenen Kanzlei ist unzulässig.

Manchmal ist zu lesen, dass der Schuldner wie ein Angestellter des Insolvenzverwalters behandelt werden solle.[802] Im Wesentlichen soll diese Lösung den Neugläubigern und damit der Fortführung des schuldnerischen Betriebs zugutekommen. Diese Lösung ist nicht nur abzulehnen, weil sie der insolvenzrechtlichen Dogmatik widerspricht,[803] sondern auch, weil sie suggeriert, dass der Insolvenzverwalter Weisungsbefugnis hat. Damit würden aber die getrennten Kompetenzen von Schuldner und Verwalter vermischt. Zudem darf der Insolvenzverwalter im besonderen Fall des Rechtsanwalts nach dessen Berufsrecht keine Weisungen erteilen.

b) Verfügungsmacht des Insolvenzverwalters über insolvenzfreies Vermögen

Ob und wie der Insolvenzverwalter über die Erwerbsgegenstände des insolventen Rechtsanwalts verfügen kann, ist ebenfalls umstritten. Nach der Ansicht von *Ries* führt die Zusammenarbeit mit dem Insolvenzverwalter zum Insolvenzbeschlag der Erwerbsgegenstände.[804] Er versteht die Bereitschaft zur Zusammenarbeit wohl als Verzicht auf den Pfändungsschutz des § 811 Abs. 1 Nr. 5 ZPO, da der Schuldner durch die Kooperation die Masse mehren wolle. Insoweit hat *Ries* recht, denn aus diesem Grund setzt der Schuldner ja seine Erwerbstätigkeit fort. Er will die Masse indes durch seine Erwerbstätigkeit vergrößern, aber nicht durch die Verwertung der Erwerbsgegenstände. Solange der Schuldner mit seinen Erwerbsgegenständen arbeitet, ist die zentrale Voraussetzung des § 811 Abs. 1 Nr. 5 ZPO weiterhin erfüllt. Dem entspricht auch die h. M., nach der auf den Schutz des § 811 Abs. 1 ZPO nicht verzichtet werden kann.[805] Für *Schildt* liegt eine schlüssige Übertragung der Verfügungsbefugnis näher.[806] Das vermag ebenso wenig zu überzeugen. Die bloße Erklärung der Kooperationsbereitschaft kann nicht als völlige Aufgabe aller Rechte in Bezug auf die Erwerbsgegenstände gedeutet werden. Darum geht eine Übertragung der

---

800 BGHZ 65, 238, 239 f. = NJW 1976, 425 f.

801 Im Ergebnis gleich, aber mehr auf das Organ der Rechtspflege als auf die Unabhängigkeit abstellend FG Düsseldorf ZIP 1992, 635, 636. Auf die Unabhängigkeit der Freiberufler stützen sich OLG Braunschweig NJW 1997, 2454, 2455; *Schick* NJW 1990, 2359, 2361; *Schildt* S. 159. A. M. *Blunk* S. 138.

802 FS Uhlenbruck/*Runkel* S. 315, 329; MK-InsO/*Lwowski* § 35 Rn. 65.

803 Siehe S. 121 f.

804 *Ries* ZVI 2004, 221, 224.

805 Zöller/*Stöber*[26] § 811 Rn. 10; Stein/Jonas/*Münzberg*[22] § 811 Rn. 8 (beide m. w. N. auch zur Gegenansicht).

806 *Schildt* S. 34 f.

Verfügungsbefugnis über alle Erwerbsgegenstände zu weit. Die Insolvenzfreiheit der Erwerbsgegenstände wird durch eine wie auch immer geartete Zusammenarbeit zwischen Schuldner und Verwalter nicht berührt. Das schließt nicht aus, dass der Insolvenzverwalter mit dem Schuldner die Verwertung einzelner Gegenstände vereinbaren darf. Ob man diese Absprache als Verzicht auf den Pfändungsschutz oder als Übertragung der Verfügungsbefugnis auffasst, spielt letztlich keine Rolle.

2. *Ohne Zustimmung des Insolvenzverwalters*

Bei insolventen Selbstständigen entsteht ein besonderes Problem, wenn sie ohne Absprache mit dem Insolvenzverwalter Verträge schließen. Es ist nämlich unklar, ob diese Verträge die Masse verpflichten. Soweit sie sich nicht auf Privatbedarf beziehen, wollen manche Stimmen die Forderungen des Vertragspartners nicht gegen das insolvenzfreie Vermögen des Schuldners, sondern gegen die Masse gerichtet sehen oder ihnen den Status von Insolvenzforderungen zugestehen. Ausgangspunkt dieser Forderung ist der Schutz der Neugläubiger. Es wird nämlich als ungerecht empfunden, dass der Ertrag berufsbezogener Verträge, also der Neuerwerb, in die Masse fließt, während die Neugläubiger sich aus dem insolvenzfreien Vermögen befriedigen sollen.[807]

Der so bewirkte Schutz der Neugläubiger wird aber – nach Befürchtung einiger[808] – durch die Haftung des Insolvenzverwalters nach §§ 60 f. InsO oder § 69 AO erkauft, wenn der Insolvenzschuldner die Masse durch eigenes Handeln zu unvorteilhaften Geschäften verpflichtet oder zumindest schädigt. Im Folgenden wird geklärt, welche Vermögensmasse für eigenmächtig eingegangene auf die Berufstätigkeit gerichtete Verbindlichkeiten des Schuldners haftet. Das so gefundene Ergebnis soll anhand einer Gesamtbetrachtung über die Behandlung der Einkünfte Selbstständiger und der Haftungsrisiken des Insolvenzverwalters überprüft werden.

a) *Begründung von Masseverbindlichkeiten, § 55 Abs. 1 InsO*

Von den durch unternehmerische Tätigkeit verursachten Ausgaben sind zunächst jene Aufwendungen abzugrenzen, die keinen unmittelbaren Bezug zum Unternehmen haben. Das ist vor allem der Beitrag für die Mitgliedschaft in der Rechtsanwaltskammer. Zwar ist die Mitgliedschaft Voraussetzung für die anwaltliche Tätigkeit, aber sie setzt diese ihrerseits nicht voraus. Sie wird daher weder von der Kammer entzogen, wenn die anwaltliche Tätigkeit nicht mehr ausgeübt wird, noch gehört sie zur Insolvenzmasse.[809] Daher zählt der Mitgliedsbeitrag nicht zu den Masseverbindlichkeiten, sondern richtet sich gegen das freie Vermögen des Schuldners.[810]

Vom Insolvenzschuldner eigenmächtig eingegangene Verbindlichkeiten mit Bezug zur anwaltlichen Berufstätigkeit könnten Masseverbindlichkeiten i. S. der §§ 54 f. InsO sein.

---

807 FS Uhlenbruck/*Runkel* S. 315, 326 f.; *G. Pape* ZInsO 2002, 917, 918. Allgemeiner *Foerste*³ Rn. 60.

808 *Tetzlaff* ZVI 2002, 309, 311; *Tetzlaff* ZInsO 2005, 393, 396 f.; *Voigt/Gerke* ZInsO 2002, 1054, 1059; *Maus* ZInsO 2001, 493; FS Metzeler/*Vallender* S. 21, 31 f.; *Schmerbach* ZVI 2003, 256, 266. Zu den Voraussetzungen der Haftung siehe S. 153 ff.

809 Siehe S. 31 f.

810 Nerlich/Römermann/*Andres* § 36 Rn. 30; *Schildt* S. 60.

Unter die Kosten des Insolvenzverfahrens nach § 54 InsO lassen sie sich indes nicht fassen. Bei der Verortung in § 55 InsO gibt es mehrere Möglichkeiten.

aa) Verwaltung, Verwertung und Verteilung der Insolvenzmasse, Nr. 1

aaa) Eigene Verpflichtungsfähigkeit des Schuldners

Die Forderungen der Neugläubiger gemäß § 55 Abs. 1 Nr. 1 Fall 1 InsO könnten „durch Handlungen des Insolvenzverwalters [...] begründet“ worden sein. Typischerweise ist eine solche Handlung des Insolvenzverwalters der Vertragsschluss mit einem Neugläubiger. *Schumacher* will darunter auch durch den Schuldner im Zusammenhang mit dem Neuerwerb verursachte Verbindlichkeiten fassen, so dass Verträge mit dem Schuldner sowohl diesen in seinem insolvenzfreien Vermögen als auch die Masse binden.[811] Das vermag nicht zu überzeugen. Will man einen Vertragsschluss des Schuldners dem Verwalter zurechnen, so kann dies nur über dessen aktives Tun oder Unterlassen bei Handlungsmöglichkeit und -pflicht erfolgen.[812]

In Ermangelung einer Absprache kann aktives Tun ausgeschlossen werden. Als solches kommt auch nicht die Zuweisung der notwendigen Mittel an den Schuldner nach § 36 Abs. 1 S. 2 InsO, §§ 850f Abs. 1, 850i ZPO in Frage. Dadurch kommt der Verwalter nur seiner gesetzlichen Pflicht nach, drückt aber keine Zustimmung zu den Geschäften des Schuldners aus.[813]

Unterlassen setzt die Möglichkeit zum Handeln voraus. Der Verwalter müsste somit verhindern können, dass der Schuldner Verträge schließt. Das ist ihm jedoch nicht möglich. Der Schuldner ist lediglich nicht mehr fähig, das zur Insolvenzmasse gehörige Vermögen zu verwalten und über es zu verfügen, § 80 Abs. 1 InsO. Seine Rechts- und Geschäftsfähigkeit bleibt davon unberührt.[814] Wenn der Schuldner Verträge schließen darf, so kann der Insolvenzverwalter nicht verpflichtet sein, dies zu verhindern:[815] Ultra posse nemo tenetur.

Im Übrigen verkennt *Schumacher*, dass sich die Einschränkung „durch die Verwaltung, Verwertung und Verteilung der Insolvenzmasse“ auch auf die „Handlungen des Insolvenzverwalters“ bezieht,[816] wie der gleichstellende Wortlaut „in anderer Weise“ erhellt. Der Schuldner ist im Regelfall weder zur Verwaltung noch zur Verwertung der Masse berufen (Ausnahme: Eigenverwaltung, §§ 270 ff. InsO) und schon gar nicht zur Verteilung. Daher hat sich auch durch die Einbeziehung des Neuerwerbs in die Masse an der Charakteristik des schuldnerischen Handelns nichts geändert. Andernfalls würde man dem Gesetzgeber unterstellen, dass er durch § 35 Abs. 1 Fall 2 InsO den Schuldner ermächtigen wollte, die

---

811 FK/*Schumacher*[4] § 55 Rn. 21. Zumindest für die Bindung der Masse *Maus* ZIP 2004, 389, 391 f. A. M. FG Thüringen ZInsO 2004, 392 f. m. w. N.; FS Uhlenbruck/*Runkel* S. 315, 327; Nerlich/Römermann/*Andres* § 55 Rn. 82.

812 *Kilger/K. Schmidt*[17] § 59 KO 1) c); Gottwald/*Klopp/Kluth*[3] § 56 Rn. 8 f.; *Smid* WM 2005, 625, 627.

813 Sinngemäß *Andres/G. Pape* NZI 2005, 141, 145.

814 *G. Pape* ZInsO 2002, 917, 918; Kübler/Prütting/*Lüke* § 80 Rn. 7; Nerlich/Römermann/*Wittkowski* § 80 Rn. 10 f.; *Windel* KTS 1995, 367, 398. A. A. LG Lüneburg ZInsO 2002, 941.

815 *Andres/G. Pape* NZI 2005, 141, 144 f. Mit der Insolvenzfreiheit der Arbeitskraft argumentiert *Smid* WM 2005, 625, 627.

816 Nerlich/Römermann/*Andres* § 55 Rn. 3.

Insolvenzmasse zu verpflichten. Damit würde aber das Ziel, die Masse zu vergrößern,[817] weithin verfehlt. *Tetzlaff* bezeichnet diese Sichtweise daher zu Recht als „contra legem".[818]

bbb) Abgeleitete Verpflichtungsfähigkeit des Schuldners

Soll der Vertrag durch ein Handeln des Insolvenzschuldners zustande kommen, müsste dieser also bevollmächtigt worden sein oder der Vertrag vom Verwalter gemäß § 177 Abs. 1 BGB genehmigt werden.[819] Das widerspricht aber der Prämisse, dass der Schuldner nicht im Einvernehmen mit dem Verwalter handelt. Hier zeigt sich eine weitere Schwäche der Theorie *Runkels*, nach der der Schuldner als von der Masse angestellt betrachtet werden soll: Sie passt nicht auf die Fälle, in denen der Schuldner nicht kooperiert.[820] Es ist sogar für die Insolvenzmasse unschädlich, wenn der Verwalter zustimmt, dass der Schuldner ein eigenes Unternehmen mit Hilfe massefreier Gegenstände aufbaut und betreibt.[821] Denn über das insolvenzfreie Vermögen kann der Verwalter ohnehin nicht verfügen, also auch keine Vollmacht zur Verfügung darüber erteilen.

Man könnte jedoch an eine Duldungs- oder Anscheinsvollmacht denken. Abgesehen davon, dass zumindest die Anscheinsvollmacht in ihrer Existenz nach wie vor umstritten ist,[822] ist das Vorliegen einer Rechtsscheinsvollmacht generell zu verneinen.[823] Denn dann müsste der Vertragspartner nach Treu und Glauben davon ausgehen können und dürfen, dass der Insolvenzschuldner vom Insolvenzverwalter mit einer Vollmacht versehen worden ist, die Masse zu verpflichten.[824] Grundlage dieses Rechtsscheins wäre die Verkehrsanschauung, der Schuldner dürfe die Masse grundsätzlich verpflichten, wenn es ihm nicht vom Insolvenzverwalter untersagt wird. Es gibt aber keine solche Verkehrsanschauung und es kann sich auch keine bilden, weil sie § 80 Abs. 1 InsO konterkarieren würde.

Ein für die Anscheins- und Duldungsvollmacht typischer Rechtsschein wird erzeugt, wenn sich jemand in der Herrschaftssphäre eines anderen als bevollmächtigt ausgibt. Der andere Teil darf dies glauben, weil er davon ausgehen darf, dass der scheinbar Vertretene das Handeln des Vollmachtslosen unterbindet, um seine Geschäftspartner nicht zu täuschen. Das folgt aus dem Prinzip von Treu und Glauben. Diese Überlegung könnte zutreffen, wenn der Schuldner in Räumen operiert, die zur Insolvenzmasse gehören oder deren Mietvertrag insolvenzbefangen ist.

Allerdings unterscheidet sich dieser Fall grundlegend von den Normalfällen der Rechtsscheinsvollmacht. Dort handelt es sich stets um ein enges Verhältnis, genauer gesagt stehen der vermeintlich Bevollmächtigte und der vermeintliche Vollmachtgeber auf derselben Seite oder im selben „Lager". Das trifft zu für den Angestellten in einem Ladengeschäft, für den als Handelsvertreter tätigen Außendienstmitarbeiter[825] und für den Rechtsanwalt

---

[817] FS Uhlenbruck/*Runkel* S. 315, 319.

[818] *Tetzlaff* ZVI 2002, 309.

[819] *Ries* ZVI 2004, 221, 227.

[820] Zum Ganzen bereits oben S. 121 f.

[821] Vgl. LG Erfurt ZIP 2002, 2325, 2326 f.

[822] Anstattdessen wird die Haftung nach c.i.c. vorgeschlagen, *Flume*[4] § 49 Nr. 4; *Medicus* BR[20] Rn. 100 f. m. w. N.

[823] A. A. *Schildt* S. 87.

[824] Zu den Voraussetzungen des Rechtsscheins *Leipold* BGB[4] § 15 Rn. 34 f.

[825] BGH NJW 1998, 1854.

in einer Sozietät[826]. Insbesondere darf der Rechtsverkehr in diesen Fällen davon ausgehen, dass auf den vermeintlichen Vertreter Einfluss genommen werden kann, was die erforderliche Zurechnung der Willenserklärung erst begründet. Ein solches Verhältnis besteht nicht zwischen Insolvenzverwalter und Schuldner. Vor der Verfahrenseröffnung gibt es überhaupt kein Verhältnis zwischen den beiden, und danach herrscht grundsätzlich eine strenge Trennung: Der Insolvenzverwalter herrscht über die Insolvenzmasse, der Schuldner über sein freies Vermögen. Es mag zwar sein, dass der Verwalter den Schuldner mit einer Vollmacht versieht, aber grundsätzlich ist davon auszugehen, dass der Schuldner weder für noch mit dem Verwalter arbeitet. Dagegen sprechen auch nicht die Pflichten, denen der Schuldner gegenüber dem Verwalter unterliegt, wie z. B. die Auskunfts- und Mitwirkungspflichten des § 97 InsO. Daraus ergibt sich zwar ein Verhältnis der Unterordnung zum Insolvenzverwalter, aber dieses Verhältnis ergibt sich nicht aufgrund eines Konsenses, z. B. eines Arbeitsvertrags oder eines Gesellschaftsvertrags. Auch ein Band der Gemeinsamkeit, wie es Eltern und Kinder verbindet, und aus dem die Eltern ihre Vertretungsmacht für die Kinder ableiten, ist nicht ersichtlich. Für das Verhältnis zwischen Schuldner und Verwalter muss von einem Gegeneinander ausgegangen werden. Das ergibt sich nicht nur aus der gesetzlichen Begründung des Insolvenzverfahrens, sondern auch aus den meist gegenläufigen Interessen der beiden.

Demnach darf der Verkehr nach Treu und Glauben nicht davon ausgehen, dass der Schuldner eine Vollmacht des Verwalters hat, bloß weil er in seinen angestammten Räumen arbeitet.[827] Diese Überlegungen gelten auch für den Fall, dass der Insolvenzverwalter bei einem in den Räumlichkeiten des Schuldners stattfindenden Vertragsschluss zwischen dem Schuldner und einem Dritten anwesend ist, aber nicht eingreift. Denn hier hat der Vertragspartner die Möglichkeit, den Insolvenzverwalter zu fragen, ob er das Geschäft genehmigt und damit zur Masse zieht. Umgekehrt darf man keine Verpflichtung des Verwalters annehmen, den Vertragspartner darauf hinzuweisen, dass das Geschäft nur das insolvenzfreie Vermögen bindet. Denn diese Folge ergibt sich schon aus § 80 Abs. 1 InsO. Wenn der Insolvenzverwalter sich absichtlich unklar ausdrückt, ist aber an einen Schadensersatzanspruch gegen den Verwalter aus § 826 BGB zu denken.

Ohne Frage ist, dass der Verwalter Verbindlichkeiten, die der Schuldner begründet hat, zur Masse ziehen kann. Dies ist ausdrücklich und konkludent möglich. Beispielsweise ist eine schlüssige Genehmigung darin zu erblicken, dass der Verwalter Rechnungen bezahlt.[828] Er kann sich nicht darauf zurückziehen, dass er nur seiner Pflicht aus § 850f Abs. 1 Buchst. b ZPO nachkomme. Die Vorschrift sieht nämlich die Auszahlung an den Schuldner, nicht aber an Dritte vor. Zur Verkürzung der Banklaufzeiten kann der Schuldner zwar mit dem Verwalter vereinbaren, dass dieser bestimmte Verbindlichkeiten direkt bezahlt, gleichwohl muss der Verwalter dafür sorgen, dass der Gläubiger dies auch als Anweisung des Schuldners versteht.

Windel hält dem Erfordernis der Verpflichtungsfähigkeit des Schuldners entgegen, dass durch § 35 Abs. 1 InsO ein objektiver Massebezug ohne Rücksicht auf die Willensrichtung des Schuldners hergestellt würde.[829] Dieser Bezug besteht indessen nur für die Aktivmasse.

---

826 OLG Frankfurt NJW-RR 2001, 1004.

827 A. A. *Smid* WM 2005, 625, 628.

828 *Smid* WM 2005, 625, 628.

829 *Windel* KTS 1995, 367, 398.

Ein Rechtsschein, der Schuldner handele für die Masse, wird folglich nicht erzeugt. Durch bloßes Gewährenlassen jedweder Art – also mit und ohne Wissen des Verwalters – kann dem schuldnerischen Handeln keine Wirkung für und gegen die Masse zugemessen werden. § 55 Abs. 1 Nr. 1 Fall 1 InsO ist daher keine passende Zurechnungsnorm.[830]

Das Gleiche muss für § 55 Abs. 1 Nr. 1 Fall 2 InsO gelten. Denn auch Verbindlichkeiten, die „in sonstiger Weise [...] begründet" worden sind, müssen durch die Amtstätigkeit des Verwalters ausgelöst worden sein.[831]

bb) Gegenseitige Verträge, Nr. 2

§ 55 Abs. 1 Nr. 2 InsO bezieht sich auf Verträge, die der Schuldner vor Insolvenzeröffnung geschlossen hat. Sie begründen Masseschulden, wenn der Verwalter gemäß § 103 InsO Erfüllung verlangt oder das Schuldverhältnis bestehen bleibt.[832] Mit Verträgen des Schuldners, die er nach der Insolvenzeröffnung abgeschlossen hat, hat das nichts zu tun.

cc) Ungerechtfertigte Bereicherung, Nr. 3

Schließlich kommt eine ungerechtfertigte Bereicherung der Masse nach § 55 Abs. 1 Nr. 3 InsO in Frage.[833] Dahinter steckt die Vorstellung, dass der Vertragspartner des Schuldners dessen insolvenzfreies Vermögen, nicht aber die Insolvenzmasse durch seine Leistung bereichern wollte. Dagegen, dass die Vorschrift diesen Fall erfasst, sprechen zwei Überlegungen: Zum einen stellt § 35 Abs. 1 Fall 2 InsO den Rechtsgrund für diese Bereicherung der Masse dar.[834] Zum anderen wären sonst alle Leistungen der Schuldner des Insolvenzschuldners ungerechtfertigte Massebereicherungen. Diese Einordnungsmöglichkeit scheidet also ebenfalls aus.

Vom Schuldner nach der Verfahrenseröffnung abgeschlossene Verträge begründen mithin keine Masseverbindlichkeiten.[835] Eine Verpflichtungsmacht zu Lasten der Masse steht dem Schuldner nicht zu.[836]

b) Aufrechnung

Schließlich ist noch der Fall zu behandeln, dass der Neugläubiger Schuldner der Insolvenzmasse ist. Hier liegt die Frage nahe, ob der Neugläubiger aufrechnen darf.

Zum Teil wird vertreten, dass dies schon der Natur der Sache nach durch die Spaltung der Vermögensmassen ausgeschlossen sei.[837] Die Gegenseitigkeit fehle, wenn die

---

830 Im Ergebnis *Tetzlaff* ZInsO 2005, 393, 396 f.

831 Jaeger-InsO/*Henckel* § 55 Rn. 29.

832 Dazu MK-InsO/*Hefermehl* § 55 Rn. 109 f.

833 Dafür MK-InsO/*Lwowski* § 35 Rn. 65.

834 *G. Pape* ZInsO 2002, 917, 919.

835 Nerlich/Römermann/*Andres* § 55 Rn. 82; *Henning* ZInsO 2004, 585, 593; FS Kruse/*K. Schmidt* S. 671, 682; *Tetzlaff* ZVI 2002, 309, 311; LG Erfurt ZIP 2002, 2325, 2326; *Andres/G. Pape* NZI 2005, 141, 142, 144 f; *Runkel* ZVI 2007, 45, 52. A. M. Bericht des Rechtsausschusses zu dem Entwurf eines Gesetzes zur Vereinfachung des Insolvenzverfahrens S. 30 f. Zu Nummer 12, BT-Dr. 16/3227.

836 *Windel* KTS 1995, 367, 397.

837 *Jauernig* ZVR[21] § 50 IV 2 c; Nerlich/Römermann/*Wittkowski* § 80 Rn. 20; FK/*App*[4] § 96 Rn. 3; Braun/*Kroth*[2] § 96 Rn. 14.

Hauptforderung die Masse berechtigt, die Gegenforderung aber das insolvenzfreie Vermögen verpflichtet. Dies leuchtet ein, wenn man bedenkt, dass die Durchsetzbarkeit der Gegenforderung vom Gesetz gefordert wird, um sicherzustellen, dass nicht mit einer faktisch wertlosen Forderung aufgerechnet werden kann.[838] Könnte der Neugläubiger seine Forderung gegen das insolvenzfreie Vermögen benutzen, um seine Schuld gegenüber der Masse zum Erlöschen zu bringen, träte freilich genau dies ein. Denn mit Hilfe seiner gegen den Schuldner persönlich gerichteten Forderung hätte der Neugläubiger nie Geld aus der Masse erlangt. Der Gesetzgeber hingegen hielt eine ausdrückliche Regelung für erforderlich. Deshalb bestimmt § 96 Abs. 1 Nr. 4 InsO, dass die Aufrechnung unzulässig ist, „wenn ein Gläubiger, dessen Forderung aus dem freien Vermögen des Schuldners zu erfüllen ist, etwas zur Insolvenzmasse schuldet."

Nach ganz h. M. muss der Anwendungsbereich der Vorschrift eingeschränkt werden.

aa) Anwendung des § 406 BGB

Teile der Literatur wollen § 406 BGB direkt[839] oder analog[840] dahingehend anwenden, dass Forderungen aufrechenbar bleiben, wenn der Neugläubiger bei ihrer Entstehung nichts von der Insolvenz wusste. Eine direkte Anwendung kommt indes schon deshalb nicht in Frage, weil die Insolvenzeröffnung nicht die Wirkung einer Abtretung (vom Schuldner an die Insolvenzmasse?) hat. Bei der analogen Anwendung des § 406 BGB wird überwiegend auf die Kenntnis des Neugläubigers von der Insolvenz im Zeitpunkt des Erwerbs der Forderung gegen das freie Vermögen abgestellt. Die Übernahme der Anforderungen aus § 406 BGB ist aber nicht schlüssig, weil die Abtretung einer Forderung kaum jemals öffentlich bekannt gemacht wird im Gegensatz zur Insolvenzeröffnung, § 30 Abs. 1 InsO.

Teilweise wird daher analog § 82 InsO die Beweislast derart umgekehrt, dass der Neugläubiger seine Unkenntnis von der Verfahrenseröffnung nachweisen muss.[841] Die entsprechende Anwendung des § 82 InsO ist aber aus zwei Gründen abzulehnen: Zum einen soll die Vorschrift den Schuldner des Insolvenzschuldners davor bewahren, zweimal leisten zu müssen. Ausweislich des Wortlautes und der amtlichen Überschrift soll nur die Leistung, nicht aber jede Art der Erfüllung geschützt werden. Insbesondere spricht nichts dafür, dass eine Forderung gegen das insolvenzfreie Vermögen „vergoldet" werden soll. Zum anderen würde man es dem Schuldner ermöglichen, die Masse ohne Absprache mit dem Insolvenzverwalter zu verpflichten. Denn der Insolvenzverwalter hat keinen Einfluss darauf, mit wem der Schuldner kontrahiert und dadurch das freie Vermögen verpflichtet. Es muss zudem bedacht werden, dass solche Verpflichtungen auch durch Ansprüche auf Schadensersatz wegen Schlechtleistung oder unerlaubter Handlung entstehen können. Nach der abzulehnenden Ansicht könnten diese Neugläubiger dann – bildlich gesprochen – privat in die Masse vollstrecken. Eine derartige Verpflichtungsmacht auf Umwegen steht dem Schuldner nicht zu.

---

[838] Vgl. *Brox/Walker* SchuldR AT[31] § 16 Rn. 8.

[839] KS/*Häsemeyer*[2] S. 645, 664; Kübler/Prütting/*Lüke* § 96 Rn. 58; Nerlich/Römermann/*Wittkowski* § 96 Rn. 22; HK/*Eickmann*[4] § 96 Rn. 14; *Adam* WM 1998, 801, 803.

[840] MK-InsO/*Brandes* § 96 Rn. 40; KS/*Landfermann*[2] S. 159, 185.

[841] *Windel* KTS 1995, 367, 402.

bb) Aufrechnung konnexer Forderungen

Einen anderen Vorschlag hat *Windel* gemacht: Er will nur die Aufrechnung konnexer Forderungen zulassen, diese aber auch bei Kenntnis der Verfahrenseröffnung gestatten.[842] Als konnex muss man zumindest synallagmatische Forderungen ansehen. Konnex sind etwa die Vergütungsforderung des Rechtsanwalts und die Schadensersatzforderung wegen Schlechtleistung, die dem Mandanten zusteht.

Es ist einem Mandanten freilich schwer zu vermitteln, dass er die volle Anwaltsvergütung in die Masse leisten, sich wegen seiner Schadensersatzforderung aber an das insolvenzfreie Vermögen halten soll. Vor der Insolvenzeröffnung steht beiden Parteien die Zug-um-Zug-Einrede des § 320 BGB zu. Danach wird das Zurückbehaltungsrecht bei beiderseits nicht vollständig erfüllten Verträgen normalerweise durch die §§ 103 ff. InsO ersetzt. Diese sind aber auf berufsbezogene Verträge nicht anwendbar.[843] Folglich bleibt es bei der Anwendbarkeit des § 320 BGB, der sich auch auf den Anspruch des Mandanten gegen den Anwalt auf Schadensersatz anstatt der Leistung erstreckt, §§ 281, 283 BGB.[844] Die Gegenseitigkeit der Forderungen kann folglich durch die Insolvenz nicht aufgehoben worden sein, so dass auch Platz für die Aufrechnung ist. Denn in einer Aufrechnungslage ist immer auch die Zug-um-Zug-Einrede möglich, die zwar nicht zur Erfüllung führt, aber verhindert, dass ein faktischer Leistungsaustausch stattfindet. Wenn die Zug-um-Zug-Einrede zugelassen wird, kann die Aufrechnung schlecht verweigert werden. Diese Auslegung begrenzt letztlich nur die weit ausgreifende Regelung des § 35 Abs. 1 Fall 2 InsO. Wenn nämlich die Masse aus einem Austauschvertrag etwas erlangt, was durch insolvenzfreies Vermögen – die Arbeitskraft des Schuldners – erworben wurde, so ist dies für sie ein „Glücksfall", der dann unverdient ist, wenn die insolvenzfreie Leistung des Schuldners schlecht war. Hier darf die Masse nicht einen Lohn einstreichen, für den keine adäquate Leistung erbracht wurde.

Zudem muss berücksichtigt werden, dass die Aufrechnung auch der Masse dient, wenn der Anwalt trotz Schlechtleistung eine höhere Forderung als der Mandant hat. Dann könnte der Mandant durch die Einrede des § 320 BGB die Zahlung seinerseits verweigern. In diesem Fall benötigt der Insolvenzverwalter die Aufrechnungsmöglichkeit, um die Forderung des Mandanten zu erfüllen, damit die Einrede aufzuheben und so die Restforderung einredefrei für die Masse fordern zu können. Zwar wird die Vorschrift des § 96 InsO stets aus dem Blickwinkel des Insolvenzgläubigers oder des Gläubigers einer Forderung gegen das insolvenzfreie Vermögen gesehen, doch liegt es auf der Hand, die Regelung auch für den Insolvenzverwalter gelten zu lassen.[845] Denn eine von ihm erklärte Aufrechnung würde in den Fällen des § 96 Abs. 1 InsO typischerweise die Masse schädigen, was die Norm aber gerade verhindern soll.[846] Dass § 96 InsO für den Verwalter gilt, wird durch den Wortlaut nicht ausgeschlossen, der lediglich die Aufrechnung im Allgemeinen für unzulässig erklärt. Wenn also der Insolvenzverwalter auch bei konnexen Forderungen nicht aufrechnen darf, obwohl dies für die Masse vorteilhaft wäre, muss § 96

842 *Windel* KTS 1995, 367, 402 f. Damit sympathisierend KS/*Häsemeyer*[2] S. 645, 664; Nerlich/Römermann/*Wittkowski* § 96 Rn. 22.

843 Siehe S. 133 ff.

844 Palandt/*Heinrichs*[66] Einf v. § 320 Rn. 17; MK-BGB/*Emmerich*[4] Vor § 320 Rn. 29; *Marotzke* Rn. 2.76 ff..

845 Davon scheint auch *Windel* KTS 1995, 367, 402 auszugehen.

846 Braun/*Kroth*[2] § 96 Rn. 1; Nerlich/Römermann/*Wittkowski* § 96 Rn. 2.

Abs. 1 Nr. 4 InsO einschränkend ausgelegt werden. Diese Einschränkung darf und muss auch dem Neugläubiger zugutekommen.

Schließlich muss auch bedacht werden, dass jedem Rechtsgeschäft die Gefahr der Schlechtleistung innewohnt. Sollten die Mandanten befürchten müssen, dass bei einer Falschberatung ihrem Schadensersatzanspruch keine Haftungsmasse gegenübersteht, werden sie den insolventen Anwalt noch zögerlicher beauftragen. Wenn aber selbst das Bargeschäft solchen Erschwernissen unterliegt, kann der Rechtsanwalt seine Arbeit faktisch nicht ausüben. Das widerspricht freilich Art. 12 GG. Daher kann *Lüke* nicht gefolgt werden, der bezweifelt, dass es sinnvoll ist, den Vertragspartner zu schützen, der sich in Kenntnis der Insolvenzeröffnung auf ein Rechtsgeschäft einlässt.[847] Denn die Berufsfreiheit gebietet es, dem Schuldner einen gewissen rechtsgeschäftlichen Freiraum zu belassen, wie die Anerkennung des Bargeschäfts zeigt. Dann muss aber auch die Abwicklung dieses Geschäfts so ausgestaltet sein, dass sie dem Schutz des Bargeschäfts nicht zuwiderläuft. Wenn der Abschluss eines Bargeschäfts begünstigt wird, darf der Neugläubiger im Falle der Schlechtleistung des Schuldners nicht „im Regen stehen gelassen" werden.[848] Dass dadurch der Anwendungsbereich des § 96 Abs. 1 Nr. 4 InsO beschränkt wird, wie *Lüke* richtig feststellt, muss hingenommen werden. Die Vorschrift ist somit teleologisch auf inkonnexe Forderungen zu reduzieren.[849]

Damit ist die Aufrechnung zwar nicht mit allen Gegenforderungen unter den Voraussetzungen des § 406 BGB möglich, aber unabhängig vom Entstehungszeitpunkt mit allen konnexen.

c) Gesamtbetrachtung über die Behandlung der Einkünfte Selbstständiger

Nach dieser überwiegend grammatisch-systematischen Auslegung muss auch noch untersucht werden, ob der Sinn der Gesamtregelung über die Einkünfte eines Selbstständigen einen besseren Schutz der Neugläubiger erfordert. Die Kritik hätte Recht, wenn der Neuerwerb ohne Abzug in die Insolvenzmasse flösse. So muss es aber nicht sein. Denn der Schuldner hat nicht nur die Möglichkeit, seinen Unterhalt insolvenzfrei stellen zu lassen, § 36 Abs. 1 S. 2 InsO, § 850i ZPO, sondern er kann auch beantragen, dass dasjenige vom Insolvenzbeschlag ausgenommen wird, was er an beruflichem Mehrbedarf benötigt, § 36 Abs. 1 S. 2 InsO, § 850f Abs. 1 Buchst. b ZPO. Dem Umfang nach muss das nach § 850f ZPO dem Schuldner belassene Einkommen die entsprechenden berufsbedingten Ausgaben decken.[850] Demnach besteht grundsätzlich eine ausreichende Haftungsgrundlage für die Neugläubiger.

Allerdings gibt es für diese Gruppe auch Unwägbarkeiten: So ist nicht von vornherein klar, ob überhaupt genug Neuerwerb erzielt wird, um die Neugläubiger befriedigen zu können. Dies ist allerdings ein grundsätzliches Problem von Zielgeschäften. Die Neugläubiger können sich auch nicht sicher sein, dass das Insolvenzgericht dem Antrag des Schuldners gemäß § 850f ZPO überhaupt und in vollem Umfang stattgibt. Und schließlich ist es

---

847 Kübler/Prütting/*Lüke* § 96 Rn. 58. Ebenso Uhlenbruck/*Uhlenbruck*[12] § 96 Rn. 31.

848 Für die Schutzwürdigkeit des Neugläubigers auch *Adam* WM 1998, 801, 803.

849 Noch weiter gehende Reduktion mit Hinweis auf § 392 Abs. 2 HGB *Windel* KTS 1995, 367, 402 f.

850 Dazu schon S. 119 ff.

denkbar, dass der Schuldner den Antrag nicht stellt. Auch dagegen haben die Neugläubiger keine Handhabe, da der Antrag nur vom Schuldner gestellt werden kann.[851] Den Neugläubigern kann also nur geraten werden, so lange Bargeschäfte mit dem Schuldner abzuschließen, bis die Bezahlung von Vorleistungen gesichert erscheint.

Ob auf dieser Grundlage eine Kanzlei betrieben werden kann, hängt vom Einzelfall ab. Dabei kommt es u. a. auf das Geschick des Rechtsanwalts in den Verhandlungen mit seinen Lieferanten und Arbeitnehmern an. Entscheidend ist, dass die Kanzlei ab Verfahrenseröffnung über ausreichende Liquidität verfügt. Ist sie rentabel, so müssten von Anfang an ausreichende Zahlungseingänge zur Verfügung stehen. Zunächst werden die Einnahmen aus Zahlungen auf Altforderungen bestehen. Diese werden ebenfalls durch § 36 Abs. 1 S. 2 InsO, § 850f ZPO geschützt.[852] Der Schuldner kann also beantragen, dass ihm von den Einnahmen so viel belassen wird, dass er die Gehälter seiner Angestellten zahlen und andere kanzleinotwendige Ausgaben tätigen kann. Es kann demnach nicht davon ausgegangen werden, dass auf dieser Grundlage die Führung einer Kanzlei faktisch unmöglich ist.[853] Sollte sich im Einzelfall doch anderes erweisen, hat der Schuldner immer noch die Möglichkeit, mit dem Insolvenzverwalter zusammen zu arbeiten. So kann die benötigte Liquidität z. B. durch einen Insolvenzplan hergestellt werden.[854] Außerdem steht es dem Schuldner offen, eine Anstellung zu suchen. Somit hat der Schuldner etliche Möglichkeiten, seinem Beruf nachzugehen. Dass er dabei nicht mehr dieselben Freiheiten wie vor der Insolvenz hat, muss er sich angesichts der Vermögensinteressen der Gläubiger gefallen lassen. Dies stellt eine verfassungskonforme Einschränkung seiner Berufsfreiheit aus Art. 12 GG dar.[855]

Zum Schutz der Neugläubiger wurden einige Vorschläge gemacht, die auf eine Veränderung der gesetzlichen Konzeption der Behandlung der Einkünfte Selbstständiger hinauslaufen, sei es durch die Einstufung der vom Schuldner eigenmächtig begründeten Verbindlichkeiten als Masseverbindlichkeiten i. S. des § 55 Abs. 1 InsO, sei es durch die Durchbrechung des Aufrechnungsverbots des § 96 Abs. 1 Nr. 4 InsO. Teleologische Reduktionen und Extensionen sind statthaft, aber mit Vorsicht vorzunehmen; Analogien verbieten sich: Denn es kann schwerlich der Eindruck aufkommen, dass der Gesetzgeber den Kreis der Einkünfte des Selbstständigen nicht umfassend und abschließend regeln wollte und auch geregelt hat.[856] Dass dadurch die Neugläubiger im Vergleich zur KO benachteiligt werden, ist logische Folge der Einbeziehung des Neuerwerbs in die Insolvenzmasse.[857] Man kann dies in gewisser Weise als systemfremd bezeichnen, weil der Zeitpunkt der Verfahrenseröffnung nicht wie in der KO der Dreh- und Angelpunkt der Abwicklung ist. Daraus folgt indes keine Unpraktikabilität der Regelung. Die Mehrzahl der ausländischen Rechtsordnungen rechnet den Neuerwerb nämlich zur Masse.[858] Für den

---

851 Schuschke/*Walker*³ § 850f Rn. 2.

852 Siehe S. 129 f.

853 Dazu auch S. 122 ff.

854 Zu dieser und anderen Kooperationsmöglichkeiten siehe S. 138 ff.

855 Wohl anders Nerlich/Römermann/*Andres* § 55 Rn. 83.

856 Sinngemäß *Tetzlaff* ZVI 2002, 309, 311. A.M. *Henckel* in: Arbeitskreis für Insolvenz- und Schiedsgerichtswesen e. V., Köln, Aktuelle Probleme des neuen Insolvenzrechts, S. 97, 113; Nerlich/Römermann/*Andres* § 35 Rn. 92; *Andres* NZI 2006, 198.

857 *Voigt/Gerke* ZInsO 2002, 1054, 1060.

858 Vgl. BT-Dr. 12/2443 S. 122 Zu § 42.

Normalfall der Neugläubiger aus Vertrag stellt dies eine befriedigende Lösung dar, weil sie von der Insolvenz aufgrund der öffentlichen Bekanntmachung wissen oder wissen können und dementsprechend vom Geschäft absehen oder Schutzmaßnahmen treffen können, indem sie z. B. auf Barzahlung bestehen.[859] Jedermann muss das Insolvenzrisiko seines Vertragspartners tragen.[860]

Aus diesen Erwägungen ergibt sich, dass der Vorschlag *Holzers*[861] abzulehnen ist, de lege ferenda die Neugläubiger besser zu stellen, indem man sie zu Insolvenzgläubigern macht oder sie auf andere Weise am Verfahren teilhaben lässt. Gerade die erste Alternative würde zu Verwerfungen der insolvenzrechtlichen Dogmatik führen, denn dadurch könnte der Insolvenzschuldner die den Insolvenzgläubigern bisheriger Begrifflichkeit zustehende Haftungsmasse verkleinern.[862]

d) Haftungsrisiken

Nicht wenige Insolvenzverwalter befürchten, dass sie persönlich nach den §§ 60 f. InsO für Schulden haftbar gemacht werden können, die durch die selbstständige Tätigkeit des Schuldners entstehen.[863] Diese Furcht ist nach der hier vertretenen Auffassung unbegründet. Soweit der Verwalter keine ausdrückliche Ermächtigung zur Verpflichtung der Masse abgegeben oder die Haftung der Masse versprochen hat, kann der Schuldner die Insolvenzmasse nicht verpflichten.

Dies gilt auch für steuerrechtliche Schulden, also vor allem die Einkommens- und Umsatzsteuer. Dabei soll hier nicht im Einzelnen auf die steuerrechtliche Diskussion[864] eingegangen werden, sondern die Begründung aus dem Vorrang des Insolvenzrechts vor dem Steuerrecht gewonnen werden.[865] Dabei muss Vorrang in diesem Zusammenhang so verstanden werden, dass das Steuerrecht die Steuerschuld bestimmt, das Insolvenzrecht aber entscheidet, welche Vermögensmasse in welcher Form haftet, also die Vollstreckung aus den Steuerforderungen regelt.[866] *Bringewat/Waza* haben treffend formuliert: „Das Insolvenzrecht tritt nur an die Stelle des Verwaltungsverfahrensrechts [der AO], nicht jedoch an die Stelle des materiellen Steuerrechts."[867] Unbestritten bleibt, dass kein abstrakter Vorrang bei der Festsetzung von Steuern aus Anlass insolvenzbezogener Sachverhalte besteht.[868]

Dass sich die Haftung der Vermögensmassen allein nach dem Insolvenzrecht richtet, zeigt sich schon an § 55 Abs. 1 Nr. 1 Fall 2 InsO. Die Alternative „in anderer Weise durch die Verwaltung, Verwertung und Verteilung der Insolvenzmasse" ist geschaffen worden, um Verbindlichkeiten zu erfassen, die nicht unmittelbar durch Handlungen des Verwal-

---

859 *G. Pape* ZInsO 2002, 917, 920; *Tetzlaff* ZVI 2002, 309, 311; *Voigt/Gerke* ZInsO 2002, 1054, 1060.

860 FS Metzeler/*Vallender* S. 21, 31.

861 Kübler/Prütting/*Holzer* § 35 Rn. 38.

862 *G. Pape* ZInsO 2002, 917, 918 f.

863 Siehe bereits die Nachweise in Fn. 808.

864 Dazu mit zahlreichen Nachweisen *Smid* WM 2005, 625, 629 ff.

865 Für den Vorrang auch *Smid* WM 2005, 625, 632; FG Düsseldorf ZIP 1992, 635, 636. Angedeutet bei *Schildt* S. 88.

866 *Bringewat/Waza*[6] Rn. 143; *Häsemeyer*[3] Rn. 23.42; *Frotscher*[6] S. 19 f.; Tipke/Lang/*Seer*[18] § 21 Rn. 375. Im Wesentlichen auch MK-InsO/*Kling* Insolvenzsteuerrecht Rn. 1; FG Düsseldorf ZIP 1992, 635, 636.

867 *Bringewat/Waza*[6] Rn. 144.

868 Allg. M., vgl. *Häsemeyer*[3] Rn. 23.38; *Frotscher*[6] S. 17 ff.

ters begründet wurden. Der Hauptanwendungsbereich sind Steuerforderungen.[869] Daher wäre es widersprüchlich, auch Steuern von der Norm umfasst zu sehen, die nicht durch Verwaltung und Verwertung durch den Insolvenzverwalter, sondern durch eigenmächtiges Handeln des Schuldners entstanden sind. Denn ohne Ermächtigung des Verwalters darf der Schuldner die Masse weder verwalten noch verwerten oder verteilen.[870] Entgegen dem *BFH*[871] und *Maus*[872] kann die Veräußerung eines massezugehörigen Gegenstands – mag sie auch nach § 81 Abs. 1 S. 2 InsO wirksam sein – bzw. „die ertragbringende Nutzung der zur Konkursmasse gehörenden Vermögensgegenstände" folglich nicht als Verwaltung i. S. des § 55 InsO begriffen werden. Hier sieht man auch den Gegensatz zur von *Maus* angeführten Entscheidung des *BGH*[873]: Dort hatte ein absonderungsberechtigter Gläubiger von dem ihm zustehenden Verwertungsrecht nach § 171 InsO (damals § 4 KO) Gebrauch gemacht, während ein solches Verwertungsrecht beim Schuldner fehlt. Verwertungshandlungen des Schuldners können dem Insolvenzverwalter nur als Verwertung zugerechnet werden, wenn dieser dem Schuldner die Massegegenstände zu diesem Zweck zur Verfügung gestellt hat.

Auch im Vergleich zum Vollstreckungsrecht ist die Gleichbehandlung der Steuerschulden mit anderen Schulden konsequent: Während beim unselbstständigen Schuldner gemäß § 850c ZPO das Prinzip der Pfändung des Nettolohns gilt, ist beim Selbstständigen der Bruttolohn pfändbar, § 850i ZPO. Folglich stellt das Gesetz den Fiskus gegenüber dem Selbstständigen verfahrensmäßig schlechter als gegenüber dem Angestellten: Während dessen Arbeitgeber die Lohnsteuer abführt, muss das Finanzamt wie jeder andere Gläubiger die Steuerschulden des Selbstständigen selbst einfordern und durchsetzen. Es ist schlüssig, dass dies auch in der Insolvenz gelten soll: Ebenso wenig wie vom Pfändungsgläubiger erwartet wird, dass er von dem ihm überwiesenen gepfändeten Betrag Steuern für den Schuldner abführt, kann dies vom Insolvenzverwalter verlangt werden.[874] Dass eine Gleichbehandlung des Staats als Gläubiger mit den sonstigen Gläubigern gewünscht ist, zeigt auch die Tatsache, dass die Bevorrechtigung des Staates unter den Insolvenzschuldnern aufgegeben wurde.[875]

Die Überlagerung des Steuerrechts durch das Insolvenzrecht ergibt sich schließlich aus § 155 Abs. 1 InsO. Dort wird ausdrücklich geregelt, dass steuerrechtliche Pflichten des Schuldners zur Buchführung und Rechnungslegung unberührt bleiben. Das heißt, dass durch die Insolvenzeröffnung gerade keine Verlagerung der Pflichten auf den Insolvenzverwalter stattfindet mit der Ausnahme des S. 2, also in Bezug auf die Masse. Im Umkehrschluss bedeutet das, dass die Verpflichtung zur Buchführung und Rechnungslegung und erst recht diejenige zur Zahlung von Steuern in Bezug auf das freie Vermögen des Schuldners nur diesen persönlich, nicht aber die Insolvenzmasse verpflichten. Ent-

---

869 Vgl. HK/*Eickmann*[4] § 55 Rn. 6 ff.

870 Dazu schon oben S. 145.

871 BFH DStR 1995, 1303, 1304; BFH DStRE 2005, 965 f.

872 *Maus* ZIP 2004, 389, 391 f.

873 BGH ZIP 1991, 1080 f.

874 *Ries* ZVI 2004, 221, 227.

875 Vgl. § 61 KO: „(1) Die Konkursforderungen werden nach folgender Rangordnung berichtigt: [...]
2. die Forderungen der Reichskasse, der Staatskassen und der Gemeinden sowie der Amts-, Kreis- und Provinzialverbände wegen öffentlicher Abgaben, welche im letzten Jahre vor der Eröffnung des Verfahrens fällig geworden sind oder nach § 65 als fällig gelten; [...]
6. alle übrigen Konkursforderungen."

stehen durch Verträge steuerrechtliche Pflichten, so werden sie nur durch Ermächtigung oder Verpflichtungserklärung der Masse zugeordnet. Andernfalls verpflichten sie nur das insolvenzfreie Vermögen, so dass eine Haftung gemäß §§ 60 f. InsO nicht eintritt.[876] Eine steuerrechtliche persönliche Haftung des Insolvenzverwalters als Vermögensverwalter gemäß §§ 69, 34 Abs. 1, 3 AO entfällt damit ebenso.

Der Sache nach besteht folglich kein Haftungsrisiko für den Insolvenzverwalter. Dennoch wird von Finanzämtern und anderen Gläubigern berichtet, die die Masse in Anspruch nehmen wollen.[877] Es ist nicht zu übersehen, dass in Literatur und Rechtsprechung noch weithin Unsicherheit besteht.[878] Dass daraus für eine gewisse Zeit und im Einzelfall für den Insolvenzverwalter das Risiko besteht, im Haftungsprozess zu unterliegen, lässt sich nicht leugnen. Diese Unsicherheit über eine gerichtliche Entscheidung geht aber nicht zu Lasten des Insolvenzverwalters. Die h. M. geht davon aus, dass der Verwalter im Rahmen der §§ 60 f. InsO nur bei mutwilliger Führung eines Prozesses[879] haftet, also nicht, wenn seine Rechtsmeinung gut vertretbar ist und höchstrichterlich nicht gegenteilig entschieden wurde.[880] Das gilt sowohl für das Merkmal des Verschuldens des ordentlichen und gewissenhaften Insolvenzverwalters, § 60 InsO[881], als auch für das Nichterkennenkönnen der Masseunzulänglichkeit, § 61 InsO[882]. Daher wird man erwarten dürfen, dass sich der Insolvenzverwalter gegen eine unberechtigte Inanspruchnahme der Masse – sei es durch das Finanzamt oder andere Gläubiger – zur Wehr setzt. Stets zu bedenken ist aber, ob der durch den Prozess bedingte Zeitaufwand und die abfließende Liquidität ungeachtet der Möglichkeit des Obsiegens verkraftet werden können. Jedenfalls sollte der Insolvenzverwalter für den Schuldner eine neue Steuernummer beantragen.[883] Dadurch können zeit- und geldraubende Konflikte mit dem Finanzamt vermieden werden.

II. Verwertung der Kanzlei als Ganzes

Ob die Anwaltspraxis als Ganzes zur Insolvenzmasse gehört, hängt davon ab, ob man die Kanzleigegenstände und den Praxiswert als insolvenzbefangen ansieht.[884] Die Massezugehörigkeit der Kanzleigegenstände wurde im vorigen Kapitel umfassend bejaht, sofern der Schuldner die Anwaltstätigkeit nicht fortsetzt. Unter dieser Voraussetzung könnte die Kanzlei als Ganzes Bestandteil der Masse werden. Noch nicht untersucht wurde die Rolle

---

876 *Häsemeyer*³ Rn. 23.44; *Frotscher*⁶ S. 65; *Bringewat/Waza*⁶ Rn. 877 f.; FS Metzeler/*Vallender* S. 21, 31 f.; LG Erfurt ZInsO 2002, 1090, 1091 f. = EWiR 2003, 69, 70; *Schildt* S. 87 ff.; *Andres/G. Pape* NZI 2005, 141, 142. Vgl. FG Thüringen ZInsO 2004, 392, 393 (Umsatzsteuerschuld nicht Masseverbindlichkeit bei Neuaufnahme eines Gewerbes durch den Schuldner). A. M. wohl *Tetzlaff* ZVI 2004, 2, 3.

877 *Tetzlaff* EWiR 2003, 593, 594; LG Erfurt ZInsO 2002, 1090, 1091 f. = EWiR 2003, 69; *Andres/G. Pape* NZI 2005, 141, 144; *Ries* ZInsO 2005, 298 f.; *Voigt/Gerke* ZInsO 2002, 1054; *G. Pape* ZInsO 2002, 917, 920.

878 Laut den Darstellungen von *Tetzlaff* ZInsO 2005, 393, 397; *Tetzlaff* ZVI 2002, 309; *Ries* ZVI 2004, 221, 226 ff.; *Smid* WM 2005, 625, 629 f.; FS Metzeler/*Vallender* S. 21, 31 f.; *Uhlenbruck* ZVI 2002, 49, 50; *Schmerbach* ZVI 2003, 256, 266; *Schildt* S. 87.

879 *Häsemeyer*³ Rn. 6.39; MK-InsO/*Brandes* §§ 60, 61 Rn. 92; Braun/*Kind*² § 60 Rn. 18.

880 HK/*Eickmann*⁴ § 60 Rn. 13. Strenger OLG Hamm ZIP 1995, 1436, 1437.

881 Braun/*Kind*² § 60 Rn. 18.

882 BGH NJW 2001, 3187, 3188 f. (zu § 82 KO); Uhlenbruck/*Uhlenbruck*¹² § 61 Rn. 9; *Kuhn/Uhlenbruck*¹¹ § 82 Rn. 11e.

883 *Tetzlaff* ZVI 2004, 2, 4.

884 *Schildt* S. 40 f.

des Praxiswerts, weil er nicht individuell verwertbar ist. Dies soll nun nachgeholt werden. Im Anschluss daran können die Verwaltungs- und Verwertungsmöglichkeiten dargestellt werden, getrennt je nachdem, ob der Schuldner, der Verwalter oder ein Dritter die Kanzlei weiterführt. Am Schluss wird auf die Abweichungen im Eröffnungsverfahren eingegangen.

1. Begriff und Bedeutung des Praxiswerts

Die Verwertung eines Unternehmens kann auf zwei Wegen erfolgen. Entweder werden die Vermögensgegenstände einzeln verwertet oder das Unternehmen als Ganzes. Als einzeln verwertbare Vermögensgegenstände wurden festgestellt: Gegenstände, die dem Erwerb nicht dienen, die Betriebsimmobilie und die Forderungen, soweit sie über die Kanzleikosten und den notwendigen Unterhalt hinausgehen. Das Ganze ist häufig mehr als die Summe seiner Teile, und dieser Mehrbetrag wird Goodwill genannt, bei Freiberuflern auch Praxiswert.[885] Dieser über den Substanzwert hinausgehende Mehrwert besteht im Zuspruch des Publikums und günstigen Arbeitsbedingungen. Dadurch steigen die Einnahmen und sinken die Kosten. Bestimmungsgründe des Praxiswerts sind u. a. der Ruf der Kanzlei und des Inhabers, das Alter der Kanzlei, die fachliche Ausrichtung, der Mitarbeiterstamm, die räumliche Lage, die Beschaffenheit der Räumlichkeiten, der Mietvertrag.[886] Bei einem Praxisverkauf macht der Goodwill häufig den größten Teil des Kaufpreises aus, u. U. bis zu drei Vierteln.[887]

Auch die Kanzleien insolventer Anwälte können über einen positiven Praxiswert verfügen, da sie nicht selten im laufenden Geschäft gewinnbringend arbeiten.[888] Diese Diskrepanz zwischen beruflichem Erfolg und persönlicher Insolvenz kann aus verschiedenen Gründen herrühren. Oft liegen die Ursachen im privaten Bereich,[889] sei es verschwenderische Lebensführung, sei es eine verhängnisvolle Fehlinvestition. Manchmal kann aber auch ein einziger Haftungsfall die Zahlungsunfähigkeit bewirken, obwohl das laufende Geschäft der Anwaltspraxis Gewinn bringt.[890]

Der Zuspruch des Publikums, also die Mandantschaft, wird durch die Mandantenkartei verkörpert. Dennoch kann kaum jemals – selbst bei Zustimmung aller Mandanten – der Praxiswert durch die Veräußerung der Kartei vollständig übertragen werden. Dann müsste nämlich sichergestellt sein, dass auch die sonstigen Bedingungen dergestalt sind, dass die Mandanten den Erwerber der Kartei gleichermaßen aufsuchen wie den Veräußerer.[891] Das ist aber praktisch ausgeschlossen, weil die Auswahl des Anwalts Vertrauens- oder doch zumindest Geschmackssache ist. Darüber hinaus ist grundsätzlich jede Veränderung auf der Seite der Kanzlei geeignet, Mandanten zu veranlassen, sich einen anderen Anwalt zu suchen.[892] Es ist folglich anzustreben, die Kanzlei so intakt wie möglich zu verwerten,

885 Creifelds[18] „Geschäftswert"; *Römermann/Schröder* NJW 2003, 2709, 2710. Eine andere Definition findet sich bei *Schildt* S. 23, die zum Goodwill neben dem ideellen Wert auch die Praxiseinrichtung und die Patientenkartei rechnet.

886 BGH NJW 1999, 784, 785 f.; *Kolbe*[3] S. 89 f.; *Feuerich*/Weyland[6] § 27 Rn. 15; *Kotzur* NJW 1988, 3239. Guter Überblick bei *Schildt* S. 23.

887 Vgl. *Huffer* NJW 2002, 1382, 1383 f. Beispiel in BGH NJW 2001, 2462.

888 *Schick* NJW 1990, 2359, 2361; *Schildt* S. 17.

889 *W. Schick* NJW 1990, 2359, 2361. Vgl. den Fall in BGH NJW 1989, 2882.

890 *Kesseler* Rn. 231.

891 Vgl. *Kotzur* NJW 1988, 3239 f.

892 Zu den Auswirkungen im Einzelnen *Schwarz* RzW 1957, 118, 119.

also möglichst wenig in die Gesamtheit der Kanzlei einzugreifen. Das bedeutet, dass der Insolvenzschuldner seine Tätigkeit in der Praxis zumindest vorübergehend fortsetzen sollte.[893]

2. *Insolvenzbeschlag des Praxiswerts*

Nunmehr geht es darum, ob der Praxiswert zur Masse gehört. Dazu müsste es sich um einen pfändbaren Vermögensgegenstand handeln, §§ 35 f. InsO. Das Vermögen ist die Summe der geldwerten Rechte einer Person. Als Recht in diesem Sinne wird auch das Unternehmen begriffen, obwohl es lediglich den Inbegriff von Vermögenswerten rechtlicher und tatsächlicher Art darstellt.[894] Dass der Praxiswert der Anwaltskanzlei einen Geldwert innehaben kann, lässt sich leicht bejahen.[895] Der über die Summe der Einzelgegenstände hinausgehende Wert der Kanzlei ist schließlich der Anreiz, die Kanzlei als Ganzes zu verwerten. Dies zeigt sich auch deutlich in der Bilanz eines Kanzleikäufers. Dieser muss dasjenige, was er über den Wert der Einzelgegenstände hinaus gezahlt hat, als Praxiswert verbuchen und über einen bestimmten Zeitraum abschreiben.[896]

Dem hält *Schildt* entgegen, dass der Praxiswert lediglich eine Rechengröße darstelle und damit nur wertbildender Faktor sei.[897] Das stimmt aber nur insoweit, als der ideelle Wert einer Sachgesamtheit nicht von dieser losgelöst veräußert werden kann. Wenn eine vollständige Reihe von Briefmarken mehr wert ist als alle diese Briefmarken einzeln, kann dieser Mehrwert ja nicht ohne die Briefmarken übertragen werden. Der ideelle Wert ist untrennbar mit der ihn tragenden Gesamtheit von Vermögensgegenständen verbunden. Dennoch ist er selbstverständlich (mit der Gesamtheit) veräußerbar. Sonst käme man zu dem unsinnigen Ergebnis, dass die Reihe von Briefmarken vom Insolvenzverwalter veräußert würde, die Masse aber nur den Erlös eines fiktiven Einzelverkaufs aller Marken erhielte, während der ideelle Wert an den Insolvenzschuldner ginge.

Diesem Ergebnis stehen keine anwaltsspezifischen Hindernisse entgegen. Wenn man sich die geschriebenen Pfändungsverbote ansieht, wird man keines finden, das den Praxiswert umfasst. An ungeschriebene Pfändungsverbote kann man unter zwei Aspekten denken: Da ist zunächst die Verkehrsfähigkeit der Kanzlei an sich.[898] Das *RG* hat teilweise vertreten, dass die Veräußerung einer Anwaltskanzlei sittenwidrig sei; diese Rechtsprechung wurde aber vom *BGH* nicht fortgeführt.[899] Zweitens könnte der Insolvenzbeschlag scheitern, wenn der Insolvenzschuldner der Veräußerung der Kanzlei zustimmen müsste. Ein solches Zustimmungserfordernis wird teilweise aufgrund des persönlichen Vertrauensverhältnisses zwischen Anwalt und Mandant angenommen.[900] Dieses Vertrauensverhältnis soll aber den Mandanten schützen und nicht dem Anwalt eine Vermögensposition vermitteln. Daher ist

---

893 *W. Schick* NJW 1990, 2359, 2361; *Schildt* S. 167. Ähnlich *Kesseler* Rn. 255; *BRAK-Ausschuss Bewertung von Anwaltspraxen* BRAK-Mitt 1992, 24, 25.

894 Jaeger-InsO/*Henckel* § 35 Rn. 9.

895 Bereits *Werner* NJW 1957, 618 f. mit Ausführungen zu § 823 Abs. 1 BGB.

896 Zur Bewertung von Anwaltskanzleien nach der klassischen Umsatzmethode *Römermann/Schröder* NJW 2003, 2709. Kritisch dazu, die Ertragswertmethode vertretend *Janssen* NJW 2003, 3387. Ebenso für freiberufliche Praxen *Englert* BB 1997, 142.

897 *Schildt* S. 22 f.

898 Siehe dazu die auch für die Pfändbarkeit körperlicher Gegenstände anwendbaren Überlegungen zu § 851 ZPO auf S. 110.

899 Siehe bereits S. 98.

eine Zustimmungsbedürftigkeit abzulehnen.[901] Aber selbst wenn man sie annimmt, steht sie dem Insolvenzbeschlag nicht im Weg. Denn nach richtigem Verständnis spielen für den Insolvenzbeschlag Mitspracherechte Dritter oder des Schuldners keine Rolle.[902]

Die h. M. geht daher davon aus, dass der Praxiswert der Kanzlei zur Insolvenzmasse gehört.[903] Er steht daher einer Gesamtverwertung nicht entgegen. Hat der Rechtsanwalt die Kanzlei vor Eröffnung des Insolvenzverfahrens wirksam veräußert, kann dieses Geschäft daher durch Insolvenzanfechtung im Rahmen der §§ 129 ff. InsO rückgängig gemacht werden.[904]

3. *Verwaltungs- und Verwertungsmöglichkeiten*

Der Praxiswert kann auf unterschiedliche Weise zur Mehrung der Masse eingesetzt werden. Vom ganzen Praxiswert profitiert die Masse, wenn der Schuldner mit seinen Mitarbeitern unter gleichem Namen in den gleichen Räumlichkeiten und mit der gleichen Ausstattung und den Mandantenakten arbeitet. Dagegen wird nur ein kleiner Teil des Praxiswerts ausgenützt, wenn ein dritter Anwalt unter anderem Kanzleinamen die Räumlichkeiten des Schuldners nutzt. Dies wirft die Frage auf, welche Möglichkeiten zur Verwertung der Praxis als solcher dem Insolvenzverwalter offen stehen.

Die Darstellung gliedert sich dabei wie folgt: Zuerst wird dargestellt, welchen Anwendungsbereich und Wirkungskreis die Entscheidung über den Fortgang des Verfahrens gemäß § 157 InsO im Falle einer Anwaltsinsolvenz hat. Daran knüpft eine Untersuchung darüber an, inwiefern die Kanzlei vom Schuldner selbst weiterbetrieben werden kann, und zwar ohne und mit der Zustimmung des Insolvenzverwalters. Danach ist zu klären, ob und wie die Praxis ohne den Schuldner weiterbetrieben werden kann; als Berufsträger kommt der Verwalter selbst oder ein dritter Anwalt in Frage. Im Anschluss sind weitere Verwertungsformen darzustellen.

a) *Entscheidung über den Fortgang des Verfahrens, § 157 InsO*

Im Berichtstermin muss die Gläubigerversammlung über den Fortgang des Verfahrens befinden. Sie hat grundsätzlich die Entscheidungsbefugnis darüber, ob das schuldnerische

---

900 *W. Schick* NJW 1990, 2359, 2360 f.; *Häsemeyer*[3] Rn. 9.09; Nerlich/Römermann/*Andres* § 35 Rn. 73; Braun/*Bäuerle*[2] § 35 Rn. 46.

901 *H. Hess/Röpke* NZI 2003, 233, 238; *Kesseler* Rn. 294 f.; *Harlfinger* S. 44 ff.; FS Metzeler/*Vallender*, S. 21, 37; FS Henckel/*Uhlenbruck* S. 877, 886; Uhlenbruck/*Uhlenbruck*[12] § 35 Rn. 50; *Schildt* S. 178 f.; *Kluth* NJW 2002, 186.

902 Siehe oben S. 48.

903 Siehe nur Nerlich/Römermann/*Andres* § 35 Rn. 73; FS Gaul/*Gerhardt* S. 139, 144 f.; Uhlenbruck/*Uhlenbruck*[12] § 35 Rn. 47 (jeweils m. w. N.); *Uhlenbruck* ZVI 2002, 49 f.; *Schildt* S. 19 ff.; *Hess/Röpke* NZI 2003, 233, 237; *Kluth* NJW 2002, 186; Gottwald/*Klopp/Kluth*[3] § 26 Rn. 10; *Feuerich*/Weyland[6] § 27 Rn. 12; *Blunk* S. 66 ff.; *Franke/Böhme* AnwBl 2004, 339; *Foerste*[3] Rn. 144; *van Zwoll/Mai/Eckardt/Rehborn* Rn. 368 f. A. M. Kübler/Prütting/*Holzer* § 35 Rn. 74; *Maus* ZIP 2004, 389 f.; FG Düsseldorf ZIP 1992, 635; LG Rostock NJW-RR 2002, 846, 847; Smid/*Smid*[2] § 35 Rn. 11; *Simonsen/Leverenz* BRAK-Mitt 1995, 224, 229; *Sattler/Rickert* ZInsO 2006, 76, 77. Unklar HK/*Eickmann*[4] § 35 Rn. 28. Für den Arzt BGHZ 116, 268 = NJW 1992, 737; AG Köln NJW-RR 2003, 987, 988 f.; LSG NRW NJW 1997, 2477 f.

904 MK-InsO/*Kirchhof* § 129 Rn. 93; FS Gaul/*Gerhardt* S. 139, 148 f. Unklar Uhlenbruck/*Hirte*[12] § 129 Rn. 97.

Unternehmen fortgeführt oder stillgelegt wird, § 157 InsO. Unter Unternehmen i. S. der §§ 156 ff. InsO wird jedes organisatorische Gebilde verstanden, das die der wirtschaftlichen Tätigkeit des Schuldners dienenden vermögenswerten Rechte des Schuldners zusammenfasst.[905] Der Begriff umfasst nach heute allg. M. auch die freien Berufe.[906]

aa) Stilllegungsbeschluss

Die Stilllegung der Kanzlei würde nicht nur die Verwertung der Erwerbsgegenstände ermöglichen, sondern auch Vermögensverschiebungen vorbeugen. Der Stilllegungsbeschluss kann jedoch nicht dazu führen, dass der Verwalter bevollmächtigt ist, Gegenstände zu verwerten, über die er sonst nicht verfügen könnte. Denn der Insolvenzbeschlag kann nicht weiter greifen als der Umfang der Zwangsvollstreckung. Der Beschluss bewirkt also nicht, dass die Erwerbsgegenstände wegen dauerhaften Ruhens der selbstständigen Tätigkeit verwertet werden können, weil er die Verwendung der Gegenstände durch den Schuldner nicht beeinflussen kann, § 36 Abs. 1 S. 1 InsO, § 811 Abs. 1 Nr. 5 ZPO.[907] Ebenso wenig kann er auf die Verwendung der schuldnerischen Arbeitskraft einwirken, § 36 Abs. 1 S. 1 InsO, Art. 1, 12 GG.[908] Diese Folgen ergeben sich aber auch aus der schlichten Erkenntnis, dass die §§ 156 ff. InsO dem Verwalter keine Befugnisse gegenüber Dritten geben, sondern das Verhältnis zwischen Verwalter und Gläubigern regeln. Es geht um Fragen des rechtlichen Dürfens und nicht des Könnens, wie § 164 InsO zeigt. Dass sich die Befugnisse des Insolvenzverwalters durch die §§ 156 ff. InsO nicht über die Insolvenzmasse hinaus ausweiten, wird auch durch § 159 InsO deutlich, der die Verwertung auf das zur Masse gehörende Vermögen beschränkt. Das bedeutet, dass aus einem Stilllegungsbeschluss weder hervorgeht, dass die Erwerbsgegenstände in die Masse fallen, noch dass der Schuldner seine Tätigkeit einstellen soll.[909]

Aus diesem Grund besteht auch keine Pflicht aus § 97 Abs. 2 InsO, bei der Schließung einer Anwaltskanzlei mitzuwirken. Das *LG Cottbus* hat zwar einem Ladeninhaber die Restschuldbefreiung nach § 290 Abs. 1 Nr. 5 InsO versagt, weil dieser nicht bei der vom Treuhänder angeordneten Schließung des Ladens mitgewirkt hatte.[910] Eine solche Mitwirkungspflicht bei der Schließung der Kanzlei besteht grundsätzlich auch für den Rechtsanwalt. Im Gegensatz zum Ladeninhaber kann er sich jedoch darauf berufen, dass er seinen Erwerb aus persönlicher Leistung zieht, während das Ladengeschäft typischerweise auf Kapitaleinsatz beruht.

---

905 MK-InsO/*Görg* § 158 Rn. 5.

906 MK-InsO/*Görg* § 158 Rn. 5 mit Nachweisen zum Begriff des Geschäfts in der KO; Uhlenbruck/*Uhlenbruck*[12] § 158 Rn. 2; Nerlich/Römermann/*Balthasar* § 158 Rn. 7; Kübler/Prütting/*Onusseit* § 157 Rn. 5; BFH ZIP 1994, 1283, 1284.

907 AG Köln NZI 2003, 987, 988 = ZInsO 2003, 667, 669; *Schildt* S. 185; *Voigt/Gerke* ZInsO 2002, 1054, 1056. A. M. FS Gerhardt/*Runkel* S. 839, 843 f.; *Runkel* ZVI 2007, 45, 49 f.; FS Henckel/*Uhlenbruck* S. 877, 890.

908 *Voigt/Gerke* ZInsO 2002, 1054, 1057. Im Ergebnis *Smid* WM 2005, 625, 627.

909 *Ries* ZVI 2004, 221, 224; *Schildt* S. 158.

910 LG Cottbus ZVI 2002, 218.

bb) Fortführungsbeschluss

Die Fortführungsentscheidung kann sich ebenfalls nur auf denjenigen Teil des Unternehmens beziehen, der zur Insolvenzmasse gehört.[911] Das können aber im Falle des insolventen Rechtsanwalts nur einzelne Elemente der Kanzlei sein, da Erwerbsgegenstände und Mandatsverträge nicht in die Masse fallen.

Auf der anderen Seite bedeutet dies nicht, dass der Fortführungsbeschluss unzulässig, wirkungslos oder sinnlos wäre. Zulässig ist er schon deswegen, weil die Teilstilllegung von Betrieben anerkannt ist, sich die Fortführung also auch auf einzelne Betriebsteile beschränken kann. Wenn die Gläubigerversammlung beschließt, dass der Schuldner die Kanzlei fortführen soll, zeigt sich die Wirkung des Fortführungsbeschlusses darin, dass dem Insolvenzverwalter damit schlüssig verpflichtet wird, dem Schuldner Verpflichtungsmacht zu erteilen. Wenn dies geschieht, erzeugen die Verpflichtungsgeschäfte des Rechtsanwalts Masseverbindlichkeiten. Es kann sinnvoll sein, diese Rechtsfolge herbeizuführen, wenn potenzielle Vertragspartner trotz der Möglichkeit des Bargeschäfts auf der Haftung der Insolvenzmasse bestehen. Ist ein Vertragsschluss an sich günstig für die Masse, sollte er nicht an der fehlenden Verpflichtung der Masse scheitern.

Zugleich wird aber deutlich, dass die Entscheidung über den Fortgang des Verfahrens nach § 157 InsO für sich gesehen keine wesentliche Wirkung auf die Berufstätigkeit des Schuldners hat, da diese im insolvenzfreien Raum stattfindet. Die §§ 811, 850 ff. ZPO i. V. m. § 36 InsO stellen sicher, dass die Einzelkanzlei mit ihren Gegenständen, Vertragsbeziehungen und Einnahmen im Wesentlichen erhalten bleibt. Daher orientiert sich die Darstellung im Folgenden an der Person, die Kanzleigeschäfte selbstständig leitet, also die Kanzlei faktisch weiterbetreibt: Schuldner, Verwalter oder ein Dritter.

b) Weiterführung durch den Schuldner

Die Weiterführung der Praxis durch den insolventen Rechtsanwalt setzt voraus, dass dieser noch zur Anwaltschaft zugelassen ist. Davon soll hier ausgegangen werden.[912] Behält der Anwalt die Zulassung, kann er sich zur Zusammenarbeit mit dem Insolvenzverwalter entschließen. Möglicherweise versucht er aber, die Kanzlei ohne Absprache mit dem Verwalter zu führen.

Dabei kann der Insolvenzverwalter keinen unmittelbaren Einfluss darauf nehmen, ob die Kanzlei vom Schuldner fortgesetzt wird.[913] Denn die schuldnerische Arbeitskraft gehört nicht zur Masse. Der Schuldner kann also weder zum Weiterbetrieb der Kanzlei gezwungen werden, noch kann der Verwalter ihm die Arbeit in der Kanzlei verbieten. Selbstverständlich bleibt der Anwalt verpflichtet, dem Insolvenzverwalter Auskünfte zu erteilen und Einsichtnahme in seine Akten zu gestatten, §§ 97 Abs. 1, 148 InsO. Diese Informationsrechte dürfen jedoch nicht so (schikanös) wahrgenommen werden, dass der Schuldner in seiner Arbeit wesentlich eingeschränkt wird. Dasselbe gilt für die Mitwirkungspflicht nach § 97 Abs. 2 InsO.

911 Jaeger-KO/*Weber*[8] § 79 Rn. 2, § 129 Rn. 9 Nr. 2; *Schildt* S. 38 ff.

912 Zu den Voraussetzungen im Einzelnen S. 194 ff.

913 Zu den Möglichkeiten mittelbarer Einflussnahme siehe S. 164 ff.

aa) Regelinsolvenzverfahren

Das Bestreben, die Kanzlei in der Insolvenz unbedingt weiter zu betreiben, wird bei den meisten Anwälten vorhanden sein. Die Anwaltspraxis ist für sie nicht nur Einnahmequelle, sondern begründet auch ihre gesellschaftliche Position. *Vallender* weist in diesem Zusammenhang darauf hin, dass durch die Weiterführung der Praxis ihr Goodwill auch über die Restschuldbefreiung hinaus erhalten werden könne.[914] Es ist daher damit zu rechnen, dass ein insolventer Rechtsanwalt seine Kanzlei im Insolvenzverfahren fortsetzen will – auch ohne Rücksprache mit dem Insolvenzverwalter oder sogar gegen dessen Anweisung. Sollte der Rechtsanwalt seine Tätigkeit einstellen, kann er vom Insolvenzverwalter nicht daran gehindert werden – über die Arbeitskraft des Schuldners kann der Verwalter nicht verfügen.

Falls der Insolvenzschuldner in der Kanzlei weiterarbeitet, fragt sich, wie sich das Verhältnis zwischen ihm und dem Insolvenzverwalter gestaltet und welche Möglichkeiten der Einflussnahme auf den Geschäftsbetrieb der Verwalter hat. Die Untersuchung soll auch die Unterbindung und Freigabe der selbstständigen Erwerbstätigkeit einschließen. Zu überlegen ist auch, welche Motivation zur Kooperation oder zu massefreundlichem Verhalten sich aus der Möglichkeit ergibt, dem Schuldner die Restschuldbefreiung zu versagen.

aaa) Ausgangslage

Die Weiterführung seines Unternehmens wird beim insolventen Anwalt dadurch begünstigt, dass seine Leistung in der Erbringung von Diensten besteht. Da diese insolvenzfrei sind, kann er frei über sie verfügen und anderen anbieten. Ein kaufmännischer Schuldner ist notwendigerweise auf Waren angewiesen. Das Pfändungsverbot des § 811 Abs. 1 Nr. 5 ZPO greift indes nur ein, wenn der Arbeitseinsatz des Schuldners im Vergleich zum Kapitaleinsatz im Vordergrund steht.[915] Wo dies nicht der Fall ist, sind die Waren des Schuldners pfändbar und gehören damit zur Masse. Dann fallen auch von seinem pfändungsfreien Einkommen oder Unterhalt beschaffte Waren in die Insolvenzmasse.[916] Ein Schuldner, dessen Erwerb auf dem Handel mit oder der Verarbeitung von Waren beruht, kann demnach kaum seinen Betrieb fortsetzen. Wann Arbeits- und wann Kapitaleinsatz überwiegt, ist im Einzelnen schwer zu sagen; jedenfalls bleiben dem Kaufmann und dem Handwerker der generelle Pfändungsschutz versagt, den § 811 Abs. 1 Nr. 5 ZPO den Rechtsanwälten gewährt.

Aus der Sicht des Insolvenzrechts ist der Weiterbetrieb der Kanzlei durch den Schuldner zwiespältig. Prinzipiell ist die selbstständige Weiterführung sicherlich erlaubt, denn sonst würde § 295 Abs. 2 InsO einen großen Teil seines Anwendungsbereichs verlieren.[917] Allerdings könnte der Anwalt seine Freiheit nutzen, um die Anderkonten zu plündern oder Gegenstände aus der Praxis zu verkaufen. Diese Gefahr spricht jedoch nicht gegen die Tätigkeit des Schuldners, sondern erfordert eine aufmerksame Überwachung durch den Verwalter. Dieser muss sich ggf. wöchentlich oder sogar öfter die Kontoauszüge zeigen

914 FS Metzeler/*Vallender* S. 21, 24.

915 Zum Ganzen Schuschke/*Walker*[3] § 811 Rn. 25 ff.

916 Uhlenbruck/*Uhlenbruck*[12] § 35 Rn. 40; Hess/*Weis*/Wienberg[2] §§ 35, 36 Rn. 35 ff.

917 Vgl. S. 100.

lassen. Diese sind als Geschäftsbücher i. S. des § 36 Abs. 2 Nr. 1 InsO Massebestandteil, so dass der Verwalter Einsicht nehmen darf. Schwieriger wird es bei der Überwachung der Erwerbsgegenstände: Es gilt zu verhindern, dass sie vom Rechtsanwalt fortgeschafft werden. Eine Überwachung anhand des Verzeichnisses der Massegegenstände kommt nicht in Frage, weil die Erwerbsgegenstände dort gerade nicht aufgeführt sind. Folglich muss der Insolvenzverwalter sofort nach der Verfahrenseröffnung von seinem Zugangsrecht zu den Kanzleiräumen Gebrauch machen und ein Verzeichnis der Erwerbsgegenstände anlegen. Anhand dessen sind in der Folgezeit Zu- und vor allem Abgänge zu verfolgen. Nur so kann der Insolvenzverwalter sicherstellen, dass ihm keine Verschiebungen entgehen.

Verfehlt ist deshalb die Behauptung von *Ries*, der Insolvenzschuldner habe zusammen mit dem Insolvenzverwalter die Verpflichtungs- und Verfügungsmacht inne.[918] Die Anwaltspraxis wird nicht von Schuldner und Insolvenzverwalter zusammen geleitet, sondern vom Schuldner auf Grundlage der insolvenzfreien Vermögensgegenstände geführt und im Hinblick auf die Insolvenzmasse vom Verwalter beaufsichtigt. Es gibt also eine klare Zweiteilung der Kompetenzen.

Berufsrechtlich ergeben sich aus dieser Konstellation ebenfalls keine Einwände. Es könnte ja nur die Unabhängigkeit des Anwalts gemäß § 1 BRAO zur Frage stehen; diese wird aber bestmöglich gewahrt, wenn der Anwalt ohne Absprache mit dem Insolvenzverwalter arbeitet.

Eine Weiterführung durch den Anwalt hat in jedem Fall den Vorzug, dass die Arbeitskraft des Anwalts genutzt wird, obwohl sie nicht zur Insolvenzmasse gehört. Im Gegensatz zur Anstellung beim Insolvenzverwalter oder einem Dritten ist hier mit einer verhältnismäßig hohen Arbeitsmotivation zu rechnen. Erkauft werden diese Vorteile dadurch, dass die Erwerbsgegenstände nicht mehr verwertet werden können. Dies kann ein Grund für den Insolvenzverwalter sein, dem Schuldner die Gegenstände entziehen zu wollen. Diese Möglichkeit wird sogleich behandelt.

Aber selbst wenn das insolvenzbefangene Arbeitseinkommen des Schuldners so groß ist, dass die Nichtverwertung der Erwerbsgegenstände verschmerzt werden kann, bedeutet die schuldnerische selbstständige Tätigkeit, dass der Verwalter sie zum Schutze der Masse und Dritter überwachen muss. Dieser Aufwand schlägt sich in den Verfahrenskosten in Form eines höheren Auslagenersatzes und eventuell eines Zuschlags auf den Regelvergütungssatz des Verwalters nieder, § 63 InsO, §§ 3, 8 InsVV.

Hingegen entsteht durch die selbstständige Tätigkeit – entgegen einer weit verbreiteten Meinung – kein Haftungsrisiko für den Insolvenzverwalter, wie bereits oben gezeigt wurde.[919] Er muss dazu allerdings den Schuldner zweckmäßig überwachen, um eventuelle Schädigungen der Masse zu vermeiden. Ein gewisses Risiko für die Gläubiger besteht somit. Es ist jedoch geringer als dasjenige bei der Eigenverwaltung, da dort nur ein Treuhänder bestellt wird, dessen Überwachungsmöglichkeiten nicht so gut sein können. Für den Schuldner ergeben sich andere Probleme: Er kann zwar selbstständig arbeiten, muss aber Freistellungen für einen Anteil seiner Vergütung beantragen, damit er die Kanzleikosten decken und seinen Unterhalt bestreiten kann.[920] Gerade durch die Tatsache, dass der Anwalt eine geringe Zahl an Posten auf der Einnahmen- und Ausgabenseite hat, hält sich

[918] *Ries* ZInsO 2003, 1079, 1082.
[919] Siehe S. 153 f.
[920] Vgl. oben S. 122 ff.

der Darstellungsaufwand aber im Vergleich zu (zumindest manchen) Gewerbebetrieben in Grenzen. Das Weiterführen der Kanzlei wird dadurch zwar umständlicher, aber nicht unmöglich.

bbb) Unterbindung der selbstständigen Erwerbstätigkeit

Auch wenn nach der Konzeption der InsO die Masse von der Erwerbstätigkeit des Schuldners nach der Verfahrenseröffnung profitiert, kann der Insolvenzverwalter keinen Einfluss auf die Tätigkeit des Schuldners ausüben. Denn das Unternehmen des Schuldners ist insolvenzbefangen, nicht aber seine Arbeitskraft.[921] Daher kann die Maximierung des Neuerwerbs keine Aufgabe des Verwalters sein. Dies ist ein bemerkenswerter Unterschied zu Unternehmen, die nicht von § 811 Abs. 1 Nr. 5 ZPO geschützt werden: Dort kann und muss der Verwalter durch eigene Geschäftsführung das Beste aus den existierenden Verhältnissen herausholen.

Obwohl der Insolvenzverwalter die Arbeitstätigkeit des Schuldners nicht unmittelbar beeinflussen kann, hat er nach der Ansicht von *Tetzlaff* gleichwohl einige Ziele zu verfolgen: Es müsse verhindert werden, dass Neugläubiger die Masse in Anspruch nehmen, dass sie durch die Tätigkeit des Schuldners geschädigt werden und dass auflaufende Steuern nicht gezahlt werden.[922]

Der Klärung bedarf, welche Probleme tatsächlich existieren und ob sie in den Pflichtenkreis des Insolvenzverwalters fallen. Wegen der Inanspruchnahme der Masse durch Neugläubiger kann auf die oben gemachten Ausführungen verwiesen werden:[923] Die Neugläubiger haben keine Ansprüche gegen die Masse, sondern nur gegen den Insolvenzschuldner persönlich. Damit ist schon das nächste Problem angesprochen, nämlich die Schädigung der Neugläubiger: Sie sind der Gefahr ausgesetzt, dass der Insolvenzschuldner seinen Verpflichtungen nicht nachkommt und die Vollstreckung in das insolvenzfreie Vermögen (teilweise) fruchtlos ist. Das gilt nach der InsO verstärkt, da sie den Neuerwerb in die Masse fallen lässt und es somit für die Neugläubiger kaum etwas zu pfänden gibt. Die Schlechterstellung der Neugläubiger ist jedoch vom Gesetzgeber gesehen und gewollt.[924]

Dem Verwalter kann schon deswegen keine Verpflichtung zum Schutz der Neugläubiger auferlegt werden, weil er die tatsächliche und rechtsgeschäftliche Aktivität des Schuldners nicht unterbinden kann. Insofern wäre der Schutz ohnehin auf den Entzug dessen beschränkt, was dem Insolvenzbeschlag unterliegt. Diese Interpretation der Verwalterpflichten wird durch §§ 60 f. InsO bestätigt. § 60 InsO verpflichtet mittelbar zum Schutz der Interessen der Beteiligten. Unter den Beteiligten können nur die Verfahrensbeteiligten verstanden werden, also der Schuldner und alle, die bei Eröffnung des Insolvenzverfahrens Gläubiger waren, aber nicht derjenige, dessen Forderung erst nach Verfahrenseröffnung entstanden ist. § 61 InsO hingegen bezieht sich explizit auf Masseverbindlichkeiten, also insbesondere auf Forderungen von Neumassegläubigern. Daraus folgt im Umkehrschluss, dass die Gläubiger, denen das insolvenzfreie Vermögen haftet, nicht zu schützen sind. Das ist auch einsichtig, denn auf die Erfüllung ihrer Schuld aus der Masse dürfen sie gerade nicht vertrauen.

---

921 Siehe S. 30 f.
922 *Tetzlaff* ZVI 2004, 2, 6
923 Siehe S. 144 ff.
924 Siehe oben S. 152 ff.

Im Grunde müssen diese Überlegungen auch für Steuerschulden gelten, die durch eigenmächtiges Handeln des Schuldners entstehen. Allerdings kann dem Fiskus nicht entgegengehalten werden, dass jeder das Insolvenzrisiko seines Vertragspartners zu tragen hat, weil die Steuerschuld nicht durch Vertrag entsteht. Der Staat ist auch nicht wie andere Gläubiger mit nicht-vertraglichen Ansprüchen durch ein Pfändungsvorrecht gemäß §§ 850d, 850f Abs. 2 ZPO privilegiert. Auf eine Vorzugsbehandlung von Steuerforderungen in Einzel- und Gesamtvollstreckung wurde indessen bewusst verzichtet.[925] Wenn der Fiskus demnach wie alle anderen Neugläubiger behandelt wird, so kann der Insolvenzverwalter nicht verpflichtet sein, die Begründung von Steuerschulden durch eigenmächtiges schuldnerisches Handeln zu verhindern. Dies mag zwar im öffentlichen Interesse sein,[926] aber dass der Insolvenzverwalter dieses Allgemeininteresse zu wahren hat, geht aus der InsO nicht hervor. Dagegen spricht auch, dass sein Amt kein öffentliches ist.[927]

Den Verwalter trifft folglich keine Pflicht, die berufliche Tätigkeit des Schuldners zu be- oder verhindern. Ungeachtet dessen muss er natürlich die Masse wahren und mehren, § 1 InsO, und könnte aus diesem Grund zu Maßnahmen angehalten sein, die die Berufsausübung des Schuldners erschweren oder unmöglich machen. Im Folgenden sollen einzelne Maßnahmen daraufhin untersucht werden, ob sie zur Sicherung der Insolvenzmasse erlaubt sind.

(1) Durchsetzung der Auskunfts- und Mitwirkungspflichten

Der pfändbare Neuerwerb des Schuldners fällt in die Masse, § 35 Abs. 1 Fall 2 InsO. Der Verwalter muss dafür sorgen, dass der Neuerwerb der Masse auch tatsächlich zur Verfügung steht, indem er ihn in Besitz und Verwaltung nimmt, § 148 Abs. 1 InsO. Dazu muss er Buchführung und Konten des Schuldners überwachen. Der Schuldner ist zu Auskunft und Vorlage der Unterlagen verpflichtet, § 97 Abs. 1 InsO. Besondere Gefahren für die Masse ergeben sich, wenn der Schuldner neue Konten anlegt oder bare abrechnet.[928] Solche Verschleierungen sind verboten, weil aus der Mitwirkungspflicht des § 97 Abs. 2 InsO folgt, dass der Insolvenzschuldner die Arbeit des Verwalters nicht erschweren darf. Das wird ausdrücklich durch § 97 Abs. 3 S. 2 InsO vorgeschrieben. Die Pflichten des Schuldners können durch Anordnung der eidesstattlichen Versicherung oder Haft durchgesetzt werden, § 98 InsO.

Umfang und Inhalt der Auskunftspflichten wurden bereits in § 7 erörtert. Die Mitwirkungspflichten können unter insolvenz- und berufsrechtlichen Aspekten betrachtet werden. Die Insolvenzfreiheit der Arbeitskraft spricht dagegen, dass die Mitwirkung für den Schuldner zur Folge hat, den berufsbezogenen Weisungen des Insolvenzverwalters Folge leisten zu müssen. Denn wenn der Anwalt seine Berufsausübung jederzeit unterlassen darf, kann eine Einflussnahme auf einzelne Aspekte der Tätigkeit durch den Verwalter a maiore ad minus nicht statthaft sein. Aus berufsrechtlicher Sicht wird auf die Überlegungen zur Tätigkeit des Rechtsanwalts als Angestellter des Insolvenzverwalters verwiesen.[929] Die

925 Dazu S. 154 f.
926 So *Tetzlaff* ZVI 2004, 2, 6.
927 Siehe S. 65.
928 Dazu im Einzelnen S. 216 f.
929 Siehe S. 142 f.

anwaltliche Unabhängigkeit gemäß § 1 BRAO wird verletzt, wenn der Verwalter berufsbezogene Angelegenheiten des insolventen Anwalts regelt. Die Mitwirkungspflichten können sich also nicht auf die Berufsausübung, sondern nur auf die Verwertung bereits geschaffenen Vermögens beziehen.

(2) Kündigung der unternehmensbezogenen Verträge

Zum Betrieb der Praxis ist der Rechtsanwalt auf viele Leistungen angewiesen. Dazu gehören der Gebrauch der Praxisräume, Strom, Telekommunikation, die Dienste der Mitarbeiter. Diese unternehmensbezogenen Zulieferungen beruhen auf Verträgen, die der Rechtsanwalt vor Verfahrenseröffnung geschlossen hat. Wählt der Verwalter Erfüllung der Verträge, so kann der Vertragspartner die Gegenleistung aus der Masse verlangen, § 55 Abs. 1 Nr. 2 InsO. Eine Sonderregelung besteht im Hinblick auf Miet- und Arbeitsverträge. Sie bestehen mit Wirkung für die Masse fort, § 108 InsO. Wenn der Schuldner Geschäftsräume gemietet hat, kann der Verwalter den Mietvertrag unter Einhaltung der gesetzlichen Frist kündigen, § 109 Abs. 1 S. 1 InsO. Die ordentliche Kündigung muss spätestens am dritten Werktag eines Kalendervierteljahrs erfolgen, wenn sie zum Ablauf des nächsten Kalendervierteljahrs wirksam sein soll, § 580a Abs. 2 BGB. Bezüglich eines Angestellten des Schuldners beträgt die Kündigungsfrist drei Monate zum Monatsende, wenn nicht die vereinbarte Frist oder die Frist zur ordentlichen Kündigung kürzer ist, § 113 Abs. 1 S. 1, 2 InsO.

Es ist nicht gesagt, dass die Masse besser steht, wenn der Insolvenzverwalter die Dauerschuldverhältnisse zum frühestmöglichen Zeitpunkt auflöst. Denn dem Schuldner ist von seinen Einkünften dasjenige zu belassen, was er braucht, um die Kanzlei weiterzuführen, § 36 Abs. 1 S. 2 InsO, § 850f Abs. 1 Buchst. b ZPO. Der Verwalter muss also auf Antrag die Beträge freistellen, die zur Zahlung der Miete, der Strom- und Telekommunikationsschulden und der Gehälter notwendig sind. Solange der Schuldner seinem Beruf nachgeht und mit den Einnahmen Betriebsausgaben und Unterhalt bestreiten kann, darf der Insolvenzverwalter einen Vertrag nur kündigen, wenn er ungünstig ist und der Schuldner selbst einen besseren abschließen kann.

Decken die Einnahmen nicht einmal die unternehmensbedingten Ausgaben und den Unterhalt, sieht es anders aus. Jetzt könnte das Insolvenzgericht bzw. der Insolvenzverwalter[930] dem Antrag nach § 36 Abs. 1, 4 InsO, § 850f Abs. 1 Buchst. b ZPO nur i. H. der erzielten Einnahmen stattgeben. Das bedeutet aber, dass nicht alle Schulden aus den Dauerschuldverhältnissen bedient werden könnten. Nun muss der Verwalter Verträge i. H. des Fehlbetrages kündigen, denn in diesem Umfang würde sonst die Masse geschädigt und der Verwalter einer Haftung nach § 60 InsO ausgesetzt.

Damit zeigt sich, dass die Einschätzung von *Ries* nicht zutrifft, dass der Schuldner nicht in der Lage sei, den Betrieb an bisheriger Stätte und mit seinem bisherigen Personal fortzusetzen.[931] Denn die Dauerschuldverhältnisse können bei einer rentablen Kanzlei im Allgemeinen nicht vom Insolvenzverwalter gekündigt werden.

[930] Dazu oben S. 122 f.
[931] *Ries* ZInsO 2003, 1079, 1082, Fn. 38.

(3) *Wegnahme von Erwerbsgegenständen*

In den Fällen, in denen die selbstständige Tätigkeit des Anwalts nach Abzug der Betriebsausgaben und des Unterhalts keinen (nennenswerten) Ertrag abwirft, erscheint es nachdenkenswert, die Erwerbsgegenstände zu verwerten. Der Anwalt wird diese aber in den wenigsten Fällen freiwillig herausgeben. Damit stellt sich die Frage, ob die Erwerbsgegenstände auch gegen den Willen des Anwalts herausgefordert und verwertet werden können. Die Antwort darauf geben allein § 36 Abs. 1 S. 1 InsO, § 811 Abs. 1 Nr. 5 ZPO. Der Verwalter kann Erwerbsgegenstände nur dann wegnehmen, wenn der Schuldner mit ihnen keinen Beitrag zu seinem Unterhalt erwirtschaftet oder erwirtschaften will, die Kanzlei längere Zeit nicht mehr führt oder absehbar ist, dass sie längere Zeit stillstehen wird.[932]

Kein Erwerbsgegenstand i. S. des § 811 Abs. 1 Nr. 5 ZPO, aber ein zum Erwerb notwendiger Massegegenstand ist die Betriebsimmobilie. Wenn sie dem Schuldner gehört, ist der Verwalter berechtigt, von diesem Miete oder die Herausgabe der Räume zu verlangen. Die Vermietung an den Anwalt nützt aber allenfalls unter buchhalterischen und steuerlichen Gesichtspunkten. Es ist damit ebenso wenig möglich, die Masse zu mehren wie Druck auf den Schuldner auszuüben. Denn was der Insolvenzverwalter an Miete einnimmt, muss er dem Schuldner als Kanzleikosten gemäß § 850f Abs. 1 Buchst. b ZPO vom Neuerwerb belassen. Unter gewissen Umständen ist die Herausgabe sinnvoll: Wenn die Räume für die schuldnerische Kanzlei überdimensioniert sind, kommt das der Masse zugute. Die Anmietung eines kleineren, angemessenen Büros wird nämlich die Masse weniger kosten, als die Vermietung der größeren Räume der ehemaligen Betriebsimmobilie einbringt. Ob der Auszug der schuldnerischen Kanzlei einen Verkauf begünstigt, hängt vom Einzelfall ab. Soll die Immobilie vermietet werden, ist der Mietvertrag mit der Kanzlei des Schuldners möglicherweise von Vorteil. Will der Käufer die Immobilie hingegen selbst nutzen oder befürchtet er Mietrückstände, erweist sich die angestammte Kanzlei als Hindernis.

(4) *Stellung eines Antrags auf Widerruf der Anwaltszulassung*

Eine Stilllegung kann auch auf berufsrechtlichem Wege erfolgen, nämlich wenn der Rechtsanwalt seine Zulassung verliert. Der Insolvenzverwalter hat zwar auf die diesbezügliche Entscheidung der Rechtsanwaltskammer keinen Einfluss, aber er kann sie über das eröffnete Insolvenzverfahren informieren, aufgrund dessen die Kammer die Widerrufsvoraussetzungen überprüft. Die Frage, ob der Verwalter diese Meldung geben darf, verliert dadurch an Relevanz, dass im Regelfall das Insolvenzgericht selbst die Eröffnung eines Insolvenzverfahrens über das Vermögen eines Anwalts der Kammer meldet.[933] In Anbetracht dessen, dass der Insolvenzverwalter die Masse zu mehren hat, sollte man zumindest eine Pflicht des Insolvenzverwalters zur Meldung an die Rechtsanwaltskammer verneinen. Wenn aber das Insolvenzgericht eine Meldung abgeben darf, kann dies dem Insolvenzverwalter nicht verwehrt werden. Eine Pflichtverletzung i. S. der §§ 60 f. InsO ist darin nicht zu erblicken.[934]

---

932 Siehe zu den Einzelheiten oben S. 35 ff.

933 Vgl. Anordnung über Mitteilungen in Zivilsachen Zweiter Teil Titel XXIII § 2 Abs. 1 Buchst. a Doppelbuchst. bb, § 4 Abs. 3 Nr. 1 Buchst. b, http://www.kulturbuch-verlag.de/Online/MiZi.pdf.

934 Im Ergebnis *Tetzlaff* ZInsO 2005, 393, 400.

ccc) Freigabe der selbstständigen Tätigkeit

Ausdrücklich geregelt wurde die Freigabe der selbstständigen Tätigkeit erst durch das Gesetz zur Vereinfachung des Insolvenzverfahrens vom 13. 4. 2007, indem § 35 InsO a. F. um zwei Absätze erweitert wurde.[935] Diese Neuregelung soll mit der bis 30. 6. 2007 geltenden Rechtslage kontrastiert und einer kritischen Würdigung unterzogen werden.

(1) Frühere Rechtslage

Obwohl § 35 InsO a. F. keine ausdrückliche Möglichkeit der Freigabe der selbstständigen Tätigkeit vorsah, wurde diese für die Situation, in der der Insolvenzverwalter keinen Einfluss auf die Geschäftstätigkeit des Schuldners hat, manchmal vorgeschlagen.[936] Damit wollten diejenigen, die die Begründung von Masseverbindlichkeiten durch eigenmächtiges Handeln des Schuldners für möglich halten, diese verhindern. Wenn man richtigerweise davon ausgeht, dass der Schuldner eigenmächtig keine Masseschulden verursachen kann, könnte man immerhin noch den Vorteil dieser Vorgehensweise darin sehen, dass Streitigkeiten mit den Neugläubigern vermieden werden. Nach der hier vertretenen Auffassung sollte die Möglichkeit einer gerichtlichen oder außergerichtlichen Auseinandersetzung den Insolvenzverwalter aber im Normalfall nicht davon abhalten, das Recht der Masse durchzusetzen.[937]

Ansonsten ist die Freigabe nach altem Recht wirkungslos. Typischerweise werden ja kostenverursachende Massegegenstände freigegeben, vor allem Altlastengrundstücke. Sollen diese verwertet werden, müsste die Masse hohe Entsorgungskosten aufbringen, die den Veräußerungserlös häufig übersteigen würde. In diesen Fällen wird die Masse geschont, wenn diese wertlosen Gegenstände freigegeben werden. Die selbstständige Tätigkeit des Schuldners kostet die Masse jedoch nichts. *Henning* hat daher Recht, wenn er die Freigabe der Selbstständigkeit „allein zum Zwecke der Vermeidung von Masseverbindlichkeiten" für unzulässig hält.[938] Diese Aussage trifft aber nicht ganz ins Schwarze. Die Geschäftstätigkeit des Schuldners besteht aus dem Abschluss von Verpflichtungsgeschäften und deren Erfüllung. Verpflichten kann der Schuldner nur sich selbst, aber nicht die Masse. Die Erfüllung geschieht durch das Erbringen von Dienstleistungen, also mit Hilfe insolvenzfreier Arbeitskraft. Die selbstständige Tätigkeit des Schuldners hat folglich überhaupt keinen Massebezug. Was nicht zur Masse gehört, kann nicht freigegeben werden. Sollten sich die Geschäfte des Schuldners gut entwickeln und Einnahmen bringen, fallen diese als Neuerwerb in die Masse. Die Freigabe kann nicht dazu führen, dass § 35 Fall 2 InsO a. F. außer Kraft gesetzt wird. Das bedeutet, dass sich durch eine Freigabeerklärung des Verwalters in Bezug auf die selbstständige Tätigkeit des Schuldners nichts ändert. Sie ist ein rechtliches nullum.[939]

---

935 BGBl. I 2007 S. 509 ff. Begründung im Gesetzesentwurf, BT-Dr. 16/3227 S. 17. Ausführliche Regelungsgeschichte bei *Holzer* ZVI 2007, 289 ff.

936 *Tetzlaff* ZVI 2002, 309, 311; *Tetzlaff* ZInsO 2005, 393, 397; *Voigt/Gerke* ZInsO 2002, 1054, 1061 f.; *van Zwoll/Mai/Eckardt/Rehborn* Rn. 505 ff. Kritisch *Hess/Röpke* NZI 2003, 233, 236; *Schildt* S. 90 f.

937 Vgl. S. 155 f.

938 *Henning* ZInsO 2004, 585, 593.

939 Für Existenz und Zulässigkeit der Freigabe der selbstständigen Erwerbstätigkeit siehe die Nachweise in Fn. 936. Zweifelnd *Schmerbach* ZVI 2003, 256, 267.

(2) Derzeitige Rechtslage

Auf den ersten Blick enthält die Einfügung des § 35 Abs. 2, 3 InsO durch das Gesetz zur Vereinfachung des Insolvenzverfahrens nur die Möglichkeit für den Insolvenzverwalter, den Neuerwerb gemäß § 35 Abs. 1 Fall 2 InsO auszuschalten. Diese Möglichkeit allein stellt eine Verschlechterung für die Masse dar, da bisher etwaiger Neuerwerb stets zur Masse gehörte. Auf der anderen Seite können Ansprüche aus selbstständiger Tätigkeit als Masseverbindlichkeiten geltend gemacht werden, wenn die Freigabe nicht erklärt wird. Das bedeutet, dass der Insolvenzverwalter die Wahl hat zwischen einer völlig in die Masseverwertung integrierten schuldnerischen selbstständigen Tätigkeit und einer, die vom Insolvenzverfahren unbeeinflusst bleibt, wenn man von der Zahlungspflicht gemäß §§ 295 Abs. 2, 35 Abs. 2 S. 2 absieht.[940]

Diese Gesetzesänderung wird große Probleme bereiten. Nicht nur wird mit der Möglichkeit, die selbstständige Tätigkeit des Schuldners völlig aus dem Insolvenzverfahren auszuklammern, dem Schuldner die Restschuldbefreiung geschenkt, also das gesetzgeberische Konzept der InsO von 1999 auf den Kopf gestellt. Danach sollte ja der Einbezug des Neuerwerbs die Masse anreichern und so den Insolvenzgläubigern den Wegfall des Nachforderungsrechts versüßen. Mit diesem Entwurf wird der Schuldner jedoch ungerechtfertigerweise zu Lasten des Verwalters in eine äußerst komfortable Position gebracht. *Andres/G. Pape* haben dies eindringlich dargestellt:[941] Der Insolvenzverwalter hat eine Prognose abzugeben, ob die schuldnerische Tätigkeit die Masse mehrt oder nicht. Im ersten Fall wird er die Masse nicht freigeben, mit der Folge, dass der Schuldner es in der Hand hat, die Masse nach Gutdünken zu verpflichten. Im zweiten Fall entscheidet der Insolvenzverwalter sich für die Freigabe, worauf der Masse dasjenige entgeht, was der Schuldner mehr verdient, als wenn er ein angemessenes Dienstverhältnis eingegangen wäre. Diese Einschränkung begegnet schon bei der Restschuldbefreiung Bedenken.[942] Sie kann erst recht nicht überzeugen, wenn der Schuldner deren Auflagen nicht unterliegt, z. B. in Bezug auf Obliegenheiten zur Auskunft und Mitwirkung, § 295 Abs. 1 Nr. 3 InsO. Egal wie sich der Verwalter entscheidet, kann es zu einer Schädigung der Masse kommen. Er sieht sich dabei selbst u. U. Haftungsverlangen nach § 60 InsO ausgesetzt,[943] denen er allenfalls eine Beschlussfassung der Gläubigerversammlung entgegenhalten kann.[944]

Aus verfassungsrechtlicher Perspektive ist zum einen zu bemängeln, dass die Neuregelung das Eigentumsrecht der Insolvenzgläubiger unzureichend schützt und den selbstständigen Schuldner ohne Rechtfertigung besserstellt als den angestellten.[945] Zum anderen macht man damit aus der Arbeitsobliegenheit im Rahmen des Restschuldbefreiungsverfahrens eine Arbeitspflicht – ein Verstoß gegen Art. 12 GG.[946] Versteht man § 35 Abs. 2 S. 2 InsO dagegen so, dass es die Zahlung an den Treuhänder eine Obliegenheit bleiben soll,

---

940 *Holzer* ZVI 2007, 289, 291.

941 *Andres/G. Pape* NZI 2005, 141, 145 f. Kritisch auch *Grote/G. Pape* ZInsO 2004, 993, 997; *Schmerbach/Wegener* ZInsO 2006, 400, 406. Bedenken gegenüber der Freigabe allgemein hegt *Runkel* ZVI 2007, 45, 53.

942 Dazu bereits S. 120.

943 Siehe S. 20 der Entwurfsbegründung.

944 *Vallender* InVo 2004, 478, 479.

945 *Andres/G. Pape* NZI 2005, 141, 146 f.

946 Von Abführungspflicht spricht ausdrücklich der Gesetzentwurf der Bundesregierung S. 17 Zu Nummer 12, BT-Dr. 16/3227.

fragt sich, welchen Rechtsnachteil der Schuldner zu tragen hat, wenn er der Obliegenheit nicht nachkommt. Die Versagung der Restschuldbefreiung steht nämlich gerade nicht im Raume.

Darüber hinaus ist die Neuregelung von handwerklich mangelhaft. Das zeigt sich bereits daran, dass der Wortlaut des § 35 Abs. 2 S. 1 InsO aufgrund der doppelten Verwendung des Worts „ob" den Eindruck erweckt, wie wenn der Verwalter bezüglich des Vermögens und der Ansprüche aus selbstständiger Tätigkeit des Schuldners verschieden entscheiden könnte. Weiterhin wird in § 35 Abs. 2 S. 2 InsO die entsprechende Anwendung des § 295 Abs. 2 InsO bedingungslos angeordnet, obwohl sie nur für den Fall sinnvoll ist, dass der Insolvenzverwalter die Freigabe der selbstständigen Tätigkeit erklärt. Es wird auch nicht klar, welche Rechtsfolge eintritt, wenn der Schuldner in der Selbstständigkeit weniger verdient als in einem angemessenen Dienstverhältnis. Angenommen, der Schuldner bekäme, wenn er ein angemessenes Dienstverhältnis eingegangen wäre, neben dem pfändungsfreien Betrag 500 € pfändbares Einkommen, das an den Treuhänder fließen würde. Wie viel müsste er an den Treuhänder zahlen, wenn er durch seine tatsächlich ausgeübte selbstständige Tätigkeit gerade den Pfändungsfreibetrag erwirtschaften würde? Wendet man § 295 Abs. 2 InsO entsprechend an, kommt man auf 500 €. Dann müsste der Schuldner Sozialhilfe beanspruchen. Gesteht man auch dem Selbstständigen die Pfändungsfreigrenzen zu, müsste er gar nichts zahlen. Das überzeugt, will man den Selbstständigen nicht schlechter als den Angestellten behandeln.

Wenn man aber diese Unsicherheit überwunden hat, zeigt sich der Systemwiderspruch umso klarer: Solange der Schuldner sich im Insolvenzverfahren – einem Vollstreckungsverfahren – befindet, muss sein Einkommen zu einem Mindestmaß vom Zugriff der Gläubiger befreit werden, damit er seinen Unterhalt bestreiten kann, § 36 Abs. 1 InsO, §§ 850f, 850i ZPO. Wird ihm jedoch die Möglichkeit eröffnet, darüber hinaus die Befreiung der nach dem Verfahren verbleibenden Restschuld zu erreichen, §§ 287, 295 Abs. 2 InsO, besteht keine Notwendigkeit zu Einschränkungen bezüglich der Höhe der Zahlungsobliegenheit. Während die Forderungspfändung dem Schuldner Geld mit staatlichem Zwang entzieht, leistet er die Zahlungen an den Treuhänder ja freiwillig. Die der Höhe nach unbeschränkte Zahlungspflicht des § 295 Abs. 2 InsO stellt deswegen einen Fremdkörper im Insolvenzverfahren dar, das den Vollstreckungszugriff zugunsten des Unterhalts des Schuldners begrenzen muss.[947]

Die Ergänzung des § 35 InsO a. F. ist daher abzulehnen.[948] Mit dem ursprünglichen Regelwerk kann die Grundkonzeption der InsO konsequent verfolgt und die Abwicklung bei entsprechender Auslegung[949] effizient umgesetzt werden.

ddd) Verweigerung der Restschuldbefreiung

Die vorstehenden Ausführungen zeigen deutlich, dass der Insolvenzverwalter die selbstständige Tätigkeit des Insolvenzschuldners kaum steuern kann. Dies ist jedoch kein gesetzge-

---

947 Die Anwendung der Norm befürworten aber *I. Pape* NZI 2004, 601, 603; *Grote/G. Pape* ZInsO 2004, 993, 996 f.; *Andres/G. Pape* NZI 2005, 141, 146 f.; *Tetzlaff* ZInsO 2005, 393, 398. Für eine Lösung auf vertraglicher Basis *Voigt/Gerke* ZInsO 2002, 1054, 1061 f. Für eine Gleichstellung mit unselbstständigen Schuldnern *Vallender* InVo 2004, 478, 479.

948 A. M. *Sternal*, NZI 2006, 185, 189; *Andres* NZI 2006, 198, 201; *Holzer* ZVI 2007, 289, 294.

949 Dazu S. 122 ff.

berisches Versehen. Zum einen gebietet es die Berufsfreiheit, dass der Insolvenzverwalter weder auf das „Ob" noch auf das „Wie" der schuldnerischen Erwerbstätigkeit einwirken kann. Zum anderen besteht im Insolvenzverfahren selbst – wenigstens im Vergleich zum Konkursverfahren – keine Notwendigkeit einer Einflussnahme: Heute wie damals kann das gesamte Vermögen, das dem Schuldner zur Zeit der Verfahrenseröffnung gehört, verwertet werden. Allerdings war es das Ziel des InsO-Gesetzgebers, die Masse durch die Einbeziehung des Neuerwerbs anzureichern und dadurch die Restschuldbefreiung für die Insolvenzgläubiger erträglich zu machen.[950] Denn diese verlieren durch die Restschuldbefreiung ihr Nachforderungsrecht. Die erstrebte Masseanreicherung kann aber im Insolvenzverfahren wegen der Berufsfreiheit nicht erzwungen werden: Die Berufstätigkeit und damit der Neuerwerb lassen sich nicht beeinflussen. Wenn also das Insolvenzverfahren selbst keine Möglichkeit bietet, auf das Verhalten des Schuldners einzuwirken, ist es konsequent und naheliegend, sich den Möglichkeiten zuzuwenden, die das Restschuldbefreiungsverfahren eröffnet.

Das Gesetz sieht drei[951] Hürden auf dem Weg zur Restschuldbefreiung vor, nämlich die Versagung der Restschuldbefreiung nach dem Schlusstermin, § 290 InsO, und während der Wohlverhaltensphase, § 296 InsO, sowie der Widerruf der Restschuldbefreiung nach Ablauf der Wohlverhaltensphase, § 303 InsO. Da diese Maßnahmen als einzige Reaktion auf das schuldnerische Verhalten die Verweigerung der Restschuldbefreiung vorsehen, kann der Insolvenzverwalter auf den Schuldner lediglich dahingehend Einfluss nehmen, dass er ihm die Folgen eines Zuwiderhandelns aufzeigt.

(1) Versagung der Restschuldbefreiung nach dem Schlusstermin, § 290 InsO

Der Katalog des § 290 Abs. 1 InsO ist umfangreich und abschließend.[952] Bei der Betrachtung sollen deliktische Handlungen ausgeklammert werden, so dass die Insolvenzstraftaten der Nr. 1 und der Eingehungsbetrug der Nr. 2 ausscheiden. Die Nr. 3 behandelt Wiederholungstäter und hat damit keinen Bezug zur selbstständigen Tätigkeit.

Allerdings ist die Nr. 4 einschlägig, wenn der Schuldner vorsätzliche oder grob fahrlässig die Befriedigung der Insolvenzgläubiger beeinträchtigt hat. Der relevante Zeitraum erstreckt sich dabei von einem Jahr vor Stellung des Eröffnungsantrags bis zur Entscheidung über die Versagung. Er erfasst das gesamte eröffnete Verfahren. Der Gesetzgeber hatte bei der Nr. 4 Schuldner im Auge, die rücksichtslos Schulden machen oder ihre Verschuldung mutwillig mit dem Ziel herbeiführen, Restschuldbefreiung zu erlangen.[953] Dennoch hat er sich gegen einen allgemeinen Tatbestand entschieden und dafür drei Fallgruppen normiert: die Begründung unangemessener Verbindlichkeiten, die Verschwendung von Vermögen und die Verzögerung des Insolvenzverfahrens ohne Aussicht auf eine Besserung der wirtschaftlichen Lage. Die letzte Variante bezieht sich auf die Zeit vor der Verfahrenseröffnung und interessiert daher hier nicht. Unter Verschwendung fallen vor allem Luxusaufwendungen und wirtschaftlich unvertretbare Geschäfte, also Verlust- und Spekulationsgeschäfte. Beide Untergruppen können indes kaum unter die §§ 850f Abs. 1

[950] *Pech* S. 57 ff.; *Smid* WM 2005, 625, 627.

[951] Die Qualifikation des Verfahrens der Restschuldbefreiung als zwei-, drei- oder vierstufiges Verfahren ist umstritten, siehe FK/*Ahrens*[4] § 286 Rn. 20 m. w. N.

[952] Uhlenbruck/*Vallender*[12] § 290 Rn. 14.

[953] Kübler/Prütting/*Wenzel* § 290 Rn. 17; Uhlenbruck/*Vallender*[12] § 290 Rn. 50.

Buchst. b, 850i ZPO subsumiert werden, so dass schon die dafür notwendigen Beträge vom Insolvenzverwalter nicht herausgegeben werden und somit dem Schuldner nicht zur Verfügung stehen. Der Schuldner könnte aber durch seine Geschäftstätigkeit unangemessene Verbindlichkeiten begründen. Im eröffneten Verfahren kann das nur zu Lasten des insolvenzfreien Vermögens gehen, § 80 InsO. Allerdings wird der pfändbare Neuerwerb durch die Anschaffung unpfändbarer Gegenstände verringert. Solange es sich dabei um Gegenstände handelt, die für den persönlichen Erwerb erforderlich sind, § 811 Abs. 1 Nr. 5 ZPO, kann die dadurch begründete Verbindlichkeit jedoch nicht unangemessen sein.

§ 290 Nr. 5 InsO umfasst die vorsätzliche und grob fahrlässige Verletzung von Auskunfts- und Mitwirkungspflichten nach der InsO. Diese Vorschrift bringt keine Erweiterung der Möglichkeiten des Verwalters gegenüber §§ 97 f. InsO.[954] Nr. 6 schließlich bezieht sich auf Angaben im Zusammenhang mit dem Schuldenbereinigungsplan, der aber nur im hier nicht zu behandelnden Verbraucherinsolvenzverfahren Anwendung findet. Von den Obliegenheiten des § 290 Abs. 1 InsO bietet damit nur Nr. 4 Fall 1 eine gewisse Lenkungsmöglichkeit. Sie knüpft an dem Zuschnitt der Kanzlei unangemessene Ausgaben an.

(2) *Versagung der Restschuldbefreiung während der Wohlverhaltensphase, §§ 295 f. InsO*

Durch das Passieren jeder der drei Hürden auf dem Weg zur Restschuldbefreiung wird im Schuldner Vertrauen begründet, die Restschuldbefreiung zu erlangen.[955] Daher werden auf den zeitlich der Prüfung im Schlusstermin nachgelagerten Stufen tendenziell geringere Anforderungen an das Verhalten des Schuldners gestellt.[956] Im Rahmen der §§ 295 f. InsO soll deswegen nur auf § 295 Abs. 1 Nr. 1, Abs. 2 InsO eingegangen werden.

(a) *Erwerbsobliegenheit*

§ 295 Abs. 1 InsO legt die Obliegenheit zur angemessenen Erwerbstätigkeit fest, wobei sowohl abhängige als auch selbstständige Tätigkeit gemeint ist. Die Angemessenheit wird durch die bestehenden Lebensverhältnisse und die bestmögliche Gläubigerbefriedigung bestimmt.[957] Das erste Kriterium schließt die Vermutung ein, dass die augenblickliche Beschäftigung des Schuldners angemessen ist. Andererseits muss der Schuldner sich um eine möglichst vollständige Befriedigung der Gläubiger bemühen. Daher kann es vorkommen, dass die Tätigkeit an sich oder deren Bezahlung den Fähigkeiten, dem Lebensalter und dem Gesundheitszustand des Schuldners nicht entspricht. In diesem Fall muss er sich um eine besser bezahlte zumutbare Tätigkeit kümmern.[958] Hat der Schuldner keine Arbeit, muss er sich um Arbeit bemühen und darf keine zumutbare Tätigkeit ablehnen. Wenn der Schuldner keine zumutbare Arbeit findet, geht dies nicht zu seinen Lasten.[959]

---

954 Dazu bereits S. 164.

955 MK-InsO/*Ehricke* § 295 Rn. 7.

956 MK-InsO/*Ehricke* § 295 Rn. 6.

957 FK/*Ahrens*[4] § 295 Rn. 12.

958 Zum Ganzen MK-InsO/*Ehricke* § 295 Rn. 15 ff.

959 Nerlich/*Römermann* § 295 Rn. 10; MK-InsO/*Ehricke* § 295 Rn. 13 f.

Diese Anforderungen gelten ohne Einschränkung für Rechtsanwälte. Die Funktion als Organ der Rechtspflege wird nicht angetastet, obwohl § 295 Abs. 2 InsO ausschließlich auf den Erwerb ausgerichtet ist. Denn es geht nicht darum, dass der Anwalt durch eine konkrete anwaltliche Tätigkeit möglichst viel verdient, sondern dass er eine seine Möglichkeiten ausschöpfende Beschäftigung annimmt. Die Obliegenheit des § 295 Abs. 1 Nr. 1 InsO übt keinen Erwerbsdruck innerhalb der angemessenen Tätigkeit aus, da von einer überspannten Ausführung einer angemessenen Tätigkeit nirgends die Rede ist.

Für den selbstständigen Schuldner hat das angemessene Dienstverhältnis die Bedeutung eines Vergleichsmaßstabs. Nach § 295 Abs. 2 InsO muss er die Insolvenzgläubiger durch Zahlungen an den Treuhänder so stellen, als ob er ein angemessenes Dienstverhältnis eingegangen wäre. Dabei muss überlegt werden, welche Einkünfte der Schuldner hätte, wenn er eine Anstellung nach den obigen Kriterien angenommen hätte.[960] *Wenzel* hingegen will den Verdienst zum Vergleich heranziehen, den der Schuldner erhalten hätte, wenn er die konkrete selbstständige Tätigkeit als Angestellter ausüben würde.[961] Diese Meinung ist abzulehnen, weil das Gesetz eine angemessene Befriedigung der Gläubiger absolut verlangt und nicht nur bezogen auf die gegenwärtige selbstständige Tätigkeit. Indes ist nicht vonnöten, dass der Schuldner exakt dasselbe abführt wie ein Angestellter; die Gläubiger müssen nur am Ende der Wohlverhaltensphase – einschließlich Zinsen – wirtschaftlich so gestellt sein, wie wenn der Schuldner eine abhängige Stellung innegehabt hätte.[962] Durch diese flexible Interpretation wird sichergestellt, dass dem vom Schuldner betriebenen Unternehmen nicht wichtige Mittel entzogen werden.[963]

Aus diesem Grund bringt es dem Selbstständigen keinen Vorteil, wenn er sich in ein Anstellungsverhältnis zu seinem Gatten begibt.[964] Genauso wenig kann er dadurch die Insolvenzgläubiger übervorteilen. Denn auch wenn er als Selbstständiger ein höheres Einkommen erzielen könnte, das jedoch tatsächlich aufgrund des Anstellungsvertrages teilweise vom Gatten abgeschöpft wird, müsste er doch nur soviel an den Treuhänder abführen, wie wenn er in angemessener abhängiger Stellung stünde. Das Gehalt darf nur nicht unangemessen niedrig sein, da der Berufsträger sonst gegen seine Obliegenheit aus § 295 Abs. 1 Nr. 1 Fall 1 InsO verstößt. Aus berufsrechtlichen Gründen ist die Konstruktion jedoch unzulässig, wenn der Arbeitgeber kein Rechtsanwalt ist.[965]

(b) Wechsel der Tätigkeit

Sollte der Schuldner bemerken, dass er mit seiner Kanzlei einen angemessenen Betrag i. S. des § 295 InsO nicht erwirtschaften kann, hat er jederzeit das Recht, eine Anstellung anzunehmen.[966] Als Angestellter ist der Schuldner nur zur Erzielung angemessener Einkünfte verpflichtet. Damit würde er aber aufgrund seiner zu geringen Einnahmen während der Selbstständigkeit insgesamt weniger abführen als derjenige, der während

[960] FK/*Ahrens*[4] § 295 Rn. 64; *Grote* ZInsO 2004, 1105, 1106 f.; HK/*Landfermann*[2] § 295 Rn. 4; Nerlich/*Römermann* § 295 Rn. 48.
[961] Kübler/Prütting/*Wenzel* § 295 Rn. 15a.
[962] Dazu bereits BT-Dr. 12/2443 S. 192 f.
[963] *Trendelenburg* ZInsO 2000, 437, 438; Nerlich/*Römermann* § 295 Rn. 47.
[964] So der Fall bei BGH NZI 2004, 635.
[965] Dazu bereits S. 142 f.
[966] Allg. M., FK/*Ahrens*[4] § 295 Rn. 62 m. w. N.; *Trendelenburg* ZInsO 2000, 437, 440; *Döbereiner* S. 157.

der ganzen Wohlverhaltensphase eine angemessene unselbstständige Erwerbstätigkeit ausgeübt hat. Eine Besserstellung des zeitweise selbstständig Arbeitenden bezweckt die Vorschrift gleichwohl nicht. Folglich darf sich dieser Schuldner nicht mit einem angemessenen Dienstverhältnis begnügen, sondern muss darüber hinaus so viel leisten, dass die Gläubiger am Ende der Wohlverhaltensphase so gestellt sind, wie wenn er die ganze Zeit über in einem angemessenen Dienstverhältnis gestanden hätte. Diese Rechtsfolge kann der Schuldner jedoch abwenden, indem er sich gemäß § 295 Abs. 1 Nr. 1 InsO um eine angemessene unselbstständige Tätigkeit bemüht, sobald erkennbar ist, dass die Kanzlei während der Wohlverhaltensphase nicht einen dem § 295 Abs. 2 InsO genügenden Ertrag abwirft. Bekommt er in einem solchen Fall eine Stelle angeboten, die mehr einbringt als seine selbstständige Tätigkeit, muss er diese annehmen und die Kanzlei aufgeben.[967]

Freilich hindert nichts den schuldnerischen Anwalt, wieder eine eigene Kanzlei zu eröffnen.[968] Der Gesetzgeber ist bezüglich der Art der Erwerbstätigkeit indifferent, da eine Befriedigungsobliegenheit in gleicher Höhe bei beiden Alternativen besteht.[969] Häufig wird dem selbstständigen Schuldner angeraten, in eine abhängige Stellung zu wechseln, um Vorausabtretungen ins Leere laufen zu lassen.[970] Diese Empfehlung ist mit Vorsicht zu genießen. Im Allgemeinen haben Selbstständige keinen laufenden Einnahmen, sondern erlangen ihren Verdienst durch ständigen Abschluss neuer Verträge. Auch wenn der Schuldner mit der anderen Partei in einer ständigen Geschäftsbeziehung steht, sind doch die Forderungen aus den einzelnen Verträgen weder bedingt noch befristet. Ihre Abtretung wird damit erst mit Forderungsentstehung, also Vertragsabschluss wirksam.[971] In den meisten Branchen werden sich Zahl und Umfang der vorausabgetretenen Forderungen in Grenzen halten. Dies gilt besonders für die Anwaltschaft, weil die Abtretung der Vergütungsforderungen ohnehin von der Zustimmung des Mandanten abhängt und sich anwaltliche Verrechnungsstellen noch nicht etabliert haben. Der Wechsel in eine abhängige Beschäftigung ist zumindest bei älteren Rechtsanwälten häufig praktisch nicht möglich, weil der Arbeitsmarkt sie nicht aufnimmt.[972]

(c) Mangelnder Druck und Anreiz

Nach dieser Darstellung gibt es auch im Restschuldbefreiungsverfahren keine Möglichkeit, die Geschäftsführung des Schuldners direkt zu beeinflussen. Die Frage der angemessenen Dienstverpflichtung ist im Rahmen des § 295 Abs. 2 InsO keine inhaltliche, sondern eine quantitative. Notwendige, aber auch hinreichende Bedingung der Restschuldbefreiung ist, den Gläubigern denselben wirtschaftlichen Wert zur Verfügung gestellt zu haben wie bei einer angemessenen angestellten Tätigkeit. Der an sich durch die Aussicht auf Restschuldbefreiung bestehende Anreiz zu Fleiß und finanzieller Disziplin wird allerdings verwaschen. So kann der Schuldner kann am Anfang der Wohlverhaltensperiode nicht einschätzen, ob der wirtschaftliche Erfolg seiner selbstständigen Tätigkeit über sechs Jahre demjenigen einer angemessenen Anstellung entspricht.[973] Hinzu kommt, dass die Restschuldbefrei-

967 *Grote* ZInsO 2004, 1105, 1108; *Schildt* S. 174.
968 FK/*Ahrens*[4] § 295 Rn. 62; Uhlenbruck/*Vallender*[12] § 295 Rn. 62.
969 MK-InsO/*Ehricke* § 295 Rn. 105.
970 *Trendelenburg* ZInsO 2000, 437, 440; Uhlenbruck/*Vallender*[12] § 295 Rn. 62.
971 Dazu bereits S. 117 f.
972 Zu den Chancen eines 60-jährigen Arztes AG Köln NJW-RR 2003, 987, 989.

ung nur versagt wird, wenn der Verstoß gegen § 295 Abs. 2 InsO schuldhaft – i. S. eines Verschuldens gegen sich selbst – war und die Befriedigung der Insolvenzgläubiger beeinträchtigt hat, § 296 Abs. 1 S. 1 InsO. Der Schuldner kann möglicherweise nachweisen, dass er seine Zahlungsobliegenheit schuldlos verletzt hat, weil der wirtschaftliche Misserfolg der Kanzlei nicht durch ihn verursacht wurde. Daher liegt das wirtschaftliche Risiko auch in diesem Falle nicht vollständig beim Schuldner.[974]

(3) Widerruf der Restschuldbefreiung, § 303 InsO

Abschließend soll noch ein kurzer Blick auf § 303 InsO geworfen werden. Er ermöglicht den Widerruf der Restschuldbefreiung, wenn der Schuldner eine seiner Obliegenheiten vorsätzlich verletzt und dadurch die Befriedigung der Insolvenzgläubiger erheblich beeinträchtigt hat. In der Sache bringt die Regelung nichts Neues, da sie auf die Obliegenheiten des § 295 InsO verweist, die Anforderungen gegenüber § 296 InsO i. Ü. aber erheblich verschärft. Eine über diese Vorschrift hinausgehende Verhaltenssteuerung ist damit nicht verbunden.

(4) Ergebnis

Der Betrieb einer Kanzlei mit massefreien Gegenständen kann dem Schuldner nicht verboten werden. Genauso wenig kann der Insolvenzverwalter Einfluss auf berufsbezogene Einzelentscheidungen nehmen. Selbst Maßnahmen im rein finanziell-organisatorischen Bereich sind nicht steuerbar, wenn man von dem Fall der überdimensionierten Betriebsimmobilie absieht. Diese Erkenntnis gilt nicht nur innerhalb des Regelinsolvenzverfahrens, sondern auch im Verfahren der Restschuldbefreiung. Eine ineffiziente Kanzleiführung kann nur die Verweigerung der Restschuldbefreiung nach sich ziehen, wenn sie zu einer unangemessenen Befriedigung der Insolvenzgläubiger führt.

Es wird mitunter behauptet, dass dies im Gegensatz zu dem Ziel des Insolvenzrechts stehe, die selbstständige Tätigkeit des Schuldners außerhalb der Masse zu unterbinden.[975] Diese Aussage wird vom Gesetz nicht bestätigt. Sie ist auch unverständlich, da pfändungsfreier Neuerwerb in die Masse fließt. Zu Zeiten der KO war die unternehmerische Tätigkeit außerhalb der Masse erwünscht, damit der Schuldner sich eine neue Existenz aufbauen konnte, heute ist sie erwünscht, weil der Schuldner dadurch die Masse mehrt.

Es gibt für den Insolvenzverwalter kaum Möglichkeiten, das Verhalten des insolventen Anwalts zu steuern. Er ist daher auf seine Zusammenarbeit angewiesen. Diese Situation erinnert stark an die Eigenverwaltung. Welche Unterschiede zwischen dem Regelinsolvenzverfahren und dem der Eigenverwaltung bestehen und ob die Eigenverwaltung sinnvoll oder gar vorzugswürdig ist, soll nun untersucht werden.

---

973 FS Gerhardt/*Runkel* S. 839, 855.

974 A. M. MK-InsO/*Ehricke* § 295 Rn. 112; Nerlich/*Römermann* § 295 Rn. 49.

975 FS Kruse/*K. Schmidt* S. 671, 678 f.; *Maus* ZIP 2004, 389.

bb) Eigenverwaltung

aaa) Anordnungsvoraussetzungen

Die Anordnung der Eigenverwaltung setzt nach § 270 Abs. 2 Nr. 1 InsO immer einen Antrag des Schuldners voraus. Er kann den Antrag mit dem Insolvenzantrag verbinden oder ihn bis zum Beschluss des Insolvenzgerichts über die Verfahrenseröffnung nachreichen.[976] Hat ein Gläubiger den Insolvenzantrag gestellt, muss er dem Antrag auf Eigenverwaltung zustimmen, Nr. 2. Außerdem muss nach den Umständen zu erwarten sein, dass die Anordnung nicht das Verfahren verzögern oder zu sonstigen Nachteilen für die Gläubiger führen wird, Nr. 3. Das Gericht muss demzufolge eine Prognose treffen. Die Frage ist, welche Nachteile auftreten können und wer sie dar- bzw. widerlegen muss.

Ein Beispiel für einen Nachteil für die Gläubiger bildet die Verfahrensverzögerung. Sie tritt ein, wenn der Schuldner sein Vermögen langsamer verwertet als ein Insolvenzverwalter. Die Geschwindigkeit der Verwertung hängt von der Komplexität des schuldnerischen Unternehmens und dem voraussichtlichen Verhalten des Schuldners bei der Verwertung ab. Das insolvenzbefangene Vermögen ist im Falle der Anwaltsinsolvenz sehr überschaubar, da die Erwerbsgegenstände aus der Masse fallen. Diese Hürde sollte also für den Rechtsanwalt verhältnismäßig leicht zu nehmen sein. Das andere Verzögerungsmoment liegt im Verhalten des Schuldners. Er kann die Verwertung entweder mit Vorsatz oder aus Unvermögen verzögern. Hinweise auf dilatorisches Verhalten sind ein offenkundig verspäteter Insolvenzantrag oder unkooperatives Verhalten.[977] Damit wird bei Anwälten nicht häufiger oder seltener als bei anderen Berufsgruppen zu rechnen sein. Ebenso verhält es sich mit wirtschaftlicher Unerfahrenheit. Ein bestandenes Assessorexamen weist die Befähigung zum Richteramt, aber nicht zur Führung einer Kanzlei nach. Schließlich muss berücksichtigt werden, dass der Insolvenzverwalter selbst eine gewisse Einarbeitungszeit benötigt.[978] Diese kann jedoch durch Bestellung eines Rechtsanwalts als Verwalter verkürzt werden.[979] Auf der anderen Seite erwähnt *Riggert* zu Recht, dass der Schuldner sich mit den rechtlichen und tatsächlichen Bedingungen vertraut machen muss.[980] Insofern ist es aber wieder vorteilhaft, dass der Schuldner Rechtsanwalt ist, weil er sich zumindest mit den rechtlichen Rahmenbedingungen nicht schwer tun wird. Insgesamt darf davon ausgegangen werden, dass die Anordnung der Eigenverwaltung im Falle einer Anwaltsinsolvenz in der Tendenz weniger verzögernd wirkt als bei einer gewerblichen Insolvenz.

Sonstige Nachteile für die Gläubiger können durch „Vermögensentwertungen oder gar -verschleuderungen, Verstöße gegen den Grundsatz der Gläubigergleichbehandlung usf." entstehen.[981] Diese Faktoren hängen letztlich von der Person des Schuldners, nämlich seiner Zuverlässigkeit und seiner Geschäftstüchtigkeit ab. Auch diese Eigenschaften kann das Gericht nur durch Betrachtung des bisherigen Verhaltens beurteilen.

Die Anordnungschancen sind für Rechtsanwälte wohl höher als für die meisten sonstigen Selbstständigen, weil ihr Erwerb auf persönlicher Leistung beruht und sie kein pfänd-

---

976 MK-InsO/*Wittig* § 270 Rn. 18.

977 Zu den Verzögerungsfaktoren allgemein Nerlich/Römermann/*Riggert* § 270 Rn. 23; MK-InsO/*Wittig* § 270 Rn. 40.

978 BR-Dr. 1/92 S. 223; *Häsemeyer*[3] Rn. 8.06; *Bork*[4] Rn. 402 m. w. N.

979 Vgl. dazu bereits S. 67 f.

980 Nerlich/Römermann/*Riggert* § 270 Rn. 23.

981 *Häsemeyer*[3] Rn. 8.06.

bares Warenlager benötigen. Eine echte Aussicht auf Anordnung der Eigenverwaltung hat aber nur derjenige, der sich stets ordnungsgemäß verhalten hat und die Kanzlei sachgerecht führen kann.[982] Sollte der Insolvenzgrund also in dem wirtschaftlichen Ungeschick oder deliktischem Vorverhalten des Schuldners liegen, dürfte die Anordnung in den meisten Fällen ausscheiden.[983] Sind die Anordnungsvoraussetzungen dagegen gegeben, muss das Insolvenzgericht die Eigenverwaltung anordnen. aufgrund der bewussten Betonung der Gläubigerautonomie durch den Gesetzgeber[984] hat das Gericht kein Ermessen.[985]

bbb) Anordnungsfolgen

Die wesentliche Rechtsfolge der Anordnung der Eigenverwaltung ist, dass der Schuldner die Verwaltungs- und Verfügungsbefugnis nicht verliert, § 270 Abs. 1 S. 1 InsO. Anstatt des Insolvenzverwalters wird ein Sachwalter eingesetzt, § 270 Abs. 3 S. 1 InsO. Seine Befugnisse beschränken sich im Wesentlichen auf die Überwachung, § 274 Abs. 2, 3 InsO, und einige Zustimmungsrechte, §§ 275, 277, 279 InsO. Die Insolvenzabwicklung bleibt in den Händen des Schuldners, der Sachwalter nimmt die Anmeldung der Insolvenzforderungen entgegen und führt die Insolvenztabelle, § 270 Abs. 3 S. 2 InsO.[986]

Bemerkenswert ist die große Autonomie des Schuldners und der Gläubiger in Bezug auf den Bestand der Eigenverwaltung. Der Schuldner kann nicht nur ihre Anordnung beantragen, sondern auch die Aufhebung, § 272 Abs. 1 Nr. 3 InsO. Ebenso können die Gläubiger die Anordnung gegen das Gericht durchsetzen, § 271 InsO, aber auch gemeinsam oder unter bestimmten Umständen als Einzelne deren Aufhebung verlangen, § 272 Abs.1 Nr. 1, 2 InsO.

ccc) Bewertung

Die Eigenverwaltung wird teilweise als besonders geeignet für freiberufliche Praxen angesehen.[987] Begründet wird dies damit, dass der Insolvenzverwalter bei diesen Berufen häufig selbst nicht über die notwendige Qualifikation zur Fortsetzung des Unternehmens verfügt. Gerade in diesen Fällen wird es aber oft so sein, dass die Praxis auch im Insolvenzverfahren durch den Schuldner weitergeführt werden kann, weil die meisten unternehmenswichtigen Faktoren insolvenzfrei oder auf andere Weise an die Praxis gebunden sind. Die Motivation zur Eigenverwaltung ist hier eben für den Schuldner bedeutend geringer, als wenn er gewerblich tätig und damit auf sein Warenlager angewiesen ist. *Graf/Wunsch* haben darauf hingewiesen, dass durch die Eigenverwaltung eine Kollision von Insolvenzrecht und Berufsrecht, gerade in Bezug auf das Berufsgeheimnis, vermieden werden kann.[988] Nach der hier vertretenen Ansicht besteht dieser Konflikt aber gar nicht: So weit der Schuldner Vermögensgegenstände zur Berufsausübung braucht, fallen sie nicht in die Masse. Es

---

982 *Schildt* S. 166.

983 Dies empfiehlt auch MK-InsO/*Wittig* § 270 Rn. 45 f. Nach Nerlich/Römermann/*Riggert* § 270 Rn. 22 muss die Sachverhaltskenntnis des vorläufigen Insolvenzverwalters herangezogen werden.

984 Dazu sogleich.

985 FS Metzeler/*Vallender* S. 21, 32 f. Anders wohl FK/*Foltis*[4] § 270 Rn. 50.

986 Überblick zu den Rechten und Pflichten des Schuldners MK-InsO/*Wittig* § 270 Rn. 78 ff.

987 Uhlenbruck/*Uhlenbruck*[12] § 270 Rn. 2, 6; *Kesseler* Rn. 265; *Schildt* S. 166.

988 *Graf/Wunsch* ZIP 2001, 1029, 1033 f. Ebenso FS Metzeler/*Vallender* S. 21, 32; *Harlfinger* S. 142; *van Zwoll/Mai/Eckardt/Rehborn* Rn. 764.

besteht eine klare Abgrenzung zwischen den Befugnissen des Insolvenzverwalters und des insolventen Anwalts. Von einer Kollision kann nicht die Rede sein.

In Bezug auf die Aktiva ergeben sich durch die Anordnung der Eigenverwaltung folglich keine großen Unterschiede. Nur wenige berufsbezogene Faktoren der anwaltlichen Tätigkeit können im Regelinsolvenzverfahren durch den Insolvenzverwalter beeinflusst werden. Dagegen ist es dem Schuldner durch die Eigenverwaltung möglich, Verbindlichkeiten der Masse zu begründen. Diese Verpflichtungsmacht kann zwar im Innenverhältnis, § 275 S. 2 InsO, und im Außenverhältnis, § 277 Abs. 1 InsO, eingeschränkt werden, aber ein vergleichsweise großer Spielraum bleibt dem Schuldner dennoch. Wenn die Voraussetzungen des § 270 Abs. 2 InsO allerdings erfüllt sind, sollte das Risiko für die Masse überschaubar bleiben. Vielmehr wird in der Eigenverwaltung sogar eine systemgerechte Möglichkeit gesehen, einen Gleichlauf zwischen gewonnenem Recht und begründeter Pflicht sicherzustellen.[989] Dieser Gleichlauf hat zwar seinen dogmatischen Glanz noch nicht ganz verloren, aber der dadurch bewirkte Schutz der vertraglichen Neugläubiger ist ersichtlich kein Ziel der InsO. Diese eher rechtspolitische Argumentation vermag folglich nicht zu überzeugen.

Daher sollte die Eigenverwaltung durch den insolventen Rechtsanwalt pragmatisch bewertet werden. Für den Anwalt selbst bedeutet sie vor allem mehr Selbstvertrauen und Planungssicherheit, weil er nach außen hin mehr Rechte hat. Für die Insolvenzgläubiger ist die Eigenverwaltung ebenfalls positiv, weil sie weniger Kosten als das Regelinsolvenzverfahren verursacht. So erhält der Sachwalter nur 60% der Vergütung eines Insolvenzverwalters, § 12 InsVV, und die Feststellung von Sicherungsgut kann nicht in Rechnung gestellt werden, § 282 Abs. 1 S. 2 InsO.[990] Auf der anderen Seite verlieren die Gläubiger keine Einflussmöglichkeiten, weil diese auch im Regelinsolvenzverfahren äußerst beschränkt gewesen wären. Wenn man dann noch davon ausgeht, dass es sich beim Schuldner um einen soliden, integren Berufsträger handelt, kann man schwerlich begreifen, warum das Gericht die Anordnung versagen und die Mandanten das Vertrauen entziehen sollten.[991]

Insbesondere bei großem Forderungsausfall des Schuldners wird die Eigenverwaltung als geeignetes Instrument zur Bewältigung der Insolvenz angesehen.[992] Denn in einer solchen Situation ist davon auszugehen, dass der Schuldner nicht aufgrund Unvermögens zahlungsunfähig geworden ist. Auf der anderen Seite ist nicht zu verkennen, dass ein vorausschauender Anwalt bei sich ankündigender Insolvenz versuchen wird, die Liquiditätsprobleme in direkter Absprache mit den Gläubigern zu regeln. Deshalb hat *Harlfinger* völlig Recht, wenn er die Hauptkonkurrenz zur Eigenverwaltung nicht im Regelinsolvenzverfahren, sondern im außergerichtlichen Vergleich sieht.[993] Und damit zeigt sich auch, dass die Erwartung des Gesetzgebers[994] fehlgeht, durch die Möglichkeit der Eigenverwaltung Schuldner im Stadium der drohenden Zahlungsunfähigkeit zur Stellung des Insolvenzantrags gemäß § 18 InsO zu motivieren. Denn in dieser Phase hat auch die außergerichtliche Sanierung noch die größten Erfolgschancen. Es ist nicht nur im persönlichen Interesse des Anwalts, Zahlungsschwierigkeiten vor den Augen der Öffentlichkeit

[989] *Windel* KTS 1995, 367, 397; FS Metzeler/*Vallender* S. 21, 31; *Harlfinger* S. 144.

[990] *Buchalik* NZI 2000, 294, 297; *Spies* ZInsO 2005, 1254, 1258.

[991] So aber *Kluth* NJW 2002, 186, 187.

[992] Hess/*Weis*/Wienberg² Vor § 270 Rn. 10.

[993] *Harlfinger* S. 147 ff.

[994] Vgl. BT-Dr. 12/2443 S. 223.

zu verbergen, sondern auch in seinem wirtschaftlichen und damit im wohlverstandenen Interesse seiner Gläubiger, da bei jeder Insolvenzeröffnung mit einem gewissen Vertrauensverlust bei Mandanten, Lieferanten und Mitarbeitern zu rechnen ist.[995] Schwerer noch wiegt, dass die Wahrscheinlichkeit eines Zulassungswiderrufs stark steigt, wenn der Vermutungsgrund der Eröffnung des Insolvenzverfahrens eingetreten ist.[996] Dagegen dürfte die Unsicherheit darüber, ob der Antrag auf Eigenverwaltung genehmigt oder abgelehnt wird, den Anwalt im Unterschied zu anderen Berufsgruppen weniger belasten, weil er auch ohne Eigenverwaltung noch die Kanzlei ohne größere Beeinträchtigung führen kann.[997]

cc) Insolvenzplan

Das Insolvenzplanverfahren steht dem Rechtsanwalt ebenfalls zur Bewältigung einer Liquiditätskrise zur Verfügung. *Braun* hat sicherlich Recht, wenn er Konstellationen als für ein Insolvenzplanverfahren besonders geeignet ansieht, bei denen die Beibehaltung des Rechtsträgers Voraussetzung für die Realisierung eines Mehrwerts ist.[998] Ein Vorteil für den insolventen Rechtsanwalt ergibt sich allein daraus jedoch nicht. Denn anders als ein gewerblich arbeitender Schuldner kann er auch im Regelinsolvenzverfahren seinem Beruf ohne größere Einschränkungen nachgehen. Im Gegensatz zur Eigenverwaltung besteht aber durch den Insolvenzplan die Möglichkeit, den Gläubigern bis zu einem gewissen Punkt Stundungen und Teilerlasse zu oktroyieren und damit einerseits Liquidität zu schaffen, andererseits eine Befreiung von einem Teil der Schulden zu erreichen.

Die Möglichkeiten der Mehrheitsabstimmung und des Obstruktionsverbots, §§ 244 ff. InsO, können jedoch auch ein Mittel in der außergerichtlichen Sanierung sein, um sich verweigernde Gläubiger gefügig zu machen.[999] Allerdings ist dieser strategische Vorteil in der Insolvenz des Rechtsanwalts nicht so groß, weil die Gesamtzahl der Gläubiger meist geringer ist als bei Gewerbetreibenden. Diese Tatsache hat aber einen anderen Vorzug: Wegen der einfachen Verhältnisse ist die Planerstellung mit relativ geringem Aufwand zu bewerkstelligen.[1000]

Die große Gestaltungsfreiheit des Insolvenzplans führt indes nicht nur zu mehr Flexibilität des Schuldners, sondern auch zu einem hohen Maß an Gläubigerselbstbestimmung.[1001] So können insolvenzfreie Gegenstände in den Plan eingebracht werden. Interessant für die Gläubiger ist auch, dass dem insolventen Anwalt, der selten eine kaufmännische Vorbildung hat, durch den Insolvenzplan die betriebswirtschaftlichen Grundlagen i. S. eines Geschäftsplans bewusst werden und damit die Sanierungschancen steigen.

Andererseits bietet das Insolvenzplanverfahren eine größere Sicherheit als etwa das Restschuldbefreiungsverfahren, weil der Schuldner nie endgültig sicher sein kann, dass er am Ende der Wohlverhaltensphase die Restschuldbefreiung erhält.[1002] Der Insolvenzplan legt dagegen fest, wie viel der Schuldner in welcher Zeit zu leisten hat. Nur diejenige

[995] Zu den faktischen Folgen der Insolvenzeröffnung *Buchalik* NZI 2000, 294, 295; *Schildt* S. 187 ff.
[996] Dazu unten S. 197 ff.
[997] Kritischer *Harlfinger* S. 149.
[998] Braun/*Braun*[2] vor § 217 Rn. 19.
[999] MK-InsO/*Eidenmüller* vor §§ 217 bis 269 Rn. 57.
[1000] *Harlfinger* S. 140; *Hess/Obermüller*[3] Rn. 15a.
[1001] Uhlenbruck/*Lüer*[12] Vor §§ 217-269 Rn. 31. Auf die größere Flexibilität verweist auch *Harlfinger* S. 139.
[1002] So für die Arztinsolvenz FS Gerhardt/*Runkel* S. 839, 856.

Forderung lebt wieder auf, die nicht oder nicht rechtzeitig befriedigt wurde. Sollten dem Anwalt die Räume gehören, in denen sich die Kanzlei befindet, kann durch den Insolvenzplan die Zwangsvollstreckung abgewendet werden.[1003]

Durch Vorlage eines Insolvenzplans kann das Insolvenzverfahren schnell abgeschlossen werden, vor allem wenn der Plan mit dem Insolvenzantrag eingereicht wird (sog. prepackaged plan). So wurde das Insolvenzverfahren über das Unternehmen Herlitz innerhalb von drei Monaten abgeschlossen.[1004] Wenn ein Verfahren über einen Großbetrieb so rasch beendet werden kann, sollte das bei einer Anwaltspraxis mindestens genauso schnell möglich sein. Die schleunige Verfahrensbeendung ist nicht nur ein Wert an sich, sondern sie steigert auch die Motivation des Rechtsanwalts, fördert sein Ansehen und damit die wirtschaftliche Konkurrenzfähigkeit. Nicht zuletzt steigert sie die Aussichten, die Anwaltszulassung zu behalten.[1005] Als Druckmittel zur Zustimmung zum Insolvenzplan kann der Schuldner drohen, seine Tätigkeit bei Ablehnung des Plans einzustellen.[1006]

In der Gesamtschau wird deutlich, dass der Insolvenzplan große Vorteile für Schuldner und Gläubiger bringt. Für sich genommen ist er der Eigenverwaltung vorzuziehen.

dd) Kombination von Insolvenzplan und Eigenverwaltung

Vor allem *Graf/Wunsch* verfechten die Kombination von Insolvenzplan und Eigenverwaltung.[1007] Ihrer Ansicht nach wäre ein vorübergehender Übergang der Verwaltungs- und Verfügungsbefugnis auf den Insolvenzverwalter durch die Verfahrenseröffnung kontraproduktiv, wenn der Schuldner das Geschäft nach dem angedachten Insolvenzplan selbst weiterbetreiben soll. Allerdings gelten die oben geltend gemachten Bedenken gegen die Eigenverwaltung auch hier. Vorteilhaft erscheint dagegen in erster Linie die Kostenersparnis durch die geringere Vergütung des Sachwalters. Sie hilft zum einen bis zur Planannahme und Beendigung des Insolvenzverfahrens, zum anderen aber auch, wenn eine Planüberwachung angeordnet wird, § 284 Abs. 2 InsO. Diese Kostenvorteile sind es letztlich, die es als unbedingt ratsam erscheinen lassen, dass der Schuldner die Eigenverwaltung beantragt. Denn der Insolvenzplan hat die besten Chancen, angenommen zu werden, wenn die Gläubiger den Eindruck gewinnen, dass der Schuldner in ihrem Sinne handelt, indem er so wenig Kosten wie möglich verursacht.

Aus der Kombination von Eigenverwaltung und Insolvenzplan ergibt sich die größte Flexibilität bei geringen Kosten. Sie ist somit der Königsweg zur Sanierung der Kanzlei im Insolvenzverfahren.[1008]

ee) Restschuldbefreiung

Da der insolvente Rechtsanwalt eine natürliche Person ist, steht ihm das Restschuldbefreiungsverfahren offen. Es ist ein besonderes Verfahren zur vollständigen Entschuldung

---

[1003] *Harlfinger* S. 141.

[1004] Dazu ausführlich *Rattunde* ZIP 2003, 596.

[1005] *Feser* BerlAnwBl 2003, 598, 600. Siehe ausführlich S. 205 ff.

[1006] *Harlfinger* S. 138.

[1007] *Graf/Wunsch* ZIP 2001, 1029, 1034 f.

[1008] So auch *Schildt* S. 170. Allgemeiner Uhlenbruck/*Uhlenbruck*[12] § 284 Rn. 1; FS Metzeler/*Vallender* S. 21, 33.

natürlicher Personen, das sich an das Insolvenzverfahren anschließt, vgl. § 289 Abs. 1 S. 1 InsO.[1009]

Die Bewertung der Restschuldbefreiung muss für den Schuldner uneingeschränkt positiv ausfallen. Sie ändert nichts an seinen Optionen im Insolvenzverfahren, weil sie mit diesem nicht zeitlich überlappt. Gleichzeitig bietet sie die Chance, die nach dem Verfahren verbleibenden Schulden innerhalb relativ kurzer Zeit abzubauen, teils durch Erfüllung, teils durch „Zwangserlass". Gerade diese letzte Wirkung der Restschuldbefreiung kann auch als Druckmittel gegen Gläubiger eingesetzt werden, die sich dem Insolvenzplan widersetzen. Denn anders als nach altem Recht besteht nunmehr die reelle Möglichkeit, dass sie einen Teil ihrer Forderung verlieren. Daher sollte der Schuldner auf jeden Fall die Restschuldbefreiung beantragen.

Besonders interessant ist die Restschuldbefreiung für ältere Anwälte, die kaum eine angemessene Stelle mehr bekommen würden.[1010] Bei ihnen ist die angemessene Vergütung niedriger anzusetzen als ihr tatsächliches Einkommen. Den überschießenden Teil ihres Einkommens dürfen sie nach ganz h. M. behalten.[1011] Das kann im Einzelfall dazu führen, dass der Schuldner gar nichts abführen muss, wenn er geltend machen kann, dass er keine Anstellung mehr finden würde.[1012]

ff) Ergebnis

Der in Insolvenz geratene Rechtsanwalt hat eine Fülle von Möglichkeiten, das Insolvenzverfahren zu „gestalten". Er kann im Rahmen des Regelinsolvenzverfahrens mit dem Insolvenzverwalter zusammen arbeiten und sich mit ihm absprechen. Dies bringt ihm aber, wie oben gezeigt, relativ wenig. Er kann also ohne wesentliche Nachteile auf die Kooperation mit dem Insolvenzverwalter verzichten und unabhängig weiterarbeiten.[1013] Darum ist die Anordnung der Eigenverwaltung für ihn im Gegensatz zum gewerblichen Unternehmer insofern weniger interessant, als sie ihm keine größere unternehmerische Unabhängigkeit bringt. Ihre Anordnung sollte dennoch angestrebt werden, weil der Treuhänder weniger kostet als der Insolvenzverwalter.

In den Fällen, in denen die Kanzlei relativ hohe Erträge abwirft, ist eine Entschuldung über einen Insolvenzplan anzustreben. Er verspricht den Gläubigern und Schuldnern hohe Planungssicherheit und ermöglicht dem Schuldner in aller Regel eine schnellere Entschuldung als durch die Restschuldbefreiung. Auf das letztere Verfahren kann er immer zurückgreifen.

c) Weiterführung durch den Insolvenzverwalter

Solange der Schuldner die Kanzlei betreibt, ist dem Verwalter die Fortführung verwehrt, da der Schuldner die dazu nötigen Akten für seinen Erwerb nutzen darf.[1014] Für den Fall, dass

[1009] Zum Ziel der Restschuldbefreiung MK-InsO/*Ganter* § 1 Rn. 101; Uhlenbruck/*Uhlenbruck*[12] § 1 Rn. 15.

[1010] *Trendelenburg* ZInsO 2001, 437, 439.

[1011] MK-InsO/*Ehricke* § 295 Rn. 109; Nerlich/*Römermann* § 295 Rn. 50; *Haarmeyer/Wutzke/Förster*[3] § 8 Rn. 270, *Döbereiner* S. 190; HK/*Landfermann*[4] § 295 Rn. 11; textitRunkel ZVI 2007, 45, 54. A. M. *Wenzel* NZI 1999, 15, 17 f.; Kübler/Prütting/*Wenzel* § 295 Rn. 15 ff.

[1012] Uhlenbruck/*Vallender*[12] § 295 Rn. 76; *Trendelenburg* ZInsO 2001, 437, 439.

[1013] Anders *Tetzlaff* ZInsO 2005, 393, 400.

er nicht mehr als Rechtsanwalt arbeiten kann oder will, muss untersucht werden, ob der Insolvenzverwalter die Kanzlei weiterführen kann. Dies setzt voraus, dass der Verwalter zur Anwaltschaft zugelassen ist.[1015] Die lange umstrittene Frage, ob der Schuldner der Verwertung der Kanzlei zustimmen muss, ist inzwischen nach der ganz h. M. zu verneinen.[1016] Dennoch bedürfen einige berufsrechtliche und praktische Fragen der Klärung. Einzugehen ist hierbei auf das Berufsgeheimnis, die Unabhängigkeit des Rechtsanwalts und die Vereinbarkeit der Rechtsberatung mit der Tätigkeit als Insolvenzverwalter.

aa) Berufsgeheimnis

Nach der oben vorgenommenen Abwägung ist der Insolvenzverwalter zur Einsicht in die Mandantenakten befugt, wenn es zur Wahrnehmung seiner Aufgaben notwendig ist. Dies kann sich auf die Kontrolle der Tätigkeit des Schuldners beschränken, kann aber auch die eigene Bearbeitung von Mandaten umfassen. Das ergibt sich daraus, dass der Verwalter auch bei der Kanzleifortsetzung durch den Schuldner zu Überwachungszwecken Einblick in die Akten haben dürfte.

bb) Anwaltliche Unabhängigkeit

Es wurde bereits ausgeführt, dass der vom Verwalter angestellte Rechtsanwalt nicht den Anforderungen des § 1 BRAO genügt, da er vom Insolvenzverwalter abhängig ist.[1017] Man könnte nun diesen Schluss auch ziehen, wenn der Verwalter selbst die anwaltliche Tätigkeit ausübt. Der wesentliche Unterschied zwischen den beiden Konstellationen besteht aber darin, dass der Insolvenzverwalter keinen berufsrechtlichen Weisungen unterliegt. Dass er dennoch für die optimale Verwertung der Masse sorgen muss, ist kein Hindernis. Denn dadurch kommt er nur einer Aufgabe nach, die an sich der Schuldner zu erfüllen hätte. Niemand hätte es dem Schuldner verwehren können, vor Eröffnung des Insolvenzverfahrens sein Vermögen einschließlich der Kanzlei innerhalb der Grenzen des Anwaltsrechts optimal zu verwerten.

cc) Vereinbarkeit von Insolvenzverwaltung und Rechtsberatung

Ein Konflikt könnte sich aber zwischen den beiden Tätigkeiten der Insolvenzverwaltung und der Rechtsberatung ergeben. Grundsätzlich gilt, dass Insolvenzverwaltung keine anwaltliche Tätigkeit ist.[1018] Damit ist aber selbstverständlich nicht gemeint, dass die Tätigkeit des Insolvenzverwalters dem anwaltlichen Berufsrecht widerspräche. Vielmehr soll ausgesagt werden, dass Insolvenzverwaltung keine Rechtsberatung ist und damit der Anwalt, der zum Insolvenzverwalter bestellt wurde, im Rahmen dieser Tätigkeit nicht dem anwaltlichen Berufsrecht unterliegt. Wenn der Insolvenzverwalter rechtsberatend tätig wird, gilt selbstverständlich das Berufsrecht; die insolvenzrechtlichen Pflichten bleiben

---

1014 Dazu oben S. 99 f.

1015 Dazu auch *Kesseler* Rn. 242 f., 254.

1016 Vgl. die Ausführungen auf S. 157 f.

1017 Siehe oben S. 142 f.

1018 Vgl. S. 64.

aber erhalten. Dass der angesprochene Konflikt nicht besteht, erschließt sich auch aus dem Recht des Insolvenzverwalters, die Masse vor Gericht anwaltlich zu vertreten.[1019]

Henckel hat Bedenken, weil der Insolvenzverwalter bei der Kanzleifortführung Mandanten, die Insolvenzgläubiger oder potenzielle Insolvenzgläubiger sind, vertreten müsste.[1020] Daraus könne sich eine Interessen- oder Pflichtenkollision ergeben. Es ist aber nicht ersichtlich, womit diese begründet sein soll. Die Befriedigung der Insolvenzgläubiger wird von der Vertretung der Mandanten nicht negativ beeinflusst. Im Gegenteil: Der Insolvenzverwalter muss an einer optimalen Betreuung der Mandate interessiert sein, weil andernfalls die Mandanten Regress nehmen könnten. Die Gegenansicht ist auch deswegen nicht recht verständlich, weil der Insolvenzverwalter an der Wahrung des Vermögens des Rechtsanwalts genauso interessiert ist wie dieser selbst, wenn kein Insolvenzverfahren über sein Vermögen eröffnet wäre.

Dass nur die Alternative zur Betreuung der Mandate durch den Insolvenzverwalter, nämlich die Bestellung eines Abwicklers in Frage komme, begründet *Schildt* damit, dass der Abwickler im Interesse der Mandanten und der Allgemeinheit bestellt wird, während der Insolvenzverwalter die Interessen der Gläubiger zu vertreten hat.[1021] Dies ist sicherlich richtig, doch ändert es nichts daran, dass der als Rechtsanwalt zugelassene Insolvenzverwalter die Aufgaben des Abwicklers genauso gut wahrnehmen kann. Denn der Abwickler tritt lediglich in die berufsrechtlichen Pflichten des ehemaligen Kanzleiinhabers ein. Diese Stellung kann aber von jedem Rechtsanwalt wahrgenommen werden, mithin auch von einem als Anwalt zugelassenen Verwalter. Dass der Insolvenzverwalter bei der Mandatsbetreuung ein Erwerbsinteresse verfolgt, unterscheidet ihn nicht von jedem anderen Rechtsanwalt.[1022] Im Übrigen hat auch der Abwickler ein wirtschaftliches Interesse an seiner Tätigkeit, wie die Möglichkeit der Aufnahme neuer Mandate nach § 55 Abs. 2 S. 2 HS 2 BRAO zeigt, die die mit der Abwicklung einer fremden Praxis regelmäßig verbundenen wirtschaftlichen Nachteile zumindest teilweise ausgleichen soll.[1023]

Das Verbot der Sternsozietät schließlich steht der Fortführung der Kanzlei durch den Insolvenzverwalter auch nicht entgegen. § 59a Abs. 1 S. 1 BRAO spricht zwar davon, dass sich Rechtsanwälte nur „in einer Sozietät zur gemeinschaftlichen Berufsausübung" verbinden dürfen, was von der h. M. als allgemeines Verbot aufgefasst wird, als Rechtsanwalt Mitglied zweier Kanzleien zu sein.[1024] Der Gesetzgeber geht davon aus, dass die anwaltliche Tätigkeit nicht vermehrbar oder teilbar ist.[1025] Zugelassen hat er jedoch die Kanzleivertretung und -abwicklung, §§ 53, 55 BRAO. Im Hinblick auf die Ausübung des Anwaltsberufes unterscheidet sich die Tätigkeit des Insolvenzverwalters nicht von der Kanzleiabwicklung. Der Verwalter ist zudem grundsätzlich berechtigt, jedes insolvente Unternehmen fortzuführen, vgl. §§ 80 Abs. 1, 157 InsO. Insofern wird die vorübergehende

---

1019 Allg. M., Stein/Jonas/*Bork*[22] § 78 Rn. 22; Musielak[5] § 78 Rn. 34; *Jacoby* ZIP 2005, 1060; LG Bielefeld ZInsO 2005, 779.

1020 Jaeger-InsO/*Henckel* § 35 Rn. 17. Ebenso *Schildt* S. 125 ff.

1021 *Schildt* S. 125 f. Vgl. zum Zweck der Abwicklung S. 233 f.

1022 Das anwaltliche Erwerbsinteresse bejahend BVerfG NJW 2005, 1264, 1265.

1023 BGH NJW 1991, 1236, 1237; *Feuerich*/Weyland[6] § 55 Rn. 27.

1024 BGH NJW 1999, 2970, 2971 m. w. N. auch zur Gegenmeinung; *Feuerich*/Weyland[6] § 59a Rn. 14. Die Einschränkung „in einer Sozietät" soll nach dem Gesetz zur Neuregelung des Rechtsberatungsrechts wegfallen, vgl. BT-Dr. 16/3566 S. 14 f.

1025 BT-Dr. 12/4993 S. 33.

Übernahme fremder Kanzleigeschäfte aufgrund besonderer gesetzlicher Ermächtigung von § 59a Abs. 1 S. 1 BRAO nicht erfasst. Dieses Ergebnis ist für die nicht anders zu beurteilende Fortführung einer Steuerberatungspraxis durch einen nur als Rechtsanwalt zugelassenen Insolvenzverwalter anerkannt.[1026]

dd) Ergebnis – praktische Erwägungen

Grundsätzliche berufsrechtliche Hindernisse stehen der Weiterführung der Kanzlei mithin nicht entgegen.[1027] Es treten aber zwei praktische Probleme auf, die den Wirkungskreis des Insolvenzverwalters erheblich einschränken.

Zunächst einmal steht dem Verwalter hinsichtlich der Mandate kein Erfüllungswahlrecht nach § 103 InsO zu.[1028] Dies gilt nicht nur für die Verpflichtung in der Person des Schuldners, sondern auch in der eigenen Person. Das Mandat des Schuldners bleibt also bestehen. Der Mandant kann es jedoch kündigen und den Insolvenzverwalter beauftragen. Ein solcher Wechsel des Beauftragten bedarf nicht etwa aufgrund des Anwalt-Mandanten-Verhältnisses der Zustimmung des Schuldners, sondern hängt allein vom Willen des Mandanten ab.

Beauftragt der Mandant den Insolvenzverwalter, so wird nur dieser persönlich, nicht aber die Masse verpflichtet. Denn der Verwalter führt die Praxis des Schuldners als Einzelkanzlei fort, so dass der Mandant erwarten darf, dass der Verwalter persönlich die Leistung erbringt. An diesem Ergebnis könnte man zweifeln, weil der Insolvenzverwalter kraft Amtes den Willen der Masse bildet, somit die Insolvenzmasse selbst die Erfüllung des Mandats in der Hand hat. Der Insolvenzbeschlag würde aber dazu führen, dass der Gläubigerausschuss die Annahme von Mandaten erzwingen könnte, die der Verwalter dann erfüllen müsste. Das widerspräche der anwaltlichen Unabhängigkeit des Insolvenzverwalters. Die Masse wird also nicht Partei des Anwaltsvertrags.

Das zweite Problem ist, dass der Kanzleiname nicht zur Insolvenzmasse gehört.[1029] Der Insolvenzverwalter kann folglich nur unter dem eigenen Namen mit dem Zusatz „in den ehemaligen Räumlichkeiten der Kanzlei X" auftreten. Unter diesen Voraussetzungen wird sich kaum eine erfolgreiche anwaltliche Tätigkeit gestalten lassen.[1030] Dieses Problem kann aber zu einem Gutteil behoben werden, wenn der Schuldner für eine Mitarbeit als Angestellter in der Kanzlei gewonnen werden kann. Dann „firmiert" sie zwar immer noch als Kanzlei des Insolvenzverwalters, aber in der Bearbeitung des einzelnen Mandates ändert sich wenig, wenn der Schuldner mit dem Mandanten kommuniziert, ihn berät und vertritt.

ee) Vergütung von Schuldner und Verwalter

Bisher war ungeklärt, wie sich die Bearbeitung eines Mandats durch zwei Berufsträger vergütungsmäßig auswirkt. Die Beauftragung des Insolvenzverwalters als Rechtsanwalt

---

[1026] BFH ZIP 1994, 1283, 1284; *Feuerich*/Weyland[6] § 3 Rn. 5.

[1027] *Kesseler* Rn. 239 ff.; Kübler/Prütting/*Onusseit* § 157 Rn. 7; Uhlenbruck/*Uhlenbruck*[12] § 157 Rn. 10; MK-InsO/*Lwowski* § 35 Rn. 159; *Graf/Wunsch* ZIP 2001, 1029, 1033. Für den Steuerberater BFH ZIP 1994, 1283, 1284 f. A. M. LG Rostock NJW-RR 2002, 846, 847; *W. Schick* NJW 1990, 2359, 2361.

[1028] Vgl. S. 135 ff.

[1029] Dazu S. 32 f.

[1030] Im Ergebnis richtig *Kluth* NJW 2002, 186, 188.

bewirkt keineswegs, dass er in das Mandatsverhältnis des bisher tätigen Anwalts eintritt. Eine solche Übernahme kann nur aufgrund gesetzlicher Regelung geschehen, z. B. durch § 55 Abs. 2 S. 2 HS 1 BRAO für den Abwickler. Der Verwalter hingegen tritt als eigenständiger Berufsträger auf; seine Mandatierung wird getrennt vergütet. Er kann allerdings bei der Mandatsbearbeitung auf die vom Schuldner angelegten Akten und damit auf dessen Vorarbeit zurückgreifen, so dass sich dadurch im Normalfall die Gebühr verringert.[1031]

Die Vergütung des Insolvenzschuldners wird mit der Kündigung fällig, § 8 Abs. 1 S. 1 RVG. An sich hat er sich die Vergütung nach RVG auch dann verdient, wenn er den Auftrag nicht zu Ende geführt hat. Die Geltung der Pauschgebühr stellt § 15 Abs. 4 RVG gegenüber § 628 Abs. 1 S. 1 BGB klar.[1032] Allerdings wird der Anspruch auf das Interesse reduziert, welches der Mandant an den bisherigen Leistungen des Schuldners hat, wenn dessen vertragswidriges Verhalten die Kündigung veranlasst hat, § 628 Abs. 1 S. 2 BGB. Falls der Mandant gekündigt hat, weil der Schuldner seine Tätigkeit grundlos eingestellt hat, ist darin das vertragswidrige Verhalten zu sehen. Die insolvenzfreien Verträge sind vom Schuldner nach wie vor zu erfüllen. Dasselbe gilt, wenn er das Mandat wegen Zulassungswiderrufs aufgrund Vermögensverfalls nicht mehr wahrnehmen kann. Einziges Kriterium des Zulassungswiderrufs ist nämlich die Integrität des Rechtsanwalts.[1033] Als solche gehört sie zur Risikosphäre des Schuldners. Daraus herrührende Störungen des Schuldverhältnisses gehen zu seinen Lasten.[1034] Folglich vermindert sich die Vergütungsforderung um den Teil, an dem der Mandant kein Interesse hat. Der Schuldner kann damit nur die Differenz zwischen der vom Verwalter verlangten Gebühr und der Gebühr beanspruchen, die bei der Bearbeitung des Mandats durch einen einzigen Anwalt angefallen wäre.[1035]

Das Ergebnis der vergütungsrechtlichen Überlegungen ist, dass der Insolvenzverwalter für die Masse gemäß § 55 Abs. 1 Nr. 1 InsO die gesamte Gebühr abzüglich des Werts der Vorarbeit des Schuldners verdient, den dieser für sich beanspruchen kann. Da zwar das Mandat des Schuldners insolvenzfrei ist, aber nicht die daraus entstandene Geldforderung, gehört sie zur Masse, § 35 Abs. 1 Fall 1 InsO. Folglich kommt der Insolvenzmasse in der Summe die ganze Gebühr zugute. Der Anwaltswechsel zum Insolvenzverwalter wirkt sich also nicht auf die Masse aus.

ff) Anstellung des Schuldners

Ob sich ein ehemaliger Kanzleiinhaber mit der Rolle des angestellten Anwalts zufrieden gibt, erscheint fraglich. Rechtlich möglich ist dies jedenfalls. Grundsätzlich darf ein Rechtsanwalt angestellt sein, wenn der Arbeitgeber selbst Anwalt ist.[1036] Davon ist im Insolvenzverfahren keine Ausnahme zu machen. Ob der Schuldner eine Anstellung bei einem Dritten oder bei dem Insolvenzverwalter annimmt, ergibt in der Sache keinen Unterschied.[1037]

[1031] Gerold/Schmidt/*Madert*[17] § 15 Rn. 69.
[1032] Gerold/Schmidt/*Madert*[17] § 15 Rn. 67.
[1033] Dazu unten zusammenfassend S. 226 f.
[1034] Für den selbst verschuldeten Zulassungsverlust allgemein *Hartmann*[37] § 15 RVG Rn. 88.
[1035] Gerold/Schmidt/*Madert*[17] § 15 Rn. 69.
[1036] Dazu schon oben S. 142 f.
[1037] Zur Anstellung eines ehemaligen Steuerberaters als Steuerfachgehilfe BFH ZIP 1994, 1283, 1284 f.

Es muss lediglich darauf geachtet werden, dass nach außen nicht der Eindruck entsteht, der Schuldner sei weiterhin Inhaber der Kanzlei. Dem rechtsuchenden Publikum muss klar sein, in wessen Verantwortung die Kanzlei geführt wird.[1038] Dies schließt allerdings die Verwendung des (Kanzlei-)Namens des Schuldners nicht aus, wenn dieser damit einverstanden ist. Es wäre nur auf Kanzleischild und -briefkopf die Insolvenzverwaltung hervorzuheben. Der Schuldner muss als „angestellter Anwalt" geführt werden.

Vorteile der Anstellung des Schuldners bestehen in zweierlei Hinsicht: Wenn der Schuldner ein guter Rechtsanwalt, aber kein guter Kanzleiinhaber ist, kann durch die Anstellung das Juristische vom Betriebswirtschaftlichen getrennt werden. Des Weiteren kann durch besondere arbeitsvertragliche Einschränkungen vermieden werden, dass der Schuldner seine Zulassung verliert, wenn seine Integrität in Zweifel steht und die Interessen der Rechtsuchenden anders nicht gewahrt werden können.[1039]

d) Weiterführung durch einen Dritten

aa) Anstellung

Nicht immer ist es möglich oder geboten, dass der Insolvenzverwalter die Position des Rechtsanwalts einnimmt. Das kann mit der zeitlichen Belastung zusammenhängen, aber auch mit der fehlenden Fachkenntnis oder Erfahrung auf dem Arbeitsgebiet des Insolvenzschuldners. In diesen Fällen kann es sinnvoll sein, einen Dritten einzustellen, der nach außen hin erkennbar als Rechtsanwalt für den Insolvenzverwalter arbeitet;[1040] Der Verwalter muss dazu natürlich selbst die Anwaltszulassung besitzen.[1041] Die anwaltliche Unabhängigkeit wird durch diese Konstruktion nicht berührt, denn der Insolvenzverwalter ist nicht nur nach außen hin, sondern auch im Verhältnis zum angestellten Rechtsanwalt der verantwortliche Berufsträger. Es ist nicht erforderlich, dass er selbst ein Experte im Arbeitsbereich des Dritten ist; vielmehr kann er durch Arbeitsorganisation und Informationsbeschaffung sicherstellen, dass das Haftungsrisiko begrenzt bleibt.

Problematischer als die mit der Weisungskette verbundenen Fragen ist der Schutz der informationellen Selbstbestimmung der Mandanten. Es muss unterschieden werden: Ist der Dritte ein zum Wissen Berufener, also ein zum Zeitpunkt der Verfahrenseröffnung in der Kanzlei Angestellter, so sind die Mandantenakten für ihn schon kein Geheimnis. Für einen Kanzleineuling wäre dies anders. Durch seine Einstellung würde das Mandantengeheimnis preisgegeben. Diese Fragestellung ähnelt sehr dem Kanzleiverkauf und soll deswegen sogleich besprochen werden.[1042]

Von *Kluth* richtig gesehen ist, dass die Anstellung eines Berufsträgers eine besonders bedeutsame Rechtshandlung i. S. des § 160 Abs. 1 S. 1 InsO ist, der der Gläubigerausschuss zustimmen muss.[1043] Das ergibt sich bereits daraus, dass einem Dritten Interna der Kanzlei anvertraut werden, die dieser für eigene Zwecke nutzen kann. Außerdem wird die Masse durch den Arbeitsvertrag zeitlich und finanziell gebunden. Nicht zuzustimmen ist ihm

---

[1038] Vgl. S. 143.

[1039] Dazu ausführlich unten S. 222 ff., 226 ff.

[1040] Diese Möglichkeit bejahend *Kesseler* Rn. 243 f.

[1041] Siehe S. 142 f.

[1042] Siehe S. 186 ff.

[1043] *Kluth* NJW 2002, 186, 188.

dagegen bei seinem Hinweis auf insolvenzspezifische Probleme durch das Eingehen von Masseverbindlichkeiten. Denn eine Haftung nach §§ 61, 55 Abs. 1 Nr. 1 InsO ist der Verwalter immer ausgesetzt, wenn er sich eines Erfüllungsgehilfen bedient. Das kann in der Insolvenz eines Rechtsanwalts nicht problematischer sein als in derjenigen eines gewerblichen Unternehmers.

Die hier vertretene Lösung wird konsequenterweise von denjenigen abgelehnt, die die Kanzleifortführung durch den Insolvenzverwalter selbst ablehnen.[1044] Teilweise wird als Argument herangezogen, dass eine Vertreterbestellung in diesem Fall nicht möglich sei und insolvenzspezifische Probleme mit sich brächte.[1045] Diese Einwände verfangen indes nicht, weil es bei einer Beauftragung eines Dritten durch den Insolvenzverwalter nicht um eine Bestellung eines Kanzleivertreters, sondern um eine allgemein zulässige arbeitsvertragliche Anstellung geht.

bb) Kanzleiverkauf (übertragende Sanierung)

Sieht man von der Weiterführung der Kanzlei durch den Insolvenzschuldner selbst ab, ist der Kanzleiverkauf sicherlich die beste Lösung für die Masse. Außer dem Vertrauen in die Person des Schuldners und dessen gutem Namen kann nämlich der komplette Praxiswert übertragen werden. Die Zustimmung des Schuldners ist nicht erforderlich, um die insolvenzbefangenen Gegenstände zu veräußern, obwohl damit auch Praxiswert liquidiert wird.[1046]

Der Erwerber zieht den größten Nutzen aus dem Kanzleikauf, wenn die Mandantenakten übergeben werden. Sonst fehlt ihm die Möglichkeit, die bisherigen Mandanten gezielt anzusprechen und zu reaktivieren bzw. auf seine besonderen Kenntnisse hinzuweisen. Auf der anderen Seite darf die Thematik nicht überbewertet werden, weil der Mandant die Befugnis zur Akteneinsicht ausdrücklich oder schlüssig im Wege der Beauftragung des neuen Inhabers erteilen kann und wird. Ansonsten dürfen Insolvenzverwalter und Insolvenzschuldner einem Dritten nur Zugang zu den Akten verschaffen, wenn dieser bereits Kenntnis von ihrem Inhalt hat oder die Einsichtsberechtigung aus anderer Quelle herleiten kann.

aaa) Kenntnis

Die Kenntnis der Akten wird sich in den allermeisten Fällen aus einer Anstellung in der Kanzlei des Schuldners ergeben. Dabei kommt es nicht darauf an, ob es sich um eine feste Anstellung oder freie Mitarbeit handelt. Entscheidend ist vielmehr, dass der Mitarbeiter umfassend die Angelegenheiten der Mandanten kennengelernt hat. Es wird gleichwohl nicht verlangt, dass der Mitarbeiter jede Akte kennt, sondern dass er nach dem Willen des Kanzleiinhabers Zugang dazu hat.[1047]

Falls sich in den Reihen der Mitarbeiter kein Nachfolger für den Schuldner findet, kann dieser einen Externen einstellen mit der Aussicht, nach einer gewissen Zeit die Praxis zu übernehmen.[1048] Dies stellt keine Umgehung des Schutzes der Mandantendaten

1044 *Schildt* S. 127 ff.; Jaeger-InsO/*Henckel* § 35 Rn. 17; *Kluth* NJW 2002, 186, 188.
1045 *Schildt* S. 128; Jaeger-InsO/*Henckel* § 35 Rn. 17.
1046 Vgl. S. 157 f.
1047 LK/*Jähnke*[11] § 203 Rn. 41.

dar.[1049] Denn vom Vertrauensverhältnis zwischen Mandant und Rechtsanwalt werden auch Angestellte erfasst, da sich das Vertrauen auf die Personalauswahl des Anwalts erstreckt.[1050]

Aus diesem Argument könnte gefolgert werden, dass das „Einlernen" eines künftigen Praxisinhabers durch den Insolvenzverwalter wiederum unzulässig sei, da sich die Mandanten diesem nicht anvertraut haben. Allerdings ist eine Übergabe der Anwaltspraxis grundsätzlich erlaubt, wenn der künftige Inhaber die Mandate kennengelernt hat. Insofern ist der Insolvenzverwalter lediglich als Vermittler dazwischengeschaltet und diese Vermittlung durch das Eigentumsrecht der Gläubiger gerechtfertigt. Wenn man dem Verwalter die Fortführung der Kanzlei gestattet, müssen ihm insoweit auch alle Rechte eines Kanzleiinhabers zustehen. Darüber hinaus nimmt laut *Lenckner* sogar der Abwickler unmittelbar am konkreten Vertrauensverhältnis teil.[1051] Das müsste dann auch für den Insolvenzverwalter gelten, da sich die Stellung des Kanzleiabwicklers und des Insolvenzverwalters, der eine Anwaltspraxis fortführt, ähneln: Beide sollen die Kanzlei verwerten und haben dabei das Interesse der Mandanten, der Rechtspflege und der Erben oder Gläubiger zu wahren.[1052] Die Aufgaben des Abwicklers können daher vom Insolvenzverwalter wahrgenommen werden. Somit müsste der Verwalter genauso in das Vertrauensverhältnis einbezogen sein wie der Abwickler. Diese berufsrechtliche Argumentation wird von dem insolvenzspezifischen Gesichtspunkt gestützt, dass die Fortführung durch den Verwalter für die Insolvenzmasse am einträglichsten ist, wenn die Kanzlei auf lange Sicht nicht liquidiert, sondern an einen Nachfolger übergeben wird. Auch der Insolvenzverwalter darf die Kanzlei folglich übergeben.

In der Zeit der Einarbeitung kann sich der neue Mitarbeiter unter Aufsicht des Schuldners mit den Akten vertraut machen. Dieser Zeitraum muss angemessen sein, um ein umfassendes Kennenlernen der Mandate zu ermöglichen.[1053] Abzustellen ist auf den Einzelfall, also im Wesentlichen auf die Größe der Kanzlei und die Komplexität der Mandate. Eine Übergangszeit von unter einem Monat wird im Allgemeinen nicht ausreichen, länger als ein halbes Jahr darf sie keinesfalls dauern.

bbb) Berechtigung zur Kenntnisnahme kraft Amts

Es gibt zwei Funktionen, in denen Außenstehende ohne die Übergangsfristen Zugang zu den Mandantengeheimnissen bekommen: als Vertreter und als Abwickler, §§ 53, 55 Abs. 5 BRAO.[1054] Beiden stehen nach der Bestellung die anwaltlichen Befugnisse des Vertretenen zu, §§ 53 Abs. 7, 55 Abs. 2 S. 3 BRAO. Daher sind sie zur Einsichtnahme in die Mandantenakten berechtigt.

Ein Kaufvertrag allerdings, der die Parteien dazu verpflichtet, sich um die Bestellung des Erwerbers als Vertreter oder Abwickler zu bemühen, ist sittenwidrig und nichtig, § 138 Abs. 1 BGB.[1055] Er ist darauf gerichtet, das durch Art. 1 Abs. 1, Art. 2 Abs. 1 GG, § 203

1048 Auch vorgeschlagen für die Übergabe einer Arztpraxis von *van Zwoll/Mai/Eckardt/Rehborn* Rn. 415.
1049 BGH NJW 1995, 2915, 2916.
1050 Schönke/Schröder/*Lenckner*[27] § 203 Rn. 19.
1051 Schönke/Schröder/*Lenckner*[27] § 203 Rn. 19.
1052 Dazu im Einzelnen S. 233 ff.
1053 BGH NJW 1995, 2915, 2916.
1054 Ausführlich zu den beiden Ämtern siehe S. 233 ff.

Abs. 1 Nr. 3 StGB und die Pflichten des Insolvenzverwalters geschützte Recht auf informationelle Selbstbestimmung zu verletzen, indem das Erfordernis der Zustimmung durch die Mandanten umgangen werden soll. Überdies ist die Bestellung eines Vertreters unter der Prämisse der Praxisübernahme unzulässig, weil ungeschriebene Voraussetzung der Vertretung ist, dass sie nicht dauerhaft erfolgt. Dagegen darf die Praxis an einen Rechtsanwalt veräußert werden, der bereits zum Abwickler bestellt wurde.[1056] Eine Übergangszeit ist hier nicht zu beachten.

ccc) Zustimmung des Mandanten zur Kenntnisnahme

Sind die vorgenannten Übergabeweisen nicht möglich oder gewünscht, müssen die Akten beim Veräußerer verbleiben. Veräußerer ist derjenige, der die Kanzlei führt. Der Erwerber kann die Akten nur dann anfordern, wenn er von den Mandanten ausdrücklich oder schlüssig zur Einsichtnahme befugt wurde. Daher ist es entbehrlich, dass der Veräußerer alle Mandanten anschreibt und um Zustimmung ersucht. Er kann sich dabei auf die laufenden Mandate beschränken.[1057] Bei erledigten Mandaten ergibt sich keine Notwendigkeit der Einsichtnahme durch den Erwerber. Selbstverständlich kann vereinbart werden, dass der Veräußerer auch diese Mandanten benachrichtigt und darum bittet, dem Praxiserwerber die Befugnis zur Akteneinsicht zu erteilen. Ansonsten kann der Erwerber die Zustimmung von Fall zu Fall, z. B. bei der Terminvereinbarung oder dem ersten Kanzleibesuch erfragen.[1058]

Allerdings kann die Benachrichtigung der Mandanten auch als Instrument der Kundenkommunikation genutzt werden. Letztlich ist es Geschmacks- und Einschätzungssache, ob die Mandanten einen Brief mit der Ankündigung der Praxisübernahme schätzen oder abgeschreckt werden, oder ob dasselbe passiert, weil sie sich bei einer erneuten Kontaktaufnahme plötzlich einem anderen Anwalt gegenübersehen. Entschieden werden muss diese Frage vom Erwerber.

Da der Kaufpreis von der Zahl der Mandanten abhängt, die der Kanzlei treu bleiben, ist die Bestimmung des Preises mit einem Prognoserisiko behaftet. Mit Recht hat *Eich* darauf hingewiesen, dass eine Befragung der Mandanten den Praxiskauf vorhersehbarer macht.[1059] Je nach Rücklauf kann der Kaufpreis angepasst werden. Allerdings besteht die Möglichkeit, dass bei einem negativen Umfrageergebnis der Erwerber vom Kauf Abstand nimmt.[1060]

ddd) Bewertung

Der Vorteil der übertragenden Sanierung ist grundsätzlich, dass in kurzer Zeit das Unternehmen einschließlich seines Praxiswerts verwertet wird. Die nötigen Schritte zur Sanierung des Unternehmens an sich bleiben dem Erwerber vorbehalten. Die Geschwindigkeit rührt aber daher, dass es sich in den meisten Fällen um Gesellschaften handelt. Diese sind

---

1055 Für den Vertreter im Ergebnis BGH NJW 1995, 2025, 2027. A. M. Anwalts-Handbuch Insolvenzrecht/*Undritz* § 14 Rn. 259.

1056 Zu Abwickler und Vertreter BGH NJW 1997, 188.

1057 Anwalts-Handbuch Insolvenzrecht/*Undritz* § 14 Rn. 257.

1058 Abel/*Auernhammer*² § 6 Rn. 30.

1059 *Eich* Rn. 81.

1060 Anwalts-Handbuch Insolvenzrecht/*Undritz* § 14 Rn. 258.

viel übertragungsfreundlicher als Unternehmen, die von einer Person getragen werden; während die Gesellschafterstellung in einer Kapitalgesellschaft prinzipiell übertragen werden kann und in einer Personengesellschaft, wenn der Gesellschaftsvertrag dies bestimmt oder alle Gesellschafter zustimmen,[1061] kann eine Einzelunternehmung nur durch Einzelüberführung aller Gegenstände und Verträge veräußert werden. Gerade die Überleitung der Dauerschuldverhältnisse kann sich als schwierig erweisen. Im besonderen Fall des Anwalts kommt hinzu, dass die Mandantenkartei kaum übertragen werden kann. Daher ist der Verkauf der Einzelkanzlei nicht so attraktiv wie übertragende Sanierungen von Unternehmen mit anderem Betätigungsfeld und anderer Gesellschaftsform.[1062]

Dagegen erscheint es unter den gleichen Bedingungen unproblematisch, einen Rechtsanwalt einzustellen, der unter Aufsicht des Insolvenzverwalters die laufenden Geschäfte wahrnimmt und dabei die Mandate kennenlernt. Vorausgesetzt wird natürlich auch hier, dass der Mandant einwilligt.

cc) Mandantenpacht

Die Verpachtung der Mandantenakten ist genau wie der Verkauf der Akten grundsätzlich zulässig, wenn die Mandanten zustimmen. Die Vereinbarung einer Mandantenpacht ist ein Pachtvertrag i. S. des § 581 BGB: Der Pächter erwirbt das Recht, die Mandantendaten während der Pachtzeit zu nutzen, und damit die Möglichkeit, Alt- und Neumandate des Verpächters zu betreuen. Es ist jedoch keine Situation innerhalb der Anwaltsinsolvenz vorstellbar, in der sich die Verpachtung als sinnvoll erweisen würde. Das Instrument der Mandantenpacht ist ersonnen worden, um einem zeitweise verhinderten Berufsträger die wirtschaftliche Verwertung des Praxiswerts der Mandantenakten zu ermöglichen, die ihm bei der Bestellung eines Vertreters verwehrt bliebe. Im Gegensatz zum Verkauf bleibt die Möglichkeit der Wiederaufnahme der Betreuung des aufgebauten Mandantenstamms für den Verpächter erhalten. Überdies kann sein Name weiterhin auf dem Briefkopf geführt werden und für seine Sozietät werben.[1063]

Die Mandantenpacht erfordert, dass der Anwalt zugelassen bleibt. Andernfalls würde er das Recht zur Mandatsbetreuung verlieren und könnte die Mandanten nach Ablauf der Pachtzeit nicht mehr übernehmen. Damit scheidet bereits die naheliegende Überlegung aus, nach einem durch die Insolvenz ausgelösten Zulassungsverlust und der etwaigen Wiederzulassung die alten Mandanten wieder zu übernehmen. Wenn der Anwalt die Zulassung behält, ist immerhin denkbar, dass er eine Anstellung annimmt und ein anderer mit dem Mandantenstamm weiterarbeitet. Eine Einarbeitung des Pächters ist aber unverzichtbar, wenn die Mandanten nicht einzeln um Erlaubnis gefragt werden sollen.[1064] Selbst dann wird der Vorgang nach außen hin ein verheerendes Bild abgeben, schließlich werden viele Mandanten misstrauisch werden, wenn ihr Anwalt vorübergehend eine Anstellung annimmt, aber auf lange Sicht seinen ursprünglichen Mandantenstamm selbst betreuen will. Nicht zuletzt birgt die Verpachtung der Mandantenakten die Gefahr in sich, dass die

---

1061 MK-BGB/*Roth*[4] § 413 Rn. 9 f.

1062 Zu den Fragen der Gesellschaftsform und der unübertragbaren Gegenstände *Rattunde* ZIP 2003, 596.

1063 Zu all dem *Zuck* NJW 1993, 3118 ff.

1064 Auf die notwendige Befragung weist auch *Kesseler* Rn. 263 hin.

Befriedigung der Gläubiger verschleppt wird.[1065] Sie ist nicht faktisch ausgeschlossen, erscheint aber aufgrund der Komplikationen wenig sinnvoll.

e) Ergebnis

Die Kanzlei des Schuldners kann von diesem selbst, vom Insolvenzverwalter, aber auch von einem Dritten weiterbetrieben werden. Voraussetzung dazu ist stets eine Zulassung zur Anwaltschaft. Wenn der Schuldner seine Tätigkeit fortsetzen möchte, hat der Insolvenzverwalter keine Möglichkeit, das zu unterbinden. Solange der Schuldner die Kanzlei betreibt, kann der Verwalter die Erwerbsgegenstände in keiner Form verwerten.

Dies ändert sich, wenn der Insolvenzschuldner seine Kanzlei aufgibt. In einem solchen Fall muss der Verwalter überlegen, ob er die Kanzlei selbst betreiben kann, dafür einen Dritten einstellt oder die Kanzlei verkauft. Je nach Zuschnitt und Arbeitsaufkommen der Kanzlei der Insolvenzverwalters und der Kanzlei des Insolvenzschuldners kann es sich durchaus anbieten, dass der Verwalter vorerst selbst die schuldnerische Kanzlei weiterführt. Dies liegt insbesondere bei geringem Mandatsaufkommen des Schuldners nahe, da sich hier ohnehin kaum ein Käufer finden wird. Dann ist es sinnvoll, wenn der Verwalter die verbleibenden Mandate zu Ende führt, aber keine neuen mehr annimmt. Bei einer großen Zahl von Mandaten lohnt es hingegen, einen Käufer zu suchen. Bis dieser gefunden ist, muss der Insolvenzverwalter die Kanzlei entweder selbst vorläufig weiterführen oder einen Dritten damit beauftragen.

4. Eröffnungsverfahren

Im Eröffnungsverfahren ergeben sich keine Unterschiede zum eröffneten Verfahren. Insbesondere kann der starke vorläufige Verwalter nicht die Kanzlei nach § 22 Abs. 1 S. 2 Nr. 2 InsO fortführen, wenn der Schuldner sie selbst betreiben will.[1066] Er kann den Schuldner in seiner Geschäftstätigkeit allenfalls unterstützen, indem er Verträge mit Wirkung für die Masse abschließt oder ihm massezugehörige Gegenstände zur Verfügung stellt. Eine Fortführung kommt nur in Frage, wenn der Schuldner seine selbstständige Tätigkeit aufgibt oder sein Umsatz so gering wird, dass § 811 Abs. 1 Nr. 5 ZPO die Erwerbsgegenstände nicht mehr schützt. Eine Stilllegung ist ebenfalls nur unter diesen Voraussetzungen möglich. Zusätzlich muss das Insolvenzgericht zustimmen.

Für den Kanzleiverkauf im noch nicht eröffneten Verfahren müssen die gleichen Bedingungen wie für die Fortführung und Stilllegung gelten. An sich ist er unzulässig, weil den Gläubigern ansonsten ihr Recht zur Entscheidung über die Verwertung nach den §§ 157 ff. InsO entzogen wird.[1067] Allerdings kann es mit Blick auf die von § 22 Abs. 1 S. 2 Nr. 1 InsO geforderte Erhaltung des schuldnerischen Vermögens notwendig sein, die Kanzlei zu verkaufen, um einen starken Wertverfall zu vermeiden.[1068] Die amtliche Begründung nennt als Beispiel den „Notverkauf verderblicher Waren".[1069] Es leuchtet ein, dass bei längerer

[1065] FS Henckel/*Uhlenbruck* S. 877, 885; *Kesseler* Rn. 263.

[1066] FS Metzeler/*Vallender* S. 21, 25 setzt nur die entsprechende Berufsqualifikation des Verwalters für eine Fortführung voraus.

[1067] BGHZ 146, 165, 172 = NJW 2001, 1496, 1497.

[1068] Enger *Pohlmann* Rn. 425: Nur wenn Stilllegung ansonsten unausweichlich ist.

[1069] BR-Dr. 1/92 S. 116 f. Zu § 26.

Schließung der Kanzlei die Mandanten abwandern und damit der erzielbare Kaufpreis sinkt bzw. sich kein Käufer mehr findet. Daher ist typischerweise bei einem Stillstand der Kanzlei ein Verkauf durch den vorläufigen Verwalter gestattet.[1070] Die Zustimmung des Insolvenzgerichts bleibt jedoch obligatorisch.

§ 9 Einzelfragen

I. Erwerbstätigkeit des Rechtsanwalts außerhalb der Kanzlei

Bisher wurde lediglich geklärt, dass der Insolvenzverwalter den Rechtsanwalt nicht zur Arbeit in der Kanzlei zwingen kann. Er kann nur verhindern, dass der Anwalt mit insolvenzbefangenen Gegenständen arbeitet. Auch diese Einflussmöglichkeit fällt weg, wenn der Anwalt eine Arbeit – sei es als Selbstständiger oder Angestellter – außerhalb der Kanzlei annimmt. Folglich kann der Verwalter eine solche Tätigkeit weder anordnen noch verbieten. Dies ergibt sich nicht nur aus der Freiheit des Berufes, Art. 12 GG, sondern auch aus der anwaltlichen Unabhängigkeit, § 1 BRAO. Dementsprechend kommt auch eine Versagung der Restschuldbefreiung wegen Zuwiderhandlung gegen eine Weisung des Verwalters zur Ausübung oder Nichtausübung der anwaltlichen Tätigkeit nicht in Betracht.[1071]

II. Auswahl und Auswechslung des Insolvenzverwalters

Im Zusammenhang mit der Beeinträchtigung des Mandantengeheimnisses durch die Einsichtnahme des Insolvenzverwalters wurde bereits darauf hingewiesen, dass dieser besonders qualifiziert und vertrauenswürdig sein muss, wenn es um die Insolvenz eines Rechtsanwalts geht.[1072] Diese gegenüber dem Normalfall erhöhten Anforderungen können ohne Weiteres bei der Bestellung des Verwalters nach § 56 InsO angewendet und dort in das Merkmal „für den jeweiligen Einzelfall geeignete [...] Person" hineingelesen werden. Sie sind notwendig, um dem Mandantengeheimnis und damit Art. 2 Abs. 1 i. V. m. Art. 1 Abs. 1 GG gerecht zu werden. Die Frage ist, ob diese erhöhte Schutzwürdigkeit der Mandanteninteressen dazu führt, dass die Abwahl und Entlassung des Insolvenzverwalters nach §§ 57, 59 InsO erschwert werden. Denn das Geheimhaltungsinteresse wird auch durch die Übertragung des Verwalteramtes auf eine andere Person verletzt, wenn diese die Mandate nicht schon kennt.

Die Entlassung ist laut § 59 InsO nur aus wichtigem Grund zulässig, unabhängig davon, ob sie auf das Insolvenzgericht, den Gläubigerausschuss, die Gläubigerversammlung oder den Verwalter selbst zurückgeht. Das Geheimhaltungsinteresse könnte am besten durch eine einschränkende Auslegung der Vorschrift gewahrt werden, weil durch die Bestellung eines neuen Verwalters dieser Zugriff auf die Mandantenakten erhält. Als wichtiger

---

1070 FS Metzeler/*Vallender* S. 21, 36; *Schildt* S. 180.

1071 Vgl. dazu bereits S. 164, 171.

1072 Siehe S. 67.

Grund werden indes nur Tatsachen angesehen, die direkt oder indirekt die Vertrauenswürdigkeit des Insolvenzverwalters betreffen. In Frage kommen auf Seiten des Verwalters Pflichtwidrigkeiten, Amtsunfähigkeit und fehlende Haftungsbonität. Ebenso können eine nachhaltige Störung oder Zerrüttung des Verhältnisses zwischen dem Insolvenzverwalter auf der einen Seite und dem Insolvenzgericht oder dem Gläubigerausschuss bzw. der Gläubigerversammlung auf der anderen Seite einen wichtigen Grund darstellen.[1073] In jedem dieser Fälle ist nicht mehr gewährleistet, dass das Insolvenzgericht oder die Gläubiger dem Insolvenzverwalter vertrauen können. Damit wäre nicht mehr gerechtfertigt, dass der Verwalter in Zusammenarbeit mit dem Gericht die Mandantenakten auswerten darf, die Gläubiger jedoch nicht, denn diese Verteilung der Informationsbefugnisse[1074] beruht auf der Vertrauenswürdigkeit von Insolvenzverwalter und Insolvenzgericht. Darüber hinaus ist eine laxe Handhabung des § 59 InsO auch für die Mandanten insoweit schädlich, als sie selbst Insolvenzgläubiger sind. Diese Vorschrift sollte daher in der Anwaltsinsolvenz nicht anders als sonst ausgelegt werden. Dem Sonderproblem des Geheimhaltungsinteresses der Mandanten muss vielmehr schon bei der Bestellung des Insolvenzverwalters begegnet werden. Wenn die bereits oben beschriebenen Kriterien angewandt, insbesondere also nur bewährte, in Geheimhaltungsfragen erfahrene Personen als Verwalter bestellt werden, ist ein angemessener Ausgleich zwischen den Interessen der Mandanten und derjenigen der Gläubiger erreicht.

Die Abwahl gemäß § 57 InsO ist Ausdruck der Gläubigerautonomie. Nach § 57 S. 3 InsO kann (und muss) das Insolvenzgericht die Bestellung des gewählten Insolvenzverwalters nur versagen, wenn dieser für die Übernahme des Amtes nicht geeignet ist. Die Geeignetheit bestimmt sich nach § 56 InsO.[1075] Demnach können die dort angewandten verschärften Kriterien in Bezug auf die Qualifikation und Vertrauenswürdigkeit auf § 57 S. 3 InsO übertragen werden. Damit wird jedoch den Belangen des Mandantenschutzes nicht ausreichend Rechnung getragen. Eine gewissermaßen freie Verfügbarkeit über das Amt des Insolvenzverwalters ist dann nicht mehr tolerabel, wenn dadurch Rechte Dritter beschnitten werden. Sonst könnten Mandantengeheimnisse ohne Zustimmung der Mandanten von einem Insolvenzverwalter auf den anderen übertragen werden. Ähnlich wie bei der Abtretung von Vergütungsforderungen kann dies nicht zulässig sein, solange keine zwingenden wirtschaftlichen oder rechtlichen Interessen dazu berechtigen. Zur Entlassung nach § 59 InsO wurde festgestellt, dass die Mandanteninteressen gewahrt werden, wenn der Verwalterwechsel aus wichtigem Grund vorgenommen wird. Darum sollte § 57 InsO in der Anwaltsinsolvenz derart teleologisch reduziert werden, dass die Abwahl des Verwalters nur zulässig ist, wenn ein wichtiger Grund i. S. des § 59 InsO vorliegt. Diese Einschränkung der Gläubigerrechte rechtfertigt ein teleologischer Vergleich der §§ 57 und 59 InsO. Die Voraussetzung des „wichtigen Grunds" in § 59 Abs. 1 S. 1 InsO soll die Verfahrensstellung der Gläubiger gegenüber dem Gericht wahren. Das informationelle Selbstbestimmungsrecht der Mandanten verdient, da sie als solche nicht am Insolvenzverfahren beteiligt sind, einen stärkeren Schutz. Deswegen darf der Insolvenzverwalter nicht leichter durch die Gläubigerversammlung, § 57 InsO, ausgewechselt werden als durch das Insolvenzgericht, § 59 InsO.

[1073] Zu dieser Aufzählung vgl. Nerlich/Römermann/*Delhaes* § 59 Rn. 7 m. w. N.

[1074] Vgl. zusammenfassend S. 97 f.

[1075] Nerlich/Römermann/*Delhaes* § 57 Rn. 8.

Ein weiterer wichtiger Belang bei der Bestellung des Insolvenzverwalters ist seine Qualifikation zur Fortführung der Kanzlei. Diese scheint zunächst nicht so entscheidend zu sein, weil der Anwalt nicht ohne Weiteres aus seiner beruflichen Stellung herausgedrängt werden kann. Aus Gründen der Masseanreicherung durch Neuerwerb ist es sogar wünschenswert, wenn der schuldnerische Anwalt weiterarbeitet. Es treten dabei jedoch zwei Unwägbarkeiten auf: Zum einen droht stets der Zulassungswiderruf, zum anderen mag auch der Anwalt selbst seine Arbeitsmotivation im Laufe des Insolvenzverfahrens verlieren. Um auch dann eine optimale Verwertung zu gewährleisten und um zum Schutz der Mandantendaten die Einschaltung eines Abwicklers zu vermeiden,[1076] ist daher möglichst ein Rechtsanwalt zum Verwalter zu bestellen.[1077]

[1076] Dazu unten S. 233 f.

[1077] Im Ergebnis *Kesseler* Rn. 239 ff.

Vierter Teil: Verlust der Zulassung zur Anwaltschaft

Die Insolvenz des Rechtsanwalts kann nicht nur vermögensrechtliche, sondern auch berufsrechtliche Konsequenzen haben. So kann die Zulassung zur Anwaltschaft widerrufen werden oder nach Ausschließung des Anwalts von der Anwaltschaft erlöschen. Möglicherweise möchte der Betroffene diesen Schritten der Rechtsanwaltskammer zuvorkommen und gibt die Zulassung selbst zurück. In jedem dieser Fälle des Zulassungsverlusts kann ein Abwickler bestellt werden.

Der Verlust der Zulassung zur Anwaltschaft stellt häufig nicht nur einen persönlichen Einschnitt für den Betroffenen dar, sondern verändert auch die Ausgangslage für die Verwertung der Insolvenzmasse. Ohne die Zulassung kann der Schuldner weder selbstständig noch unselbstständig als Rechtsanwalt arbeiten, so dass er seine Arbeitskraft nicht optimal zugunsten der Masse einsetzen kann.

Dieser Teil beschäftigt sich mit den Voraussetzungen, unter denen der Rechtsanwalt während des Insolvenzverfahrens und danach seine Zulassung behalten kann. Das Hauptaugenmerk liegt dabei auf § 14 Abs. 2 Nr. 7 BRAO, der den Zulassungswiderruf aufgrund Vermögensverfalls vorsieht. Im Überblick sollen auch noch andere Gründe des Zulassungsverlusts dargestellt werden. Außerdem ist die Frage zu klären, unter welchen Umständen daraufhin ein Abwickler oder Vertreter bestellt werden darf oder muss. Dies schließt eine Darstellung der Kompetenzfelder des Insolvenzverwalters und des Abwicklers ein. Schließlich soll ein Blick auf die Erwerbsaussichten für den Schuldner ohne Anwaltszulassung geworfen werden.

§ 10 Widerruf der Zulassung, § 14 Abs. 2 Nr. 7 BRAO

Nach § 14 Abs. 2 Nr. 7 BRAO ist die Zulassung zur Anwaltschaft zwingend zu widerrufen, wenn der Rechtsanwalt in Vermögensverfall geraten ist, es sei denn, dass dadurch die Interessen der Rechtsuchenden nicht gefährdet sind. Vermutet wird der Vermögensverfall, wenn ein Insolvenzverfahren über das Vermögen des Rechtsanwalts eröffnet oder der Rechtsanwalt in das Schuldnerverzeichnis eingetragen ist.

Aus dem gerade Gesagten ergibt sich, dass eine analoge Anwendung des § 12 GewO, der den Zulassungswiderruf wegen ungeordneter Vermögensverhältnisse während des Insolvenzverfahrens einschließlich Planerfüllung ausschließt, ausgeschlossen ist.[1078] Abgesehen von der fehlenden Regelungslücke wäre eine entsprechende Anwendung nicht interessengerecht, weil der Insolvenzverwalter nur beim Gewerbetreibenden sicherstellen kann, dass er seine Tätigkeit ordnungsgemäß ausübt, aber nicht beim Rechtsanwalt. Denn die Zulassung ist nicht an die Kanzlei, sondern an die Person des Schuldners geknüpft.

Im Folgenden sind also die Voraussetzungen des § 14 Abs. 2 Nr. 7 BRAO darzustellen. Um das Verständnis der Vorschrift zu erleichtern, werden zuvor nicht nur Geschichte und Zweck der Vorschrift, sondern auch Zuständigkeit und Verfahren des Zulassungswiderrufs erläutert. Auf der Grundlage der Erkenntnisse über die Tatbestandsvoraussetzungen sollen

[1078] *Graf/Wunsch* ZVI 2005, 105, 106; *Harlfinger* S. 71 f.; *Schildt* S. 137 f.; *Schmittmann* ZInsO 2004, 725, 727. Für § 46 Abs. 2 Nr. 4 StBerG BFH DStRE 2004, 733, 734.

die Wechselwirkungen zwischen der Widerrufsentscheidung und dem Insolvenzverfahren beurteilt werden. Zum Schluss muss der zeitliche Aspekt des Zulassungswiderrufs nach zwei Seiten hin untersucht werden: Unter welchen Voraussetzungen darf die Anwaltskammer den sofortigen Vollzug der Widerrufsentscheidung anordnen? Und welcher ist der für die Entscheidung im anwaltsgerichtlichen Verfahren maßgebliche Zeitpunkt?

I. Geschichte der Vorschrift

In der Urfassung des § 15 BRAO vom 1.9. 1959 – der Vorgängernorm zu § 14 BRAO n.F. – lag es noch im Ermessen der Landesjustizverwaltung, die Zulassung zurückzunehmen.[1079] Rücknahmegründe waren die Beschränkung in der Vermögensverfügungsbefugnis und der Vermögensverfall, wenn dadurch die Interessen der Rechtssuchenden gefährdet waren. Hauptfall der durch gerichtliche Anordnung ergehenden Beschränkung in der Verfügung über das Vermögen war die Konkurseröffnung. Die Rechtsprechung sah damals in Konkurs und Vermögensverfall jeweils abstrakte Gefahren für die Interessen der Rechtsuchenden.[1080] Während die durch die Konkurseröffnung ausgelöste abstrakte Gefährdung ausreichte, um den Tatbestand zu erfüllen, musste beim Vermögensverfall eine (konkrete) Gefährdung der Interessen der Rechtssuchenden hinzukommen.

Durch das Gesetz zur Änderung des Berufsrechts der Rechtsanwälte und der Patentanwälte vom 13. 12. 1989 wurden diese Gründe in den § 14 BRAO überführt und dadurch mit zwingender Widerrufswirkung versehen.[1081] Gleichzeitig wurde die Beweislast in Bezug auf die Gefährdung der Interessen der Rechtsuchenden umgekehrt. Während diese früher von der Rechtsanwaltskammer nachzuweisen war, muss seitdem der Rechtsanwalt Gründe für die Nichtgefährdung darlegen. Schließlich kann nun der Vermögensverfall leichter bewiesen werden, weil er nach der Eröffnung des Insolvenzverfahrens (damals: Konkursverfahrens) oder der Eintragung ins Schuldnerverzeichnis vermutet wird. Diese Eintragung ist nach einer eidesstattlichen Versicherung gemäß § 807 ZPO oder der Abweisung der Verfahrenseröffnung mangels Masse nach § 26 InsO (damals: § 107 KO) vorzunehmen.

Mit dieser Verschärfung hatte der Gesetzgeber einen besseren Schutz des Bürgers vor Gefahren im Auge, die von der schlechten wirtschaftlichen Lage eines Anwalts ausgehen.[1082] Aus dem gleichen Grund schloss man die Lücke, die bei der Abweisung mangels

---

1079 § 15 BRAO, gültig vom 1. 8. 1959 bis 19. 12. 1989:
„Die Zulassung zur Rechtsanwaltschaft kann zurückgenommen werden,
1. wenn der Rechtsanwalt infolge gerichtlicher Anordnung in der Verfügung über sein Vermögen beschränkt wird oder wenn er in Vermögensverfall geraten ist und dadurch die Interessen der Rechtsuchenden gefährdet sind;
2. wenn der Rechtsanwalt eine Tätigkeit ausübt, die mit dem Beruf eines Rechtsanwalts oder mit dem Ansehen der Rechtsanwaltschaft nicht vereinbar ist."

1080 BGH BRAK-Mitt 1984, 140.

1081 § 14 Abs. 2 BRAO, gültig vom 20. 12. 1989 bis 31. 12. 1998:
„Die Zulassung zur Rechtsanwaltschaft ist zu widerrufen, [...]
7. wenn der Rechtsanwalt infolge gerichtlicher Anordnung in der Verfügung über sein Vermögen beschränkt ist;
8. wenn der Rechtsanwalt in Vermögensverfall geraten ist, es sei denn, daß dadurch die Interessen der Rechtsuchenden nicht gefährdet sind; ein Vermögensverfall wird vermutet, wenn der Rechtsanwalt in das vom Konkursgericht oder vom Vollstreckungsgericht zu führende Verzeichnis (§ 107 Abs. 2 der Konkursordnung, § 915 der Zivilprozeßordnung) eingetragen ist; [...]".

1082 BT-Dr. 11/3253 S. 19 f.; *Feuerich*/Weyland[6] § 14 Rn. 59, § 7 Rn. 140; *Vetter* BRAK-Mitt 1990, 2, 4.

Masse bestand. In diesem Fall wird kein Insolvenzverfahren (damals: Konkursverfahren) eröffnet, also auch keine Verfügungsbeschränkung auferlegt. Daher fügte man eine gesetzliche Vermutung des Vermögensverfalls ein, wenn der Rechtsanwalt in das Schuldnerverzeichnis eingetragen ist. Die Bejahung des Vermögensverfalls wurde somit wesentlich erleichtert.

Im Zuge der Ablösung der KO durch die InsO wurden die beiden Gründe in § 14 Abs. 2 Nr. 7 BRAO zusammengezogen.[1083] Dabei wich die Beschränkung der Vermögensverfügungsbefugnis der Insolvenzeröffnung, auf die die alte Vorschrift ohnehin hauptsächlich abstellte.[1084] Ein weiterer Grund für die Änderung war die Tatsache, dass unter der Herrschaft der InsO dem Insolvenzschuldner die Verfügungsbefugnis im Rahmen der Eigenverwaltung belassen werden kann, vgl. § 270 InsO.

II. Zweck der Vorschrift

Der Entzug der anwaltlichen Zulassung beschränkt subjektiv die Freiheit der Berufswahl und stellt damit einen schwer wiegenden Eingriff in die Berufsfreiheit aus Art. 12 GG dar. Solche Einschränkungen sind nach der Stufenlehre des *BVerfG* zum Schutz wichtiger Gemeinschaftsgüter zulässig.[1085] Ein solches ist die Funktionsfähigkeit der Rechtspflege, die Schutzzweck aller Vorschriften des § 14 BRAO ist. Diese ist nicht gewährleistet, wenn das Vertrauen des rechtsuchenden Publikums in die Anwaltschaft erschüttert wird. Daher soll der Zulassungswiderruf nach § 14 Abs. 2 Nr. 7 BRAO den rechtsuchenden Bürger vor Gefahren schützen, die in der wirtschaftlichen Lage des Rechtsanwalts begründet sind.[1086]

Neben Art. 12 GG ist der Rechtsanwalt durch den Zulassungsentzug u. U. auch in seinem Eigentumsrecht aus Art. 14 GG betroffen, wenn der Praxiswert nicht adäquat verwertet wird.[1087] Der *EGMR* sieht im Mandantenstamm einen Vermögenswert, der von Art. 1 Zusatzprotokoll zur EMRK geschützt werde.[1088]

Jede Grundrechtseinschränkung darf nur so weit reichen, wie es ihr Sinn und Zweck erfordern. In Anbetracht der subjektiven Berufswahleinschränkung ist § 14 Abs. 2 Nr. 7 BRAO daher eng auszulegen.[1089]

1083 § 14 Abs. 2 BRAO, gültig seit dem 1. 1. 1999:
„Die Zulassung zur Rechtsanwaltschaft ist zu widerrufen, [...]
7. wenn der Rechtsanwalt in Vermögensverfall geraten ist, es sei denn, daß dadurch die Interessen der Rechtsuchenden nicht gefährdet sind; ein Vermögensverfall wird vermutet, wenn ein Insolvenzverfahren über das Vermögen des Rechtsanwalts eröffnet oder der Rechtsanwalt in das vom Insolvenzgericht oder vom Vollstreckungsgericht zu führende Verzeichnis (§ 26 Abs. 2 der Insolvenzordnung, § 915 der Zivilprozeßordnung) eingetragen ist; [...]".

1084 BT-Dr. 12/3803 S. 66 f. *Kleine-Cosack*[3] § 7 Rn. 61.

1085 Die Stufenlehre wurde in BVerfGE 7, 377, 399 ff. = NJW 1958, 1035 ff. – Apotheke entwickelt.

1086 *Kleine-Cosack*[4] § 14 Rn. 12, § 7 Rn. 76. Zum entsprechenden § 50 Abs. 1 Nr. 6 BNotO BVerfG NJW 2005, 3057.

1087 *Feuerich*/Weyland[6] § 14 Rn. 2.

1088 EGMR AnwBl 2000, 747.

1089 BVerfG AnwBl 1995, 262; *Henssler*/Prütting[2] § 7 Rn. 1, § 14 Rn. 3. Zum funktionsgleichen § 20 Abs. 2 Nr. 5 WPO BVerwG NJW 2005, 3795, 3796.

III. Verfahren

Die Anwaltszulassung wird von der Rechtsanwaltskammer widerrufen, deren Mitglied der Rechtsanwalt ist, § 16 Abs. 1 S. 1 BRAO. Die Kammern werden regelmäßig durch Beschwerden von Gläubigern oder durch Vollstreckungsmaßnahmen gegen Anwälte auf deren Vermögensverfall aufmerksam.[1090] Bei Eröffnung eines Insolvenzverfahrens über das Vermögen eines Anwalts hat das Insolvenzgericht von Amts wegen der Rechtsanwaltskammer Mitteilung zu machen.[1091] Vor dem Erlass des Widerrufs ist der Anwalt anzuhören, § 16 Abs. 2 BRAO. Er kann Antrag auf gerichtliche Entscheidung beim Anwaltsgerichtshof innerhalb eines Monats nach Zustellung der Widerrufsverfügung stellen, § 16 Abs. 5 S. 1 BRAO. Die Antragstellung hat aufschiebende Wirkung, wenn kein Sofortvollzug angeordnet wurde, § 16 Abs. 6 S. 1 BRAO. Gegen eine ablehnende Entscheidung des Anwaltsgerichtshofs kann sofortige Beschwerde zum BGH innerhalb von zwei Wochen eingelegt werden, § 42 Abs. 1, 4, 5 BRAO.

IV. Tatbestandsvoraussetzungen

Der Tatbestand des Widerrufs der Zulassung zur Anwaltschaft nach § 14 Abs. 2 Nr. 7 BRAO gliedert sich in das positive Element des tatsächlichen oder vermuteten Vermögensverfalls und das negative Element der Nichtgefährdung der Interessen der Rechtsuchenden.

1. Vermögensverfall

In Vermögensverfall befindet sich ein Anwalt, wenn er in ungeordnete, schlechte finanzielle Verhältnisse geraten ist, er sie in absehbarer Zeit nicht ordnen kann und außerstande ist, seinen Verpflichtungen nachzukommen.[1092] Dabei wird Vermögensverfall vermutet, wenn ein Insolvenzverfahren über das Vermögen des Rechtsanwalts eröffnet oder der Rechtsanwalt in das Schuldnerverzeichnis eingetragen ist, § 14 Abs. 2 Nr. 7 HS 2 BRAO. Da die Vermutung nicht vom Gesetz als unwiderleglich bezeichnet wird, muss sie widerlegt werden können.[1093] Wie eine solche Widerlegung möglich ist, kann nur durch Bestimmung der Voraussetzungen des tatsächlichen Vermögensverfalls herausgefunden werden. Unter diese Voraussetzungen sollen dann die Fälle des eröffneten Insolvenzverfahrens und der Eintragung ins Schuldnerverzeichnis subsumiert werden, um die tatbestandlichen Unterschiede herauszuarbeiten.

a) Vermuteter Vermögensverfall

§ 14 Abs. 2 Nr. 7 BRAO enthält zwei Annahmen: Vor der Vermutung, dass der Vermögensverfall die Interessen der Rechtsuchenden gefährdet, steht die in eine Beweislastregel

---

[1090] *Römermann* AnwBl 2005, 178; Axmann/*Axmann* Kap. 1 Rn. 27. Vgl. Anordnung über Mitteilungen in Zivilsachen Zweiter Teil Titel XXIII § 2 Abs. 1 Buchst. a Doppelbuchst. cc, § 4 Nr. 1 Buchst. b und Fn. 933.

[1091] Vgl. Fn. 933.

[1092] St. Rspr., BGH NZI 2000, 262 = NJW-RR 2000, 1228, 1229; BRAK-Mitt. 1982, 173; BVerfG NJW 2005, 3057, 3058; BFH/NV 1993, 624, 625. *Feuerich*/Weyland[6] § 7 Rn. 142.

[1093] *Feuerich*/Weyland[6] § 14 Rn. 59.

gekleidete Annahme, dass bei eröffnetem oder aus Massemangel nicht eröffnetem Insolvenzverfahren (und bei Abgabe einer Offenbarungsversicherung) Vermögensverfall gegeben ist. Der Wortlaut der Vorschrift ist eindeutig. Hätte der Gesetzgeber unter diesen Voraussetzungen anstelle der Vermutung die Fiktion eines Vermögensverfalls setzen wollen, so hätte er formulieren müssen: „Vermögensverfall gilt als eingetreten, wenn [...]". Selbst wenn über das Vermögen des Schuldners ein Insolvenzverfahren eröffnet wird, ist es also denkbar, dass es sich nicht im Verfall befindet.

aa) Eröffnetes Insolvenzverfahren

Das Insolvenzverfahren wird üblicherweise eröffnet, weil der Schuldner zahlungsunfähig ist, also die fälligen Zahlungsverpflichtungen nicht erfüllen kann, vgl. § 17 InsO.[1094] Dahingegen besteht Vermögensverfall, wenn der Rechtsanwalt in ungeordnete, schlechte finanzielle Verhältnisse gerät, die er in absehbarer Zeit nicht ordnen kann, und außerstande ist, seinen Verpflichtungen nachzukommen. Sowohl der Vermögensverfall als auch die Eröffnung eines Insolvenzverfahrens erfordern, dass der Anwalt unfähig ist, seine (fälligen) Verpflichtungen zu erfüllen. Nur der Vermögensverfall setzt weiter voraus, dass der Anwalt in ungeordnete, schlechte finanzielle Verhältnisse geraten ist und sie in absehbarer Zeit nicht ordnen kann. Insofern ist der Schluss vom eröffneten Insolvenzverfahren auf den Vermögensverfall im Rahmen einer gesetzlichen Vermutung naheliegend, weil zumindest dessen Merkmal Zahlungsunfähigkeit meistens erfüllt ist.

bb) Eintragung in das Schuldnerverzeichnis

Die Eintragung in das Schuldnerverzeichnis erfolgt im Wesentlichen nach der Abgabe der eidesstattlichen Versicherung, §§ 915, 807 ZPO, oder nach der Abweisung eines Insolvenzeröffnungsantrags mangels Masse, § 26 Abs. 2 InsO. In beiden Fällen haben vorhergehende Maßnahmen der Einzel- oder Gesamtvollstreckung nicht zur Gläubigerbefriedigung geführt, da beim Schuldner „nichts zu holen" war. Dass Vollstreckungsversuche erfolglos geblieben sind oder keinen Erfolg versprechen, ist nicht ohne Weiteres mit Zahlungsunfähigkeit gleichzusetzen. Zahlungsfähigkeit bedeutet, dass Zahlungsmittel hingegeben werden können. Darauf kommt es weder bei der Einzel- noch bei der Gesamtvollstreckung an. Darüber hinaus steht durch die Eintragung im Schuldnerverzeichnis nur fest, dass eine Vollstreckung zu einem bestimmten Zeitpunkt vergeblich war. Die Eintragung wird u. U. erst nach drei bzw. fünf Jahren gelöscht, § 915a ZPO, § 26 Abs. 2 S. 2 HS 2 InsO. Ein gesicherter Zusammenhang zwischen Eintragung und Zahlungsunfähigkeit besteht daher nicht.

Aus den Vermutungsgründen des § 14 Abs. 2 Nr. 7 HS 2 BRAO lässt sich nur sehr eingeschränkt auf das tatsächliche Vorliegen eines Vermögensverfalls schließen. Nicht einmal aus dem laufenden Insolvenzverfahren kann zweifelsfrei geschlossen werden, dass der Rechtsanwalt zahlungsunfähig ist. Die Eintragung in das Schuldnerverzeichnis lässt schon gar keine Schlüsse zu. Somit hängen Vermögensverfall und seine Vermutungsgründe in

---

[1094] Dagegen tritt § 18 InsO in den Hintergrund, siehe FK/*Schmerbach*[4] § 18 Rn. 22a; HK/*Kirchhof*[4] § 18 Rn. 3.

Bezug auf ihre Voraussetzungen lediglich lose zusammen. Der Anwalt hat also prinzipiell gute Chancen, die Vermutung zu widerlegen.

b) *Tatsächlicher Vermögensverfall*

Wie oben bereits dargestellt, tritt Vermögensverfall ein, wenn ein Rechtsanwalt in ungeordnete, schlechte finanzielle Verhältnisse geraten ist, sie in absehbarer Zeit nicht ordnen kann und außerstande ist, seinen Verpflichtungen nachzukommen. Dabei geht es letztlich um zwei Tatbestandsmerkmale: Wer außerstande ist, seinen Verpflichtungen nachzukommen, ist zahlungsunfähig, vgl. § 17 Abs. 2 S. 1 InsO. Darüber hinaus muss der Anwalt in ungeordnete, schlechte finanzielle Verhältnisse geraten sein, die er in absehbarer Zeit nicht ordnen kann. Einfacher formuliert geht es um auf Dauer ungeordnete finanzielle Verhältnisse, denn dass sie schlecht sind, ergibt sich schon aus der Zahlungsunfähigkeit. Folglich setzt sich der Vermögensverfall aus den Elementen Zahlungsunfähigkeit und dauerhafter Unordnung der finanziellen Verhältnisse zusammen.

Nicht erforderlich ist, dass der Rechtsanwalt den Vermögensverfall verschuldet hat.[1095] Nach der Vorstellung des Gesetzgebers indiziert dieser Tatbestand Gefährdungen der Interessen der Rechtsuchenden. Sie würden ihren Sinn verfehlen, wenn ein Verschulden besonders geprüft werden müsste. Außerdem dient § 14 Abs. 2 Nr. 7 BRAO wie alle anderen Vorschriften im Katalog des Abs. 2 nicht der Zuordnung von Verantwortlichkeit, sondern ausschließlich dem Schutz der Rechtsuchenden.[1096] Allerdings kann mangelndes Verschulden ein Indiz dafür sein, dass deren Interessen im Einzelfall nicht gefährdet sind.[1097]

aa) *Zahlungsunfähigkeit*

Zahlungsunfähigkeit ist der Grund vieler, aber nicht aller Insolvenzverfahren. § 18 InsO erlaubt nämlich die Stellung eines Insolvenzantrags auch, wenn die Zahlungsunfähigkeit absehbar, aber noch nicht eingetreten ist. Zum Zeitpunkt der Antragstellung liegt folglich bei drohender Zahlungsunfähigkeit keine Zahlungsunfähigkeit i. S. des § 14 Abs. 2 Nr. 7 BRAO vor. Sie muss auch nicht durch oder nach der Eröffnung des Insolvenzverfahrens eintreten. Gerade die Antragstellung oder die Verfahrenseröffnung bewegt nicht selten die Gläubiger zu Stundungen, zumal sich ihre Stellung durch die Verfahrenseröffnung verschlechtern kann.[1098] Selbst die Lage von Rechtsanwälten, die den Antrag gemäß § 17 InsO stellen, kann sich im Insolvenzverfahren verbessern, und zwar nicht nur infolge von Stundungen. So kann der Schuldner erben oder eine große Forderung, deren ausbleibende Erfüllung für die Insolvenz ursächlich war, beglichen werden usw. Kehrt die Zahlungsfähigkeit zurück, führt dies jedoch nicht automatisch zur Verfahrenseinstellung. § 212 InsO sieht dazu einen Antrag des Schuldners vor, der aber nur gestellt werden kann, wenn keine Zahlungsunfähigkeit mehr droht. Die Zahlungsunfähigkeit ist folglich unabhängig davon zu bestimmen, aus welchem Grund das Insolvenzverfahren eröffnet wurde und ob es noch andauert.

[1095] BGH BRAK-Mitt 1999, 270, 271; *Feuerich*/Weyland[6] § 7 Rn. 148, § 14 Rn. 59 m. w. N.

[1096] BGH BGH-Report 2001, 668.

[1097] Dazu siehe unten S. 226.

[1098] Dazu *Huntemann/Dietrich* ZInsO 2001, 13, 14; *Harlfinger* S. 152, 154.

bb) Dauerhafte Unordnung der finanziellen Verhältnisse

Soweit ersichtlich wurde der Begriff der ungeordneten finanziellen Verhältnisse noch nicht definiert. Eine Begriffsbestimmung ist aber unumgänglich, will man herausfinden, unter welchen Umständen ein insolventer Rechtsanwalt seine Zulassung behalten darf. Als Elemente der Definition sind denkbar: die drohende oder stattfindende Vollstreckung, unklare Einkommens- und Vermögensverhältnisse, dauerhaft offene Verbindlichkeiten und schließlich die Beschränkung der Verfügungsmacht. Da Art. 12, 14 GG eine enge Auslegung des Widerrufstatbestands des § 14 Abs. 2 Nr. 7 BRAO erfordern, kann nur diejenige Definition richtig sein, die die Funktionsfähigkeit der Rechtspflege, insbesondere den Schutz der Interessen der Rechtsuchenden gewährleistet. Im Folgenden wird untersucht, ob die erwähnten Elemente zum Schutz der Rechtsuchenden erforderlich sind und welchen Einfluss die Eröffnung des Insolvenzverfahrens auf sie hat. Im Hinblick auf den vermuteten Vermögensverfall war die Darstellung auf die Vermutungsgründe Eröffnung des Insolvenzverfahrens und Eintragung ins Schuldnerverzeichnis beschränkt. Bezüglich des tatsächlichen Vermögensverfalls ist sie dies jedoch nicht. An geeigneter Stelle soll daher auf die Wirkungen des Insolvenzplan- und Restschuldbefreiungsverfahrens eingegangen werden.

aaa) Drohende oder stattfindende Vollstreckung

Unordnung wird üblicherweise darin erblickt, dass der Schuldner keine wirkliche Macht über sein Vermögen ausüben kann, weil seine Gläubiger sich Vollstreckungstitel beschafft haben und jederzeit in sein Vermögen vollstrecken können oder dies bereits tun.[1099] Durch diese Verschärfung seiner finanziellen Zwangslage könnte der Schuldner nicht berufsgemäßes Verhalten an den Tag legen, z. B. Mandantengelder veruntreuen oder falsch abrechnen.[1100] Diese Gefahren für die Interessen der Rechtsuchenden bestehen auch dann, wenn der Schuldner im Schuldnerverzeichnis eingetragen ist, da er in dieser Lage keinen besonderen Schutz vor Vollstreckungen genießt. Es fragt sich nur, ob der Vollstreckungsdruck im eröffneten Insolvenzverfahren gleichermaßen auf dem Schuldner lastet.

(1) Allgemeines zur Vollstreckung im eröffneten Insolvenzverfahren

Der Begriff der Vollstreckung bedeutet im Rahmen der §§ 89 f. InsO jede Art der Zwangsvollstreckung einschließlich des Arrests und der einstweiligen Verfügung.[1101] Wurde eine Sicherung oder Befriedigung entgegen einem Vollstreckungsverbot erlangt, so steht das ihrer Wirksamkeit nicht entgegen. Der Insolvenzverwalter kann jedoch gegen die Sicherung oder Befriedigung Vollstreckungserinnerung einlegen, § 766 ZPO. Bei einer unrechtmäßigen Eintragung ins Grundbuch kann die Eintragung eines Amtswiderspruchs erwirkt werden, §§ 53 Abs. 1 S. 1, 71 Abs. 1 GBO.[1102] Richtet sich die unzulässige Vollstreckung gegen insolvenzfreies Vermögen, muss sich der Schuldner in entsprechender

---

1099 St. Rspr., BGH NJW 2006, 559; BGH NJW 1991, 2083. *Feuerich*/Weyland[6] § 14 Rn. 59, § 7 Rn. 142.

1100 Dazu im Einzelnen unten S. 215 ff.

1101 *Behr* JurBüro 1999, 66. Zu § 89 InsO im Einzelnen Gottwald/*Gerhardt*[3] § 33 Rn. 31.

1102 *Häsemeyer*[3] Rn. 10.39.

Weise wehren. Neben der Vollstreckungserinnerung steht dem Insolvenzverwalter darüber hinaus die Drittwiderspruchsklage gemäß § 771 ZPO zur Verfügung.[1103] Unzulässige Vollstreckungsmaßnahmen sind darüber hinaus von Amts wegen vom Vollstreckungsorgan aufzuheben.[1104]

(2) Vergütungsforderungen

Die Vergütungsforderungen des Rechtsanwalts gehören zur Masse. Die Insolvenzgläubiger dürfen während des Verfahrens überhaupt nicht in sie vollstrecken, § 89 Abs. 1 InsO, die Massegläubiger nur unter den Voraussetzungen des § 90 InsO. Dort wird zwischen den gewillkürten Masseverbindlichkeiten des Abs. 1 und den aufgedrängten Masseverbindlichkeiten des Abs. 2 unterschieden. Während wegen letzterer stets vollstreckt werden darf, besteht für erstere ein Moratorium von sechs Monaten.

(3) Erwerbsgegenstände

Erwerbsgegenstände des Rechtsanwalts sind insolvenzfreies Vermögen des Schuldners. Eine Vollstreckung durch die Insolvenzgläubiger ist unzulässig, § 89 Abs. 1 InsO. Da das Vollstreckungsverbot bei Masseverbindlichkeiten des § 90 InsO hier nicht greift, können die Massegläubiger grundsätzlich auf die Erwerbsgegenstände zugreifen. Diese sind aber gemäß § 811 Abs. 1 Nr. 5 ZPO unpfändbar. Eine Vollstreckung in diese ist folglich rechtlich ausgeschlossen.

(4) Kanzleiräume und Privathaus

Wenn hier von Kanzleiräumen gesprochen wird, ist das Eigentum an dem Gebäude oder den Räumen gemeint, in denen die Kanzlei untergebracht ist. Sind diese Räumlichkeiten gemietet, ist eine Vollstreckung gegenstandslos. Hat der Anwalt aber die Kanzleiräume zu eigen, so können nicht nur dingliche, sondern auch persönliche Gläubiger darin vollstrecken. Für die persönlichen Gläubiger gelten indes die oben in Bezug auf die Vergütungsforderungen gemachten Einschränkungen.

Bei unbeweglichen Gegenständen kann der Insolvenzverwalter beantragen, die Zwangsversteigerung einstweilen einzustellen, § 30d ZVG. Dadurch kann er zumindest Zeit bis zum Berichtstermin gewinnen, Abs. 1 S. 1 Nr. 1. Danach kommt es darauf an, ob das Haus für eine Fortführung der Kanzlei gebraucht wird, Nr. 2. Das hängt vom Einzelfall ab, insbesondere vom Anteil der Laufkundschaft an der gesamten Mandantschaft. Ebenso kann die Versteigerung abgewandt werden, wenn sie die Durchführung eines vorgelegten Insolvenzplans gefährden würde, Nr. 3. Wenn der Insolvenzplan die Fortführung der Kanzlei umfasst, sind hier die gleichen Überlegungen wie bei Nr. 2 anzustellen. Die Nr. 4 schließlich lässt die einstweilige Einstellung der Zwangsversteigerung zu, wenn durch sie die angemessene Verwertung der Insolvenzmasse in sonstiger Weise erschwert würde. Hauptsächlich wird hier an die Versteigerung zur Unzeit gedacht, also wenn zu einem späteren Zeitpunkt der freihändige Verkauf erheblich mehr einbringen würde.[1105] Der Einstellungsantrag ist

---

1103 *Brox/Walker* ZVR[7] Rn. 194; *Baumbach/Lauterbach/Albers/Hartmann*[65] § 771 Rn. 5.

1104 Gottwald/*Gerhardt*[3] § 33 Rn. 33.

1105 *Stöber* ZVG[18] § 30d Rn. 2 2.3 d).

jedoch bei jeder dieser Fallgruppen abzulehnen, wenn die einstweilige Einstellung dem Gläubiger unter Berücksichtigung seiner wirtschaftlichen Verhältnisse nicht zuzumuten ist, § 30d Abs. 1 S. 2 ZVG.

Die für § 30d Abs. 1 S. 1 Nr, 2, 3 angestellten Überlegungen treffen nicht für die Vollstreckung in das Privathaus des Anwalts zu, da es nicht zur Fortführung der Kanzlei vonnöten ist.

(5) Bewegliches Privatvermögen

Die Behandlung beweglichen Privatvermögens unterliegt keinen Besonderheiten. Es ist entweder pfändbar und damit massezugehörig, so dass die für die Vergütungsforderungen getroffenen Aussagen gelten. Falls ein Privatgegenstand nicht zur Masse gehört, ist er unpfändbar oder freigegeben. Im ersten Fall ist die Zwangsvollstreckung nicht erlaubt, im zweiten Fall verbietet sie sich meist aus wirtschaftlichen Gründen.

(6) Anderkonten

Zum besseren Verständnis werden die Besonderheiten der Vollstreckung in Anderkonten außerhalb und während des Insolvenzverfahrens dargestellt.

(a) Pfändbarkeit vor dem Insolvenzverfahren

Wenn der Rechtsanwalt Fremdgeld anvertraut bekommt, hat er dies auf einem Anderkonto anzulegen. Obwohl der Anwalt das Konto auf Rechnung der Mandanten führt, ist er selbst Kontoinhaber. Eine Vollstreckung durch seine Gläubiger in Form der Kontopfändung und -überweisung ist damit möglich, §§ 829, 835 ZPO. Auch im Hinblick auf die besondere Eigenschaft des Anderkontos besteht weder auf Seiten des Vollstreckungsgerichts noch auf Seiten der Bank Anlass, der Pfändung entgegenzutreten, weil der Anwalt der Kontoinhaber und damit rechtlich der Gläubiger der Forderung gegen die Bank ist. Eine wirtschaftliche Sichtweise[1106] hat sich aber bei der Drittwiderspruchsklage nach § 771 ZPO durchgesetzt. Sie darf vom Treugeber, also vom Mandanten erhoben werden.[1107] Kein ordentlicher Rechtsanwalt wird zulassen wollen, dass seine Gläubiger auf das Geld seiner Mandanten zugreifen. Ein solcher Vorgang würde mit großer Sicherheit das Vertrauen der Klienten zu ihm zerstören. Er sollte also unmittelbar nach der Zustellung des Pfändungsbeschlusses gemäß § 829 Abs. 1 ZPO seinen Gläubiger darauf hinweisen, dass das gepfändete Konto ein Anderkonto ist, und ihn auffordern, die Pfändung aufzuheben. Gleichzeitig wird er sich an die betroffenen Mandanten wenden und ihnen raten, auf die Rücknahme der Pfändung hinzuwirken und gegebenenfalls Drittwiderspruchsklage nach § 771 ZPO einzulegen. Unabhängig davon sind die Banken bei einer Vollstreckung in Anderkonten dem Rechtsanwalt

---

[1106] Dazu *Canaris* NJW 1973, 825, 831 f.

[1107] BGH NJW 2005, 1271, 1272; BGHZ 11, 37, 41 = NJW 1954, 190, 192; OLG Köln NJW-RR 1987, 1365 f.; Stein/Jonas/*Münzberg*[22] § 771 Rn. 26; Stein/Jonas/*Brehm*[22] § 829 Rn. 19; *Canaris* Rn. 279 f.

gegenüber verpflichtet, den Gläubiger auf die Eigenschaft als Anderkonto hinweisen.[1108] Damit ist das Anderkonto praktisch unpfändbar.[1109]

(b) Pfändbarkeit während des Insolvenzverfahrens

Möglicherweise kann der Anwalt den Vollstreckungszugriff durch Insolvenzantrag verhindern. Das dem Anwalt von den Mandanten anvertraute Fremdgeld befindet sich auf dessen Konto. Demnach gehört es zu seinem Vermögen und ist Bestandteil der Insolvenzmasse, § 35 Abs. 1 InsO. Haftungsrechtlich gesehen steht das Treugut aber nicht den Gläubigern des Treuhänders, sondern denen des Treugebers zu.[1110] Daher ist das Fremdgeld auszusondern.[1111] Der Mandant kann Drittwiderspruchsklage erheben, § 771 ZPO. In der Insolvenz ändert sich also nichts an den Möglichkeiten der Gläubiger und des Schuldners. Daher ist auch *Gerbers* entgegenzutreten, der Forderungen – und damit den Anspruch gegen die Bank auf den Habensaldo – bereits durch den Eröffnungsbeschluss gesichert sieht.[1112]

(c) Pfändbarkeit nach Aufhebung des Insolvenzverfahrens

Wird das Insolvenzverfahren abgeschlossen, ohne dass Restschuldbefreiung beantragt wurde, ist die Situation dieselbe wie vor dem Beginn des Eröffnungsverfahrens, da auch die Insolvenzgläubiger nun ihre restlichen Forderungen ohne Einschränkungen geltend machen, also vollstrecken können, § 201 Abs. 1 InsO. Befindet sich der Anwalt in der Wohlverhaltensphase, dürfen die Insolvenzgläubiger nicht in das schuldnerische Vermögen vollstrecken, § 294 Abs. 1 InsO. Wird dem Anwalt die Restschuldbefreiung erteilt, so erlöschen die Forderungen der Insolvenzgläubiger, §§ 286, 301 Abs. 1 InsO. Eine Vollstreckung kommt danach also grundsätzlich nicht mehr in Frage.

(7) Ergebnis

Zweifelsohne bietet das eröffnete Verfahren einen gewissen Schutz gegen Vollstreckungsmaßnahmen. Die Vergütungsforderungen, die Immobilien und das pfändbare Privatvermögen des Rechtsanwalts wären ohne den Schutz des § 89 InsO und des § 30d ZVG dem Vollstreckungszugriff der Gläubiger ausgesetzt. Darüber hinaus sind Vollstreckungen in die Erwerbsgegenstände und die Anderkonten ohnehin unzulässig. Auf der anderen Seite müssen auch die Schwächen der Vollstreckungsschutzvorschriften in InsO und ZVG gesehen werden. Unter bestimmten Umständen ist die Zwangsvollstreckung eben doch zulässig.

Neben diesen auf die Einzelvollstreckung bezogenen Überlegungen sollte eines nicht aus dem Blickfeld geraten: Auch das Insolvenzverfahren dient der Liquidierung des schuldnerischen Vermögens.[1113] Dadurch soll zwar die finanzielle Ordnung des Schuldners

---

[1108] Vgl. Nr. 11 der AGB für Anderkonten von Rechtsanwälten, abgedruckt in *Baumbach/Hopt*[32] AGB-Anderk a 11: „Im Falle der Pfändung wird die Bank den pfändenden Gläubiger im Rahmen der Drittschuldnererklärung auf die Eigenschaft als Anderkonto hinweisen."

[1109] Im Ergebnis *Hintzen/Förster* Rpfleger 2001, 399, 400.

[1110] Siehe S. 137 f.

[1111] BGH JW 1959, 1223, 1224 f.; Nerlich/Römermann/*Andres* § 47 Rn. 38. Weitere Nachweise zur Rspr. und Lit. bei Jaeger-InsO/*Henckel* § 47 Fn. 174.

[1112] In Braun/*Gerbers*[2] § 148 Rn. 3. Dagegen *Häsemeyer*[3] Rn. 13.03.

(teilweise) wiederhergestellt werden, aber zunächst stellt sich dies für den Schuldner als Unordnung dar. Nicht er hat nämlich die Kontrolle über sein Vermögen, sondern der Insolvenzverwalter. Dieser kann ihm ähnlich wie ein Vollstreckungsgläubiger die Verfügungsgewalt über einen Vermögensgegenstand entziehen, ohne dass der Schuldner etwas dagegen tun könnte.

So rechtfertigt sich der Schluss vom eröffneten Insolvenzverfahren auf das Vorliegen des Vermögensverfalls zweifach. Erstens aufgrund der objektiven Unordnung der finanziellen Verhältnisse. Ein Insolvenzschuldner ist häufig zahlungsunfähig. Seine Gläubiger sind geneigt, ihre Forderungen im Wege der Zwangsvollstreckung geltend zu machen, wogegen das eröffnete Verfahren nur eingeschränkt schützt. Dieser Schutz wirkt gleichwohl nicht zugunsten des Schuldners, sondern zugunsten der Insolvenzmasse. Der den Vollstreckungsgläubigern entzogene Freiraum wird also vom Insolvenzverwalter ausgefüllt, so dass der Schuldner sich durch dessen Verwertungen der finanziellen Kontrolle entzogen sieht. Es herrscht also – zweitens – eine subjektive Unordnung der finanziellen Verhältnisse. Sie kann zwar nicht zu einer unmittelbaren Gefährdung von schuldnerischen Vermögenswerten führen, doch die unmittelbare Zugriffsmöglichkeit des Insolvenzverwalters kann den Rechtsanwalt zu berufswidrigen Maßnahmen veranlassen, um sein Vermögen zu retten.

bbb) Unklare Einkommens- und Vermögensverhältnisse

Die Ordnung der Vermögensverhältnisse setzt voraus, dass der Rechtsanwalt sie überblicken kann.[1114] Demnach muss er seine Einkommens- und Vermögensverhältnisse darlegen, namentlich durch eine Übersicht über die Verbindlichkeiten und laufenden Einkünfte.[1115]

Klarheit über das Ausmaß der Verbindlichkeiten erlangt der Schuldner durch die Obliegenheit der Insolvenzgläubiger, ihre Forderungen zur Tabelle anzumelden, § 174 InsO.[1116] Da insbesondere bei der Insolvenz einer natürlichen Person das Restschuldbefreiungsverfahren naheliegt, an dessen Ende das Erlöschen auch der nicht angemeldeten Forderungen steht, § 301 Abs. 1 S. 2 InsO, darf davon ausgegangen werden, dass die meisten Gläubiger ihre Forderungen anmelden. Des Weiteren ist der Insolvenzverwalter dazu verpflichtet, eine geordnete Übersicht aufzustellen, in der die Gegenstände der Insolvenzmasse und die Verbindlichkeiten des Schuldners aufgeführt und einander gegenübergestellt werden, § 153 Abs. 1 InsO. Mit Hilfe des Insolvenzverwalters und der Tabelle wird der Schuldner folglich seine Einkommens- und Vermögensverhältnisse im Insolvenzverfahren klären können.

ccc) Dauerhaft offene Verbindlichkeiten

Zur finanziellen Ordnung gehört auch, dass die Gläubiger in absehbarer Zeit befriedigt werden.[1117] Dieses Kriterium leuchtet unmittelbar ein, weil sich kein Gläubiger ewig auf die Zahlung vertrösten lassen wird und daher ein Vollstreckungsmoratorium immer nur zeitweilig sein kann. Auch ohne drohende Vollstreckung bringen Schulden den Rechtsanwalt

---

1113 *Graf/Wunsch* ZVI 2005, 105, 107.

1114 BGH BRAK-Mitt 1999, 36, 37; *Schmittmann* NJW 2002, 182, 183.

1115 BGH NJW-RR 1999, 712; *Feuerich*/Weyland[6] § 14 Rn. 59.

1116 Dazu *Schmittmann* NJW 2002, 182, 184.

1117 BGH NJW-RR 2000, 1228, 1229; BGH NJW 2005, 1271; *Feuerich*/Weyland[6] § 14 Rn. 59; *Henssler*/Prütting[2] § 14 Rn. 29.

auf Dauer in eine Bedrängnis, die für seine ordnungsgemäße Berufsausübung gefährlich ist.

Außerhalb des Insolvenzverfahrens wird erwartet, dass der Vollstreckungsschuldner nachweist, dass die gegen ihn erhobenen Forderungen erfüllt sind oder wie sie auf Erfolg versprechende Weise in absehbarer Zeit erfüllt werden sollen.[1118] In den meisten Fällen wird der Nachweis durch Ratenzahlungs- oder andere Tilgungsvereinbarungen mit den Gläubigern erfolgen.[1119] Solche Tilgungsmodalitäten kann der Schuldner auch während des Insolvenzverfahrens vereinbaren. Die Frage ist aber, ob diese Wirkung bereits durch die Eröffnung des Insolvenzverfahrens oder wenigstens durch die Instrumente des Insolvenzplans oder der Restschuldbefreiung.

(1) Insolvenzverfahren

Das Insolvenzverfahren an sich bietet keine Garantie dafür, dass die Gläubiger in absehbarer Zeit befriedigt werden. Es ist, insbesondere wenn der Schuldner nicht mitwirkt, nicht mehr als ein besonderes Vollstreckungsverfahren.[1120] Zwar hat das Insolvenzverfahren die Aufgabe, die Finanzen des Schuldners zu ordnen, aber es kann dies nur in dem Maße, wie die Gläubigeransprüche befriedigt werden. Die verbleibenden Ansprüche können nach Abschluss des Verfahrens im Wege der Einzelzwangsvollstreckung durchgesetzt werden, § 201 Abs. 1 InsO. Es gibt zwar Fälle, in denen das Insolvenzverfahren zu einer Bereinigung aller Verbindlichkeiten führt, doch sind dies Ausnahmen.[1121] Daneben kann die Eröffnung des Insolvenzverfahrens aus der Sicht des Gesetzgebers schon deswegen nicht eine absehbare Befriedigung der Gläubiger sicherstellen und damit den Vermögensverfall widerlegen, weil sie selbst gemäß § 14 Abs. 2 Nr. 7 BRAO einen Vermögensverfall vermuten lässt.[1122]

(2) Insolvenzplan

Eine erhöhte Chance auf vollständige Gläubigerbefriedigung bietet das Insolvenzplanverfahren. Man kann jedoch nicht so weit gehen und die Befriedigung der Gläubiger in absehbarer Zeit bereits durch die Planvorlage als gesichert ansehen.[1123] Viel eher kommt die Annahme des Plans in Betracht.[1124] Problematisch ist jedoch, dass auch der angenommene Insolvenzplan im Gegensatz zu den oben angesprochenen Ratenzahlungsvereinbarungen erst wirksam wird, wenn eine Reihe von Bedingungen erfüllt sind. So wird der Plan erst mit Rechtskraft der Bestätigung durch das Gericht wirksam, § 254

1118 BGH NJW 2004, 2018; BGH AnwBl 1999, 36; BGH BRAK-Mitt 1995, 29.

1119 BGH NJW 2005, 1271 f.; AGH Hamm AnwBl 1999, 698; *Feuerich*/Weyland[6] § 14 Rn. 59; FG Hamburg DStRE 2004, 667, 669.

1120 Nachweise siehe Rn. 280.

1121 Hess/Weis/Wienberg[2] § 212 Rn. 8; Uhlenbruck/*Uhlenbruck*[12] § 212 Rn. 2.

1122 BGH NJW-RR 2000, 1228; *Schildt* S. 142 f. Für § 46 Abs. 2 Nr. 4 StBerG FG Münster WPK-Mitt 2003, 264, 265.

1123 Erst recht nicht durch die Beauftragung des Verwalters mit der Planerstellung, vgl. BGH NJW 2004, 2018, 2019.

1124 Dafür *Schmittmann* NJW 2002, 182, 185. Dieser Zeitpunkt ist auch für den Widerruf der Registrierung zur Erbringung von Rechtsdienstleistungen maßgeblich, §§ 14 Nr. 1, 12 Abs. 1 Nr. 1 Buchst. b, Abs. 2 S. 2 RDG-Entwurf.

Abs. 1 S. 1 InsO. Der Planbestätigung können aber die Gründe der §§ 249-251 InsO im Wege stehen. Zudem können die Gläubiger die sofortige Beschwerde erheben, § 253 InsO. Ein Äquivalent zur Ratenzahlungsvereinbarung (bzw. zum Schuldenbereinigungsplan) und eine sichere Befriedigungsaussicht stellt damit erst der Eintritt der Rechtskraft der Planbestätigung dar.[1125]

Dagegen kann es kein Hindernis darstellen, dass der Insolvenzplan unter der ausdrücklichen oder impliziten Bedingung steht, dass der Rechtsanwalt seine Zulassung behält. Unlängst hatte der *BGH* einen Fall zu entscheiden, in dem ein Notar sich gegen seine Amtsenthebung wegen Vermögensverfalls wehrte.[1126] Nach Meinung des Notars wurde sein Vermögen durch einen Insolvenzplan geordnet. Dem hielt das Gericht entgegen, dass dem Plan die Bedingung zugrunde liege, dass der Notar seine Bestellung behalte. Diese Argumentation überzeugt nicht. Niemals kann die Rechtsfolge eines Tatbestandes dessen Voraussetzungen bestimmen. Sollte dieses logische Dilemma dennoch auftreten, ist es durch eine positive Annahme zu lösen. Im konkreten Fall hätte das Gericht also fragen müssen, ob der Vermögensverfall infolge des Insolvenzplans entfallen würde, wenn man davon ausgeht, dass der Notar im Amt bleibt. Das *BVerfG* drückte sich in dem der Verfassungsbeschwerde des Notars stattgebenden Beschluss so aus: „Die Amtsenthebung kann nach dem Wortlaut der gesetzlichen Regelung und nach dem mit ihr verfolgten Zweck nur die Folge, nicht jedoch die Ursache des Vermögensverfalls sein. Ist die Erwartung gerechtfertigt, dass die finanziellen Verhältnisse des Notars in absehbarer Zeit wieder geordnet werden können, so liegen die Voraussetzungen einer Amtsenthebung nicht vor und können durch eine gleichwohl verfügte Amtsenthebung auch nicht herbeigeführt werden."[1127]

Von Befriedigung einer Verbindlichkeit kann im Zusammenhang mit der dauerhaften Ordnung der anwaltlichen Finanzen nur gesprochen werden, wenn der Insolvenzplan Erfüllung oder Erlass oder eine Kombination aus beidem vorsieht. Wird im Plan ausdrücklich für eine Forderung zu einem Teil Erfüllung festgelegt, zum restlichen Teil aber keine Aussage getroffen, so wird der Schuldner hinsichtlich dieses Teils der Forderung befreit, § 227 Abs. 1 InsO. Das bedeutet aber keine Erfüllung und kein Erlöschen der Forderung; sie bleibt vielmehr als Naturalobligation bestehen.[1128] An dieser Stelle fragt sich, ob die Forderung nach der Befriedigung der Gläubiger im Wortsinne zu verstehen ist. Der *BGH* hat früher von der „Befriedigung" der Gläubiger gesprochen,[1129] dies allerdings kürzlich dahingehend präzisiert, dass keine Forderungen offen bleiben dürften.[1130] Mit Blick auf die Entschuldung durch das Restschuldbefreiungsverfahren führt er aus: „Ein Schuldner, der ein Insolvenzverfahren und anschließend mit Erfolg ein Restschuldbefreiungsverfahren durchlaufen hat, hat – ohne dass die Gläubiger befriedigt worden sind – keine Verbindlichkeiten mehr. Dies genügt zur (Wieder-)Herstellung geordneter Vermögensverhältnisse. Anderenfalls könnte der Schuldner gerade wegen der stattgefundenen Restschuldbefreiung nie mehr in finanziell geordneten Verhältnissen leben." Diese Argumentation gilt auch für die nach der Planerfüllung eintretenden Schuldbefreiung gemäß § 227 Abs. 1 InsO.

[1125] *Graf/Wunsch* ZVI 2005, 105, 106 f.; *Schildt* S. 145; *Hess/Röpke* NZI 2003, 233, 235. Für den Steuerberater BFH ZInsO 2004, 203; FG Münster WPK-Mitt 2003, 264, 265.

[1126] BGH NJW 2004, 2018.

[1127] BVerfG NJW 2004, 3057, 3058.

[1128] Uhlenbruck/*Lüer*[12] § 227 Rn. 4.

[1129] BGH NJW-RR 2000, 1228.

[1130] BGH NJW-RR 2005, 1271, 1272.

Hinzuzufügen ist lediglich, dass § 14 Abs. 2 Nr. 7 BRAO zum Schutz der Rechtsuchenden den Rechtsanwalt vor wirtschaftlichen Pressionen schützen will. Zur Ordnung der Vermögensverhältnisse muss daher ein wirksamer Schutz des Anwalts vor der Geltendmachung der Forderungen ausreichen. Die dafür notwendige Bereinigung der offenen Verbindlichkeiten tritt nicht nur durch Erfüllung oder Erlass, sondern auch durch Befreiung von den restlichen Schulden nach § 227 Abs. 1 InsO ein.

Schließlich muss noch die Frage beantwortet werden, ob die Rechtsanwaltskammer eine Inhaltskontrolle des Insolvenzplans vorzunehmen hat. Das *BVerwG* hat anlässlich des Widerrufs einer Bestellung zum Wirtschaftsprüfer festgestellt: „Soweit Schulden vorhanden sind, denen keine realisierbaren Vermögenswerte gegenüberstehen, ist von geordneten finanziellen Verhältnissen (nur) dann auszugehen, wenn der Schuldendienst nach Maßgabe mit den Gläubigern getroffener Vereinbarungen bedient wird und die Verbindlichkeiten zudem nach Art und Höhe in Ansehung der gesamten wirtschaftlichen Verhältnisse in einem überschaubaren Zeitraum getilgt werden können.“[1131] Das Gericht behält sich also die Prüfung vor, ob es die wirtschaftlichen Verhältnisse des Schuldners zulassen, die Forderungen in absehbarer Zeit zu erfüllen. Die Inhaltskontrolle könnte verhindern, dass der Schuldner sich selbst überschätzt und zu hohe Tilgungsraten vereinbart. Im Falle des Nichterreichens stünden erneut Vollstreckungsmaßnahmen an, so dass die finanzielle Ordnung nicht andauern würde.

Das Insolvenzgericht indes darf den Insolvenzplan nicht auf seine wirtschaftliche Vernunft überprüfen, vgl. §§ 248 ff. InsO.[1132] Das Urteil des *BVerwG* deutet ebenfalls in eine andere Richtung. Die Schuldentilgung muss nach Maßgabe der Gläubiger erfolgen. Dieser Grundsatz der vorinsolvenzlichen Sanierung lässt sich auf das Insolvenzplanverfahren übertragen. Man darf nämlich davon ausgehen, dass die Gläubiger keiner Vereinbarung zustimmen werden, die von vornherein dem Schuldner zu hohe Lasten auferlegt. Eine derartige Abmachung trüge ein hohes Risiko der Anschlussinsolvenz in sich. Daher sollte man der Gläubigerautonomie vertrauen und nur eine Missbrauchskontrolle vorsehen. Denn wenn offensichtlich ist, dass der Schuldner die im Insolvenzplan vorgesehenen Leistungen nicht erbringen kann oder dass der Plan im Einvernehmen von Schuldner und Gläubigern fingiert ist, kann der Insolvenzplan nicht dafür sorgen, dass die offenen Verbindlichkeiten in absehbarer Zeit erfüllt werden.

(3) Restschuldbefreiung

Eine standardisierte Form des Insolvenzplanverfahrens ist das Restschuldbefreiungsverfahren. Am jeweiligen Verfahrensende steht die Befreiung des Schuldners von allen Insolvenzforderungen, vgl. § 227 Abs. 1 InsO einerseits, §§ 286, 301 InsO andererseits. Während der Schuldner die Einzelheiten des Verfahrens beim Insolvenzplan mit den Gläubigern einvernehmlich festlegen muss, steht ihm mit dem Restschuldbefreiung eine gesetzliche Regelung offen, die nur von seinem Wohlverhalten abhängt. Die Laufzeit der Abtretungserklärung ist aber normalerweise länger ist als diejenige des Insolvenzplans. Die Schuldbefreiung liegt damit meist in noch größerer Ferne, so dass die Beantragung der Restschuldbefreiung erst recht nicht ausreichen kann, um die vollständige Ordnung der

---

[1131] BVerwG NJW 2005, 3795.

[1132] MK-InsO/*Sinz* § 248 Rn. 22.

Vermögensverhältnisse sicherzustellen.[1133] Der Bestätigung des Insolvenzplans entspricht die Ankündigung der Restschuldbefreiung nach § 291 InsO. Die Dauer der Wohlverhaltensphase widerspricht nicht dem Erfordernis der Befriedigung in absehbarer Zeit, auch wenn sie im längsten Fall sechs Jahre betragen kann.[1134] Es geht eben nicht um die absolute Dauer, sondern um einen vorhersehbaren, erreichbaren Zustand der finanziellen Ordnung. Dass die Schuldenbereinigung von staatlicher Seite erzwungen wird und nicht im Einvernehmen mit den Gläubigern geschieht, ist für den Tatbestand der Ordnung der Vermögensverhältnisse gleichgültig. Durch die Ankündigung der Restschuldbefreiung wird die Bereinigung der Verbindlichkeiten für den Schuldner absehbar.[1135]

Allerdings vermag das Argument, man dürfe die Zulassung nicht widerrufen, weil dies den mit der Restschuldbefreiung bezweckten „fresh start" konterkarieren würde,[1136] nicht zu überzeugen. Es muss zwischen den Zielen des Insolvenzrechts und denen des Berufsrechts unterschieden werden. Eine insolvenzrechtlich noch so vorteilhafte Konstellation kann nicht dazu führen, dass das Tatbestandselement der Ordnung der Vermögensverhältnisse in absehbarer Zeit anders ausgelegt wird. Neben der Parallele zur Insolvenzplanbestätigung überzeugt eher, dass die Restschuldbefreiung mit einer Ratenzahlungsvereinbarung die Bereinigungswirkung gemein hat. Im Vergleich ist die Restschuldbefreiung sogar sicherer zu erlangen, weil sie auf die persönliche Leistungsfähigkeit und das Verschulden Rücksicht nimmt, vgl. §§ 295 Abs. 1 Nr. 1, 296 InsO.[1137]

Nachdem das Gericht den Insolvenzplan rechtskräftig bestätigt hat oder die Restschuldbefreiung angekündigt hat, ist folglich absehbar, dass die offenen Verbindlichkeiten bereinigt werden.

ddd) Beschränkung der Verfügungsmacht

Zur finanziellen Ordnung soll auch gehören, dass der Rechtsanwalt frei über sein Vermögen verfügen kann.[1138] Wenn keine Eigenverwaltung angeordnet wird, verliert der Rechtsanwalt mit Eröffnung des Insolvenzverfahrens die Verfügungsbefugnis, §§ 80 Abs. 1 InsO, 270 Abs. 1 InsO. Dieses Erfordernis erschließt sich freilich weder aus dem Sinn noch aus der Geschichte der Vorschrift des § 14 Abs. 2 Nr. 7 BRAO. Zwar hat *Kalsbach* schon zu § 7 Nr. 9 BRAO a. F., der noch explizit die Verfügungsbeschränkung erwähnte, geschrieben: „Der Grund für die Notwendigkeit dieser Vorschrift liegt auf der Hand: Wer nicht berechtigt ist, über sein eigenes Vermögen zu bestimmen und darüber zu verfügen, dem darf auch nicht die Aufgabe anvertraut werden, Vermögensinteressen eines anderen, wie es Sache der rechtsanwaltlichen Arbeit ist, wahrzunehmen."[1139] Aber überzeugt diese Begründung? Bereits § 165 BGB zeigt doch, dass die wirksame Vertretung nicht von der Geschäftsfähigkeit des Vertreters abhängt. Warum sollte dann die Wahrnehmung fremder Vermögensinteressen nur möglich sein, wenn man seine eigenen wahrnehmen kann?

1133 In diesem Sinn BGH NJW-RR 2000, 1228, 1229.

1134 *Graf/Wunsch* ZVI 2005, 105, 107.

1135 BGH NJW 2005, 1271 f. Zustimmend *Kleine-Cosack* AnwBl 2005, 442, 445.

1136 BGH NJW 2005, 1271, 1272.

1137 *Graf/Wunsch* ZVI 2005, 105, 107.

1138 Siehe Nachweise in Fn. 1117.

1139 *Kalsbach* § 7 Anm. 11.

Verfehlt wäre es, von der Verfügungsbeschränkung auf die mangelnde Fähigkeit zur verantwortungsvollen Verfügung zu schließen. Oben wurde schon dargelegt, dass eine Insolvenz nicht immer das Ergebnis einer unsoliden Erledigung geschäftlicher und privater Belange sein muss.[1140] Auch die Möglichkeit der Eigenverwaltung zeigt, dass die Eröffnung des Insolvenzverfahrens nicht impliziert, dass der Schuldner per se nicht zu ordentlicher Geschäftsführung fähig ist. Man könnte darauf gleichwohl in den Fällen schließen, in denen die Eigenverwaltung nicht angeordnet wurde. Als noch die KO galt, war die unweigerliche Folge der Verfahrenseröffnung der Entzug der Verfügungsbefugnis, § 6 Abs. 1 KO. Seit Geltung der InsO hat sich dies durch die Möglichkeit der Eigenverwaltung geändert, § 270 Abs. 1 InsO. Ihre Anordnung ist allerdings vom Wohlwollen der Gläubigerversammlung abhängig, § 272 Abs. 1 Nr. 1 InsO. Zudem entscheidet das Gericht bei der Anordnung nicht nach berufsrechtlichen, sondern nach insolvenzrechtlichen Kriterien, vgl. § 270 Abs. 2 Nr. 3 InsO. Daher gibt es keine Vermutung, dass dem Insolvenzschuldner die Fähigkeit zur ordentlichen Geschäftserledigung fehlt, wenn die Verfügungsbefugnis mangels angeordneter Eigenverwaltung auf den Insolvenzverwalter übergegangen ist. Zudem hat die Verfügungsbeschränkung als zusätzliche Voraussetzung neben der Gläubigerbefriedigung keine Berechtigung, da das Insolvenzverfahren spätestens mit der vollständigen Erfüllung aller Verbindlichkeiten beendet wird. Eine andere als die Verfügungsbeschränkung durch das Insolvenzverfahren kommt aber im Hinblick auf den Vermögensverfall nicht in Betracht.

Diese Folgerung deckt sich mit der Entwicklung des § 14 Abs. 2 Nr. 7 BRAO.[1141] Man kann zwar einwenden, dass sich das Merkmal der Verfügungsbeschränkung des § 14 Abs. 2 Nr. 7 BRAO a. F. in der durch das Berufsrechtsreformgesetz geänderten Fassung sachlich wiederfindet. Aber das stimmt nur teilweise. Denn die Verfügungsbeschränkung infolge gerichtlicher Anordnung gemäß § 14 Abs. 2 Nr. 7 BRAO a. F. bezog sich nicht nur auf die Eröffnung des Insolvenzverfahrens, sondern z. B. auch auf die Anordnung der Betreuung, §§ 1896, 1903 BGB, §§ 65 ff. FGG, und die Vermögensbeschlagnahme, §§ 290 ff., 443 StPO.[1142] Bereits damals wurde aber hauptsächlich das Konkurs- und Vergleichsverfahren in den Blick genommen.[1143] Da die InsO nicht mehr zwingend den Entzug der Verfügungsbefugnis vorsah, passte der Gesetzgeber die Widerrufsvoraussetzungen der BRAO an. Nun kommt es nicht mehr auf die Verfügungsbeschränkung an, sondern auf die Eröffnung des Insolvenzverfahrens. Daraus lässt sich folgern, dass der Aspekt der Verfügungsbeschränkung gänzlich fallen gelassen wurde. Er sollte daher nicht in den Begriff des Vermögensverfalls hineininterpretiert werden.

eee) Zusammenfassung

Nachdem auf das Erfordernis der freien Verfügung über das Vermögen verzichtet werden kann, bestehen folgende kumulativ zu erfüllende Anforderungen an den Beweis der dauerhaften Ordnung der finanziellen Verhältnisse: Fehlen von Vollstreckungsmaßnahmen, klare Einkommens- und Vermögensverhältnisse sowie die Bereinigung der Verbindlichkeiten

1140 Siehe S. 21 ff.

1141 Dazu oben S. 195 f.

1142 Nachweise siehe Fn. 1084.

1143 *Henssler*/Prütting[1] § 7 Rn. 99.

in absehbarer Zeit. Die letzte Bedingung kann während des Insolvenzverfahrens erfüllt werden, indem ein Insolvenzplan angenommen oder die Restschuldbefreiung angekündigt wird. Damit sind im Normalfall auch die Einkommens- und Vermögensverhältnisse geklärt, weil deren Darlegung für die Planvorlage ohnehin erforderlich ist, aber auch in allen anderen Fällen zumindest die Insolvenzforderungen zur Tabelle angemeldet werden müssen. Dagegen ist bei der Restschuldbefreiung der Schutz vor Vollstreckungen wegen des Verbots des § 294 Abs. 1 InsO optimal. Die Erfüllung des Insolvenzplans ist gleichermaßen geschützt. Solange der Schuldner seine Leistungen entsprechend dem Insolvenzplan erbringt, ist die Zwangsvollstreckung aus vor der Planbestätigung erlangten Titeln unzulässig.

cc) Ergebnis

Demnach werden die finanziellen Verhältnisse durch den Insolvenzplan und die Restschuldbefreiung dauerhaft geordnet. Das enthebt den Schuldner aber nicht seiner Obliegenheit, den Wegfall des zweiten Merkmals des Vermögensverfalls, der Zahlungsunfähigkeit, nachzuweisen. Denn diese ist durch Insolvenzplan und Restschuldbefreiung nur im Hinblick auf die Altschulden behoben, für die seit Verfahrenseröffnung entstandenen neuen persönlichen Schulden ist jedoch keine Aussage getroffen.

Im eröffneten Verfahren kann die Vermutung des Vermögensverfalls nur durch die Annahme eines Insolvenzplans oder die Ankündigung der Restschuldbefreiung widerlegt werden. Solange nicht eines dieser Ereignisse eingetreten ist, entfällt der Widerrufstatbestand des § 14 Abs. 1 Nr. 7 BRAO nur, wenn die Interessen der Rechtsuchenden durch den Vermögensverfall nicht gefährdet werden.

2. Keine Gefährdung der Interessen der Rechtsuchenden

Dass der Vermögensverfall die Interessen der Rechtsuchenden gefährdet, ist eine Beweislastregel, die sich aus dem Wortlaut „es sei denn“ ergibt. Dies hat zur Folge, dass der Anwalt nachweisen muss, dass die Gefährdung nicht besteht. Neuerdings hält *Römermann* dem entgegen, dass die Berufsfreiheit des insolventen Rechtsanwalts in unverhältnismäßiger Weise eingeschränkt würde, wenn der Vermögensverfall automatisch zu einer Gefährdung der Interessen der Rechtsuchenden führe.[1144] Diese Auffassung ist nicht haltbar. Sie befindet sich nicht nur in Widerspruch zum durch die Formulierung des Gesetzes deutlich zum Ausdruck kommenden gesetzgeberischen Willen, sondern auch zur Rechtsprechung des BVerfG. Römermann selbst führt einen *BVerfG*-Beschluss zum Verbot der Vertretung widerstreitender Interessen gemäß § 43a Abs. 4 BRAO an.[1145] Mit der Verfassungsbeschwerde wandten sich Sozien einer Anwaltskanzlei gegen die von der Rechtsanwaltskammer ausgesprochene Verpflichtung zur Niederlegung von Mandaten, nachdem sie einen Rechtsanwalt angestellt hatten, der zuvor bei einer anderen Kanzlei beschäftigt war, die in Bezug auf diese Mandate die Gegenseite vertrat. Das Gericht führt zu Indizien aus, die auf eine Zuwiderhandlung gegen das Verbot deuten: „Die Rechtsanwaltskammern sind insoweit berechtigt und verpflichtet, allen Hinweisen nachzugehen. Eine Vermutung oder einen Anschein pflichtwidrigen Verhaltens dürfen sie indessen ihren

1144 *Römermann* AnwBl 2005, 178, 181.
1145 BVerfGE 108, 150 = NJW 2003, 2520.

Maßnahmen nicht zugrunde legen. Die Bundesrechtsanwaltsordnung knüpft an solche abstrakten Gefährdungen der Rechtspflege nur in Ausnahmefällen an (vgl. § 7 Nr. 9 und 10). Dem entspricht die Fassung von § 43a Abs. 4 BRAO nicht."[1146] Dieses Zitat findet sich auch bei Römermann, nur lässt er den letzten Satz unerwähnt. Dabei wird durch diesen Satz deutlich, dass die Vermutung des rechtstreuen Handelns zwar generell gilt, aber nicht gelten muss, wenn besondere Umstände herrschen. § 43a Abs. 4 BRAO enthält eine allgemeine Verhaltensvorschrift für Rechtsanwälte, die keine besonderen Voraussetzungen hat. Daher geht das BVerfG hier zu Recht von pflichtgemäßem Verhalten des Berufsträgers aus. Anders stellt sich dies bei § 14 Abs. 2 Nr. 7 BRAO dar. Denn wie bereits gezeigt wurde,[1147] ist der Rechtsanwalt in der Sondersituation der Insolvenz oder des Vermögensverfalls einem erhöhten Druck ausgesetzt. Daher ist es verfassungsgemäß, wenn der Gesetzgeber in diesen besonderen Lagen dem Betroffenen die Beweislast auferlegt; immerhin kann der Gegenbeweis erbracht werden.

Im Folgenden wird dargestellt, auf welche Weise der Vermögensverfall die Interessen des Mandanten gefährden kann. Besonderes Augenmerk wird dabei den allgemeinen Wirkungen des eröffneten Insolvenzverfahrens und berufswidrigem Verhalten des Rechtsanwalts geschenkt. Man muss sich darüber im Klaren sein, dass ein Zulassungswiderruf weder die Wirkungen des Insolvenzverfahrens aufhebt noch berufswidriges Verhalten des Rechtsanwalts unterbindet. Er kann aber verhindern, dass weitere Gefahren durch die fortgesetzte Berufstätigkeit entstehen.

a) *Keine Erfüllungswirkung der Zahlungen der Mandanten*

Die durch die Eröffnung des Insolvenzverfahrens bewirkte Unwirksamkeit der schuldnerischen Verfügungen gemäß § 80 Abs. 1 InsO schützt die Insolvenzmasse vor einem Abfluss von Vermögensgegenständen. Gleichzeitig soll der tatsächliche Zufluss von massezugehörigen Vermögensgegenständen zur Masse sichergestellt werden. Daher wird der Drittschuldner sanktioniert, wenn er an den Insolvenzschuldner persönlich leistet. Seine Schuld erlischt dann nämlich üblicherweise nicht durch die Leistung an den Schuldner, § 82 InsO, so dass er abermals leisten muss, und zwar an die Masse.[1148]

Diese Begebenheit bedeutet eine Gefahr für die Vermögensinteressen des Mandanten, der dem Anwalt die Vergütung oder Ähnliches schuldet.[1149] Die Gefahr besteht nur während des Insolvenzverfahrens, weil der Schuldner die Verfügungsbefugnis über sein Vermögen und damit die Befugnis zur Leistungsannahme[1150] mit dem Verfahrensende wiedererlangt. Selbst im Insolvenzverfahren gibt es eine Ausnahme, und zwar wenn Eigenverwaltung ohne Zustimmungsbedürftigkeit der Leistungsannahme angeordnet wurde, § 277 Abs. 1 S. 1, 2 InsO. Ansonsten gefährdet die fehlende Erfüllungswirkung grundsätzlich die Interessen der Rechtsuchenden. Ihre Reichweite kann aber auf zweierlei Art minimiert werden.

[1146] BVerfGE 108, 150, 164 = NJW 2003, 2520, 2522.
[1147] Siehe S. 203 f.
[1148] Zur Funktionsweise und zum Verhältnis zu § 35 Abs. 1 InsO MK-InsO/*Ott* § 82 Rn. 1 ff.
[1149] *Feuerich*/Weyland^6 § 14 Rn. 60.
[1150] HK/*Eickmann*^{4} § 82 Rn. 2.

aa) *Information der Mandanten*

Wer darüber informiert wurde, dass er nicht an den Insolvenzschuldner leisten darf und es trotzdem tut, ist nicht schutzwürdig. Das gilt zumindest für diejenigen Mandanten, denen der Eröffnungsbeschluss samt Aufforderung, nicht mehr an den Schuldner zu leisten, zugestellt wurde, §§ 30 Abs. 2, 28 Abs. 3 InsO. Es ist nicht nur im eigenen Interesse des Rechtsanwalts, unverzüglich nach dem Eröffnungsbeschluss dem Insolvenzverwalter eine Liste der Verbindlichkeiten vorzulegen; er ist dazu gemäß §§ 97 Abs. 2, 152 InsO verpflichtet.

bb) *Keine Geldannahme*

Es besteht des Weiteren die Möglichkeit, auf der Seite des Anwalts dafür zu sorgen, dass ihn keine Zahlungen erreichen. Ein naheliegendes Mittel ist die Auflösung des Kanzleikontos. Damit würde aber das Wirtschaften im insolvenzfreien Bereich erschwert. Überdies können dadurch Zahlungen in bar oder per Scheck nicht verhindert werden. Darum kann eine Gefährdung der Interessen der Rechtsuchenden nur ausgeschlossen werden, wenn der Rechtsanwalt vertrauenswürdig ist. In diesem Fall würde er das Geld nämlich entweder gar nicht annehmen oder es unverzüglich der Masse zukommen lassen. Letzteres reicht aus, um die Erfüllung für den Mandanten zu bewirken.[1151]

b) *Unvollständige Erfüllung der Mandantenforderungen*

Auch wenn der Rechtsanwalt Auftragnehmer des Mandanten ist und daher von diesem eine Vergütung zu erhalten hat, kann es vorkommen, dass der Mandant umgekehrt eine Forderung gegen den Anwalt hat. Dies kann zum einen ein nicht verbrauchter Vorschuss sein, zum anderen eine Schadensersatzforderung. Hier muss zwischen Insolvenz- und Neuforderungen des Mandanten unterschieden werden.

aa) *Gefahren für Insolvenz- und Neugläubiger*

Falls die Kanzlei liquidiert wird, ist eine vollständige Befriedigung der Insolvenzgläubiger äußerst unwahrscheinlich. Ähnlich verhält es sich, wenn die Restschuldbefreiung durchgeführt wird. Die einzige realistische Chance auf eine Erfüllung zu 100% wäre ein Insolvenzplan, der die Mandanten an vorderste Stelle rückt. Selbst dies muss aber nicht ausreichen, wenn die Insolvenz durch gerade diese Forderungen verursacht wurde. Dass durch die unvollständige Befriedigung der Mandanten deren Interessen gefährdet bzw. verletzt werden, ist damit wahrscheinlich. Es fragt sich nur, ob dies im Rahmen des § 14 Abs. 2 Nr. 7 BRAO beachtlich ist. Jeder Selbstständigkeit ist die Gefahr des Scheiterns immanent. Das weiß nicht nur jeder Mandant, sondern auch der Gesetzgeber. Er hat aber weder die anwaltliche Tätigkeit als solche mit Sicherungen vor der Insolvenz versehen noch den Mandanten im Insolvenzverfahren Vorrechte eingeräumt. Immerhin ist für Rechtsanwälte eine Versicherung vorgeschrieben, die Haftpflichtfälle bis 250.000 € abdeckt.[1152] Darüber hinaus geht der Gesetzgeber wohl davon aus, dass der (teilweise)

[1151] Uhlenbruck/*Uhlenbruck*[12] § 82 Rn. 7; MK-InsO/*Ott* § 82 Rn. 6.

[1152] *Graf/Wunsch* ZVI 2005, 105, 108. Zum fehlenden Versicherungsschutz unten S. 217.

Forderungsverlust durch eine Anwaltsinsolvenz dem einzelnen Mandanten zuzumuten ist und das allgemeine Vertrauen in die Anwaltschaft nicht gefährdet.

Diese Schutzgüter können demnach allenfalls durch die ungenügende Erfüllung von Neuforderungen gefährdet werden. Die nach der Verfahrenseröffnung entstandenen Forderungen der Mandanten bestehen je nach Fallgestaltung gegen die Masse oder den Schuldner persönlich. Können die Masseverbindlichkeiten nicht gedeckt werden, ist das Insolvenzverfahren wegen Masseunzulänglichkeit einzustellen, §§ 211, 209 InsO. Unter Umständen können die Massegläubiger beim Insolvenzverwalter Regress nehmen, § 61 InsO. Wenn der Schuldner seine persönlichen Verbindlichkeiten nicht begleichen kann, steht ihm offen, nach der Verfahrensbeendigung (Anschluss-)Insolvenz anzumelden. In all diesen Fällen ist es sehr wahrscheinlich, dass die Neuforderungen nur teilweise erfüllt werden. Damit besteht eine Gefährdung der Mandanteninteressen.[1153]

bb) Anpassungen im Widerrufsverfahren

Hier muss aber gefragt werden, ob diese Wertung im Lichte der Zwecke des Insolvenzverfahrens Bestand hat. Zunächst einmal ist festzuhalten, dass die Gefahr des unternehmerischen Scheiterns akzeptiert wird, wenn der Rechtsanwalt außerhalb des Insolvenzverfahrens Ratenzahlungen vereinbart hat. Dasselbe muss für den Insolvenzplan und die Restschuldbefreiung gelten. Nur ist mit der Rechtskraft der Bestätigung des Insolvenzplans bzw. der Ankündigung der Restschuldbefreiung das Tatbestandsmerkmal „dauerhaft offene Verbindlichkeiten" des Vermögensverfalls widerlegt, so dass schon deshalb kein Vermögensverfall vorliegt. Man könnte jedoch erwägen, die zeitliche Wirkung dieser Ordnungsmöglichkeiten vorzuverlegen. Ansonsten besteht die Ungereimtheit, dass einem Rechtsanwalt die Zulassung entzogen wird, wenn er einen Insolvenzplan erarbeitet hat, der aber zum Zeitpunkt der Entscheidung der Rechtsanwaltskammer noch nicht rechtskräftig bestätigt wurde, während derselbe Anwalt seine Zulassung behalten kann, wenn die Kammer über den Widerruf erst nach der Rechtskraft entscheidet. Aus der Sicht des Rechtsanwalts und aus objektiver Sicht ist dies unbillig, weil sich die Gefahr für die Interessen der Rechtsuchenden nicht durch den Zeitpunkt der Entscheidung der Rechtsanwaltskammer ändert. Außerdem hat der Rechtsanwalt keinen oder wenig Einfluss darauf, wie lange das Insolvenzverfahren und das Zulassungswiderrufsverfahren dauern. Umgekehrt darf der Beurteilungshorizont der Rechtsanwaltskammer nicht vergessen werden, die vor Rechtskraft der gerichtlichen Entscheidungen keine sichere Grundlage für eine dem Anwalt günstige eigene Entscheidung hat. Daher erscheint es verfehlt, eine Gefährdung der Mandanteninteressen zu früheren Zeitpunkten pauschal auszuschließen.

Eine mögliche Lösung dieses Dilemmas besteht in der verfahrensmäßigen Abstimmung der Widerrufsentscheidung mit dem Insolvenzverfahren. So könnte die Rechtsanwaltskammer dem Anwalt im Rahmen der Anhörung aufgeben, einen Nachweis über die Planvorlage oder den Antrag auf Restschuldbefreiung zu liefern. Problematische Folge wäre indes, dass der Antrag auf Restschuldbefreiung, der ja bereits mit dem Insolvenzantrag gestellt werden kann und soll, § 287 Abs. 1 S. 1 InsO, einen Zulassungswiderruf bis zur Entscheidung darüber, also fast während des gesamten Insolvenzverfahrens blockieren würde. Da die Restschuldbefreiung jedermann offensteht und als Mittel zur Entschuldung von natürlichen

[1153] So wohl auch BGH NJW 2005, 511.

Personen gewollt ist, kann der Antrag darauf nicht einmal als Rechtsmissbrauch gewertet werden. Dadurch könnte aber ein unseriöser Schuldner den Zulassungsantrag zum Schaden der Rechtsuchenden verzögern.

Gleichwohl ist die beschriebene Ungerechtigkeit für den Rechtsanwalt zu beheben, auch wenn abstrakte und letztlich auf den Verlauf des Insolvenzverfahrens abstellende Überlegungen nicht weiterhelfen. Ausgangspunkt sollte zumindest bleiben, dass der Schuldner in der Anhörung durch die Rechtsanwaltskammer nachweist, dass er einen Insolvenzplan vorgelegt hat. Ist dies nicht der Fall, kann die Anhörungsfrist verlängert werden, wenn der Rechtsanwalt glaubhaft macht, dass der Plan in Kürze vorliegen wird. Gleichfalls reicht der Antrag auf Restschuldbefreiung aus. Ist eine dieser Bedingungen gegeben, muss die Kammer prüfen, ob eine weitere Zahlungsunfähigkeit zu befürchten ist. Das hängt vom Geschäftsergebnis der Kanzlei und den Privatentnahmen des Inhabers ab. Macht die Kanzlei keine Verluste und entnimmt der Inhaber nicht zu viel, werden keine Finanzprobleme auftauchen. Die Obergrenze der Privatentnahmen bestimmt sich nach § 36 Abs. 1 InsO, §§ 850i, 850f Abs. 1 Buchst. b ZPO. Der Anwalt kann allerdings auch weniger entnehmen, um den Betrieb zu schonen.

Die beiden angesprochenen Kriterien Geschäftsergebnis und Privatentnahmen müssen anhand von Daten aus der Vergangenheit geprüft werden. Eine für den Berufsträger positive Entscheidung kann jedoch nur gefällt werden, wenn sichergestellt ist, dass sich diese Daten in Zukunft nicht verändern werden. Grundlage der Beurteilung kann nur die Integrität des Anwalts sein, denn ein integrer, professioneller Rechtsanwalt wird seine Wirtschaftsweise auch im Angesicht eines Insolvenzverfahrens nicht ändern, insbesondere wenn er dadurch den Insolvenzplan bzw. die Restschuldbefreiung gefährden könnte. Die Rechtsanwaltskammer muss folglich selbst überprüfen, ob der Anwalt integer ist.[1154]

c) *Vollstreckung in die Anderkonten*

Der *BGH* sieht bei titulierten Forderungen die Gefahr, dass Vollstreckungsmaßnahmen gegen den Vollstreckungsschuldner eingeleitet werden und die Gläubiger auch auf solche Konten zurückgreifen, auf denen sich für Mandanten bestimmte Gelder befinden.[1155] Diese Beobachtung trifft zwar zu, doch muss das Maß der Gefährdung richtig bewertet werden. Die Pfändung eines Anderkontos kann der Rechtsanwalt nicht von vornherein verhindern, auch wenn es als solches von der Bank geführt wird. Diese ist freilich verpflichtet, nach Nr. 11 der AGB für Anderkonten von Rechtsanwälten den Pfändungsgläubiger auf die Anderkonteneigenschaft aufmerksam zu machen. Der Rechtsanwalt seinerseits kann den Pfändenden über die Rechtswidrigkeit der Pfändung informieren und ihn zur Rücknahme des Vollstreckungsauftrags auffordern. Gleichzeitig sind die betroffenen Mandanten über die Pfändung zu benachrichtigen und auf außergerichtliche und gerichtliche Maßnahmen zur Vollstreckungsabwendung hinzuweisen. Die von Bank und Schuldner zu ergreifenden Maßnahmen machen die Pfändung eines Anderkontos praktisch unmöglich.[1156] Das wäre nur anders, wenn der Anwalt die angesprochenen Maßnahmen nicht ergriffe. Da ein solches Verhalten den Interessen der Mandanten zuwiderliefe, wäre es berufswidrig, vgl. §§ 43,

---

1154 Zu den Kriterien S. 226 f.

1155 BGH BRAK-Mitt 1984, 140.

1156 Siehe S. 203 f.

43a Abs. 5 S. 1 BRAO. Allein darum sollte jeder Rechtsanwalt diese Maßnahmen ergreifen, zumal sie ihm selbst keinen Nachteil bringen. Ein unzuverlässiger Anwalt könnte aber den möglichen Gesichtsverlust fürchten und die Unterrichtung der Mandanten unterlassen. Daher erscheint es nicht ausgeschlossen, dass Mandantengeld auf Anderkonten gepfändet und überwiesen wird – auch wenn die Gefahr sehr gering ist, weil Anderkonten offen als solche geführt werden und eine Pfändung deswegen in den seltensten Fällen gelingen würde.

d) Berufswidriges Verhalten des Anwalts

Wirtschaftlicher Druck – ausgelöst durch Vollstreckungsmaßnahmen der Gläubiger oder Vollstreckungsmaßnahmen des Insolvenzverwalters – ist unter Umständen geeignet, den Rechtsanwalt zu berufswidrigem Verhalten zu veranlassen. Dabei sind diejenigen Formen berufswidrigen Verhaltens zu untersuchen, die die Mandanteninteressen berühren. Zu der Untersuchung der Möglichkeiten, die einzelnen Formen der Pflichtverletzung abstrakt unmöglich zu machen, gesellen sich Überlegungen zur Neigung des einzelnen Rechtsanwalts zu pflichtwidrigem Verhalten.

aa) Erscheinungsformen

aaa) Veruntreuung von Mandantengeldern

Nicht nur der Zugriff der Gläubiger auf die Anderkonten ist problematisch, sondern auch der des Anwalts selbst. Veruntreuungen sind möglich, weil der Rechtsanwalt unter dem Eindruck seiner Schuldenlast versucht sein kann, auf Fremdgelder zuzugreifen.[1157] Der *BGH* hat zwar in einem Beschluss vom 18. 10. 2004 entgegen seiner gefestigten Spruchpraxis behauptet, dass dem Anwalt jeder Anreiz fehle, sich an Mandantengeldern zu vergreifen.[1158] Unter der bisher vom BGH vorgegebenen Prämisse, dass ein Anwalt in der Insolvenz zu berufswidrigem Verhalten neigt, vermag das aber auch dann nicht zu überzeugen, wenn man berücksichtigt, dass der Schuldner nur seine pfändbaren Einkünfte, nicht aber Fremdgelder zur Verfügung stellen muss. So lassen sich in Finanznot geratene Rechtsanwälte im Einzelfall nicht durch diese Überlegung vom Zugriff auf Fremdgeld abhalten.[1159] Abgesehen davon mag der Schuldner aufgrund der zerrütteten Vermögensverhältnisse entgegen § 43a Abs. 4 BRAO, § 23 BORA nicht in der Lage oder nicht willens sein, fristgerecht Mandantengelder weiterzuleiten. Bei der Pfändung von Treuhandkonten besteht zudem die Gefahr, dass der Schuldner die betroffenen Mandanten nicht oder nicht rechtzeitig darüber informiert, so dass die Bank ihr Geld an den Vollstreckungsgläubiger überweist. Um diesen Gefahren zu begegnen, hat man eine Reihe von Sicherungen erdacht, die den Zugriff des Schuldners auf Mandantengeld ausschließen sollen.

[1157] BGH BRAK-Mitt 1988, 50, 51; BGH BRAK-Mitt 1984, 140; *Römermann* EWiR 2000, 857, 858.
[1158] BGH NJW 2005, 1271, 1272.
[1159] *Römermann* EWiR 2000, 857, 858.

(1) Einrichtung von Anderkonten

Der *BGH* betont, dass allein die Einrichtung von Anderkonten den Zugriff des Schuldners auf Mandantengelder nicht ausschließt. Denn neben der Überweisung können treuhänderisch zu verwaltende Geldbeträge auch per Scheck oder in bar eingehen. Ob das Geld dann im Sinne des Treugebers oder für eigene Zwecke verwendet wird, hängt ausschließlich vom Willen des Schuldners ab.[1160] Auch diese Argumentation greift noch zu kurz, da der Anwalt selbst Geld, das auf ein Anderkonto gelangt ist, auf das Konto eines Strohmanns überweisen kann. Wenn das Konto nicht laufend überwacht wird, kann er sich das Geld sogar direkt auf eigene Konten überweisen, da der Sinn eines Anderkontos ja gerade darin besteht, dass der Anwalt im Interesse des Mandanten frei über das Treugeld verfügt. Daher müsste man verlangen, dass der Rechtsanwalt überhaupt keine Konten unterhält, über die Mandantengelder laufen.[1161] Diese Tatsache kann aber von der Rechtsanwaltskammer nicht kontrolliert werden.[1162] Aus diesem Grund nützt es auch nichts, wenn der Anwalt auf seinem Briefkopf keine Bankverbindung angibt.[1163]

(2) Zugriff auf Anderkonten

Allenfalls denkbar ist, dass der Anwalt nur verfügungsberechtigt ist, die Konten aber auf die Namen der Mandanten laufen und diese auch die Kontoauszüge erhalten, so dass eine nicht gebilligte Verfügung sofort bekannt wird. Aufgrund der fehlenden Kontrollmöglichkeit seitens der Anwaltskammer könnte der Anwalt jedoch zumindest bei neuen Mandanten anders verfahren.[1164] Der eingeschränkte Zugriff auf die Anderkonten stellt mithin keine zuverlässige Sicherung dar. Das gilt auch, wenn das Arbeitsfeld des Anwalts so eingeschränkt ist oder durch Selbstverpflichtung eingeschränkt wird, dass er mit Mandantengeldern nicht in Berührung kommt.[1165]

bbb) Ausbleiben oder Verzögerung von Zahlungen an die Mandanten

Neben der Veruntreuung von Geldern, die die Mandanten dem Anwalt anvertraut haben, können die Vermögensinteressen der Mandanten auch auf andere Weise verletzt werden, nämlich indem der Anwalt fällige Forderungen der Mandanten nicht oder verspätet begleicht. Diese Forderungen umfassen hauptsächlich Schadensersatz wegen Schlechtleistung und Rückzahlung nicht verbrauchter Vorschüsse. Vor allem die verspätete Zahlung ist für den Anwalt reizvoll, weil er sich so Kredit von den Mandanten verschafft. Allerdings ist die Ratio der berufsrechtlichen Regelung des § 14 Abs. 2 Nr. 7 BRAO im Auge zu behalten. Die Mandanten sollen nicht vor jeder Gefahr, sondern vor spezifischen Gefahren im Zusammenhang mit der anwaltlichen Berufsausübung geschützt werden. Demnach müsste die Zahlungsverzögerung berufsrechtswidrig sein. Diese Leistungsstörung verstößt

1160 BGH BRAK-Mitt 1988, 50, 51.

1161 So BGH BRAK-Mitt 1999, 36, 37.

1162 *Feuerich*/Weyland[6] § 14 Rn. 65.

1163 BGH, Beschluss v. 12. 2. 2001 – AnwZ (B) 7/00; *Henssler*/Prütting[2] § 14 Rn. 31.

1164 *Feuerich*/Weyland[6] § 14 Rn. 65.

1165 BGH-Report 2001, 668; BGH, Beschluss vom 27. 5. 1991 – AnwZ (B) 9/91; *Henssler*/Prütting[2] § 14 Rn. 30; *Feuerich*/Weyland[6] § 14 Rn. 62 m. w. N. Anders *Römermann* EWiR 2004, 799, 800 und wohl BGH NJW-RR 1999, 712.

nicht gegen eine besondere Anwaltspflicht. Allerdings ist an die allgemeine Pflicht zur gewissenhaften Berufsausübung gemäß § 43 BRAO zu denken. Das Berufsrecht ist aber nicht dazu berufen, schlichte zivilrechtliche Leistungsstörungen zu sanktionieren.[1166] Diese sind natürliches Element jeder Leistungsbeziehung und fallen allein in die Kompetenz der Zivilgerichte. Anders ist es lediglich bei groben Verstößen gegen zivilrechtliche Pflichten. Dazu gehören nicht nur der Abschluss sittenwidriger Geschäfte und die sittenwidrige vorsätzliche Schädigung, sondern auch die Häufung zivilrechtlicher Pflichtverletzungen.[1167] Somit wird auch das laufende Nichtbegleichen fälliger Mandantenforderungen von § 43 BRAO erfasst.

ccc) Geltendmachung unzulässiger oder überhöhter Gebührenforderungen

Der während des Insolvenzverfahrens bestehende finanzielle Druck kann den Anwalt auch dazu verleiten, unzulässige oder zu hohe Gebühren zu erheben.[1168]

ddd) Übernahme zu vieler und zu schwieriger Mandate

Gleiches gilt für die Möglichkeit, dass der Rechtsanwalt seinen Beruf nur noch unter dem Aspekt ausübt, möglichst viel Geld zu verdienen. Dies könnte zur Folge haben, dass er zu viele und zu schwierige Mandate übernimmt.[1169]

eee) Beeinflussbarkeit der Berufsausübung

Wirtschaftsprüfern im Vermögensverfall sagt das *BVerwG* nach, dass sie Versuchen Dritter, ihre Prüftätigkeit sachwidrig zu beeinflussen, nicht mit dem erforderlichen Nachdruck entgegentreten wollen oder können.[1170] Der Anreiz zur Beeinflussung der Berufstätigkeit liegt aber in der neutralen Aufgabe des Wirtschaftsprüfers im öffentlichen Interesse. Der Rechtsanwalt wird dagegen zuvörderst im Interesse des Mandanten und nur mittelbar im öffentlichen Interesse tätig. Allerdings bestimmt § 18 BORA ausdrücklich, dass die Tätigkeit eines Vermittlers, Schlichters und Mediators eine anwaltliche ist. Dritte könnten verlockt sein, auf die Erfüllung dieser neutralen Aufgaben Einfluss zu nehmen. Ein dadurch verursachter Verlust der Neutralität ist daher möglich.

fff) Berufsausübung ohne Versicherungsschutz

Falls der Anwalt die Prämien der Anwaltshaftpflichtversicherung nicht zahlt, besteht zudem die Gefahr, dass ein Haftungsschaden nicht übernommen wird.[1171] Das Fehlen der Haftpflichtversicherung wird vom Gesetzgeber als so gravierend eingeschätzt, dass er es als eigenen Widerrufsgrund ausgestaltet hat, § 14 Abs. 2 Nr. 9 BRAO.

[1166] Henssler/Prütting/*Eylmann*^{2} § 43 Rn. 15; *Kleine-Cosack*^{4} § 43 Rn. 16 f.; *Jähnke* NJW 1988, 1888, 1891.

[1167] Henssler/Prütting/*Eylmann*^{2} § 43 Rn. 16.

[1168] BVerwG NJW 1977, 2178 (Rechtsbeistand). OVG Münster NJW 2002, 234 (Wirtschaftsprüfer). VG Frankfurt am Main WPK-Mitt 1999, 197, 198 (Buchprüfer).

[1169] BVerwG NJW 2005, 3795, 3798; OVG Münster NJW 2002, 234 (Wirtschaftsprüfer). VG Frankfurt am Main WPK-Mitt 1999, 197, 198 (Buchprüfer).

[1170] BVerwG NJW 2005, 3795, 3798.

[1171] BGH BRAK-Mitt 1984, 140.

bb) Bild des insolventen Anwalts

Nachdem die Erscheinungsformen berufswidrigen Verhaltens aufgeführt worden sind, wird der Frage nachgegangen, ob und unter welchen Umständen bei der Auslegung des § 14 Abs. 2 Nr. 7 BRAO davon ausgegangen werden soll, dass der Rechtsanwalt sich berufsgemäß verhält.

aaa) Grenzen der Auslegung

Zunächst sollte man sich über die Spannbreite der Auslegungsmöglichkeiten klar werden. *Römermann* folgert aus der Formulierung „es sei denn" in § 14 Abs. 2 Nr. 7 BRAO, dass eine Ausnahme vom Zulassungswiderruf auch für die Zeit des Insolvenzverfahrens vorgesehen sein müsse.[1172] Die Ausnahmeregelung bezieht sich aber nicht nur auf die Vermutung des eröffneten Insolvenzverfahrens, sondern auf jeglichen Vermögensverfall. Es ist also denkbar, dass die von der Vorschrift gemeinten Ausnahmefälle nicht im Insolvenzverfahren auftreten. Damit scheidet eine Auslegung, die immer berufswidriges Verhalten des insolventen Anwalts voraussetzt, nicht von vornherein aus. In die andere Richtung gilt dies nicht. Denn die Gefahr, dass ein Rechtsanwalt im Angesicht eines großen Schuldenbergs die Treugelder plündert und sich in die Südsee absetzt, kann schlechterdings nicht ausgeschlossen werden. Dagegen lässt sich nicht einwenden, dass diejenigen Rechtsanwälte, denen der Insolvenzplan bestätigt oder die Restschuldbefreiung angekündigt wurde, auch davor nicht die Interessen der Rechtsuchenden gefährdet haben. Schließlich ist es möglich, dass die Unsicherheit über die Bestätigung bzw. die Ankündigung jeden Anwalt zu berufswidrigem Verfahren verleitet. Das Gesetz lässt es also durchaus zu, dem insolventen Rechtsanwalt generell eine Neigung zu berufswidrigem Verhalten zu unterstellen, während es allein aus faktischen Gründen nicht möglich ist, ihn grundsätzlich als rechtstreu anzusehen.

bbb) Auslegungsgesichtspunkte

Mit der Eröffnung des Insolvenzverfahrens sieht sich der Schuldner Misstrauen ausgesetzt.[1173] Ihm wird objektives Versagen vorgeworfen. Das allein würde aber noch keine Zweifel an seiner Integrität rechtfertigen.[1174] Der Vermutung des § 14 Abs. 2 Nr. 7 BRAO liegt wohl vielmehr zugrunde, dass der Anwaltsberuf als auskömmlich angesehen wird, so dass eine Insolvenz grundsätzlich auf Unvermögen oder vorwerfbares Fehlverhalten zurückzuführen sei. Unter dieser Prämisse ist Misstrauen gegen den Berufsträger verständlich. Indes hat sich die wirtschaftliche Lage allgemein und auf dem Rechtsberatungsmarkt im Besonderen in den letzten zehn Jahren stark verändert, und für die kleinen Anwaltskanzleien nicht zum Guten. Die zahlreichen, oben aufgeführten Faktoren[1175] sollen hier nicht wiederholt werden. Es hat sich jedenfalls gezeigt, dass der Schluss von der Insolvenz auf ein anwaltliches Fehlverhalten nicht mehr gezogen werden kann. Die tatsächlichen Veränderungen wirken sich somit auf die Auslegung des § 14 Abs. 2 Nr. 7 BRAO aus.[1176]

[1172] So *Römermann* AnwBl 2005, 178, 184; *Römermann* EWiR 2004, 799, 800.

[1173] Leipold/*Leipold* S. 165, 168 m. w. N..

[1174] So aber für den Notar BGH NJW 2000, 2359.

[1175] S. 21 ff.

Daneben muss auf eine normative Entwicklung hingewiesen werden, die häufig mit dem Stichwort „fresh start" überschrieben wird. Darunter wird der aus dem US-amerikanischen Recht übernommene Gedanke verstanden, dass sich der Insolvenzschuldner nicht bis an sein Lebensende unter der Schuldenlast beugen soll.[1177] Dem redlichen Schuldner wird die Möglichkeit gegeben, sich von seinen restlichen Verbindlichkeiten zu befreien, § 1 S. 2 InsO. Auch der gescheiterte Selbstständige soll eine zweite Chance erhalten.[1178] Diese zentrale Neuerung des Insolvenzrechts, die durch die Restschuldbefreiung nach den §§ 287 ff. InsO verwirklicht wurde, bedeutet zwar nicht, dass die durch berufswidriges Verhalten entstehenden Gefahren für die Interessen der Rechtsuchenden verschwinden. Sie hält jedoch dazu an, jeden Einzelfall gewissenhaft zu überprüfen, um die wirtschaftliche Grundlage einer Restschuldbefreiung oder eines Insolvenzplans nicht durch Zulassungswiderruf zu zerstören.[1179]

Eine in Rechtsprechung und Wissenschaft verbreitete Grundannahme besagt, dass der in Vermögensverfall geratene Anwalt nicht immer der Versuchung widerstehen könne, durch Verletzung der Anwaltspflichten seine eigenen finanziellen Probleme zu lösen. Dabei reicht die Bandbreite der Unterstellungen von der Veruntreuung von Mandantengeldern über die Geltendmachung unzulässiger Gebühren bis zur Beeinflussbarkeit durch Dritte.[1180] Alles in allem wird der Rechtsanwalt als schwacher Charakter dargestellt, der nur in wirtschaftlich erfolgreichen Zeiten den Anwaltsberuf zuverlässig ausüben kann.[1181]

In seinem Beschluss vom 3. 7. 2003 setzt das *BVerfG* dem das Bild des integren, professionellen und zuverlässigen Rechtsanwalts entgegen, der gerade nicht durch wirtschaftliches Interesse seine persönliche Unabhängigkeit verliert und gesetzwidrig handelt.[1182] Das Gesetz gehe nicht davon aus, dass ein berufswürdiges und gesetzeskonformes Handeln der Rechtsanwälte nur im Wege der Einzelkontrolle oder mit Mitteln des Strafrechts gewährleistet werden kann. Im angesprochenen Urteil ging es darum, ob eine Sozietät verpflichtet ist, Mandate niederzulegen, wenn sie einen Anwalt aufnimmt, der zuvor bei einer anderen Kanzlei beschäftigt war, die hinsichtlich dieser Mandate die Gegenseite vertrat.

Hintergrund der BVerfG-Entscheidung ist das Gewicht der Berufsfreiheit des Rechtsanwalts. Es ist jedoch zweifelhaft, ob der Staat in seinem Bedürfnis nach kompetenten und integren Rechtsanwälten[1183] solche Eigenschaften auch vom einzelnen, insbesondere vom insolventen Anwalt erwarten darf. Es ist ja nicht von der Hand zu weisen, dass wirtschaftlicher Druck einen Anreiz zu berufswidrigem Verhalten schafft.[1184] Zwischen dem soliden und dem unsoliden Rechtsanwalt muss also unterschieden werden. Wenn ein Anwalt sich bisher untadelig verhalten und auch keine vorwerfbaren Fehler in der privaten Finanzplanung begangen hat, so kann ihm nicht vorgehalten werden, dass er das Vertrauen der Rechtsuchenden nicht mehr verdiene. Die Integrität und Zuverlässigkeit, die

---

[1176] Dass faktische Veränderungen die Auslegung beeinflussen können, zeigt BVerfGE 88, 145, 161 ff. = NJW 1993, 2861, 2862.

[1177] Dazu umfangreich Kübler/Prütting/*Welzel* § 286 Rn. 1 ff.

[1178] *Henning* ZInsO 2004, 585, 586.

[1179] Ähnlich BGH NJW 2005, 1271, 1272.

[1180] Nachweise in den Fußnoten auf S. 215 ff.

[1181] Darauf weist auch *Römermann* EWiR 2004, 799, 800 hin.

[1182] BVerfG NJW 2003, 2520. Zustimmend *Römermann* EWiR 2004, 799, 800.

[1183] BVerfGE 93, 213, 236 = NJW 1996, 709, 710; BVerfGE 87, 287, 320 = NJW 1993, 317, 319.

[1184] Zu diesem Problem in der Ärzteschaft BGHZ 16, 71, 79 = NJW 1955, 337, 338.

er in seiner bisherigen Berufstätigkeit unter Beweis gestellt hat, werden nicht durch eine Fehlentscheidung bei der Vermögensanlage angegriffen, die jedermann hätte passieren können, also unverschuldet war.

Dieser Gedanke wird im Grundsatz auch vom *BGH* gestützt, der jüngst darauf hingewiesen hat, dass der Anreiz zu berufswidrigem Verhalten für einen insolventen Rechtsanwalt nicht größer sei als für jeden anderen geringverdienenden Berufsträger.[1185] Einschränkungen sind aber nach zwei Seiten zu machen. So reagiert jeder Mensch anders, wenn ein Insolvenzverfahren über sein Vermögen eröffnet wird. Eine besondere Qualität besitzt dabei sicherlich der Gläubigerantrag, weil hier noch ein Überraschungseffekt für den Schuldner hinzukommt. Allein aus diesem Grund muss auf den Einzelfall abgestellt werden. Weiterhin wird der Eindruck des Insolvenzverfahrens auf einen Rechtsanwalt, der innerhalb kurzer Zeit zahlungsunfähig wurde, größer sein als auf einen Anwalt, der jahrelang in finanzieller Bedrängnis war und deswegen die Situation schon kennt.

ccc) Wechselwirkungen zwischen Anwalts- und Insolvenzrecht

In diesem Zusammenhang soll nochmals auf den Willen des Gesetzgebers eingegangen werden. Es ist nämlich mitnichten so, dass ein umfassender Schutz der Mandanten gewollt ist. Wenn man deren Interessen durch die Insolvenz eines Rechtsanwalts gefährdet sieht, so liegt nahe, Beratung und Vertretung der Rechtsuchenden insolvenzsicher zu organisieren. Dies wäre durch Staatsbürgschaften oder unmittelbare Staatshaftung möglich. Letztere setzte aber voraus, dass die Anwälte verbeamtet wären – wie nicht selten im 19. Jahrhundert.[1186] Die Möglichkeit des Zulassungswiderrufs gemäß § 14 Abs. 2 Nr. 7 BRAO bleibt dahinter zurück, da sie allenfalls die Neumandate und die fortgesetzten Mandate betrifft.

Darüber hinaus fragt sich, ob der Gesetzgeber den Schutz der Rechtsuchenden grundsätzlich abschwächen will. § 5 Abs. 1 RDG-Regierungsentwurfs[1187] sieht vor, dass Rechtsdienstleistungen im Zusammenhang mit einer anderen beruflichen oder gesetzlich geregelten Tätigkeit erlaubt sind, die eine zum Berufs- oder Tätigkeitsbild oder zur vollständigen Erfüllung der vertraglichen oder gesetzlichen Hauptpflichten gehörige Nebenleistung darstellen. Ein Kfz-Meister würde danach nicht nur den kaputten Wagen reparieren, sondern auch die Kosten bei der gegnerischen Haftpflichtversicherung geltend machen. Es ist offensichtlich, dass er den Rechtsuchenden nicht in der gleichen Qualität beraten und außergerichtlich vertreten kann wie ein Rechtsanwalt.[1188] Eine Pflichtversicherung für Haftungsfälle ist gleichwohl nicht vorgesehen. Darüber hinaus führt seine Insolvenz zu keinerlei berufsrechtlichen Konsequenzen, vgl. § 12 GewO, obwohl doch der Anreiz zur Bearbeitung zu schwieriger Fälle oder zur Hintergehung des Kunden mindestens genauso gegeben sein dürfte. Sollte das RDG in der Form des Regierungsentwurfes Gesetz werden, müsste man daher die Auslegung des § 14 Abs. 2 Nr. 7 BRAO auch aus Gründen der Gleichbehandlung nach Art. 3 GG überdenken.

Der drohende Zulassungswiderruf führt in zweierlei Hinsicht zu unerwünschten Verhaltensanreizen für die Rechtsanwälte. Da nicht ihr Einkommen, sondern auch ihr sozialer

---

1185 BGH NJW 2005, 1271, 1272. Ähnlich *Runkel* ZVI 2007, 45, 49.
1186 *Steindorff* S. 7; *Redeker* NJW 1987, 2610.
1187 Siehe S. 25.
1188 *Dombek* BRAK-Mitt 2005, 97.

Status von ihrer Stellung als Rechtsanwalt abhängt, steigt mit der Aussicht, im Insolvenzverfahren die Zulassung zu verlieren, die Motivation, die Verfahrenseröffnung durch berufswidrige Maßnahmen hinauszuzögern.[1189] Diese abschreckende Wirkung des Insolvenzverfahrens ist nicht nur aus berufsrechtlicher Sicht bedenklich, sondern ist auch insolvenzrechtlich problematisch. Denn der Gesetzgeber hat durch § 18 InsO, der im Gegensatz zur KO auch die drohende Zahlungsunfähigkeit als Antragsgrund vorsieht, zum Ausdruck gebracht, dass er an einer frühen Verfahrenseinleitung interessiert ist. Dieses Ziel wird durch eine vorschnelle Annahme der Gefährdung der Interessen der Rechtsuchenden konterkariert. Dagegen würde eine realistische Aussicht auf das Behaltenkönnen der Zulassung den insolventen Rechtsanwalt motivieren, sich berufsgemäß zu verhalten und möglicherweise bei der Ausarbeitung eines Insolvenzplans zu kooperieren. Das wäre im Interesse der Rechtsuchenden und der Insolvenzgläubiger.

Dabei ist die Einleitung des Insolvenzverfahrens auch über das Vermögen des Rechtsanwalts kein Selbstzweck. Das Verfahren dient schließlich in erster Linie dem Gläubigerschutz. Sofern Mandanten Gläubiger des Anwalts sind, schützt der Insolvenzantrag gleichzeitig sie. Indem der Rechtsanwalt den Insolvenzantrag stellt, kommt er somit seiner Pflicht nach, die Interessen seiner Mandanten zu wahren, vgl. § 3 Abs. 1 BRAO, § 1 Abs. 3 BORA. Den Vermögensinteressen der Mandanten, die Insolvenzgläubiger sind, ist wiederum am besten gedient, wenn der Anwalt seine Zulassung behält. Auf diese Weise kann er während des Insolvenzverfahrens und danach im Rahmen der Erfüllung des Insolvenzplans oder der Restschuldbefreiung in seinem Beruf arbeiten und so die bestmögliche Befriedigung für sie erzielen.[1190] Dadurch treten auch nicht die sonstigen Friktionen auf, mit denen bei einem Wechsel der Mandatsbearbeitung zu rechnen ist. Übernimmt ein anderer Rechtsanwalt – sei es Vertreter, Abwickler, Insolvenzverwalter, angestellter Anwalt oder Praxisübernehmer – die Mandate, so muss er sich stets in den Fall einarbeiten, was die Bearbeitung der Rechtssache verzögert. Zudem ist aus Gründen des Rechts auf informationelle Selbstbestimmung jede unnötige Geheimnisoffenbarung zu vermeiden.

ddd) Minusmaßnahmen

Wenn es weniger einschneidende Maßnahmen gibt, die den gleichen Effekt wie der Zulassungswiderruf erzeugen, wäre der Widerruf unverhältnismäßig.

(1) Überwachung durch die Rechtsanwaltskammer

Das *BVerwG* hat den Einwand eines Wirtschaftsprüfers gegen den Widerruf seiner Bestellung zurückgewiesen, die Aufsichtsbehörde könne ihn regelmäßig kontrollieren, anstatt ihm die Bestellung zu entziehen.[1191] Begründet wurde dies damit, dass es keine Ermächtigungsgrundlage für die Überwachung gebe und sie nicht so effektiv sei wie der Widerruf. Diese Begründung gilt auch für den Widerruf der Anwaltszulassung. Insbesondere ist eine laufende Überwachung nicht von dem allgemeinen Überwachungsrecht des Kammervorstands gemäß § 74 Abs. 2 Nr. 4 BRAO umfasst. Es ist vielmehr Vorraussetzung für die Ausübung des Rügerechts nach § 74 Abs. 1 BRAO. Dieses wiederum darf nur bei

[1189] So auch *Römermann* AnwBl 2005, 178, 182.
[1190] BGH NJW 2005, 1271, 1272. BVerfG NJW 2005, 3057, 3058 (Notar).
[1191] BVerwG NJW 2005, 3795, 3799 f. So auch die Vorinstanz OVG Münster AnwBl 2005, 72, 73.

einem Verstoß gegen anwaltliche Pflichten angewandt werden und kann daher nicht vor verhaltensunabhängigen Gefahren für die Mandanteninteressen schützen. Überwachung und Rüge sind überdies nicht so wirksam, weil sie erst nach einem Pflichtverstoß eingreifen. Der Zulassungswiderruf soll indes verhindern, dass Pflichtverstöße überhaupt passieren, indem er die Möglichkeit dazu nimmt.

Außerdem könnte man an ein Vertretungsverbot als Mindermaßnahme denken, aber dieses darf nur ausgesprochen werden, wenn dringende Gründe für die Annahme vorhanden sind, dass auf Ausschließung aus der Rechtsanwaltschaft erkannt werden wird, § 150 Abs. 1 S. 1 BRAO. Abgesehen vom unpassenden Tatbestand kann das Vertretungsverbot nur vom Anwaltsgericht verhängt werden, die Rechtsanwaltskammer ist dazu nicht ermächtigt, § 150 Abs. 3 BRAO. Das Vertretungsverbot kann also keine Mindermaßnahme sein.

(2) Anstellungsverhältnis

(a) Ältere Rechtsprechung

Keine Sicherung gegen die Gefährdung von Vermögensinteressen der Rechtsuchenden bietet grundsätzlich nach der Meinung des *BGH* ein Anstellungsverhältnis, das der insolvente Rechtsanwalt bei einer anderen Kanzlei eingeht.[1192] Früher sprach dagegen, dass es verhältnismäßig schnell beendet werden konnte, ohne dass dies angezeigt werden musste, und der Rechtsanwalt im Anschluss selbstständig arbeiten konnte. Eine effektive Überwachung der berufsgemäßen Anwaltstätigkeit konnte damit nicht erzielt werden.

Die Rechtslage hat sich aber durch das Gesetz zur Änderung des Berufsrechts der Rechtsanwälte und der Patentanwälte vom 13. 12. 1989 geändert. § 56 Abs. 2 BRAO n. F. sieht danach eine Pflicht zur unverzüglichen Anzeige an den Vorstand der Rechtsanwaltskammer vor, wenn eine wesentliche Änderung eines bestehenden Beschäftigungsverhältnisses eintritt. Durch § 56 Abs. 2 BRAO n. F. soll verhindert werden, dass die Anwaltstätigkeit durch andere Tätigkeiten beeinträchtigt wird.[1193] § 56 Abs. 2 Nr. 1 BRAO kann sich somit nur auf Zweitbeschäftigungen beziehen. Eine Meldepflicht bei Niederlegung der Hauptbeschäftigung als angestellter Anwalt ergibt sich daraus nicht. Nach dem Sinn und Zweck der Vorschrift verbietet es sich auch, die Beendigung einer Beschäftigung von ihr umfasst zu sehen. Jedoch bestimmt § 24 Abs. 1 Nr. 5 BORA ausdrücklich, dass der Rechtsanwalt die Beendigung von Beschäftigungsverhältnissen unaufgefordert und unverzüglich anzuzeigen hat.

Auch § 97 InsO sieht Auskunftspflichten des Schuldners vor, nämlich gegenüber dem Insolvenzgericht, dem Insolvenzverwalter, dem Gläubigerausschuss und auf Anordnung des Gerichts der Gläubigerversammlung. Zwar ist diese Auskunftspflicht umfassend, doch kann sie sich nur auf für das Insolvenzverfahren relevante Tatsachen beziehen.[1194] Die Arbeitskraft des Schuldners unterliegt nicht dem Insolvenzbeschlag, § 36 Abs. 1 S. 1 InsO, § 888 Abs. 3 ZPO. Auf der anderen Seite ist der Neuerwerb insolvenzbefangen, § 35 Abs. 1 InsO. Um diesen ordnungsgemäß verwerten zu können, muss der Insolvenzverwalter

---

[1192] BGH NJW-RR 2000, 1228, 1229; BRAK-Mitt 1987, 208 f.; BRAK-Mitt 1984, 194 f. So auch *Henssler*/Prütting² § 14 Rn. 30; *Feuerich*/Weyland⁶ § 14 Rn. 63.

[1193] Henssler/Prütting/*Hartung*² § 56 Rn. 26 (irrtümlicherweise noch auf § 14 Abs. 2 Nr. 9 BRAO a. F. verweisend).

[1194] Siehe S. 49.

wissen, ob und woher Neuerwerb anfällt. Dies kann er nur, wenn der Schuldner zur Auskunft über seine entgeltlichen Tätigkeiten verpflichtet ist. Dagegen spricht auch nicht der Zweck des § 888 Abs. 3 ZPO, der den Schuldner vor Arbeitszwang schützen soll. Denn der Schuldner ist weiterhin in seiner Entscheidung frei, ob, wann und wie lange er ein Arbeitsverhältnis aufnehmen soll. Die Verpflichtung zur Meldung der Aufnahme oder Beendigung eines Arbeitsverhältnisses übt keinen mit § 888 Abs. 3 ZPO unvereinbaren mittelbaren Zwang auf den Schuldner aus.

Demnach ist die Beendigung des Angestelltenverhältnisses für den Anwalt nicht mehr unbemerkt möglich, wenn er sich an seine Auskunftspflichten hält. Die Anzeigepflicht des § 97 InsO umfasst auch die Übernahme eigener Mandate neben dem Anstellungsverhältnis. Ein pflichtwidriges Verhalten kann aber für den insolventen Rechtsanwalt nicht ausgeschlossen werden.[1195] Daher kann nicht sichergestellt werden, dass er seinen Mitteilungspflichten gegenüber Rechtsanwaltskammer und Insolvenzverwalter nicht nachkommt. Darüber hinaus können sich auch aus der Funktion als Angestellter Gelegenheiten ergeben, Fremdgeld zu veruntreuen.[1196] Diese Gefahr lässt sich nur bei einem integren Anwalt verlässlich verneinen.

(b) Neuere Rechtsprechung

Dies hat der *BGH* in seinen Beschlüssen vom 18. 10. 2004 und 5. 12. 2005 teilweise berücksichtigt.[1197] Danach ist vom Widerruf der Anwaltszulassung abzusehen, wenn der Rechtsanwalt integer ist und sein Arbeitsvertrag mit einer Sozietät weitreichende Einschränkungen vorsieht.[1198] Die Integrität ergibt sich dabei aus einer Gesamtwürdigung der Person und den Umständen des eröffneten Insolvenzverfahrens. Im konkreten Fall sahen die arbeitsvertraglichen Einschränkungen vor, dass der Name des insolventen Rechtsanwalts weder auf dem Briefkopf noch auf dem Praxisschild erscheint. Eigene Mandate durfte er genauso wenig wie Zahlungen annehmen; Bezugspunkt war stets die Kanzlei. Der Arbeitsvertrag wurde begleitet von einer schriftlichen Erklärung gegenüber der Rechtsanwaltskammer, in der sich der Insolvenzschuldner und die ihn anstellenden Anwälte verpflichteten, jede Änderung oder eine etwaige Beendigung des Anstellungsverhältnisses unverzüglich anzuzeigen. Bei dem Arbeitgeber des insolventen Rechtsanwalts handelte es sich um eine angesehene Kanzlei, die bis dahin in keiner Weise zu Beanstandungen Anlass gegeben hatte. Der *BGH* begründete die Verlässlichkeit der vertraglichen Konstruktion damit, dass den verantwortlichen Anwälten bei einer Verletzung der gegenüber der Anwaltskammer eingegangenen Verpflichtungen berufsrechtliche Konsequenzen (§ 43 BRAO) drohten. Zudem böte eine Sozietät im Gegensatz zur Einzelkanzlei die Gewähr, dass die Tätigkeit des insolventen Rechtsanwalts ohne zeitliche Lücken überwacht werden könne.

Diese Entscheidung wurde von der Literatur im Grundsatz begrüßt.[1199] Darin wurde jedoch auf das – ebenfalls vom *BGH* gesehene – berufsrechtliche Problem hingewiesen,

---

[1195] BGH BRAK-Mitt 1984, 194 f.

[1196] BGH BRAK-Mitt 1987, 208, 209.

[1197] BGH NJW 2005, 511; BGH NJW-RR 2006, 559.

[1198] Ohne Beschränkung auf eine Sozietät AGH Hamm BRAK-Mitt 2006, 38.

[1199] *Römermann* AnwBl 2005, 178; *Janca* ZInsO 2005, 242. Kritisch zur Einschränkung auf die Anstellung bei einer Sozietät *Römermann* AnwBl 2006, 237.

dass sich der insolvente Anwalt durch die starken arbeitsvertraglichen Beschränkungen vom Bild des unabhängigen Anwalts entfernt. Neben diesem Aspekt darf nicht übersehen werden, dass auch diese Einschränkungen den Anreiz verringern, aber nicht zuverlässig verhindern können, dass der insolvente Rechtsanwalt neben seiner Anstellung auf eigene Rechnung tätig wird. Daher ist den berufsrechtlichen Bedürfnissen der Unabhängigkeit des Rechtsanwalts und des Schutzes der Interessen der Rechtsuchenden besser dadurch gedient, entgegen dem *BGH* die Zuverlässigkeit des Rechtsanwalts zum alleinigen Kriterium zu erheben.

eee) Vergleich mit dem Widerruf der Approbation

Schließlich ist auch ein Blick auf eine andere Berufsgruppe zu werfen, der ein wichtiges Gut des Allgemeinwohls anvertraut wurde: Es sind die Ärzte, denen die Aufrechterhaltung der Volksgesundheit obliegt, § 1 BÄO. Sowohl die Rechtspflege als auch die Volksgesundheit sind Rechtsgüter der Allgemeinheit von höchstem Rang. Eine Abstufung zwischen ihnen verbietet sich. Die Insolvenz des Arztes führt selten zum Widerruf der Approbation. Sie kann nur unter den Voraussetzungen der §§ 5 Abs. 2 S. 1, 3 Abs. 1 S. 1 Nr. 2 BÄO widerrufen werden. Der dort genannte Widerrufsgrund der Unwürdigkeit oder Unzuverlässigkeit ist ein zwingender. Dennoch behalten die meisten insolventen Ärzte ihre Approbation.[1200]

Unwürdigkeit bedeutet in diesem Zusammenhang, dass der Arzt durch sein Verhalten nicht mehr das zur Ausübung des ärztlichen Berufs unabdingbar nötige Ansehen und Vertrauen besitzt.[1201] Entscheidend ist ein Fehlverhalten des Arztes. Die h. M. geht davon aus, dass sich dieses nicht unbedingt direkt auf das Verhältnis zum Patienten oder auf die behandelnde Tätigkeit beziehen muss.[1202] So ist das erforderliche Vertrauen der Allgemeinheit auch erschüttert, wenn der Arzt Krankenkassen betrogen hat.[1203] Bemerkenswert ist, dass trotz dieser strengen Anforderungen an die Würdigkeit die Insolvenzeröffnung in der Praxis nicht Anlass gibt, berufsrechtliche Verfahren einzuleiten.[1204]

Dabei gehen von dem Insolvenzverfahren über das Vermögen eines Arztes nicht weniger Gefahren für die Klienten und die Allgemeinheit aus als von einer Anwaltsinsolvenz. Zwar verwaltet der Arzt kein Fremdgeld, das durch den Vollstreckungszugriff der Gläubiger gefährdet sein könnte.[1205] Diesem Risiko kann jedoch beim Rechtsanwalt durch Benachrichtigung der Bank und der Mandanten wirkungsvoll begegnet werden.[1206] Die zweite Gefahr eines Insolvenzverfahrens liegt im wirtschaftlichen Druck, der auf dem Insolvenzschuldner lastet. Er wirkt auch auf den Arzt ein[1207] und kann dazu führen, dass dieser zu viele Patienten aufnimmt und sie dadurch nicht adäquat behandeln kann, weil er zu wenig Zeit für den einzelnen hat oder gar ärztliche Tätigkeiten an Hilfspersonal delegiert.[1208] Nicht zuletzt sind Privatpatienten, Kassenpatienten und Krankenkassen einem

---

1200 *W. Schick* NJW 1990, 2359 f.; *Schmerbach* ZVI 2003, 256, 265.

1201 BVerwG NJW 1999, 3425, 3426; NJW 1993, 806; VGH Kassel NJW 1986, 2390, 2391.

1202 OVG Koblenz NJW 1990, 1553; Münster ArztR 1988, 231.

1203 BVerwG NJW 1998, 2756.

1204 *Schick* NJW 1990, 2359, 2360.

1205 Er kann sich aber Geld von Patienten ausleihen, siehe *Müller-Jentsch* SZ vom 19./20. 8. 2006, S. 38.

1206 Siehe S. 202 f.

1207 Zum wirtschaftlichen Druck *Spickhoff* NJW 2004, 1710, 1711. Zu den verschiedenen sich daraus ergebenden Gefahren OVG Koblenz NJW 1990, 1553, 1554.

erhöhten Betrugsrisiko im Hinblick auf Falschabrechnungen und Rezeptmanipulationen ausgesetzt.[1209] Wenn man also die beiden Berufsgruppen vergleicht,[1210] wird nicht deutlich, warum gerade Rechtsanwälten in der Insolvenz regelmäßig die Zulassung entzogen werden soll.

fff) Ergebnis

(1) Grundsatz: erleichterte Beweisführung für den Rechtsanwalt

Es hilft nichts, ein veraltetes und unzutreffendes Bild des Rechtsanwalts zu verwenden, um heute auftretende Anwaltsinsolvenzen rechtlich zu würdigen. *Römermann* hat zutreffenderweise darauf hingewiesen, dass der Generalvorwurf an insolvente Rechtsanwälte, sie würden sich möglicherweise an den Mandantengeldern bedienen, einem pauschalen Untreuevorwurf gleichkommt.[1211] Diese Unterstellung ist aus den oben dargelegten Gründen weder faktisch noch normativ gerechtfertigt. In der Praxis kommt der „Rechtsanwalt, der Fremdgeldkonten leer räumt, um damit den luxuriösen Urlaub auf Tahiti zu finanzieren" laut *Römermann* kaum vor. Umso näher liegt es, sich bei der Auslegung des § 14 Abs. 2 Nr. 7 BRAO vom Bild des integren Rechtsanwalts leiten zu lassen.

Entgegen *Römermann* kann dies jedoch nicht dazu führen, dass eine Gefährdung der Interessen der Rechtsuchenden nur bei konkreten Indizien angenommen werden darf. Während das von ihm angeführte strafrechtliche „in dubio pro reo" von der Unschuld des Beschuldigten ausgeht, geht aus der eindeutigen Formulierung „es sei denn" hervor, dass für den Rechtsanwalt, über dessen Vermögen ein Insolvenzverfahren eröffnet wurde, das Gegenteil gilt.[1212] Daher ist die Rechtsanwaltskammer gehindert, ohne Anlass Ermittlungen über Nichtgefährdungsindizien anzustellen. Grundsätzlich ist also entsprechend dem Gesetzeswortlaut von einer Gefährdung der Mandanteninteressen auszugehen. Nach dem obigen Plädoyer für eine Einzelfallbeurteilung muss man aber dem insolventen Anwalt in zwei Punkten entgegenkommen. Zum einen hat die Kammer Hinweisen des Rechtsanwalts nachzugehen, wonach eine Gefährdung doch nicht vorliegen könnte, und ähnlich der Staatsanwaltschaft auch für den Insolvenzschuldner Günstiges zu suchen und zu berücksichtigen. Zum anderen muss sie bei der Bewertung der erhobenen Tatsachen vom integren Rechtsanwalt ausgehen und darf daher keinen zu strengen Maßstab anlegen.

Im Ergebnis ist also vom materiellen Gehalt der Wendung „es sei denn" nichts mehr übrig geblieben. Ihre ursprüngliche Vermutung, dass ein in Vermögensverfall geratener Rechtsanwalt die Interessen der Rechtsuchenden gefährde, kann zumindest für den Fall nicht mehr aufrechterhalten werden, dass ein Insolvenzverfahren über sein Vermögen eröffnet wurde. Die Wortgruppe ist somit nicht mehr als eine prozessuale Regelung der Hinweispflicht und Darlegungslast.

[1208] BVerwG NJW 1998, 2756, 2758.

[1209] Siehe vorige Fn.

[1210] Zur grundsätzlichen Vergleichbarkeit der Widerrufsvoraussetzungen *Kleine-Cosack* NJW 2004, 2473, 2474.

[1211] *Römermann* AnwBl 2005, 178, 181.

[1212] Siehe dazu auch oben S. 210 f.

(2) Kriterien für die Einzelfallbeurteilung

Die Einzelfallbeurteilung besteht aus einer Prognose darüber, ob das zukünftige Verhalten des Schuldners die Interessen der Rechtsuchenden gefährden wird. Hinweise darauf können nur Umstände aus der Vergangenheit geben.[1213] In dem oben angesprochenen Beschluss des *BGH* vom 18. 10. 2004[1214] lassen sich indes wenige brauchbare Kriterien für die Beurteilung des Einzelfalls finden.[1215] So soll eine Ausnahme von der Gefährdungsvermutung möglich sein aufgrund der Gesamtwürdigung der Person, der Umstände des eröffneten Verfahrens und der Bedingungen der Berufsausübung. Im konkreten Fall hatte der zu beurteilende Rechtsanwalt seine selbstständige Tätigkeit aufgegeben und sich weitgehenden arbeitsvertraglichen Beschränkungen unterworfen. Auch wenn eine derart weitreichende Fremdbestimmung des angestellten Anwalts bereits abgelehnt wurde, ist eine Anstellung als solche aber in jedem Fall positiv zu werten und kann daher auch zur Verneinung der Gefährdung führen, falls sich andere positive Anhaltspunkte nicht finden lassen. Zu diesen gehört, dass der Rechtsanwalt seinen Beruf bisher ohne jede Beanstandung ausgeübt und den Insolvenzantrag selbst – am besten noch bei lediglich drohender Zahlungsunfähigkeit, § 18 InsO – gestellt hat.[1216]

Weiterhin führt der *BGH* auf, dass keine Forderungsanmeldungen der Mandanten vorliegen sollten. Dem kann nicht uneingeschränkt gefolgt werden.[1217] Gerade bei einer Falschberatung, die zur Insolvenz geführt hat, lässt es sich auch für den soliden Anwalt nicht vermeiden, die Schadensersatzsumme zumindest teilweise einstweilen schuldig zu bleiben. Eine negative Wertung würde sich erst ergeben, wenn der Rechtsanwalt Rechnungen anderer Gläubiger zu Lasten der Mandanten bevorzugt bezahlt hätte.

Eine wesentliche Rolle bei der Gesamtwürdigung der Person muss das persönliche Verschulden der Insolvenz spielen. Eine Insolvenz ist schon der Gläubiger wegen niemals Privatsache. Jedem Rechtsanwalt muss angesichts § 14 Abs. 2 Nr. 7 BRAO bewusst sein, dass sie zum Schutz der Rechtsuchenden den Zulassungsverlust bedeuten kann. Darum lässt auf die Integrität des Rechtsanwalts schließen, ob er seine Insolvenz und damit die abstrakte Gefährdung der Interessen der Rechtsuchenden schuldhaft oder unverschuldet herbeigeführt hat. Ob die Insolvenzursache aus dem beruflichen oder privaten Bereich kommt, ist gleichgültig, weil die Zahlungsunfähigkeit aus beiden Bereichen herrühren kann.

Als negatives Indiz kann auch gewertet werden, wenn der Schuldner seinen insolvenzrechtlichen Pflichten nicht nachkommt. Daraus lässt sich zwar nicht schließen, dass der Rechtanwalt die Interessen seiner Mandanten missachten würde. Das Gegenteil kann sogar der Fall sein, z. B. wenn er der Auskunftspflicht gemäß § 97 InsO nicht genügt und damit das Mandantengeheimnis schützt. Gleichwohl zeigt sich hierin, dass der betreffende Anwalt nicht willens oder nicht einsichtig ist, seinen gesetzlichen Pflichten nachzukommen. Auch wenn diese sich nicht aus dem Berufs-, sondern aus dem Insolvenzrecht ergeben, kann die Einschätzung seiner Vertrauenswürdigkeit darunter leiden.

1213 Allgemein dazu *Kleine-Cosack* NJW 2004, 2473, 2477. BVerwG NJW 2003, 913, 914 für den Apotheker.

1214 BGH NJW 2005, 511.

1215 Kritisch auch *Janca* ZInsO 2005, 242, 243 f.

1216 *Römermann* AnwBl 2005, 178, 184. Zur psychischen Situation S. 220.

1217 So auch *Janca* ZInsO 2005, 242, 243.

Die Vielzahl der Kriterien sollte jedoch nicht die Grundprämisse verdecken, nämlich die des integren Anwalts. Daher muss es im Allgemeinen ausreichen, wenn dargelegt wird und nachgewiesen ist, dass die Berufsausübung des Schuldners bisher, d. h. vor der Eröffnung des Insolvenzverfahrens, aber vor allem danach tadellos war. Weitere positive Indizien sind nur nötig, um einen durch negative Anzeichen ausgelösten Verdacht zu entkräften.

V. Wechselwirkungen zwischen Widerrufsentscheidung und Insolvenzverfahren

1. Verfahrensbeschleunigung

Der im Zivilprozess geltende Beschleunigungsgrundsatz[1218] findet gemäß § 4 InsO auch im Insolvenzverfahren Anwendung.[1219] Er bindet das Gericht, den Verwalter und die Gläubiger.

Das allgemeine Beschleunigungsgebot im Insolvenzverfahren ergibt sich weniger aus dem Eigentumsrecht der Insolvenzgläubiger, denn das Eigentumsrecht der Insolvenzgläubiger wird nicht nur durch eine verzögerte, sondern auch durch eine unvollständige Befriedigung einer Forderung beeinträchtigt. Im Normalfall verzögert sich das Verfahren gerade, um eine bessere Verwertung zu ermöglichen. Nicht recht überzeugt auch die Herleitung aus dem Eigentumsrecht des Schuldners. Alles, was zur Insolvenzmasse gehört, ist für den Schuldner mit Verfahrensbeginn ohnehin verloren, wenn nicht gerade der seltene Fall des Überschusses bei der Schlussverteilung eintritt.[1220] Entscheidend ist vielmehr, dass der Schuldner während des Insolvenzverfahrens einer Reihe von nichtvermögensrechtlichen Einschränkungen unterliegt. Dazu gehören die umfangreichen Auskunftspflichten gemäß § 97 InsO, die das Recht des Schuldners auf informationelle Selbstbestimmung beschränken. Des Weiteren wird die Berufsfreiheit des Rechtsanwalts – anders noch als unter der KO – tangiert. Der Einbezug des Neuerwerbs in die Masse mit der Einführung der InsO führt dazu, dass der Schuldner nur den pfändungsfreien Teil seines Einkommens erhält, §§ 35 Fall 2, 36 InsO. Anders als früher wird also in den Erwerb des Schuldners während des Verfahrens eingegriffen. Darüber hinaus gebietet es das Rechtsstaatsprinzip, das Insolvenzverfahren zügig zu betreiben.[1221]

Durch den drohenden Zulassungswiderruf erhält der Beschleunigungsgrundsatz im Insolvenzverfahren über das Vermögen des Rechtsanwalts eine besondere Bedeutung. Solange das Verfahren läuft und die Bestätigung des Insolvenzplans oder die Ankündigung der Restschuldbefreiung nicht rechtkräftig ist, besteht eine erhöhte Gefahr des Widerrufs der Zulassung. Denn unter diesen Umständen wird der Vermögensverfall vermutet, und die Vermutung kann mangels Tilgung der Verbindlichkeiten in absehbarer Zeit nicht widerlegt werden. Damit wird nicht nur in gravierender Weise die Berufsfreiheit des Rechtsanwalts beeinträchtigt, sondern auch das Eigentumsrecht seiner Gläubiger. Unabhängig davon, ob die Gläubiger innerhalb oder außerhalb des Insolvenzverfahrens auf das Vermögen des Schuldners zugreifen wollen, haben sie nichts davon, wenn er durch den Zulassungsverlust

---

1218 Überblick dazu bei Stein/Jonas/*Leipold*22 vor § 128 Rn. 193 ff.

1219 AG Hohenschönhausen NZI 2000, 139, 140. BayObLG NJW-RR 2002, 411, 412; OLG Köln NZI 2000, 480, 484; LG Münster NJW-RR 2005, 845, 846. BVerfGE 77, 275, 286 f. = NJW 1988, 1255, 1256 zum Vergleichsverfahren. Dazu und zum Konkursverfahren *Baur/Stürner* InsR Rn. 5.27.

1220 Dazu Uhlenbruck/*Uhlenbruck*12 § 199 Rn. 1.

1221 KS/*Prütting*2 S. 221, 226; Kübler/*Prütting* § 5 Rn. 16.

nichts oder weniger verdient. Die Verfahrensbeschleunigung hängt hier also unmittelbar mit den Befriedigungsaussichten der Gläubiger zusammen und nötigt jedenfalls dann zu besonderer Eile, wenn ein Verfahren wegen Zulassungswiderrufs gegen den Rechtsanwalt von der Anwaltskammer betrieben wird. Schnelligkeit kann zwar nicht alleinige Richtschnur des Handelns der Beteiligten sein, aber ihr ist in der Insolvenz des Rechtsanwalts besondere Beachtung in Abwägung mit anderen Verfahrenszielen zu schenken.

2. *Besondere Verfahrensarten*

Da beim Rechtsanwalt im Gegensatz zu anderen Berufen das selbstständige Wirtschaften während des Insolvenzverfahrens weniger von der Anordnung der Eigenverwaltung, sondern vielmehr von der Beibehaltung der Zulassung zur Anwaltschaft abhängt, drängt sich die Frage auf, welche Auswirkungen die Anordnung der Eigenverwaltung auf die Widerrufsentscheidung hat. Von den Voraussetzungen des Vermögensverfalls ist durch die Eigenverwaltung nur das Merkmal der Beschränkung der Vermögensverfügung betroffen. Weil dieses nach der Einführung der InsO überholt ist,[1222] hat die Anordnung der Eigenverwaltung keinen Einfluss auf die Widerrufsentscheidung.[1223] Umgekehrt gilt das Gleiche, da die Voraussetzungen des § 270 InsO sich nicht mit denen des § 14 Abs. 2 Nr. 7 BRAO überschneiden. Insbesondere hat der Gesetzgeber bei der Eigenverwaltung auf einen Redlichkeitsnachweis verzichtet.[1224]

Das Insolvenzplanverfahren bleibt von der Widerrufsentscheidung unbeeinflusst, weil der Plan ja nicht einmal die Weiterführung der Kanzlei zum Inhalt haben muss. Da dies aber meistens der Fall sein wird, sollte sich der Insolvenzverwalter beim Schuldner und vor allem bei der Rechtsanwaltskammer erkundigen, wie hoch die Chance ist, dass der Schuldner die Zulassung behält.

Auf das Restschuldbefreiungsverfahren hat die Widerrufsentscheidung nur mittelbaren Einfluss. Die Unredlichkeit des Schuldners wirkt sich auf die Ankündigung der Restschuldbefreiung nur aus, wenn sie sich unter den Katalog des § 290 Abs. 1 InsO fassen lässt. Während der Wohlverhaltensphase wiederum spielt es keine Rolle, ob der Schuldner als Rechtsanwalt arbeitet oder arbeiten kann. § 295 Abs. 1 Nr. 1 InsO verlangt nur, dass er einer angemessenen Erwerbstätigkeit nachgeht. Angemessen ist nur eine dem Schuldner mögliche Beschäftigung. Ihm kann nicht zum Vorwurf gemacht werden, dass er nicht als Rechtsanwalt arbeitet, wenn ihm die Zulassung entzogen wurde. Allerdings kann er den Zulassungswiderruf verschuldet haben. Als Obliegenheitsverstoß darf nur Verhalten gewertet werden, das sich gegen die Befriedigung der Forderung der Insolvenzgläubiger richtet. Ob dies beim Zulassungsverlust des Kanzleiinhabers der Fall ist, wurde noch nicht eingehend untersucht.

Bei einer verhaltensbedingten Kündigung eines Arbeitsnehmers werden allgemein Parallelen zum Unterhalts- und Sozialrecht gezogen.[1225] § 144 Abs. 1 Nr. 1 SGB III bestimmt, dass der Anspruch auf Arbeitslosengeld ruht, wenn der Arbeitnehmer die Arbeitslosigkeit vorsätzlich oder grob fahrlässig herbeigeführt hat. Denselben Verschuldensmaßstab

---

1222 Vgl. S. 208 ff.

1223 *Schildt* S. 146 f.

1224 Kritisch dazu Leipold/*Leipold* S. 165, 168 ff.

1225 FK/*Ahrens*[4] § 295 Rn. 17; MK-InsO/*Ehricke* § 295 Rn. 27; *Döbereiner* S. 150 f.

legt der *BGH* für die Einkommensfiktion im Unterhaltsrecht an. Danach muss sich ein Unterhaltspflichtiger durch die Straftat, deretwegen er seinen Arbeitsplatz aufgrund verhaltensbedingter Kündigung verloren hat, seiner Schuld zu entziehen versucht haben oder es muss ihm zumindest bewusst gewesen sein, dass er infolge seines Verhaltens leistungsunfähig werden konnte.[1226] Diese Grundsätze lassen sich zwanglos auf den angestellten Anwalt anwenden. Es ist daher nicht verständlich, warum sich *Ahrens* dafür ausspricht, bei Zulassungswiderruf prinzipiell keinen Obliegenheitsverstoß anzunehmen.[1227]

Die gerade dargestellten Grundsätze können indessen nicht direkt auf Selbstständige angewandt werden, da diese nicht der Obliegenheit des angemessenen Erwerbs unterliegen, sondern der Zahlungsobliegenheit nach § 295 Abs. 2 InsO. Sie ist nach allg. M. unabhängig von einem Verschulden gegen sich selbst zu erfüllen. Allerdings sind die hypothetischen Einkünfte des Rechtsanwalts in einer Anstellung der Maßstab für die Höhe der zu erbringenden Zahlungen. Wenn ihm das kündigungsverursachende Verhalten als Angestellter als Obliegenheitsverstoß ausgelegt würde, würde das bisherige Gehalt als fiktives Einkommen berücksichtigt, ansonsten lediglich die tatsächlichen Einkünfte. Nach demjenigen, was der Schuldner als Angestellter hätte verdienen müssen, bemisst sich die Zahlungspflicht aus § 295 Abs. 2 InsO. Im Ergebnis werden damit an selbstständige und angestellte Anwälte dieselben Maßstäbe angelegt. Wenn der Kanzleiinhaber die Zulassung zur Anwaltschaft wegen eines Verhaltens verloren hat, dessentwegen er als Angestellter zu Recht verhaltensbedingt gekündigt worden wäre, so wird die Kündigung im Rahmen von § 295 Abs. 1 Nr. 1, Abs. 2 InsO nicht berücksichtigt.

VI. Sofortvollzug

Gemäß § 16 Abs. 6 S. 2 BRAO kann die Rechtsanwaltskammer im überwiegenden öffentlichen Interesse die sofortige Vollziehung des Zulassungswiderrufs anordnen.[1228] Der Sofortvollzug ist ein Ausnahmefall und muss schriftlich begründet werden, § 16 Abs. 6 S. 4 BRAO. Dabei sind nicht nur die Erfolgsaussichten im Hauptverfahren zu untersuchen, sondern auch die Folgen, die bei einem Aufschub der Maßnahmen für die Dauer des Rechtsstreits zu befürchten sind, und diejenigen, welche demgegenüber bei dem Rechtsanwalt wegen des Sofortvollzugs eintreten, gegeneinander abzuwägen.[1229] Die Eröffnung des Insolvenzverfahrens weist auf einen möglichen Vermögensverfall hin, der wiederum als abstrakte Gefährdung der Interessen der Rechtsuchenden angesehen wird. Das allein liefert indessen nicht die besondere Begründung, derer die Anordnung des Sofortvollzugs bedarf.[1230] Es müssen besondere Umstände hinzukommen, z. B. die Veruntreuung von Mandantengeldern[1231] oder das Fehlen einer Berufshaftpflichtversicherung, vgl. §§ 16 Abs. 6 S. 3, 14 Abs. 2 Nr. 9 BRAO.

[1226] BGH NJW 1993, 1974, 1975; BGH NJW 1994, 258, 259.

[1227] FK/*Ahrens*[4] § 295 Rn. 15.

[1228] Zum Ganzen *Kleine-Cosack* AnwBl 2005, 442, 445 f. Für die freien Berufe *Kleine-Cosack* NJW 2004, 2473, 2478 f.

[1229] BVerfG NJW 2003, 3618, 3619 (Apotheker).

[1230] Zur Eintragung in das Schuldnerverzeichnis BGH, Beschluss vom 1. 2. 2005 – AnwZ (B) 43/04.

[1231] BGH BRAK-Mitt 2002, 36, 37.

VII. *Maßgeblicher Zeitpunkt für die gerichtliche Entscheidung*

1. *Bedeutung des maßgeblichen Zeitpunkts*

Im Verfahren zum Widerruf der Zulassung zur Anwaltschaft bei der Rechtsanwaltskammer ist die Sachlage beim Erlass des Widerrufs zu berücksichtigen. Als Rechtsmittel steht dem betroffenen Rechtsanwalt der Antrag auf gerichtliche Entscheidung nach § 16 Abs. 5 S. 1 BRAO zur Verfügung. Bestätigt der Anwaltsgerichtshof den Widerspruch, ist die sofortige Beschwerde zum BGH statthaft, § 42 Abs. 4, 5 BRAO. Bis zur Rechtskraft des Widerrufs vergeht mithin einige Zeit, in der die Widerrufsvoraussetzungen entfallen können. Es fragt sich, ob das Gericht bei seiner Entscheidung eine solche Veränderung der Sachlage, die nach dem Widerruf eingetreten ist, berücksichtigen darf.

Sind die Widerrufsvoraussetzungen zum Zeitpunkt der gerichtlichen Entscheidung entfallen, hat der ehemalige Anwalt zwar einen Anspruch auf Wiederzulassung gemäß § 6 BRAO, doch kann sich allein durch das Zulassungsverfahren ein zulassungsloser Zeitraum von einigen Wochen bis zu drei Monaten ergeben.[1232] Zudem bleibt selbst bei sehr schneller Zulassungserteilung der Makel des Zulassungswiderrufs, der die Beschaffung und Aufrechterhaltung von Mandaten erschwert.

2. *Darstellung des Meinungsstreits*

Nach einem Beschluss des *BGH* aus dem Jahre 1991 ist bei der gerichtlichen Nachprüfung einer Rücknahme- oder Widerrufsverfügung grundsätzlich die Sach- und Rechtslage zur Zeit ihres Erlasses maßgebend, wenn der Betroffene – wie bei Rechtsanwälten der Fall – bei Wegfall des Rücknahme- oder Widerrufsgrundes einen erneuten Zulassungsantrag stellen kann.[1233] 2004 kam der *BGH* im Rahmen der Überprüfung der Amtsenthebung eines Notars zum gleichen Ergebnis, allerdings unter Verweis auf materielle Gründe der Rechtssicherheit.[1234] Diese geböten es, die Überprüfung der Rechtmäßigkeit auf den Anfechtungsantrag hin von späteren Veränderungen der Sachlage unabhängig zu halten. Wem diese Rechtssicherheit zugutekommen soll, also wer einen Schaden erleidet, weil er darauf vertraut, dass der Amtsträger rechtmäßig im Amt ist, hat das Gericht nicht zu erklären für nötig befunden.[1235] Auch das mit dieser Sache befasste *BVerfG* vermisste eine hinreichende Erörterung der Grundrechtsfrage und setzte folgerichtig die Vollziehung der Amtsenthebung aus.[1236] Mit seinem Beschluss vom 31. 8. 2005 hob es zwar das Urteil des BGH auf, äußerte sich jedoch nicht zum verfassungsrechtlich gebotenen Entscheidungszeitpunkt.[1237]

1232 *Feuerich*/Weyland⁶ § 6 Rn. 1.

1233 BGH NJW 1991, 2083; BGHZ 38, 6, 10 = NJW 1962, 2005 f. Zum Widerruf der ärztlichen Approbation BVerwG NJW 1999, 3425, 3426, und der Bestellung zum Wirtschaftsprüfer BVerwG NJW 2005, 3795, 3796. Zur Untersagung der Gewerbeausübung BVerwGE 65, 1, 2 ff. = NVwZ 1982, 503 f. Das Argument aus § 35 Abs. 6 GewO kann hier nicht fruchtbar gemacht werden, da es bei der Wiederzulassung des Rechtsanwalts keine Wartezeit gibt.

1234 BGH NJW 2004, 2018 f. Auf die Rechtssicherheit verweisen auch *Kopp/Schenke*[14] § 113 Rn. 46.

1235 *Schildt* S. 149 erachtet den Aspekt der Rechtssicherheit als überbetont.

1236 BVerfG AnwBl 2004, 525 = ZVI 2004, 297.

1237 BVerfG NJW 2005, 3057, 3058.

In einigen Entscheidungen wies der *BGH* darauf hin, dass es auf die Sachlage zum Zeitpunkt der letzten mündlichen Verhandlung (bzw. der gerichtlichen Entscheidung, wenn es keine mündliche Verhandlung gibt) ankommt, wenn während des gerichtlichen Verfahrens die Voraussetzungen für den Widerruf der Zulassung zweifelsfrei entfallen,[1238] der Rechtsanwalt also sogleich wieder zugelassen werden müsste.[1239] Warum der BGH diesen Gedanken nicht auf den aktuellen Fall angewandt hat, ist unverständlich, zumal eine Wiederbestellung zum Notar eher unwahrscheinlich ist. Aber auch für Rechtsanwälte wird das Wiederzulassungsargument aus verfahrensökonomischen Gründen in Zweifel gezogen. *Kleine-Cosack* weist darauf hin, dass der Wiederzulassungsantrag den Anwalt Zeit und Geld kostet.[1240] Außerdem werde angesichts der aktuellen Rechtsprechung häufig während des laufenden Prozesses vorsorglich ein Zulassungsantrag gestellt. Die Rechtsanwaltskammer lehne diesen meistens ab, so dass der Anwalt Verpflichtungsklage erheben müsse. Zwei Prozesse, die dasselbe tatsächliche Geschehen abhandeln, können aber nicht gewollt sein.

Gegen dieses Argument der Prozessökonomie wendet *Würtenberger* ein, dass dadurch nicht das Gewaltenteilungsprinzip überspielt werden dürfe.[1241] Das Gericht dürfe angesichts der neuen Tatsachenlage keine Entscheidung treffen. Diese stehe der Verwaltung zu, an die ein neuer Zulassungsantrag gerichtet werden müsse. Nur dieses Vorgehen entspreche der Aufgabenverteilung zwischen verwaltungsbehördlicher Entscheidung und verwaltungsgerichtlicher Kontrolle. Allerdings ist hier einzuwenden, dass das Zulassungsverfahren wegen Art. 12 GG keinen Ermessensspielraum eröffnet. Zwar steht der Kammer ein Einschätzungsermessen zu, welches aber vollständig gerichtlich überprüft werden kann. Stellt es dabei fest, dass der Prognosespielraum überschritten wurde, ist der Zulassungswiderruf zwingend aufzuheben.[1242] Das Gericht kann daher der Verwaltung keine Entscheidung nehmen, die diese selbst nur in einer Richtung treffen könnte. In solchen Fällen kommt es vielmehr auf den Gesichtspunkt der Rechtsschutzeffektivität an. Dagegen spricht auch nicht die Möglichkeit der Wiederzulassung, da sie mit den oben bereits aufgezeigten Nachteilen verbunden ist.

3. Ergebnis

Dem oben Gesagten ist zu entnehmen, dass eine Änderung der Sachlage, also die Verbesserung der Vermögenslage des Anwalts, während des gerichtlichen Verfahrens über dessen Zulassung berücksichtigt werden muss.[1243] Dafür streiten insbesondere die Berufsfreiheit des Rechtsanwalts und die Prozessökonomie. Das Gericht greift aufgrund der des fehlenden Ermessens der Verwaltung nicht in deren Kompetenz ein.

[1238] BGHZ 75, 356, 357 = NJW 1980, 841 f.; BGHZ 84, 149, 150 = NJW 1982, 2782 (für das Zulassungsverfahren); BGH BRAK-Mitt 1995, 29; BGH BRAK-Mitt 1999, 36, 37; BGH ZVI 2004, 598, 599. So auch AGH Hamm AnwBl 1999, 698.

[1239] BGH BRAK-Mitt 1984, 194.

[1240] *Kleine-Cosack* NJW 2004, 2473, 2476. Das wird auch noch in BGHZ 84, 149, 150 = NJW 1982, 2782 berücksichtigt. Ebenso auf den Zeitfaktor stellen *Graf/Wunsch* ZVI 2005, 105, 109 ab.

[1241] *Würtenberger*² Rn. 614.

[1242] Der anderslautende Beschluss des BVerfG NJW 1980, 841, 842 bezog sich auf den damaligen § 15 Nr. 2 BRAO, der noch ein Entscheidungsermessen vorsah.

[1243] *Römermann* AnwBl 2005, 178, 180; *Graf/Wunsch* ZVI 2005, 105, 108 ff.; *Schildt* S. 148 ff.

I. Erlöschen der Zulassung nach Ausschließung aus der Anwaltschaft, §§ 13, 114 Abs. 1 Nr. 5 BRAO

Der Rechtsanwalt kann seine Zulassung nicht nur durch Widerruf im Rahmen des § 14 Abs. 2 Nr. 7 BRAO verlieren, sondern auch durch Ausschließung aus der Anwaltschaft, § 114 Abs. 1 Nr. 5 BRAO, die vom Anwaltsgericht beschlossen wird. Voraussetzung ist eine schuldhafte Tat von erheblicher objektiver Schwere.[1244] Darunter fallen Untreue und Betrug. Bei diesen Straftaten sind jedoch auch die Vermögensinteressen der Rechtsuchenden gefährdet. § 14 Abs. 2 Nr. 7 BRAO umfasst also alle insolvenzrelevanten Fälle des § 114 Abs. 1 Nr. 5 BRAO. Wenn der Widerruf einer Zulassung zur Anwaltschaft nicht aufgrund § 14 Abs. 2 Nr. 7 BRAO möglich ist, so kann sie auch nicht gemäß §§ 13, 114 Abs. 1 Nr. 5 BRAO erlöschen. Diese Vorschriften dehnen die Fälle des Verlustes der Zulassung durch Insolvenz damit nicht aus.

II. Rückgabe der Zulassung, § 14 Abs. 2 Nr. 4 BRAO

Viele Rechtsanwälte geben ihre Zulassung zurück, bevor es zum Widerruf kommt.[1245] *Huff* vermutet, dass diese Anwälte hoffen, in das Verbraucherinsolvenzverfahren zu gelangen.[1246] Damit gehen einher das Schuldenbereinigungsplanverfahren und die schlechteren Anfechtungsmöglichkeiten des § 303 Abs. 2 InsO. Reizvoll kann auch die Aussicht sein, dass das Verfahren schnell abgeschlossen wird, so dass der Widerrufsgrund des § 14 Abs. 2 Nr. 7 BRAO entfällt bzw. nach erfolgtem Widerruf der Antrag auf Wiederzulassung gestellt werden kann. Das Verbraucherinsolvenzverfahren erfordert allerdings, dass keine Forderungen von Arbeitnehmern vorliegen und die Vermögensverhältnisse überschaubar sind, § 304 Abs. 1 S. 2 InsO. Der Anwalt muss zum Zeitpunkt der Antragstellung weniger als 20 Gläubiger haben, § 304 Abs. 2 InsO. Die Überschaubarkeit wird häufig zu bejahen sein, da der Rechtsanwalt im Gegensatz zum Gewerbetreibenden keine Waren umsetzt und daher die Zahl der Gläubiger gering ist. Daraus ergibt sich auch, dass in der Regel keine kaufmännische Buchführung erforderlich ist.

Für den redlichen Rechtsanwalt, der eine gewinnbringende Kanzlei betreibt, ist das Verbraucherinsolvenzverfahren keine sinnvolle Alternative zum Regelinsolvenzverfahren. Er muss nämlich nicht auf die Wiederzulassung hoffen, da er nach aller Voraussicht seine Zulassung während des Insolvenzverfahrens behält. Dagegen könnte er seine Kanzlei bis zur Wiedererteilung der Zulassung nicht betreiben und würde dadurch wirtschaftlichen Schaden erleiden.

[1244] BGHSt 20, 73, 74.

[1245] *Huff* NJW 2004 Heft 49 S. XVI; *Harlfinger* S. 68.

[1246] Dazu auch MK-InsO/*Ott* § 304 Rn. 53, 71.

§ 12 *Bestellung eines Abwicklers oder eines Vertreters*

I. Zweck der Abwicklung

Der Abwickler tritt an die Stelle des Berufsträgers, der seine Tätigkeit dauerhaft nicht mehr ausüben kann. Indem er dessen anwaltliche Aufgaben übernimmt, sorgt er für eine reibungslose und kostengünstige Weiterführung der Mandate.[1247] Die Abwicklung geschieht damit im Interesse der Mandanten und der Sicherheit des Rechtsverkehrs.[1248] Wird für einen verstorbenen Rechtsanwalt ein Abwickler bestellt, so wird den Erben die Möglichkeit eröffnet, die Kanzlei zu verwerten.[1249] Gleichermaßen werden aber die Gläubiger des Anwalts begünstigt, wenn ein Kanzleiabwickler für einen in Vermögensverfall geratenen Anwalt bestellt wird. Sie haben ebenso wie die Erben ein schützenwertes Interesse an der bestmöglichen Verwertung des anwaltlichen Vermögens.

II. Bestellung eines Abwicklers aufgrund Zulassungswiderrufs wegen Vermögensverfalls

Die Bestellung eines Abwicklers liegt im Ermessen der Rechtsanwaltskammer, § 55 Abs. 5 BRAO. Sie hat sich bei der Entscheidung am Zweck der Vorschrift, also den Interessen der Rechtsuchenden, den Interessen einer geordneten Rechtspflege und den Interessen der Gläubiger zu orientieren.[1250] Dabei werden die beiden erstgenannten Belange bei einer Einzelkanzlei regelmäßig für die Bestellung eines Abwicklers sprechen, während in einer Sozietät die Mandate häufig von Kollegen übernommen werden können.[1251]

Die Lage ändert sich jedoch, sobald das Insolvenzverfahren eröffnet und ein Insolvenzverwalter bestellt ist. Denn der Verwalter hat das Recht, Einsicht in Mandantenakten zu nehmen, soweit es erforderlich ist. Damit wird in das Recht der Mandanten auf informationelle Selbstbestimmung eingegriffen. Die Bestellung eines Abwicklers, der die Mandantenakten gemäß § 55 Abs. 2 S. 1, 3 BRAO einsehen darf und muss, wäre ein weiterer, zu vermeidender Eingriff. Daneben haben die Gläubiger ein Interesse an einer möglichst günstigen Abwicklung. Dem stünde die dem Abwickler gemäß §§ 53 Abs. 9 S. 1, 55 Abs. 3 S. 1 BRAO zu zahlende Vergütung entgegen, da der Insolvenzverwalter diese Tätigkeit ebenso übernehmen darf, wenn er Rechtsanwalt ist.[1252] Das lässt es als unverhältnismäßig erscheinen, bei einer Kanzlei mit geringer Tätigkeit einen Abwickler zu bestellen.[1253] Ist dagegen der Umfang der Mandate so groß, dass der Insolvenzverwalter eine andere Person mit der Abwicklung beauftragen müsste, ergibt sich kein wesentlicher Vorteil gegenüber der Abwicklerbestellung durch die Anwaltskammer. Aus Gründen der Verfahrensklarheit hat aber auch in diesem Fall der Insolvenzverwalter für einen Anwalt zu sorgen, der die berufsmäßige Tätigkeit des Schuldners übernimmt.

[1247] FS Brandner/*Messer* S. 720, 723.

[1248] Henssler/*Prütting/Schaich*^{2} § 55 Rn. 2.

[1249] *Isele* § 55 Anm. II A; FS Brandner/*Messer* S. 720, 724; Henssler/*Prütting/Schaich*^{2} § 55 Rn. 2; OLG Frankfurt/Main MDR 1980, 239. A. M. *Feuerich*/Weyland^6 § 55 Rn. 34. Die gleiche Funktion hat das Gnadenvierteljahr gemäß § 22 Abs. 3 BOÄ, währenddessen ein Vertreter die Praxis eines verstorbenen Arztes fortführen kann, *Narr* S. 652.

[1250] Vgl. *Feuerich*/Weyland^6 § 55 Rn. 5.

[1251] Henssler/*Prütting/Schaich*^{2} § 55 Rn. 3. In der Tendenz anders *Feuerich*/Weyland^6 § 55 Rn. 5.

[1252] Dazu S. 180 ff.

[1253] Anders *Schildt* S. 123 Fn. 603.

Eine Bestellung des Insolvenzverwalters als Abwickler kommt nicht in Betracht.[1254] Das würde den eben angestellten Kostenaspekten widersprechen. Eine Aufbesserung der Vergütung des Verwalters ist überdies nicht gerechtfertigt, weil er auch im Falle der Insolvenz eines Gewerbetreibenden dessen Geschäfte zu den normalen Vergütungssätzen führen müsste.

Falls der Insolvenzverwalter nicht als Rechtsanwalt zugelassen ist, kann auf die Bestellung eines Abwicklers nicht verzichtet werden. Sie ist von der Rechtsanwaltskammer ebenfalls zu veranlassen, falls zum Zeitpunkt des Zulassungswiderrufs noch kein (vorläufiger) Insolvenzverwalter bestellt wurde. Der Abwickler bleibt auch dann im Amt, wenn das Insolvenzgericht später einen (vorläufigen) Verwalter einsetzt.[1255] Andernfalls müsste sich der Verwalter in die Mandate einarbeiten, wodurch ein doppelter Aufwand verursacht, die Mandanten verunsichert und die Mandantengeheimnisse unnötig weitergetragen würden. Genauso wenig ist es statthaft, nach Ablauf des Bestellzeitraums die Bestellung nicht zu verlängern, falls es nötig ist, um anstattdessen den Insolvenzverwalter oder einen von ihm beauftragen Anwalt die Kanzlei fortführen zu lassen.

III. Rechtsstellung des Abwicklers

1. Grundlagen

Befindet sich der ehemalige Rechtsanwalt nicht in Insolvenz, bestimmt sich das Rechtsverhältnis zwischen ihm und dem Abwickler nach den §§ 55 Abs. 2 S. 3, Abs. 3, 53 Abs. 9, 10 BRAO. Der Abwickler führt die Kanzlei also mit denselben anwaltlichen Befugnissen fort, wie sie der Kanzleiinhaber hatte. An dessen Weisungen ist er nicht gebunden. Der Abwickler muss die schwebenden Angelegenheiten zu Ende bringen. Er wird dabei für Rechnung und auf Kosten des ehemaligen Anwalts tätig, tritt also nicht selbst in die Verträge ein;[1256] während der ersten sechs Monate darf er aber neue Aufträge annehmen, § 55 Abs. 2 S. 1, 2 BRAO.

An diesem Zustand ändert sich nichts dadurch, dass die Verwaltungs- und Verfügungsbefugnis auf den Insolvenzverwalter übergeht.[1257] Deshalb ist es nicht nötig, mit *Simonsen/Leverenz* und *Franke/Böhme* von einer Kollision der Tätigkeitsfelder zu sprechen.[1258] Dass das Berufsrecht vorrangig ist, zeigt § 53 Abs. 10 BRAO. Er ermächtigt den Abwickler, die Kanzleiräume und die zur Kanzlei gehörenden Gegenstände in Besitz zu nehmen, herauszuverlangen und darüber zu verfügen, obwohl sowohl die Räume als auch nach der Beendigung der Erwerbstätigkeit die Kanzleigegenstände zur Insolvenzmasse gehören. Ohne diese Gegenstände und die Räume könnte der Abwickler seine Aufgabe nicht erfüllen. Weiter ist dafür die anwaltliche Unabhängigkeit erforderlich, § 3 BRAO. Daher darf der Insolvenzverwalter dem Abwickler ebenso wenig Weisungen erteilen, wie es der Kanzleiinhaber vor dem Widerruf seiner Zulassung durfte.[1259]

[1254] Im Ergebnis Jaeger-InsO/*Henckel* § 35 Rn. 17. A. M. Braun/*Bäuerle*^{2} § 35 Rn. 48.
[1255] LG Rostock NJW-RR 2002, 846, 847; Braun/*Bäuerle*^{2} § 35 Rn. 49.
[1256] *Feuerich*/Weyland^6 § 55 Rn. 33; *Kleine-Cosack*^{4} § 55 Rn. 1.
[1257] LG Rostock NJW-RR 2002, 846, 847.
[1258] *Simonsen/Leverenz* BRAK-Mitt 1995, 224, 229; *Franke/Böhme* AnwBl 2004, 339.
[1259] *Franke/Böhme* AnwBl 2004, 339, 340; *Sattler/Rickert* ZInsO 2006, 76.

Allerdings darf der Insolvenzverwalter Miet- und Arbeitsverträge kündigen, wenn dies nicht zum Nachteil der Masse ist. Der Abwickler ist nicht gehindert, im benötigten Umfang – also vor allem im Interesse der Rechtspflege – eigene Verträge abzuschließen und die Kosten mit dem Insolvenzverwalter abzurechnen, § 670 BGB, § 53 Abs. 9 S. 2 BRAO.[1260] *Simonsen/Lorenz* führen dagegen an, dass damit unnötiger Aufwand betrieben werde, weil das neue Personal eingelernt werden muss.[1261] Diesen Bedenken wird durch die Einschränkung Rechnung getragen, dass nicht zum Nachteil der Masse gekündigt werden darf.

Der Insolvenzverwalter darf die Kanzlei verkaufen.[1262] In diesem Fall entfällt die Aufgabe des Abwicklers. Daher ist seine Bestellung daraufhin grundsätzlich zu widerrufen.[1263] Das in § 55 Abs. 4 BRAO eingeräumte Ermessen beim Widerruf der Bestellung ist auf Sonderfälle beschränkt.

2. *Informationspflichten*

Gemäß § 666 BGB, §§ 53 Abs. 9 S. 2, 55 Abs. 3 S. 1, Abs. 5 BRAO ist der Abwickler verpflichtet, dem „Auftraggeber" die erforderlichen Nachrichten zu geben, auf Verlangen über den Stand des Geschäfts Auskunft zu erteilen und nach der Ausführung des Auftrags Rechenschaft abzulegen. Zunächst stellt sich die Frage, wer „Auftraggeber" ist: Der Insolvenzverwalter oder der Insolvenzschuldner? § 53 Abs. 9 S. 1 BRAO scheint in die Richtung des Schuldners zu deuten, weil er der Vertretene ist. Diese Vorschrift macht aber auch gleichzeitig deutlich, dass es nicht nur um ein Einrücken in die berufsrechtlichen Rechte und Pflichten des Rechtsanwalts geht, sondern auch um die fremdnützige treuhänderische Verwaltung[1264] seines berufsbezogenen Vermögens. Das Verwaltungsrecht über das schuldnerische Vermögen hat aber der Insolvenzverwalter inne. Das Recht zur Verwaltung des berufsbezogenen Anwaltsvermögens geht also aufgrund von § 80 Abs. 1 InsO auf den Insolvenzverwalter über und durch §§ 53 Abs. 9 S. 1, 55 Abs. 3 S. 1, Abs. 5 BRAO von diesem auf den Abwickler. Der (doppelt) Vertretene ist also der Anwalt, dessen vermögensbezogene Rechte aber der Insolvenzverwalter ausübt. Daher hat dieser die Informationsrechte.[1265]

Keine Einschränkung erfolgt durch das Recht auf informationelle Selbstbestimmung. Daran könnte man zwar denken, weil aufgrund der Informationsansprüche des Insolvenzverwalters und dessen Überwachung durch das Insolvenzgericht das Mandantengeheimnis beeinträchtigt wird. Es ließe sich insofern vertreten, dass ein von der Rechtsanwaltskammer bestellter Abwickler so gewissenhaft sei, dass es der Überprüfung durch Verwalter und Gericht nicht bedürfe. Das Gesetz wertet jedoch anders. Es gesteht ja schon grundsätzlich den Erben des verstorbenen Anwalts die Informationsrechte zu. Demgegenüber ist in der Information des Insolvenzverwalters und mittelbar des Insolvenzgerichts der

[1260] *Franke/Böhme* AnwBl 2004, 339, 341. Für Arbeitsverträge *Bundesrechtsanwaltskammer*, BRAK-Mitt 1994, 22, 23. Vgl. S. 165.

[1261] *Simonsen/Leverenz* BRAK-Mitt 1995, 224, 226.

[1262] *Franke/Böhme* AnwBl 2004, 339, 341. Zu den Voraussetzungen S. 186 ff.

[1263] Vgl. BGH NJW 1999, 3037, 3040; *Simonsen/Leverenz* BRAK-Mitt 1995, 224, 230; *Feuerich*/Weyland[6] § 55 Rn. 14.

[1264] Für Fremdnützigkeit *Feuerich*/Weyland[6] § 55 Rn. 2; LG Hamburg NJW 1994, 1883, 1884.

[1265] *Feuerich*/Weyland[6] § 55 Rn. 37; LG Rostock NJW-RR 2002, 846, 847.

geringere Eingriff zu sehen. Zudem wäre es sonst von der korrekten Arbeit einer Person, die nicht kontrolliert wird, abhängig, ob die Insolvenzgläubiger ordnungsgemäß befriedigt werden. Das benachteiligte die Gläubigerrechte ohne ausreichende Rechtfertigung. Im Ergebnis stehen dem Insolvenzverwalter also die Informationsrechte des Auftraggebers ohne Einschränkung zu.[1266]

3. *Herausgabepflicht*

Neben den Informationspflichten besteht für den Abwickler die Pflicht, alles herauszugeben, was er zur Abwicklung erhält und was er aus der Abwicklung erlangt, § 667 BGB, § 53 Abs. 9 Nr. 1 BRAO. Ersteres bezieht sich auf die Kanzleiräume und -gegenstände. Zu dem aus der Geschäftsführung Erlangten zählt die Vergütung der anwaltlichen Tätigkeit, die der Abwickler selbst einziehen darf. Der Insolvenzverwalter ist dazu nicht befugt.[1267] Der Herausgabeanspruch ist massebefangen und umfasst auch das Fremdgeld.[1268]

Während das zur Ausführung des Auftrags Erhaltene zum Auftragsende zurückgegeben werden muss,[1269] besteht Unklarheit darüber, wann der Auftraggeber das Erlangte gemäß § 667 BGB herausverlangen kann. *Seiler* sieht den Anspruch mit seiner Entstehung fällig, also sobald die Voraussetzungen der Vorschrift gegeben sind.[1270], während die h. M. auf die Beendigung des Auftrags abstellt,[1271] wenn keine besondere Abrede getroffen wurde.[1272] *Sprau* will zudem die Umstände des Einzelfalls berücksichtigen, vgl. § 271 Abs. 1 BGB.[1273] Der Streit soll hier nicht allgemeingültig, sondern nur für den Fall der Abwicklung entschieden werden: Der Abwickler darf auf seine Vergütung Vorschüsse entnehmen, § 53 Abs. 10 S. 6 BRAO. Möglich ist die Entnahme nur, wenn die Kanzleieinnahmen beim Abwickler verbleiben und nicht sofort herausgegeben werden müssen. Der Herausgabeanspruch (und der Anspruch auf Rechnungslegung) wird daher erst mit dem Ende der Abwicklung fällig.[1274]

IV. Begründung von Masseverbindlichkeiten

Durch die Abwicklung fallen Kosten an: Zum einen wird die Tätigkeit des Abwicklers vergütet, zum anderen werden im Rahmen der Abwicklung Verträge geschlossen, aus denen Verbindlichkeiten erwachsen. Sollte ein Mietvertrag bestehen, kann der Insolvenzverwalter den eventuell bestehenden Mietvertrag entgegen § 109 Abs. 1 S. 1 InsO nicht kündigen, da der Abwickler berechtigt ist, die Kanzleiräume zu betreten und zu nutzen, § 53 Abs. 10 S. 1 BRAO. Das Mietverhältnis besteht damit zu Lasten der Masse fort, §§ 55 Abs. 1 Nr. 2 Fall 2,

---

[1266] A. A. *Feuerich*/Weyland[6] § 55 Rn. 37; *Simonsen/Leverenz* BRAK-Mitt 1995, 224, 229; *Kuhn/Uhlenbruck*[11] § 117 Rn. 14c; OLG Celle BRAK-Mitt 2002, 198, 199.

[1267] Jaeger-InsO/*Henckel* § 35 Rn. 18.

[1268] BGH NZI 2005, 681, 682 f.; OLG Rostock ZInsO 2004, 748 f.

[1269] Erman/*H. Ehmann*[11] § 667 Rn. 7.

[1270] MK-BGB[4] § 667 Rn. 21. Ähnlich Jauernig/*Mansel*[11] § 667 Rn. 5.

[1271] Staudinger/*Martinek*[2006] § 667 Rn. 17.

[1272] Nomos-BGB/*Schulze*[5] § 667 Rn. 4; Bamberger/Roth/*Czub* § 667 Rn. 3.

[1273] Palandt/*Sprau*[66] § 667 Rn. 8. Ähnlich Erman/*H. Ehmann*[11] § 667 Rn. 27.

[1274] BGH NZI 2005, 681, 682 f.; LG Rostock NJW-RR 2002, 846, 847; Jaeger-InsO/*Henckel* § 35 Rn. 18; Braun/*Bäuerle*[2] § 35 Rn. 49.

108 Abs. 1 S. 1 InsO.[1275] Alle anderen aus Verträgen entstandenen Verbindlichkeiten sind als Auslagen des Abwicklers zu qualifizieren.

Der Abwickler erhält vom Insolvenzverwalter den Auslagenersatz, § 670 BGB, § 53 Abs. 9 S. 2 BRAO und die Vergütung, § 53 Abs. 10 S. 4 BRAO. Wie die Masse dafür haftet, ist unklar.[1276] Während die eine Meinung § 324 Abs. 1 Nr. 6 InsO analog anwenden will,[1277] sieht die andere Meinung diese Norm nicht verallgemeinerungsfähig und will lieber nach allgemeinen Grundsätzen entscheiden.[1278] Danach kommt es auf den Zeitpunkt der Anspruchsbegründung an. Der Zahlungsanspruch, der nach Eröffnung des Insolvenzverfahrens entstanden ist, ist schwierig einzuordnen. Ihn als persönliche Verbindlichkeit des Schuldners anzusehen, erscheint nicht sachgerecht, da die Abwicklertätigkeit der Masse zugutekommt. Das gilt umso mehr, als die Abwicklerbestellung neben den Interessen der Rechtsuchenden und der Rechtspflege auch den Interessen der Insolvenzgläubiger dient. Im Katalog des § 55 Abs. 1 InsO lässt sie sich jedoch allenfalls unter Nr. 1 Fall 2 verorten. Unter dieser Alternative versteht man indes die Verwaltung, Verwertung und Verteilung der Insolvenzmasse, die zwar ohne eine Handlung des Insolvenzverwalters abläuft, aber eben auch ohne dass jemand anderes im Interesse der Insolvenzmasse handelt. Solange ein Abwickler eingesetzt ist, kann die Führung der Kanzlei gerade nicht als Masseverwaltung durch den Insolvenzverwalter angesehen werden.[1279] Daher wird die Vorschrift auch bei der Geschäftsführung ohne Auftrag, die nach Verfahrenseröffnung stattfindet, analog angewandt.[1280] Ob man § 55 Abs. 1 Nr. 1 Fall 2 InsO[1281] oder § 324 Abs. 1 Nr. 6 InsO analog anwendet, ist Geschmackssache.[1282]

Für die Heranziehung von § 324 Abs. 1 Nr. 6 InsO spricht, dass er auch für die Zeit vor der Verfahrenseröffnung eine überzeugende Lösung anbietet. Hier müsste man nämlich eigentlich die Abwicklerforderung als Insolvenzforderung einordnen. Das hätte den Nachteil, dass ausgerechnet der Abwickler, der wegen Vermögensverfalls bestellt wird, nicht sicher sein kann, ob er Vergütung und Auslagenersatz bekommt. Im Vergleich zum Nachlasspfleger, zum Testamentsvollstrecker und zu dem Erben, der die Erbschaft ausgeschlagen hat, erscheint der Kanzleiabwickler mindestens ebenso schutzwürdig. Es lässt sich nicht feststellen, dass diese Regelungslücke dem gesetzgeberischen Plan entspricht. Die Vermutung liegt nahe, dass der Gesetzgeber den ihm bekannten, schon zu § 224 Abs. 1 Nr. 6 KO bestehenden Meinungsstreit bei der Einführung der InsO nicht lösen, sondern weiterhin Wissenschaft und Rechtsprechung überlassen wollte. Diese Überlegung leuchtet auch deswegen ein, weil die Frage im Lichte der InsO vielleicht anders zu beurteilen ist. Zudem war das Problem der Insolvenz der Rechtsanwälte zum Gesetzgebungszeitpunkt noch nicht so verbreitet.[1283] Es handelt sich also um eine offene planwidrige Unvollstän-

---

[1275] *Ries* ZVI 2004, 221, 223.

[1276] Offengelassen von BGH NZI 2005, 681.

[1277] OLG Celle BRAK-Mitt 2002, 198 f. In Bezug auf die Vorgängernorm § 224 Abs. 1 Nr. 6 KO LG Hamburg NJW 1994, 1883, 1884; *Simonsen/Leverenz* BRAK-Mitt 1995, 224, 230. Nur vor der Verfahrenseröffnung OLG Rostock ZInsO 2004, 748, 749.

[1278] *Tetzlaff* ZInsO 2005, 393, 402; *Schildt* S. 154. Jedenfalls gegen analoge Anwendung von § 324 Abs. 1 Nr. 6 InsO bzw. § 224 Abs. 1 Nr. 6 KO Uhlenbruck/*Lüer*[12] § 324 Rn. 7; *Kilger/K. Schmidt*[17] § 224 KO 1) f).

[1279] Vgl. OLG Celle BRAK-Mitt 2002, 198, 199.

[1280] Uhlenbruck/*Berscheid*[12] § 55 Rn. 43; MK-InsO/*Hefermehl* § 55 Rn. 67.

[1281] Dafür *Ries* ZVI 2004, 221, 223; *Feuerich*/Weyland[6] § 55 Rn. 36.

[1282] Auf die Bestimmung des Haftungsgrundes verzichtend *Franke/Böhme* AnwBl 2004, 339, 340.

digkeit des Gesetzes.[1284] Damit kann § 324 Abs. 1 Nr. 6 InsO analog angewandt werden, wenn der Zweck der Vorschrift es erlaubt.

Es gibt mehrere Gründe dafür, die vor der Verfahrenseröffnung entstandenen Ansprüche des Abwicklers als Masseverbindlichkeiten einzustufen. Da er bei Vermögensverfall des Rechtsanwalts eingesetzt wird, besteht die große Gefahr der Insolvenz, womit die Vergütung von Anfang an unter einem unsicheren Stern stünde. Das ist der Bedeutung dieses Amts unangemessen und würde dazu führen, dass sich kaum jemand mehr zur Kanzleiabwicklung zur Verfügung stellen würde. Wenn die Vergütung gesichert ist, besteht zudem für den Abwickler kein Anlass, in kurzen Abständen abzurechnen, um sich vor dem Insolvenzrisiko zu schützen. Die Bürgenhaftung der Rechtsanwaltskammer nach § 53 Abs. 10 S. 7 BRAO verlagert dieses Risiko lediglich. Schließlich würde mit der Einordnung als Insolvenzforderung verkannt, dass der Abwickler Geschäfte zur Mehrung der Masse betreibt. Aus den §§ 55 Abs. 1, 2, 324 Abs. 1 InsO lässt sich schließlich der allgemeine Rechtsgrundsatz herleiten, dass Masseverbindlichkeiten diejenigen Verbindlichkeiten sein sollen, die aufgrund von Verpflichtungen der Masse bzw. deren Inhabers oder durch Geschäfte zugunsten der Masse entstanden sind.[1285] All dies spricht dafür, § 324 Abs. 1 Nr. 6 InsO analog auf die Verbindlichkeiten anzuwenden, die durch die Tätigkeit eines wegen Vermögensverfalls bestellten Abwicklers begründet wurden.

Im Falle der Anzeige der Masseunzulänglichkeit spielt der Rang eine wichtige Rolle. Von denen, die eine entsprechende Anwendung des § 324 Abs. 1 Nr. 6 InsO befürworten, meinen viele, dass die Vergütung des Abwicklers derjenigen des Insolvenzverwalters vorgehe.[1286] Diese Aussage traf aber schon auf die KO nicht zu. Denn die Vergütungsforderungen des Konkursverwalters waren Massekosten, § 58 Nr. 2 KO, und somit unter § 60 Abs. 1 Nr. 2 KO zu fassen. Dagegen waren die Ansprüche des Abwicklers laut § 224 Abs. 1 Nr. 6, Abs. 2 KO Masseschulden gemäß § 60 Abs. 1 Nr. 3 KO.[1287] Sie traten also

---

1283 OLG Rostock ZInsO 2004, 748, 749.

1284 Allgemein dazu *Larenz* Methode S. 373 f., 377 ff., 381 ff.

1285 Auf die Massedienlichkeit stellt auch LG Hamburg NJW 1994, 1883, 1884 ab. Dagegen *Kilger/K. Schmidt*[17] § 224 KO 1) f); Uhlenbruck/*Lüer*[12] § 324 Rn. 7.

1286 OLG Celle BRAK-Mitt 2002, 198; *Franke/Böhme* AnwBl 2004, 339, 340; *Feuerich*/Weyland[6] § 55 Rn. 36; *Sattler/Rickert* ZInsO 2006, 76, 77. Kritisch *Hirte* ZInsO 2004, 799.

1287 Die Normen der KO lauteten:

„§ 58. Massekosten sind:
1. die gerichtlichen Kosten für das gemeinschaftliche Verfahren;
2. die Ausgaben für die Verwaltung, Verwertung und Verteilung der Masse;
3. die dem Gemeinschuldner und dessen Familie bewilligte Unterstützung.

§ 60 (1) Sobald sich herausstellt, daß die Konkursmasse zur vollständigen Befriedigung aller Massegläubiger nicht ausreicht, werden Massekosten und Masseschulden, soweit diese Ansprüche auf einen Geldbetrag gerichtet sind, nach folgender Rangordnung, bei gleichem Rang nach dem Verhältnis ihrer Beträge, berichtigt:
1. die Masseschulden im Sinne des § 59 Abs. 1 Nr. 1, 2,
2. die Massekosten im Sinne des § 58 Nr. 1, 2, von diesen zuerst die baren Auslagen,
3. die Masseschulden im Sinne des § 59 Abs. 1 Nr. 3, 4,
4. die Massekosten im Sinne des § 58 Nr. 3.

§ 224 (1) Masseschulden sind außer den im § 59 Abs. 1 bezeichneten Verbindlichkeiten:
[...]
6. die Verbindlichkeiten, welche für den Erben gegenüber einem Nachlaßpfleger, einem Testamentsvollstrecker oder einem Erben, der die Erbschaft ausgeschlagen hat, aus der Geschäftsführung dieser

schon damals hinter dem Vergütungsanspruch des Verwalters zurück. Daran hat sich durch die Einführung der InsO nichts geändert. Während die Vergütungen und Auslagen des Insolvenzverwalters als Kosten des Insolvenzverfahrens auf dem ersten Rang sind, §§ 209 Abs. 1 Nr. 1, 54 Nr. 2 InsO, befinden sich die Verbindlichkeiten aus der Kanzleiabwicklung auf dem dritten Rang, §§ 209 Abs. 1 Nr. 3, 324 Abs. 1 Nr. 6, Abs. 2 InsO.

Eine Bevorzugung dieser Verbindlichkeiten ist auch nicht deswegen notwendig, weil der Vertragspartner des Insolvenzverwalters um dessen Rechtstellung weiß und bei Bedarf zusätzliche Sicherheitsabreden treffen kann.[1288] Der Gesetzgeber hat nämlich mit Bedacht stets denjenigen privilegiert, der bewusst mit dem Insolvenzverwalter nach der Verfahrenseröffnung oder sogar nach der Anzeige der Masseunzulänglichkeit kontrahiert, vgl. §§ 209 Abs. 1 Nr. 2, 3, 61 InsO. Damit soll sichergestellt werden, dass sich in der prekären Lage des Schuldners überhaupt jemand bereitfindet, die von der Masse benötigten Leistungen zu erbringen. Eine Sonderstellung nehmen lediglich Insolvenzgericht und Insolvenzverwalter ein, weil deren Ansprüche selbst denjenigen Ansprüchen vorgehen, die nach der Anzeige der Masseunzulänglichkeit begründet worden sind. Das hängt damit zusammen, dass Gericht und Verwalter das Verfahren betreiben, folglich unverzichtbar sind. Das kann man jedoch auch in gewisser Weise vom Kanzleiabwickler behaupten, zumindest wenn der Insolvenzverwalter kein Rechtsanwalt ist. Hinzu kommt, dass der Abwickler nicht nur im Interesse der zu verwaltenden Vermögensmasse, sei es Erbmasse oder kanzleibezogenes Vermögen, tätig wird, sondern auch im Interesse der Mandanten und der Rechtspflege. Trotz dieser beachtlichen Argumente erscheint es sinnvoll, die Abwicklerkosten nicht zu Kosten des Insolvenzverfahrens zu erheben. Denn das wäre nicht mehr vom Rechtsgedanken des § 324 Abs. 1 Nr. 6 InsO gedeckt. Gerade weil der Kanzleiabwickler die Interessen der Mandanten und der Rechtspflege wahrt, erscheint es nicht unbillig, ihn wegen seines Forderungsausfalls auf die bürgengleiche Haftung der Rechtsanwaltskammer zu verweisen, § 53 Abs. 10 S. 7 BRAO.

V. Bestellung eines Vertreters

Im Falle der Anordnung der sofortigen Vollziehung des Zulassungswiderrufs gemäß § 16 Abs. 6 S. 2 BRAO muss die Rechtsanwaltskammer von Amts wegen einen Vertreter bestellen, wenn ein Bedürfnis besteht, §§ 161, 16 Abs. 7 BRAO. Dieses wird wie bei der Kanzleiabwicklung dann gegeben sein, wenn (noch) kein als Rechtsanwalt zugelassener Insolvenzverwalter bestellt ist.[1289] Die oben zum Abwickler gemachten Aussagen gelten entsprechend für den von Amts wegen bestellten Vertreter mit der Maßgabe, dass der Vertreter die Kanzlei nicht abzuwickeln, sondern fortzuführen hat.

Nach Eintritt der Rechtskraft des Widerrufs ist (in der Regel) ein Abwickler zu bestellen.[1290] Wenn gegen den bisherigen Vertreter keine Beschwerden vorliegen, muss dieser zum Schutz des Mandantengeheimnisses als Abwickler bestellt werden.

Personen entstanden sind, soweit die Nachlaßgläubiger verpflichtet sein würden, wenn die bezeichneten Personen die Geschäfte für sie zu besorgen gehabt hätten.

(2) Die in Absatz 1 bezeichneten Verbindlichkeiten haben den Rang des § 60 Abs. 1 Nr. 3."

1288 So aber OLG Celle BRAK-Mitt 2002, 198, 199.

1289 Zum Bedürfnis *Feuerich*/Weyland[6] § 161 Rn. 1.

1290 BGH NJW-RR 1993, 440.

Abschließend soll ein Blick auf die Verdienstmöglichkeiten des Schuldners nach Zulassungswiderruf geworfen werden. Das höchste Einkommen kann der ehemalige Rechtsanwalt wohl in der Rechtsberatung erwirtschaften, weil er hierfür im Allgemeinen am besten ausgebildet ist. Wenn er dabei nicht auf die Nebengebiete der Rechtsbesorgung nach § 1 Abs. 1 S. 2 RBerG beschränkt sein will, kommt lediglich eine Anstellung bei einem Rechtsanwalt in Frage, vgl. §§ 6 Abs. 1 Nr. 2, 3 Nr. 2 RBerG. Immerhin kann der ehemalige Anwalt auch von demjenigen beschäftigt werden, der die Kanzlei fortführt.[1291] Damit sich diese Tätigkeit nicht als Umgehung des Erlaubniszwangs darstellt, § 6 Abs. 2 RBerG, muss sie abhängig und weisungsgebunden sein.[1292] Die Möglichkeit der Tätigkeit als juristischer Mitarbeiter darf nicht darüber hinwegtäuschen, dass der Verdienst normalerweise wesentlich niedriger ist als derjenige eines unselbstständigen oder selbstständigen Rechtsanwalts.[1293]

1291 Vgl. BFH ZIP 1994, 1283: Als zulässig wurde erachtet, dass der Konkursverwalter die Steuerberatungspraxis des Schuldners betreibt und ihn als Steuerfachgehilfe anstellt.

1292 Näher dazu OVG Hamburg NJW 2004, 3357, 3358.

1293 *Römermann* AnwBl 2005, 178, 181; *Schmittmann* ZInsO 2004, 725, 728.

Schlussbetrachtung

Der Schlussteil soll dazu genutzt werden, die Unterschiede zwischen der Insolvenz des Rechtsanwalts und derjenigen des gewerblichen Unternehmers herauszuarbeiten.

Die Betrachtung des Insolvenzbeschlags hat gezeigt, dass ein beträchtlicher Teil des Kanzleivermögens davon nicht erfasst wird. Im Unterschied zu den allermeisten gewerblichen Unternehmern, deren Betrieb zu einem erheblichen Teil auf der Nutzung des Betriebskapitals beruht, liegt der Schwerpunkt der anwaltlichen Leistung auf der Erbringung persönlicher Dienste. Darum gehören Gebrauchsgegenstände der Kanzlei nicht zur Insolvenzmasse, solange der Inhaber die Kanzlei selbst betreibt. Der persönliche Bezug des Anwalts zu seiner Tätigkeit ist gleichfalls der Grund, weshalb von ihm geschlossene Verträge, die Mandate oder die Beschaffung von Kanzleigegenständen zum Inhalt haben, nicht dem Erfüllungswahlrecht des Insolvenzverwalters unterliegen. Eher mittelbar mit der Persönlichkeit des Schuldners hängt zusammen, dass der Kanzleiname nicht verwertet werden darf; unmittelbar ergibt sich dies aus wettbewerbsrechtlichen Überlegungen. In der Frage der zur Insolvenzmasse gehörenden Gegenstände unterscheidet sich die Anwaltsinsolvenz also erheblich von derjenigen des gewerblichen Unternehmers. Denn dort fallen das bewegliche Betriebsvermögen, dic Firma und die gegenseitigen Verträge unter den Insolvenzbeschlag.

Gemeinsam ist beiden Formen der Insolvenz, dass Räumlichkeiten, Forderungen sowie Miet-, Arbeits- und sonstige unternehmensbezogene Verträge insolvenzbefangen sind. Es zeigt sich aber bei genauerem Hinsehen, dass deren Verwertung bei der Insolvenz des Rechtsanwalts erheblich eingeschränkt ist. Der Insolvenzverwalter darf nämlich eine schuldnerische Tätigkeit weder direkt noch indirekt behindern, wenn sie ihre Kosten deckt und zum Erwerb des Schuldners beiträgt. Solange der Anwalt also seinen Lebensunterhalt durch die Kanzlei verdienen kann, dürfen nur solche unternehmensbezogenen Verträge gekündigt werden, die der Schuldner selbst zu besseren Bedingungen abschließen könnte. Aus diesem Grund kann der Verwalter die Kanzleiräume nicht herausverlangen, wenn sie von der Größe und Ausstattung her der schuldnerischen Kanzlei angemessen sind.

Bei der Verwertung der Forderungen taucht ein neues Problem auf: Wenn sie aus Mandaten hervorgegangen sind, wird das Recht der Mandanten auf informationelle Selbstbestimmung allein dadurch beeinträchtigt, dass sich der Insolvenzverwalter Informationen zur Forderungsdurchsetzung aus den Mandantenakten beschaffen muss. Denn die anwaltliche Tätigkeit ist nicht nur persönlich auf den Auftragnehmer, sondern aufgrund der zur Rechtsberatung offenzulegenden Geheimnisse auch auf den Auftraggeber bezogen. Deshalb dürfen zwar der Insolvenzverwalter und das Insolvenzgericht die Akten einsehen und den Schuldner zu den Mandaten befragen, jedoch nicht die Gläubiger. Diese verfahrensmäßigen Vorkehrungen sind in der Insolvenz des gewerblichen Unternehmers nicht zu treffen, da seine Leistungserbringung im Allgemeinen keine Geheimnispreisgabe durch den Auftraggeber erfordert.

Eine gewerbliche Tätigkeit kann grundsätzlich frei ausgeübt werden. Sollte eine Erlaubnis erforderlich sein, so bleibt diese zugunsten des Insolvenzverwalters bestehen, wenn das Insolvenzverfahren eröffnet wurde. Der Anwaltsberuf kann dagegen nur nach der Zulassung zur Anwaltschaft ausgeübt werden, die allein für denjenigen gilt, der die

Voraussetzungen erfüllt. Daraus ergibt sich bereits, dass der Insolvenzverwalter nur dann die Mandate des Anwalts weiterführen kann, wenn er selbst als Rechtsanwalt zugelassen ist. Darüber hinaus werden die Mandanten aber keine Notwendigkeit sehen, den Insolvenzverwalter zu beauftragen, solange der insolvente Anwalt noch tätig ist. In dieser Situation ist dem Verwalter die Weiterführung der Kanzlei praktisch verwehrt. Daran ändert sich erst etwas, wenn der Insolvenzschuldner nicht mehr in seiner Kanzlei arbeitet. Dies kann auch unfreiwillig geschehen, weil die Anwaltszulassung aufgrund der Eröffnung des Insolvenzverfahrens widerrufen werden kann. Anschließend kann der Verwalter allein oder mit Hilfe von Angestellten den Betrieb der Praxis aufrechterhalten und sie abwickeln oder verkaufen.

Das Insolvenzverfahren über das Vermögen eines Rechtsanwalts wird gegenüber der gewerblichen Insolvenz im Wesentlichen durch zwei Faktoren modifiziert, nämlich durch die Freiheit des Berufs und durch das anwaltliche Berufsrecht. Die Berufsfreiheit garantiert mit Hilfe vollstreckungsrechtlicher Normen, dass dem insolventen Anwalt nicht dasjenige genommen wird, was er zur Berufsausübung und damit zum Erwerb des Lebensunterhalts braucht. Mittelbar schützt es die Gemeinschaft, weil verhindert wird, dass der Schuldner zu ihren Lasten hilfsbedürftig wird. Das anwaltliche Berufsrecht zielt, indem es die Interessen der Mandanten wahrt, auf die Funktionsfähigkeit der Rechtspflege.

Der persönliche Erwerb des Rechtsanwalts und die Funktionsfähigkeit der Rechtspflege verlieren nichts von ihrer Schutzwürdigkeit in der Insolvenz des Rechtsanwalts. Daher verwundert es nicht, dass sich diese Belange im Rahmen dieser Untersuchung meistens gegenüber den besonderen Belangen des Insolvenzverfahrens durchgesetzt haben, z. B. beim Insolvenzbeschlag der Erwerbsgegenstände oder der Weisungsbefugnis des Insolvenzverwalters. Insolvenzspezifische Sonderlösungen waren nur dort statthaft, wo sie die vorrangigen Schutzzwecke nicht beeinträchtigten. Auf diese Weise kamen etwa die Treuhänderlösung bei der Akteneinsicht oder die Abwicklung durch den Insolvenzverwalter zustande.

Anhang: Insolvenzen von Rechtsanwaltskanzleien 2002-2006

Zeitraum	Insolvenzverfahren eröffnet	Insolvenzverfahren mangels Masse abgewiesen	Insolvenzverfahren insgesamt	Zu- bzw. Abnahme gegenüber dem Vorjahreszeitraum	Beschäftigte	Voraussichtliche Forderungen
	Anzahl			%	Anzahl	1.000 EUR
Rechtsanwaltskanzleien ohne Notariat						
2002	23	5	28	55,6	13	11.030
2003	22	7	29	3,6	16	24.246
2004	28	17	45	55,2	19	26.432
2005	23	13	36	- 20,0	24	10.868
2006	47	13	60	66,7	50	26.218
Rechtsanwaltskanzleien mit Notariat						
2002	4	4	8	-27,3	1	7.457
2003	9	3	12	50,0	15	4.573
2004	19	7	26	116,7	31	25.133
2005	14	2	16	- 38,5	36	6.628
2006	14	8	22	37,5	13	28.582

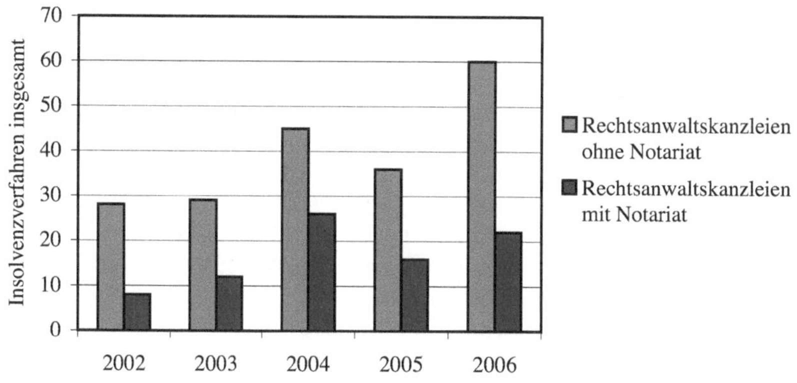

(Zahlen: Statistisches Bundesamt)

Literaturverzeichnis

Abel, Ralf B., Datenschutz in Anwaltschaft, Notariat und Justiz, 2. Aufl., München 2003, zitiert: Abel/*Bearbeiter*.

Adam, Roman F., Die Aufrechnung im Rahmen der Insolvenzordnung, WM 1998, 801.

Ahrens, Hans-Jürgen, Anwaltsrecht für Anfänger, München 1996.

Andres, Dirk, Die geplante Neuregelung des Neuerwerbs des selbstständigen Schuldners in der Insolvenz, NZI 2006, 198.

Andres, Dirk/Pape, Gerhard, Die Freigabe des Neuerwerbs als Mittel zur Bewältigung der Probleme einer selbstständigen Tätigkeit des Schuldners, NZI 2005, 141.

Arbeitskreis für Insolvenz- und Schiedsgerichtswesen e.V., Aktuelle Probleme des neuen Insolvenzrechts, Köln 2000.

Axmann, Mario, Anwaltsrecht, Band 1, Berufsrecht und Kanzleigründung, Haftung, Gebühren und Steuern, Stuttgart 2003, zitiert: Axmann/*Bearbeiter*.

Balz, Manfred/Landfermann, Hans-Georg, Die neuen Insolvenzgesetze, 2. Aufl., Düsseldorf 1999.

Balzer, Christian, Beweisaufnahme und Beweiswürdigung im Zivilprozess, 2. Aufl., Berlin 2005.

Bassenge, Peter/Herbst, Gerhard/Roth, Herbert, Gesetz über die Angelegenheiten der freiwilligen Gerichtsbarkeit, Rechtspflegergesetz, Kommentar, 10. Aufl., Heidelberg 2004.

Baumbach, Adolf/Hopt, Klaus J., Handelsgesetzbuch, Kommentar, 32. Aufl., München 2006.

Baumbach, Adolf/Lauterbach, Wolfgang/Albers, Jan/Hartmann, Peter, Zivilprozessordnung, 65. Aufl., München 2007.

Baur, Fritz/Stürner, Rolf, Insolvenzrecht, 3. Aufl., Heidelberg 1991, zitiert: *Baur/Stürner* InsR.

Beck, Siegfried/Depré, Peter, Praxis der Insolvenz, München 2003, zitiert: Beck/Depré/*Bearbeiter*.

Berger, Christian, Die Abtretung ärztlicher Honorarforderungen, NJW 1995, 1584.

Berger, Christian, Anm. zu BGH, Urteil vom 5. 4. 2001 – IX ZR 441/99, JZ 2002, 46.

Berger, Christian, Anwaltliche Honorarforderungen – Gerichtliche Durchsetzung und berufsrechtliche Verschwiegenheitspflicht, MDR 2003, 970.

Bissel, Christian, Reform anwaltlicher Ausbildung, AnwBl 1996, 267.

Bley, Erich/Mohrbutter, Jürgen, Vergleichsordnung, Grosskommentar, Band 2: §§ 82-132, Anhang, Nachtrag, Register, 4. Aufl., Berlin 1981.

Blunk, Andreas, Zur Verwertbarkeit von Datenbeständen in der Insolvenz, Baden-Baden 2006.

Borgmann; Brigitte, Die Rechtsprechung des BGH zum Anwaltshaftungsrecht in der Zeit von Mitte 1991 bis Mitte 2000, NJW 2000, 2953.

Bork, Reinhard, Grundfragen der Zahlungsfähigkeit (§ 17 InsO), KTS 2005, 1.

Bork, Reinhard, Einführung in das Insolvenzrecht, 4. Aufl., Tübingen 2005.

Braun, Eberhard/Uhlenbruck, Wilhelm, Unternehmensinsolvenz, Düsseldorf 1997.

Bremen, Michael, Erst Konkursverfahren – dann Insolvenzverfahren?, ZInsO 2002, 1.
Breuer, Rüdiger, Schutz von Betriebs- und Geschäftsgeheimnissen im Umweltrecht, NVwZ 1986, 171.
Braun, Eberhard, Insolvenzordnung, Kommentar, 2. Aufl., München 2004.
Bringewat, Bernd/Waza, Thomas, Insolvenzen und Steuern, 6. Aufl., Berlin 2004.
Brötel, Achim, Reden ist Silber, Schweigen ist Gold? – Zur Behandlung ärztlicher Honoraransprüche bei Abgabe der eidesstattlichen Versicherung, NJW 1998, 3387.
Brox, Hans/Walker, Wolf-Dietrich, Zwangsvollstreckungsrecht, 7. Aufl., Köln usw. 2003, zitiert: *Brox/Walker* ZVR.
Brox, Hans/Walker, Wolf-Dietrich, Besonderes Schuldrecht, 31. Aufl., München 2006, zitiert: *Brox/Walker* SchuldR AT.
Buchalik, Robert, Faktoren einer erfolgreichen Eigenverwaltung, NZI 2000, 294.
Bundesrechtsanwaltskammer, Abwickler und amtlich bestellte Vertreter, BRAK-Mitt 1994, 22.
Bundesrechtsanwaltskammer-Ausschuss Bewertung von Anwaltspraxen, Zur Bewertung von Anwaltspraxen, BRAK-Mitt 1992, 24.
Buß, Thomas/Honert, Alessandro, Die „prozeßtaktische" Zession, JZ 1997, 694.

Creifelds, Carl, Rechtswörterbuch, 18. Aufl., München 2004.
Creutz, Marcus, Kammer geht gegen Inkassostelle für Anwaltshonorare vor, Handelsblatt vom 9. 3. 2005, S. 37.

Dahns, Christian, Die Abtretung anwaltlicher Honorarforderungen an Berufskollegen, NJW-Spezial 2004, 45.
Deutscher Anwaltverein, DAV-Anwaltausbildung, Band 2: Die Anwaltskanzlei, Bonn 2005.
Diepold, Hugo, Hat § 49b BRAO Auswirkungen auf die Pfändbarkeit von Vergütungsforderungen von Rechtsanwälten?, MDR 1995, 23.
Diepold, Hugo, Sind Honorarforderungen von Anwälten, Ärzten und Zahnärzten pfändbar?, MDR 1993, 835.
Döbereiner, Stephan, Die Restschuldbefreiung nach der Insolvenzordnung, Bielefeld 1997.
Dohmen, Caspar/Keuchel, Jan, Justizreform lässt große Anwaltskanzleien kalt, Handelsblatt vom 10. 1. 2005, S. 5.
Dombek, Bernhard, Erschreckende Sorglosigkeit, BRAK-Mitt 2005, 97.
Dreier, Horst, Grundgesetz, Kommentar, Band 3: Art. 83-146, Tübingen 2000, zitiert: Dreier/*Bearbeiter*.

Ebenroth, Carsten Thomas/Boujong, Karlheinz, Joost, Detlev, Handelsgesetzbuch, Kommentar, Band 2: §§ 343-475h, Transportrecht, Bank- und Börsenrecht, München 2001, zitiert: Ebenroth/Boujong/Joost/*Bearbeiter*.
Eich, Alexander, Die Bewertung von Anwaltspraxen, Köln 1995.
Eickmann, Dieter u. a., Heidelberger Kommentar zur Insolvenzordnung, Heidelberg, zitiert: HK/*Bearbeiter*,
– 3. Aufl. 2003,
– 4. Aufl. 2006.
Eidenmüller, Horst, Unternehmenssanierung zwischen Markt und Gesetz, Köln 1999.

Englert, Joachim, Die Bewertung von freiberuflichen Praxen mit Hilfe branchentypischer Wertfindungsmethoden, BB 1997, 142.
Eser, Albin, Wahrnehmung berechtigter Interessen als allgemeiner Rechtfertigungsgrund, Bad Homburg 1969.
Esser, Albert/Prossliner, Michael, Insolvenz und berufsständische Versorgung, NZI 2002, 647.
Everts, Arne, Sicherung anwaltlicher Honorarforderungen durch Arrest?, NJW 2002, 3136.

Feser, Udo, Insolvenzplan und Eigenverwaltung – ein gangbarer Weg in der Insolvenz von Rechtsanwälten, BerlAnwBl 2003, 598.
Feuchtwanger, Sigbert, Die Freien Berufe, im besonderen: die Anwaltschaft, München usw. 1922.
Feuerich, Wilhelm E./Weyland, Dag, Bundesrechtsanwaltsordnung, Kommentar, 6. Aufl., München 2003.
Fiedler, Jan, Gibt es ein Anwaltsleben nach dem „wirtschaftlichen Tod"?, BerlAnwBl 2003, 597.
Flume, Werner, Allgemeiner Teil des bürgerlichen Rechts, Band 2: Das Rechtsgeschäft, 4. Aufl., Berlin usw. 1992.
Foerste, Ulrich, Insolvenzrecht, 3. Aufl., München 2006.
Foerste, Ulrich/Ising, Petra, Reform des Pfändungsschutzes für Selbstständige – wirklich durchdacht?, ZRP 2005, 129.
Franke, Christoph, Analoge Anwendung der Sachpfändungsvorschriften bei Computerprogrammen, MDR 1996, 236.
Franke, Johannes/Böhme, Ralf, Die Kollision von Berufs- und Insolvenzrecht bei der Kanzleiabwicklung, AnwBl 2004, 339.
Friedemann, Jens, Der Glanz der Immobilie verblaßt, FAZ vom 27. 12. 2004 S. 9.
Friedlaender, Adolf/Friedlaender, Max, Kommentar zur Rechtsanwaltsordnung vom 1. Juli 1878, 3. Aufl., München 1930.
Frotscher, Gerrit, Besteuerung bei Insolvenz, 6. Aufl., Frankfurt am Main 2005.
Fuchs, Karlhans, Kölner Schrift zur Insolvenzordnung, 2. Aufl., Herne 2000, zitiert: KS/*Bearbeiter*.

Geiger, Rudolf, EGV/EUV, Vertrag über die Europäische Union und Vertrag zur Gründung der Europäischen Gemeinschaft, Kommentar, 4. Aufl., München 2004.
Gerhardt, Walter, Zur Reichweite der Vermögenshaftung. Dargestellt am Beispiel des vollstreckungs-, insolvenz- und anfechtungsrechtlichen Zugriffs auf Unternehmen und Freiberuflerpraxen, in: Festschrift für Hans Friedhelm Gaul, Bielefeld 1997, S. 139.
Gerigk, Angela, Die Berücksichtigung der Schuldnerinteressen an einer zügigen Aufhebung des Insolvenzverfahrens und die Aufgaben des Treuhänders in der Wohlverhaltensperiode, ZInsO 2001, 931.
Gerold, Wilhelm/Schmidt, Herbert, Rechtsanwaltsvergütungsgesetz, Kommentar, 17. Aufl., München 2006, zitiert: Gerold/Schmidt/*Bearbeiter*.
Gienapp, Christopher/von Hugo, Philipp, Wirksamkeitsprobleme bei der Übertragung von Steuerberatungs- und Rechtsanwaltskanzleien, BB 1997, 2229.
Gieseler, Dieter, Anwaltliches Erfolgshonorar – Berufsbild und Berufsethos, JR 2005, 221.

von Gleichenstein, Hans, Die Altersvorsorge Selbstständiger in der Insolvenz – Pfändbarkeit und Insolvenzbeschlag von der Altersvorsorge von Selbstständigen dienenden Vermögensgegenständen, ZVI 2004, 149.

Goedel, Ursula, Pflichten und Berechtigungen des Arztes zur Anzeige und Auskunft gegenüber Dritten als Rechtfertigungsgründe des Paragraphen 300 StGB, Freiburg 1970.

Gola, Peter/Schomerus, Rudolf, Bundesdatenschutzgesetz, Kommentar, 8. Aufl., München 2005.

Gottwald, Peter, Insolvenzrechts-Handbuch, 3. Aufl., München 2006.

Gottwald, Peter/Rosenberg, Leo/Schwab, Karl Heinz, Zivilprozessrecht, 16. Aufl., München 2004.

Graeber, Thomas, Die Aufgaben des Insolvenzverwalters im Spannungsfeld zwischen Delegationsbedürfnis und Höchstpersönlichkeit, NZI 2003, 569.

Graf, Ulrich/Wunsch, Irene, Eigenverwaltung und Insolvenzplan: gangbarer Weg in der Insolvenz von Freiberuflern und Handwerkern?, ZIP 2001, 1029.

Graf, Ulrich/Wunsch, Irene, Nochmals: Insolvenzplan und Eigenverwaltung – Ein gangbarer Weg auch in der Insolvenz von Rechtsanwälten, Notaren und Steuerberatern?, ZVI 2005, 105.

Gröner, Udo/Lang, Torsten, Die höchstpersönlichen Rechte des Schuldners in der Insolvenz, in: Opuscula honoraria für Egon Müller, Saarbrücken 2003, S. 73 ff.

Grote, Hugo, Zur Abführungspflicht des Selbstständigen gemäß § 295 Abs. 2 InsO in der Wohlverhaltensperiode, ZInsO 2004, 1105.

Grote, Hugo/Pape, Gerhard, Stellungnahme zum Referentenentwurf eines Gesetzes zur Änderung der Insolvenzordnung, des Kreditwesengesetzes und anderer Gesetze, ZInsO 2004, 993.

Grub, Volker, Insolvenzplan und Eigenverwaltung, AnwBl 2000, 580.

Grub, Volker, Die Stellung des Schuldners im Insolvenzverfahren, in: Kölner Schrift zur Insolvenzordnung, 2. Aufl., Herne 2000, S. 671.

Grub, Volker/Rinn, Katja, Die neue Insolvenzordnung – ein Freifahrschein für Bankrotteure?, ZIP 1993, 1583.

Gundlach, Ulf/Frenzel, Volkhard/Schmidt, Nikolaus, Die Verschwiegenheitspflicht des Gläubigerausschussmitglieds, ZInsO 2006, 69.

Haarmeyer, Hans/Wutzke, Wolfgang/Förster, Karsten, Handbuch zur Insolvenzordnung (InsO/EGInsO), 3. Aufl., München 2001.

Haimann,Richard, Der Trend ist alles, Zahlen sind nichts, Handelsblatt vom 13. 1. 2005, S. 24.

Harlfinger, Wolf, Der Freiberufler in der Insolvenz, Frankfurt am Main usw. 2005.

Harte-Bavendamm, Henning; Henning-Bodewig, Frauke, Gesetz gegen den unlauteren Wettbewerb (UWG), Kommentar, München 2004, zitiert: Harte/Henning/*Bearbeiter*.

Hartmann, Peter, Kostengesetze, 37. Aufl., München 2007.

Hartung, Wolfgang, Das anwaltliche Berufsrecht in der Rechtsprechung des BVerfG seit 1987 – Ein Überblick über die wesentlichen Entscheidungen der letzten 15 Jahre, NJW 2003, 261.

Hartung, Wolfgang, Das neue Rechtsanwaltsvergütungsgesetz – Ein Überblick über praxisrelevante Neuerungen des Vergütungsrechts, NJW 2004, 1409.

Hartung, Wolfgang/Römermann, Volker, Praxiskommentar zum Rechtsanwaltsvergütungsgesetz, 2. Aufl., München 2006.

Häsemeyer, Ludwig, Insolvenzrecht, 3. Aufl., Köln 2003.

Häsemeyer, Ludwig, Die Aufrechnung nach der Insolvenzordnung, Kölner Schrift zur Insolvenzordnung, 2. Aufl., Herne 2000, S. 645.

Hasenbein, Thomas, Einziehung privatärztlicher Honorarforderungen durch Inkassounternehmen, Frankfurt am Main usw. 2002.

Hefermehl, Wolfgang, Wettbewerbsrecht, 25. Aufl., München 2007.

Heid, Peter, Gründung, Kauf, Eintritt, Zusammenschluss, in: Deutscher Anwaltverein, DAV-Anwaltausbildung, Band 2, S. 175.

Hellwig, Hans-Jürgen, Perspektiven der deutschen Anwaltschaft ex Europa, NJW 2005, 1217.

Heni, Bernhard, Konkursabwicklungsprüfung, Wiesbaden 1988.

Henckel, Wolfgang, Insolvenzgläubiger – Massegläubiger – Neugläubiger, in: Arbeitskreis für Insolvenz- und Schiedsgerichtswesen e. V., Köln, Aktuelle Probleme des neuen Insolvenzrechts, S. 97.

Henning, Kai, Aktuelles zur Überschuldung und Insolvenzen natürlicher Personen, ZInsO 2004, 585.

Henssler, Martin, Das anwaltliche Berufsgeheimnis, NJW 1994, 1817.

Henssler, Martin, Der europäische Rechtsanwalt zwischen Rechtspflege und Dienstleistung, ZZP 115 (2002), 321.

Henssler, Martin, Das Berufsbild des europäischen Rechtsanwalts – Harmonisierung durch Deregulierung?, AnwBl 2004, 458.

Henssler, Martin/Prütting, Hanns, Bundesrechtsanwaltsordnung, Kommentar, München, zitiert: Henssler/Prütting/*Bearbeiter*,
– 1. Aufl. 1996,
– 2. Aufl. 2004.

Hess, Harald, Kommentar zur Konkursordnung, 6. Aufl., Neuwied 1998, zitiert: Hess-KO/*Bearbeiter*.

Hess, Harald/Obermüller, Manfred, Insolvenzplan, Restschuldbefreiung und Verbraucherinsolvenz, 3. Aufl., Heidelberg 2003.

Hess, Harald/Röpke, Andreas, Die Insolvenz der kammerabhängigen freien Berufsangehörigen, NZI 2003, 233.

Hess, Harald/Weis, Michaela/Wienberg, Rüdiger, InsO – Kommentar zur Insolvenzordnung, Kommentar, Band 1: Insolvenzordnung, 2. Aufl., Heidelberg 2001.

Heydt, Volker, Zum Eigentumsschutz der Anwaltspraxis gegenüber Wettbewerbsbeschränkungen, NJW 1974, 1229.

Hintzen, Udo/Förster, Karsten, Die Pfändung in Massekonten, Rpfleger 2001, 399.

Hirte, Heribert, Aufsatzbesprechung (Franke/Böhme, Die Kollision von Berufsrecht und Insolvenzrecht in der Kanzleiabwicklung, AnwBl 2004, 339), ZInsO 2004, 799.

Holzer, Johannes, Erklärungen des Insolvenzverwalters bei Ausübung einer selbständigen Erwerbstätigkeit des Schuldners, ZVI 2007, 289.

Huff, Martin W., Die wirtschaftliche Lage der Anwaltschaft, AnwBl 2003, 622.

Huff, Martin W., Die zielgruppenorientierte Werbung von Rechtsanwälten – ein zulässiges Werbeinstrument, NJW 2003, 3525.

Huff, Martin W., Anwaltszahl 2003 wieder um 4,4% auf 126 799 Rechtsanwälte gestiegen, NJW-aktuell, Hintergrund, NJW Heft 13/2004 S. III.

Huff, Martin W., Zunahme der Insolvenzverfahren über das Vermögen von Rechtsanwälten, NJW-aktuell, Hintergrund, NJW Heft 49/2004 S. XVI.

Huffer, Henning, Schweigepflicht im Umbruch, NJW 2002, 1382.

Huntemann, Eva M./Dietrich, Martin, Eigenverwaltung und Sanierungsplan – der verkannte Sanierungsweg, ZInsO 2001, 13.

Ipsen, Ipsen, Staatsrecht, Band 2: Grundrechte, 9. Aufl., Neuwied 2006.

Isele, Walter, Bundesrechtsanwaltsordnung, Kommentar, Essen 1976.

Isensee, Josef/Kirchhof, Paul, Handbuch des Staatsrechts der Bundesrepublik Deutschland, Band VI, Freiheitsrechte, 2. Aufl., Heidelberg 2001, zitiert: HStR VI.

Jacoby, Florian, Die Einschaltung der eigenen Sozietät durch den Insolvenzverwalter, ZIP 2005, 1060.

Jaeger, Ernst, Konkursordnung, Kommentar, Berlin, zitiert: Jaeger-KO/*Bearbeiter*
– 8. Aufl. 1973, Band 2, Halbband 1: §§ 71-206 KO,
– 9. Aufl. 1997, §§ 1-42, Register.

Jaeger, Ernst, Insolvenzordnung, Kommentar, Band 1: §§ 1-55 InsO, Berlin 2004, zitiert: Jaeger-InsO/*Bearbeiter*.

Jähnke, Burkhard, Rechtliche Vorgaben einer künftigen Neuregelung des anwaltlichen Standesrechts, NJW 1988, 1888.

Janca, Marcus, „Endlich Rechtsanwalt bleiben?“, ZInsO 2005, 242.

Janssen, Bernhard, Die Bewertung von Anwaltskanzleien, NJW 2003, 3387.

Jarass, Hans D./Pieroth, Bodo, Grundgesetz, Kommentar, 8. Aufl., München 2006.

Jauernig, Othmar, Bürgerliches Gesetzbuch, Kommentar, 11. Aufl., München 2004, zitiert: Jauernig/*Bearbeiter*.

Jauernig, Othmar, Zwangsvollstreckungs- und Insolvenzrecht, 21. Aufl., München 1999, zitiert: *Jauernig* ZVR.

Kääb, Ottheinz/Oberlander, Willi, Kooperationsformen bei Rechtsanwälten – Teil 1: Von Einzelkanzleien, Sozietäten, Gesellschaften bis zu Netzwerken, Ketten und Franchising-Systemen, BRAK-Mitt 2005, 55.

Keller, Ulrich, Insolvenzrecht, München 2006.

Kesseler, Christian, Das Insolvenzverfahren über das Vermögen einer Partnerschaftsgesellschaft, Köln 2004.

Kilger, Joachim/Schmidt, Karsten, Insolvenzgesetze, München,
– 16. Aufl. 1993 (unter dem Titel „Konkursordnung“),
– 17. Aufl. 1997.

Kilian, Wolfgang, Rechtliche Aspekte der digitalen medizinischen Archivierung von Röntgenunterlagen, NJW 1987, 695.

Kissel, Otto Rudolf/Mayer, Herbert, Gerichtsverfassungsgesetz, Kommentar, 4. Aufl., München 2005.

Kleine-Cosack, Michael, Bundesrechtsanwaltsordnung mit Berufs- und Fachanwaltsordnung, Kommentar, München,
– 3. Aufl. 1997,
– 4. Aufl. 2003.
Kleine-Cosack, Michael, Verschärfte Voraussetzungen beim Widerruf freiberuflicher Zulassungen – Zuverlässigkeitsprüfung und Gefahrenprognose, NJW 2004, 2473.
Kleine-Cosack, Abschied vom freiberuflichen Anwaltsideal – Neue Möglichkeiten zur Vermeidung eines Zulassungswiderrufs, AnwBl 2005, 442.
Kluth, Thomas, Die freiberufliche Praxis „als solche" in der Insolvenz – „viel Lärm um nichts"?, NJW 2002, 186.
Knief, Peter, Neue Ansätze zur Bewertung von Anwaltspraxen, AnwBl 1978, 246.
Kohte, Wolfhard, Anm. zu BGH, Beschluss vom 20. 3. 2003 – IX ZB 388/02, NZI 2003, 393.
Kolbe, Kurt, Theorie und Praxis des Gesamtwertes und Geschäftswertes der Unternehmung, 3. Aufl., Düsseldorf 1967.
Koller, Ingo/Roth, Wulf-Henning/Morck, Winfried, Handelsgesetzbuch, Kommentar, 5. Aufl., München 2005.
Kopp, Ferdinand O./Schenke, Wolf-Rüdiger, Verwaltungsgerichtsordnung, Kommentar, 14. Aufl., München 2005.
Kotzur, Hubert, Goodwill freiberuflicher Praxen und Zugewinnausgleich, NJW 1988, 3239.
Kotzur, Hubert, Der Vollstreckungsschutz des Apothekers nach § 811 Nr 9 ZPO, DGVZ 1989, 165.
Kübler, Bruno M./Prütting, Hanns, Kommentar zur Insolvenzordnung, Köln, Loseblattsammlung: Stand November 2006, zitiert: Kübler/Prütting/*Bearbeiter*,
– Band I: §§ 1-128,
– Band II: §§ 129-359.
Kühl, Kristian, Strafrecht Allgemeiner Teil, 5. Aufl., München 2005.
Kuhn, Georg/Uhlenbruck, Wilhelm, Konkursordnung, Kommentar, München,
– 10. Aufl. 1986,
– 11. Aufl. 1994.
Kümpel, Siegfried, Bank- und Kapitalmarktrecht, 3. Aufl., Köln 2004.
Kürschner, Wolfgang, Parteiöffentlichkeit vor Geheimnisschutz im Zivilprozeß, NJW 1992, 1804.

Lachmann, Jens-Peter, Unternehmensgeheimnisse im Zivilrechtsstreit, dargestellt am Beispiel des EDV-Prozesses, NJW 1987, 2206.
Lackner, Karl/Kühl, Kristian, Strafgesetzbuch, Kommentar, 25. Aufl., München 2004.
Landfermann, Hans-Georg, Allgemeine Wirkungen der Insolvenzeröffnung, in: Kölner Schrift zur Insolvenzordnung, 2. Aufl., Herne 2000, S. 159.
Langkeit, Umfang und Grenzen der ärztlichen Schweigepflicht gemäß § 203 I Nr. 1 StGB, NStZ 94, 6.
Lapp, Thomas, Fax- und E-Mail-Kommunikation, BRAK-Mitt 1997, 106.
Larenz, Karl, Allgemeiner Teil des deutschen bürgerlichen Rechts, 7. Aufl., München 1989, zitiert: *Larenz* BGB AT.

Larenz, Karl, Methodenlehre der Rechtswissenschaft, 6. Aufl., Berlin usw. 1991, zitiert: *Larenz* Methode.

Lauda, Rudolf, Anm. zu BGH, Urteile vom 25. 3. 1993 – IX ZR 192/92 und 13. 5. 1993 – IX ZR 234/92, LM § 134 BGB Nr. 143 Bl. 2.

Leipold, Dieter, BGB I: Einführung und Allgemeiner Teil, 4. Aufl., Tübingen 2007, zitiert: *Leipold* BGB.

Leipold, Dieter, Anmerkung zu BAG, Beschluss vom 21. 7. 1993 – 7 ABR 25/92, SAE 1996, 69.

Leipold, Dieter, Die Eigenverwaltung mit Sachwalter und die Eigenverwaltung bei Kleinverfahren, in: Leipold, Dieter, Insolvenzrecht im Umbruch, Köln 1991, S. 165.

Leipziger Kommentar zum Strafgesetzbuch, 11. Aufl., Band 5: §§ 146-222, Berlin 2005, zitiert: LK/*Bearbeiter*.

Leisner, Verfassungsrechtlicher Eigentumsschutz der Anwaltspraxis, NJW 1974, 478.

von Lewinski, Kai, Anwaltliche Schweigepflicht und E-Mail, BRAK-Mitt 2004, 12.

Lichtner, Rolf, Die Verschwiegenheitspflicht des Wirtschaftsprüfers im Vergleich mit den sonstigen rechts- und steuerberatenden Berufen, Osnabrück 1999.

Lingenberg, Joachim/Hummel, Fritz, Kommentar zu den Grundsaetzen des anwaltlichen Standesrechts, 1. Aufl., Köln 1981.

Lingenberg, Joachim/Hummel, Fritz/Zuck, Rüdiger/Eich, Alexander, Kommentar zu den Grundsätzen des anwaltlichen Standesrechts, 2. Aufl., Köln 1988.

Lührig, Nicolas, „Den Kopf nicht in den Sand stecken“, AnwBl 2005, 179.

Lüke, Gerhard, Zur Haftung des Insolvenzverwalters im Planverfahren, in: Festschrift Wilhelm Uhlenbruck, Köln 2000, S. 519.

von Mangoldt, Hermann/Klein, Friedrich/Starck, Christian, Kommentar zum Grundgesetz, Band 1 (Art. 1-19), 5. Aufl., München 2005, zitiert: Mangoldt/Klein/Starck/*Bearbeiter*.

Marotzke, Wolfgang, Gegenseitige Verträge im neuen Insolvenzrecht, 3. Aufl., Neuwied usw. 2001.

Maunz, Theodor/Dürig, Günter/Herzog, Roman, Grundgesetz, Kommentar, München, Loseblattsammlung: Stand Juni 2006, zitiert: Maunz/Dürig/*Bearbeiter*,
- Band I: Art. 1-5,
- Band II: Art. 6-16a,
- Band VI: Art. 100-146.

Maus, Karl-Heinz, Die Steuerzahlungspflicht des Insolvenzverwalters bei Neuerwerb des Schuldners, ZInsO 2001, 493.

Maus, Karl-Heinz, Steuern bei Neuerwerb im Insolvenzverfahren oder – Der ungeliebte Neuerwerb, ZIP 2004, 389.

Medicus, Dieter, Kreditsicherung durch Verfügung über künftiges Recht, JuS 1967, 385.

Medicus, Dieter, Bürgerliches Recht, 20. Aufl., Köln usw. 2004, zitiert: *Medicus* BR.

Messer, Herbert, Verkäuflichkeit der Anwaltspraxis? in: Festschrift Hans Erich Brandner, Köln 1996, S. 720.

Meyer-Goßner, Lutz, Strafprozessordnung, Kommentar, 49. Aufl., München 2006.

Müller-Jentsch, Ekkehard, Geldleihe mit Nebenwirkungen, SZ vom 19./20. 8. 2006, S. 38.

von Münch, Ingo/Kunig, Philip, Grundgesetz-Kommentar, Band 3: Art. 70-146 und Gesamtregister, 5. Aufl., München 2003, zitiert: von Münch/Kunig/*Bearbeiter*.

Münchener Kommentar zum Bürgerlichen Gesetzbuch, 4. Aufl., München, zitiert: MK-BGB/*Bearbeiter*,
- Band 2a: Schuldrecht, Allgemeiner Teil, §§ 241-432, 2003,
- Band 3: Schuldrecht, Besonderer Teil I, §§ 433-610, Finanzierungsleasing, HeizkostenV, BetriebskostenV, CISG, 4. Aufl. 2004,
- Band 4: Schuldrecht, Besonderer Teil II, §§ 611-704, EFZG, TzBfG, KSchG, 2005.

Münchener Kommentar zur Insolvenzordnung, München, zitiert: MK-InsO/*Bearbeiter*,
- Band 1: §§ 1-102, Insolvenzrechtliche Vergütungverordnung (InsVV), 2001,
- Band 2: §§ 103-269, 2002,
- Band 3: §§ 270-335, Internationales Insolvenzrecht, Insolvenzsteuerrecht, Sachverzeichnis für die Bände 1-3, 2003.

Münchener Kommentar zur Zivilprozessordnung, Band 3: §§ 803-1066, EGZPO, GVG, EGGVG, internationales Zivilprozeßrecht, 2. Aufl., München 2001, zitiert: MK-ZPO/*Bearbeiter*.

Münzel, Stephan/Böhm, Gideon, Postsperre für eMail?, ZInsO 1998, 363.

Musielak, Hans-Joachim, Kommentar zur Zivilprozessordnung, 5. Aufl., München 2007, zitiert: Musielak/*Bearbeiter*.

Nassall, Wendt, Auskunfts- und Akteneinsichtsrechte des Konkursverwalters gegenüber dem Rechtsanwalt des Gemeinschuldners?, KTS 1988, 633.

Naumann, Dieter, Die Aufsicht des Insolvenzgerichts über den Insolvenzverwalter, in: Kölner Schrift zur Insolvenzordnung, 2. Aufl., Herne 2000, S. 431.

Nerlich, Jörg/Römermann, Volker, Insolvenzordnung, Kommentar, München, Loseblattsammlung: Stand April 2006, zitiert: Nerlich/Römermann/*Bearbeiter*.

Neumaier, Markus, Wann wird eine Zahlungsstockung zur Zahlungsunfähigkeit?, NJW 2005, 3041.

Noack, Erwin, Reichs-Rechtsanwaltsordnung, 2. Aufl., Leipzig 1937.

OECD, OECD-Wirtschaftsausblick Nr. 76 (Dezember 2004), Paris 2004.

Palandt, Otto, Bürgerliches Gesetzbuch, 66. Aufl., München 2007, zitiert: Palandt/*Bearbeiter*.

Pape, Gerhard, Kurzkommentar zu BFH, Urteil vom 22. 3. 1994 – VII R 58/93, EWiR 1994, 1003.

Pape, Gerhard, Unzulässigkeit von Neugläubigerklagen gegen den Schuldner?, ZInsO 2002, 917.

Pape, Irmtraut, Referentenentwurf eines Gesetzes zur Änderung der InsO – Anmerkungen zu den geplanten Neuregelungen, NZI 2004, 601.

Pardey, Frank, Der Vollstreckungsschutz des Kraftfahrzeughalters nach § 811, 812, 850f ZPO, DGVZ 1987, 180.

Paulus, Christoph, Die Pfändung von EDV-Anlagen, DGVZ 1990, 151.

Paulus, Christoph, Überlegungen zur Zulässigkeit einer Abtretung von Honoraransprüchen von Anwälten an Anwälte, NJW 2004, 21.

Pech, Janine, Die Einbeziehung des Neuerwerbs in die Insolvenzmasse: Konsequenzen und Probleme des § 35 InsO, Frankfurt am Main usw. 1999.

Pieroth, Bodo/Schlink, Bernhard, Grundrechte, 22. Aufl., Heidelberg 2006.

Ploch-Kumpf, Ute, Der Schutz von Unternehmensgeheimnissen im Zivilprozeß unter besonderer Berücksichtigung ihrer Bedeutung in der Gesamtrechtsordnung, Frankfurt am Main 1996.

Pohlmann, Ulrich, Befugnisse und Funktionen des vorläufigen Insolvenzverwalters, Köln 1998.

Prechtel, Günter, Zulässigkeit der Abtretung anwaltlicher Honorarforderungen an Rechtsanwälte angesichts § 49b IV BRAO, NJW 1997, 1813.

Prütting, Hanns, Datenschutz und Zivilverfahrensrecht in Deutschland, ZZP 106 (1993), 427.

Prütting, Hanns, Allgemeine Verfahrensgrundsätze der Insolvenzordnung, in: Kölner Schrift zur Insolvenzordnung, 2. Aufl., Herne 2000, S. 221.

Rattunde, Rolf, Sanierung von Großunternehmen durch Insolvenzpläne – Der Fall Herlitz, ZIP 2003, 596.

Redeker, Konrad, Freiheit der Advokatur – heute, NJW 1987, 2610.

Redeker, Konrad, Der Rechtsanwalt: „Freier Beruf" – „unreglementiert" – „dereguliert", NJW 2004, 2799.

Rick, Markus B., Die verfassungsrechtliche Stellung des Rechtsanwalts, Bonn 1998.

Ries, Stephan, Die Praxis des Vertragsarztes in der Insolvenz; die Masse zahlt alle Betriebskosten und die Bank kassiert das Honorar?, ZInsO 2003, 1079.

Ries, Stephan, Die Insolvenz des Freiberuflers, ZVI 2004, 221.

Ring, Gerhard, Kurzkommentar zu BGH, Urteil vom 13.5. 1993 – IX ZR 234/92, EWiR 1993, 745.

Roellenbleg, Rainer R., Verfassungswidrigkeit der InsO?, NZI 2004, 176.

Römermann, Volker, Kurzkommentar zu BGH, Beschluss vom 13. 3. 2000 – AnwZ (B) 28/99, EWiR 2000, 857.

Römermann, Volker, Einführung in das Anwaltliche Berufsrecht, JA 2004, 254.

Römermann, Volker, Kurzkommentar zu BVerfG, Beschluss vom 28 4. 2004 – 1 BvR 912/04, EWiR 2004, 799.

Römermann, Volker, Anwaltszulassung trotz Vermögensverfall, AnwBl 2005, 178.

Römermann, Volker, Hyperderegulіertes Rechtsberatungsrecht: Unabsehbare Gefahren für Rechtsuchende und die Anwaltschaft, DB 2005, 931.

Römermann, Volker, Keine Hoffnung (mehr) für insolvente Rechtsanwälte?, AnwBl 2006, 237.

Römermann, Volker/Schröder, Henning, Die Bewertung von Anwaltskanzleien, NJW 2003, 2709.

Roßnagel, Alexander, Handbuch Datenschutzrecht, München 2003, zitiert: Roßnagel/*Bearbeiter*.

Roy, Rudolf/Palm, Franz, Zur Problematik der Zwangsvollstreckung in Computer, NJW 1995, 690.

Runkel, Hans-Peter, Probleme bei Neuerwerb in der Insolvenz, in: Festschrift Wilhelm Uhlenbruck, Köln 2000, S. 315.

Runkel, Hans-Peter, Die Arztpraxis in der Insolvenz, in: Festschrift für Walter Gerhardt, Köln 2004, S. 839.

Runkel, Hans-Peter, Anwalts-Handbuch Insolvenzrecht, Köln 2005, zitiert: Anwalts-Handbuch Insolvenzrecht/*Bearbeiter*.
Runkel, Hans-Peter, Der Freiberufler in der Insolvenz, ZVI 2007, 45.
Rüpke, Giselher, Anwaltsrecht und Datenschutzrecht, NJW 1993, 3097.

Sachs, Michael, Grundgesetz, Kommentar, 3. Aufl., München 2002, zitiert: Sachs/*Bearbeiter*.
Sander, Jürgen H., Zur (Un-)Anwendbarkeit von § 114 InsO auf Honorare von Kassenärzten, ZInsO 2003, 1129.
Sattler, Jürgen/Rickert, Jördis, Zur Rechtsstellung von Kanzleiabwickler und Insolvenzverwalter bei der Abwicklung einer Kanzlei, ZInsO 2006, 76.
Schick, Benno, Ich hoffe, dass es gelingt, BerlAnwBl 2005, 153.
Schick, Walter, Der Konkurs des Freiberuflers – Berufsrechtliche, konkursrechtliche und steuerrechtliche Aspekte, NJW 1990, 2359.
Schildt, Charlotte, Die Insolvenz des Freiberuflers, Baden-Baden 2006.
Schmahl, Hermannjosef, Rezension zu Trendelenburg, Hortense: Restschuldbefreiung, ZZP 114 (2001), 261.
Schmerbach, Ulrich, Rechtliche Aspekte der Selbstständigkeit natürlicher Personen im Insolvenzverfahren und in der Wohlverhaltensphase, ZVI 2003, 256.
Schmerbach, Ulrich/Wegener, Burghard, Insolvenzrechtsänderungsgesetz 2006, ZInsO 2006, 400, 406.
Schmidt, Eberhard, Der Arzt im Strafrecht, Leipzig 1939.
Schmidt, Karsten, § 34 Abs. 3 AO und Umsatzsteuer: Separatinsolvenz des Unternehmens des Einzelunternehmers, in: Festschrift für Heinrich Wilhelm Kruse, Köln 2001, S. 671.
Schmidt, Ludwig, Einkommensteuergesetz, Kommentar, 24. Aufl., München 2005.
Schmidt-Räntsch, Jürgen, Die aktuelle Rechtslage bei sog. Schrottimmobilien, MDR 2005, 6.
Schmittmann, Jens, Vermögensverfall und Widerruf der Bestellung bei freien kammergebundenen rechts- und steuerberatenden Berufen, NJW 2002, 182.
Schmittmann, Jens, Freie Kammerberufe und Insolvenzplanverfahren, ZInsO 2004, 725.
Schmitz, Roland, Verletzung von (Privat)geheimnissen – Der Tatbestand des § 203 StGB, JA 1996, 772.
Schmucker, Alexandra, STAR: Umsatz- und Einkommensentwicklung der Rechtsanwälte 1993 bis 2001, BRAK-Mitt 2003, 254.
Schneider, Egon, Abtretung und Verschwiegenheitspflicht, MDR 1992, 640.
Schneider, Egon, Problemfälle aus der Prozeßpraxis – Luxuswagen als Gebrechlichkeitshilfe, MDR 1986, 726.
Schollmeyer, Eberhard, Gegenseitige Verträge im internationalen Insolvenzrecht, Köln usw. 1997.
Schönke, Adolf/Schröder, Horst, Strafgesetzbuch, Kommentar, München, zitiert: Schönke/Schröder/*Bearbeiter*
– 17. Aufl. 1974,
– 25. Aufl. 1997,
– 27. Aufl. 2006.

Schulte, Rainer/Kühnen, Thomas, Patentgesetz mit Europäischem Patentübereinkommen, Kommentar, 7. Aufl., Köln usw. 2005.
Schulze, Reiner, Bürgerliches Gesetzbuch, Handkommentar, 5. Aufl., Baden-Baden 2007, zitiert: Nomos-BGB/*Bearbeiter*.
Schünemann, Bernd, Der strafrechtliche Schutz von Privatgeheimnissen, ZStW 90 (1978), 11.
Schuschke, Winfried/Walker, Wolf-Dietrich, Vollstreckung und vorläufiger Rechtsschutz, Kommentar zum achten Buch der Zivilprozessordnung, Band 1: Zwangsvollstreckung, §§ 704-915h ZPO, 3. Aufl., Köln usw. 2002.
Schwarz, W., Anmerkung zu BGH IV ZR 230/55, RzW 1957, 118.
Schwerdtner, Peter, Der zivilrechtliche Persönlichkeitsschutz, JuS 1978, 289.
Senninger, Erhard, Die Berufsaussichten junger Juristen, AnwBl 1977, 378.
Simitis, Spiros, Bundesdatenschutzgesetz, Kommentar, 6. Aufl., Baden-Baden 2006, zitiert: Simitis/*Bearbeiter*.
Simonsen, Ove/Leverenz, Kent, Kanzleiabwicklung, BRAK-Mitt 1995, 224.
Smid, Stefan, Insolvenzordnung (InsO) mit Insolvenzrechtlicher Vergütungsordnung (InsVV), Kommentar, 2. Aufl., Stuttgart 2001, zitiert: Smid/*Bearbeiter*.
Smid, Stefan, Freigabeerklärung des Insolvenzverwalters/Treuhänders bei selbständiger Tätigkeit des Insolvenzschuldners?, WM 2005, 625.
Smid, Stefan/Wehdeking, Silke, Arbeitseinkommen des Schuldners und die Rechtszuständigkeit des Insolvenzverwalters bzw. Treuhänders in dem über das Vermögen natürlicher Personen eröffneten Insolvenzverfahren, InVo 2000, 293.
Soergel, Hans Th., Bürgerliches Gesetzbuch, Kommentar, Band 2: Allgemeiner Teil, §§ 104-240, 13. Aufl., Stuttgart 1999, zitiert: Soergel/*Bearbeiter*.
Spickhoff, Andreas, Die Entwicklung des Arztrechts 2003/2004, NJW 2004, 1710.
Spies, Jörg, Insolvenzplan und Eigenverwaltung – Sanierungsansatz zur Krisenbewältigung bei Unternehmen mittlerer Größe, ZInsO 2005, 1254.
Stadler, Astrid, Der Schutz des Unternehmensgeheimnisses im deutschen und U.S.-amerikanischen Zivilprozeß und im Rechtshilfeverfahren, Tübingen 1989.
Stadler, Astrid, Der Schutz von Unternehmensgeheimnissen im Zivilprozeß, NJW 1989, 1202.
Staub, Hermann, Handelsgesetzbuch, Großkommentar, 4. Aufl., Berlin, zitiert: Staub/*Bearbeiter*
– Band 1: Einleitung, §§ 1-104, 1995,
– Band 3, Teilband 1: §§ 238-289, 2002.
von Staudinger, Julius, Kommentar zum Bürgerlichen Gesetzbuch, 13. Bearbeitung, Berlin, zitiert: Staudinger/*Bearbeiter*,
– Einleitung zum Bürgerlichen Gesetzbuch, §§ 1-14, Verschollenheitsgesetz, Neubearbeitung 2004,
– §§ 657-704, Neubearbeitung 2006.
Stein, Friedrich/Jonas, Martin, Kommentar zur Zivilprozessordnung, Tübingen, zitiert: Stein/Jonas/*Bearbeiter*
– 21. Aufl.,
  – Band 4, Teilband 2: §§ 348-510b, 1999,
– 22. Aufl.,

– Band 2: §§ 41-127a, 2004,
– Band 3: §§ 128-252, 2005,
– Band 7: §§ 704-827, 2002,
– Band 8: §§ 828-915h, 2004.

Steindorff, Ernst, Freie Berufe, Stiefkinder der Rechtsordnung?, Köln 1980.

Steinkraus, Astrid/Schaaf, Christian, Zur Einführung – Das Berufsrecht der Rechtsanwälte, JuS 2001, 167.

Sternal, Werner, Neuregelungen zum Unternehmensinsolvenzrecht, NZI 2006, 185.

Stöber, Kurt, Forderungspfändung, 14. Aufl., Bielefeld 2005, zitiert: *Stöber* Forderungspfändung.

Stöber, Kurt, Zwangsversteigerungsgesetz, Kommentar, 18. Aufl., München 2006, zitiert: *Stöber* ZVG.

Streck, Michael, Die Anwaltschaft – eine absurde Wachstumsbranche!, AnwBl 2004, 358.

Stürner, Rolf, Die Aufklärungspflicht der Parteien des Zivilprozesses, Tübingen 1976.

Stürner, Rolf/Bormann, Jens, Der Anwalt – vom freien Beruf zum dienstleistenden Gewerbe? – Kritische Gedanken zur Deregulierung des Berufsrechts und zur Aushöhlung der anwaltlichen Unabhängigkeit, NJW 2004, 1481.

Taupitz, Jochen, Anwaltliches „Standesrecht" im Konflikt mit zivilrechtlichen Ansprüchen des Mandanten – Zugleich eine Besprechung des gleichnamigen Buches von Jörg Hanna, MDR 1989, 385.

Teplitzky, Otto, Wettbewerbsrechtliche Ansprüche und Verfahren, 8. Aufl., Köln usw. 2002.

Tetzlaff, Christian, Kurzkommentar zu AG Köln, Beschluss vom 14. 4. 2003 – 71 IN 25/02, EWiR 2003, 1151.

Tetzlaff, Christian, Die Abwicklung von Insolvenzverfahren bei selbstständig tätigen natürlichen Personen, ZVI 2004, 2.

Tetzlaff, Christian, Rechtliche Probleme in der Insolvenz des Selbstständigen, ZInsO 2005, 393.

Thomas, Heinz/Putzo, Hans, Zivilprozessordnung, 27. Aufl., München 2005, zitiert: Thomas/Putzo/*Bearbeiter*.

Tipke, Klaus/Lang, Joachim, Steuerrecht, 18. Aufl., Köln 2005.

Trendelenburg, Hortense, Die Abführung eines angemessenen Betrages durch Selbständige gemäß § 295 Abs. 2 InsO, ZInsO 2000, 437.

Tröndle, Herbert/Fischer, Thomas, Strafgesetzbuch, Kommentar, 54. Aufl., München 2007.

Uhlenbruck, Wilhelm, Grenzen der Mitwirkung von Gläubigerausschuß und Gläubigerbeirat im Insolvenzverfahren, BB 1976, 1198.

Uhlenbruck, Wilhelm, Die Verwertung einer freiberuflichen Praxis durch den Insolvenzverwalter, in: Festschrift Wolfram Henckel, Berlin usw. 1995, S. 877.

Uhlenbruck, Wilhelm, Das Auskunfts- und Akteneinsichtsrecht im Konkurs- und Vergleichsverfahren, KTS 1989, 527.

Uhlenbruck, Wilhelm, Insolvenzrechtliche Probleme der vertragsärztlichen Praxis, ZVI 2002, 49.

Uhlenbruck, Wilhelm, Insolvenzordnung, Kommentar, 12. Aufl., München 2003, zitiert: Uhlenbruck/*Bearbeiter*.

Vallender, Heinz, Die bevorstehenden Änderungen des Verbraucherinsolvenz- und Restschuldbefreiungsverfahrens aufgrund des InsOÄndG 2001 und ihre Auswirkungen auf die Praxis, NZI 2001, 561.

Vallender, Heinz, Rechtliche und tatsächliche Probleme bei der Abwicklung der Arztpraxis in der Insolvenz, NZI 2003, 530.

Vallender, Heinz, Die Arztpraxis in der Insolvenz, in: Festschrift Friedrich Wilhelm Metzeler, Köln 2003, S. 21.

Vallender, Heinz, Der Referentenentwurf eines Gesetzes zur Änderung der Insolvenzordnung, des Kreditwesengesetzes und anderer Gesetze, InVo 2004, 478.

Voigt, Joachim M. E./Gerke, Lars, Die insolvenzfreie selbstständige Arbeit, ZInsO 2002, 1054.

Weidig, René, Wesen und Grenzen der Rechtsfigur der "´nachträglichen" Insolvenzverwaltung, DZWIR 2000, 313.

Wenzel, Frank, Die Erwerbsobliegenheit des Schuldnerswährend der Wohlverhaltensperiode, NZI 1999, 15.

Werner, Alfred, Zur Frage der Ersatzpflicht für Schädigung in der Ausübung freier Berufe, NJW 1957, 618.

Wieczorek, Bernhard/Schütze, Rolf A., Zivilprozeßordnung und Nebengesetze, Grosskommentar, Band 4, Teilband 2: §§ 808-915h, 3. Aufl., Berlin usw. 1999, zitiert: Wieczorek/Schütze/*Bearbeiter*.

Wimmer, Klaus, Frankfurter Kommentar zur Insolvenzordnung, 4. Aufl., Neuwied, zitiert: FK/*Bearbeiter*,
- 2. Aufl. 1999,
- 4. Aufl. 2006.

Windel, Peter A., Die Verteilung der Befugnisse zur Entscheidung über Vermögenserwerb zwischen (Gemein-)Schuldner und Konkurs-(Insolvenz-)verwalter bzw. Vollstreckungsgläubiger nach geltendem und künftigem Haftungsrecht, KTS 1995, 367.

Wolf, Christian, Maltez v. Lewis – ein Lehrstück für den deutschen Anwaltsmarkt, BRAK-Mitt 2006, 15.

Würtenberger, Thomas, Verwaltungsprozessrecht, 2. Aufl., München 2006.

Würz-Bergmann, Angela, Die Abtretung von Honorarforderungen schweigepflichtiger Gläubiger, Frankfurt am Main usw. 1993.

Zöller, Richard, Zivilprozessordnung, Kommentar, Köln, zitiert: Zöller/*Bearbeiter*,
- 20. Aufl. 1997,
- 26. Aufl. 2007.

Zuck, Rüdiger, Internationales Anwaltsrecht, NJW 1987, 3033.

Zuck, Rüdiger, Herrn Gauweilers Gewerbe, NJW 1993, 3118.

van Zwoll, Christiane/Mai, Vera/Eckardt, Bernd/Rehborn, Martin, Die Arztpraxis in Krise und Insolvenz, Köln 2007.

Stichwortverzeichnis

Kolibri 360 GmbH
Ferdinand-Jühlke-Straße 7
99095 Erfurt, Deutschland
produktsicherheit@kolibri360.de